JN004949

WHIPPING GIRL

ウィッピング・ガール

トランスの女性はなぜ叩かれるのか

ジュリア・セラーノ

矢部 文 訳

a transsexual woman on sexism and the scapegoating of femininity

JULIA SERANO

サウザンブックス社

凡例：

著者の本文注は（　）で表記しています。特記なき強調文字は著者によるものです。また、本書で著者がイタリック強調で示した用語に関しては〈　〉で表記しています。これらの用語には、著者による造語が含まれます。

訳者による注は〔　〕で表記しています。

Whipping Girl

A Transsexual Woman on Sexism and the Scapegoating of Femininity

Copyright © 2007, 2016 by Julia Serano
This edition published by arrangement with Seal Press, an imprint of Perseus Books, LLC,
a subsidiary of Hachette Book Group, Inc., New York, New York, USA
through Tuttle-Mori Agency, Inc., Tokyo. All rights reserved.

ダニへ

私に（今回も）
貴重なフィードバック、インスピレーション、
励まし、そして愛を与えてくれた

そして、
コビーを追悼して。

私が執筆中、
私の肩に満足げに乗っていた
この世で一番可愛くて、
一番風変わりで、
私にとって最高の友だった
私たちのインコ、
この世からいなくなって本当に寂しい
「愛してるよ、コビー。愛してるよ」

目次

Contents

Contents

まえがき

Preface

〔本書の初版は二〇〇七年であり、翻訳にあたっては二〇一六年に改定された第二版を基にしており、本稿は第二版のためのまえがきである〕

十年前、私は後に『ウィッピング・ガール――トランスの女性が語るセクシズムと女性性のスケープゴート化』〔本書原題〕というタイトルで世に出ることになる原稿を、もがき苦しみながら書いていた。当時私は、互いに関連がありそうな諸問題に対する私の意見が、重要かつ比較的新しい視点に立つものだと確信していた。執筆直前に経験した性別移行（周囲が私を男と認識し扱う状態から女と認識し扱う状態になった）から、ジェンダーやセクシズムについて数限りない洞察を得ており、世間に公表したいと思っていた。その時の経験をきっかけに、生物学者である私は、ジェンダーを巡る「先天性対後天性」論争におけるどちらの主張にも疑問を抱くようになった。またフェミニズムやクィア（つまりLGBTIQ+）アクティビズムなど、私の存在と切っても切り離せない運動に、運動の外のジェンダー・性的マイノリティの周縁化をさらに加速化させる理論や政策を主張する傾向が時おり見られることにも懸念を抱いていた。さらに私は、トランスジェンダー・スペクトラム上にいる私たちが直面しているのにあまり議論の対象とされない多くの問題や課題のほか、トランスの人たちに関するメディアや精神医療、そして学問上のステレオタイプに私が見出した類似点を吟味したかった。そして、トランスの女性《トランス・ウーマン》といわゆる女らしい《フェミニンな》ジェンダー表現のどちらも、ストレートの社会だけでなくフェミニストやクィアな環境のなかでも日常的に愚弄と嘲笑の的にされていること、そしてその二つが融合された場合の状況について異議を唱えたいという思いもあった。

初版の出版時、トランス・コミュニティ、特に、これまで私が積極的にその権利を擁護してきた女性／フェミニン寄りのトランス・スペクトラム上の人たちのほか、少なくともトランスジェンダーでないフェミニストやクィア・アクティビストのなかでも特にフェミニンやフェムと自分を認識する人たちなら、本書を正当に評価してくれるだろうとは思っていた。けれど、出版から数年のうちに、本書がフェミニズムの枠組みのなかで重要な著作とみなされるようになって、北米の複数の大学でクィアスタディーズ、社会学、心理学、ヒューマン・セクシュアリティの教科書として使われるようになり、その一部が外国語に翻訳され、フェミニストやクィア、トランス界隈以外の場所でも多くの人に読まれて共感を呼んだり[1]、本書が（ここに収められた考え方のいくつかも）主要な出版物に引用されたり論じられたりするようになるとは、想像もしなかった。

『ウィッピング・ガール』の特定の描写や詳細には、時の流れのなかで古臭さが目立ち始めた部分もあるだろう。だが私が提唱した主要テーマは、今も出版当時と変わらない重要性と今日性を維持している。そこでこのまえがきを書くにあたり、本書を歴史的文脈に置き直してみたい。というのも本書は、まず間違いなく二〇〇〇年代（ゼロ年代というよりこのほうが千年紀の最初の十年という感じがするのでこう書いた）前半に社会で起きていたことや、アクティビストや研究者仲間の間に起きていたことに対するリアクションだったと思うからである。長い目で見れば十年などたいした時間ではないが、トランスジェンダーの人たちに関する世間の理解や議論に関しては、たしかにひと昔前のことのようにも感じられる。

私が性別移行し、カミングアウトしたトランスの女性として生活を始めた二〇〇一年ごろ、社会はトランスジェンダーの人たちの存在について、ほとんど認識がなかったといっても過言ではない。メディアがトランス関連の深刻な問題や懸念事項を伝えることはごく稀だった（本書でも触れている二〇〇二年のグウェン・アラウージョ殺人事件などの例外はあったが）。主流メディアが私たちを扱ったほんの一握りの報道は、たいてい意図的にセンセーショナルなものか、嘲笑を誘うものばかりだった。トランスジェンダーのアイデンティティをもつ人に便宜を図る公共政策や組織はほとんど存在しなかった。ストレートの多数派に属している人に私が「トランス」や「トランスジェンダー」、あるいは「トランスセクシュアル」としてカミングアウトしても、私が何を言っているのかさっぱりわからない人が多かった。

私は、トランス限定スペースの外でも、クィアやフェミニストの人たちならトランスに対する理解（正確かどうかは別として）があるのではないかと思っていた。それは何より互いの関係性の近さからそう思ったのだ。つまりフェミニスト・アクティビストは「家父長制」、トランス・アクティビストは「ジェンダー二元制」と文脈の立て方に差こそあれ、両者がジェンダーを基にした社会的抑圧に異議を唱えることに関心をもっていたからである。トランスの人々とより広範なクィア・コミュニティは、歴史（トランスの人々はゲイ解放運動の初期、そして九〇年代のクィア・アクティビズムに重要な役割を演じた）、共通の懸念事項（ホモフォビアとトランスフォビアの表現は似たようなところから始まっていて、実際のところこの二つは見分けがつきにくい）と人口統計（例えば二〇一一年の調査によれば、七十七パーセントのトランスジェンダーの人たちは異性愛以外の性的指向を回答している）[2]を共有していると。『ウィッピング・ガール』がフェミニストやクィアの視点にこだわり過ぎているのではないかと私に伝えてきた読者は一人だけではない。だが、これにはとても簡単な理由がある。私が本書を執筆中、（精神医学や性科学関連の調査以外で）トランスジェンダーの人たちをふだんから話題にしたり、私たちが言いたいことに関心を寄せたりしていたのは、この二つのグループだけだったからだ。

さらにこれらの運動は、今とはかなり違うダイナミクスや焦点をもっていた。過度の一般化を恐れずに言えば、九〇年代から二〇〇〇年代のフェミニズムやクィア・アクティビズムは、多くの点で七〇年代から八〇年代にこれらの運動を席巻していた「一方的」アプローチに対する反作用だったと言えよう。一方的アプローチ（「アイデンティティの政治」や「反動的言説」と呼ばれることもある〔第十九章で詳述〕）は、対立的集団（男性や異性愛者など）に抑圧されていると考えられる周縁化された集団（女性や同性愛者など）のうち、ある性格をもつ集団が抱える問題にフォーカスする傾向があった。実際問題としてこの枠組みがあると、集団内にある多くの差異が無視され（例えば女性といっても、生い立ち、経験、直面する問題は人によって異なる）、アクティビストは多くの関係者の問題やニーズを無視した画一的な解決策を提案しがちになる。さらにこの枠組みによって、想定された抑圧者／被抑圧者の二項対立にぴったり収まらない人たち（例えばトランスジェンダーやインターセックスの人たち）は軽視（時には悪魔化さえ）される。言い換えれば、一方的アプローチがアクティビズムに導入されると、運動に利害関係をもつ多くの人が必然的に無視されるか排除されることになる。

九〇年代になると、このような一方的アプローチへの対抗策として、違いを積極的に受け入れ、あらゆる二元制や固定化されたアイデンティティに異議を唱える、意図的に多元主義的ないくつかの運動（第三波フェミニズムやクィア・アクティビズムのほか、ポスト構造主義フェミニズムやクィア理論のような学問領域）の活発化がみられた。トランスジェンダー運動はこの波から急に現れ、似たような思いを広めた。この運動は、ジェンダーの常識にとらわれない人やその支援者なら誰でも歓迎する反アイデンティティ運動の形を意図的に取った。

二〇〇〇年代初め、私がカミングアウトして足を踏み入れたのは、サンフランシスコ・ベイエリアのこうしたアクティビストたちがいる環境だった。ここで私が出会ったクィア／トランス・コミュニティは信じられないくらいオープンで違いを受け止めるところだと、最初のころは思っていた。けれど私はやがて、このコミュニティでは個人のアイデンティティを規制の対象にしないものの、そこにいくつかのヒエラルキーが存在することに気づいた。例えば、はっきりした言葉や外見で男／女二元制のジェンダー区別を攪乱する人たちは間違いなく称賛される一方、男や女というアイデンティティをもって悪びれないトランスセクシュアルたちは、男／女二元制を「補強する」として相手にされないことが多かった。コミュニティのなかで、クィアやトランスの人たちのマスキュリン表現は問題なく受け入れられていたのに、クィアやトランスの人たちのフェミニン表現はたいてい（ただのおふざけや皮肉をこめたものでない限り）、胡散臭いと思われた。これらの二つのヒエラルキー、特に二つが組み合わされたとき、コミュニティ内で（多くの場合、女性性をアイデンティティにしている）トランスの女性の立場が危うくなることがだんだんわかってきた。

二〇〇三年に参加したキャンプトランス[3]でこうしたコミュニティの態度を目の当たりにした私は、この問題に心を奪われた。私は当時、主にスラム詩人として活動していたが、作品の多くはトランスとしてカミングアウトしてから直面したトランスフォビアか、女性として世を渡るようになってから体験し始めたセクシズムのいずれかを題材にしたものだった。だがそのころ、私はこの二つの影響力が重なったとき、私の人生、そしてより広くはトランスの女性の人生にどんな影響が及ぶのか、自分の思いをつづってみようと考えるようになった。私が最初にこのテーマを取り上げたのは、二〇〇四年秋に『Bitch』誌に掲載され、本書の第二章に収められた「女の尻を追う奴ら――なぜメディアはトランスの革命を口紅とハイヒールで表現するのか」だった。次に書いたのが、二〇〇五年六月に自費出版した小冊子『外から内側を覗くと――トランスの女性の視点からみたフェミニズムとレズビアン・女性専用スペースからのトランスの女性排除について』で、「女の尻を追う奴ら」のほか、本書の「トランスの女性のマニフェスト」と第十二章「他人のための悪あがき――伝統的セクシズムとトランスの女性排除方針」の土台となったエッセイが収められている[4]。

この小冊子の中で私が初めて世に送ったトランス・ミソジニーという概念こそ、『ウィッピング・ガール』が後に注目を集めることになった理由の一つだ。この概念自体は本書に関係なく存在していたとしても不思議ではないが、私が説明したかったトランスフォビアとミソジニーの相互作用をうまく表現した〈トランス・ミソジニー〉という用語は、私が作りだしたものだと思う。私は『ウィッピング・ガール』を書き進めるに従い、この概念が包含する範囲を広げ、ジェンダーに基づく差別のほとんどは〈二項対立的セクシズム〉（二元制的ジェンダー規範を守らないことの正当性の否認）や〈伝統的セクシズム〉（女であることや女性性の正当性の否認）が、何らかの形で結合したものだと説明した。当時の私は、この制度がトランスの女性など女性／フェミニン寄りのトランス・スペクトラム上の人たちに対してはとりわけ情け容赦ないことを指摘しつつ、トランスジェンダー・アクティビストとフェミニストの両方の立場で以前から抱いていた懸念事項を一つにまとめることができる概念を考えつくことができてとてもうれしかった。

二〇〇五年にはさらに、偶然に偶然が重なったおかげで、シールプレスが私の著作に気づき関心をもってくれた。私が『外から内側を覗くと』をベースに書きたい本の内容とその強みについて説明すると、同出版社から出版契約のオファーを頂いた。原稿の締め切りは、そのおよそ一年半後の二〇〇六年十二月に決まった。前述のエッセイのほか、私は本のテーマにぴったりなスラムポエムをいくつか書きためていた。それらは、第十一章「脱構築的手術」、第十三章「自己欺瞞」、第十五章「従順さの条痕」、第十八章「アクセサリー・マニフェスト」となった。他はその後一年半の間に書かれたものである。

トランス関連の著者やアクティビストが直面する最大の難関は、女と男の間に自然で本質的な差異があると信じている人が私たちの文化で大多数を占める点だ。だから私は、トランスの人たちを取り巻く状況や視点を読者に理解してもらうには、こうした決めつけに疑問を投げかける必要があることは承知していた。だが前述したとおり、本書の潜在的読者層の大部分が、ジェンダーは単なる社会的人工物に過ぎない、あるいはもっぱら社会化の産物であると主張するフェミニスト・クィア理論の知識をもっているはずなのだ。後者の主張は、出生時に割り当てられ社会化されたジェンダーでない限り、私たちにジェンダーの自己理解などもてるはずがないというものであるため、トランスセクシュアルがひそかに傷つくことがよくある。生物学者である私は、分断の両側にある完全な先天性支持派も完全な後天性支持派も、生物学が単純でわかりやすく成り立つものだと見当違いの先入観をもっていることに気づいた。実際のところ、生物学的特性は計り知れない複雑さをもつと同時に、私たちの環境や経験から影響を受ける。『ウィッピング・ガール』で、私はこのことを平易な「内在的傾向」モデルを使ってなるべく明確に説明しようとした。この点を多くの読者が評価してくれた一方、私が単に生物学的決定論を説いているか、過度に単純化された「先天性」議論をしているのだろうと誤解した人もいたようだ。だから私は、二作目の著書『排除されて——より包摂的なフェミニスト・クィア運動のために』の中で、このモデルにさらに徹底的に肉付けし、私が直面した懸念事項の多くを取り上げた。[5]私はその後数年の間に、生物学とジェンダーについて正確性に細かく配慮した議論がフェミニストやクィア界隈で増えたと感じている。私が二冊の著書で主張した事柄が、こうした議論のより合理的で学際的な方向への発展に多少なりとも役立ったと思いたい。

九〇年代から二〇〇〇年代のフェミニスト・クィア理論でもう一つ特筆すべきなのは、ジェンダーが私たちの「ありよう」ではなく私たちの「すること」として描写されたことである。これは恐らく、「ジェンダーはみなドラァグ」や「全てのジェンダーはパフォーマンス」のような、当時流行したキャッチフレーズが如実に示していると思うが、トランスセクシュアルをはじめとするさまざまなグループを無視しようとするとき、こういう言葉が使われることもあった。[6]ジェンダーは私たちが「すること」である**場合もある**が、そう言い切ってしまうにはあまりに複雑なのは明らかだ。それに、ジェンダーを「する」とか「パフォーマンスする」的な枠組みから大きく欠落しているが重要なのが、私たちのジェンダーが他者によってどのように〈察知され〉〈解釈される〉（ときには誤解されることもある！）かという側面である。（本書で詳しく描写しているように）私が男としてではなく女として見られるようになって、それぞれの性別に対する期待や思い込みに大きな違いがあることを経験し、私の言葉や行動が他人にとって新たな意味合いをもつようになった今、この側面に私が関心を寄せていたことについて、トランスセクシュアルとしての私自身の経験から十分な情報を得ることができたと思う。私たちが他人の（現実の、または私たちが察知する）ジェンダーやセクシュアリティについて、ある人には投影するが別の人には投影しないこうした類の思い込みや意味合いが、あらゆる形態のセクシズムに中心的な役割を果たしているように私には思えていたのだ。この点を『ウィッピング・ガール』を通して論証し、『排除されて』の中でこうした見解の多くを膨らませていこうと努力した。[7]

『ウィッピング・ガール』がもっともよく知られるようになった概念や用語のいくつかを発展させることができたのは、人の察知・解釈のダブルスタンダードをじっくり検討したからである。その当時まで、トランスジェンダー差別は一般的に、トランスジェンダーの人に対する恐怖、嫌悪である〈トランスフォビア〉の観点で論じられていた。トランスフォビアは存在する。だがこの概念では、トランスの人たちが常に対処しなければならない、ちっぽけだけれど限りなくもどかしい体験の数々が説明できていないのではないかと思った。例えば、私をトランスとして完全に受け入れている友人であっても、私の人称代名詞を間違うことがある。私がトランスでないと思い込んでいる人たちなら決しておかさない間違いだ。悪意のない知人たちでも私がトランスだと知った瞬間、私のセクシュアリティとか性器のこととか、トランスでない知人には絶対に尋ねないような立ち入った質問を始めることがある。テレビや映画に出るトランスの女性はよく、化粧中や着替え中の様子やハイヒールを履いてよろける様子が映し出される。これらは、トランスでない女性にはおよそ使われることのない映像ではないだろうか。

本書のいくつかの章の第一稿に取り掛かっていたころ、こうした事象は私の周りだけで起きることだと思っていた。けれども突き詰めていくと、これは社会化の過程で誰もが身に付け広がったものの見方だということに気がついた。この見方によれば、トランスの人たちのジェンダー表現やアイデンティティ、そして身体は、トランスでない人たちのものとは違っている（そして本物さに欠ける）とされてしまう。この見方を示す最良の方法がないものかと考えを巡らせていたとき、小山エミのブログ記事で〈シス〉という用語に出会った。これは、トランスの人たちが社会でどのように受け止められ扱われているかをより明確化するため、普段は注釈のつかない圧倒的多数派（つまりトランスでない人たちのほう）に「シス」という接頭辞をつける方法である。[8] この方法によれば、トランスジェンダーでない人たちはシスジェンダーと呼ばれ、トランスセクシュアルでない人たちはシスセクシュアルと呼ばれる。現在は〈シスジェンダー〉のほうがより頻繁に使われるが、トランスセクシュアルに焦点をおく本書の性質上、本書では〈シスセクシュアル〉が主に用いられている。

　今日、シスという用語を使った言い回しはだいぶ一般的になったが、私が使い始めたころは珍しかったため、この用語の存在を知っているトランスの人たちはほとんどいなかった。事実、シスという用語を一貫して使ったのは『ウィッピング・ガール』が最初の書物だと思うし、一般的に本書がこの用語の普及に功績があったともいわれている。[9] 当初、読者になじみのない用語を使っていいものか迷ったが、結局使うことにした。「シス」のほうが、「トランスでない」（それまで私が著作やアクティビズムのなかで使っていた用語）よりしっくりくるのも理由の一つだったが、「シス」を使えば〈シスセクシズム〉、つまりシスの人たちに対するのとは違うトランスの人たちに対する（本物さの程度を低く見る）見方、解釈、対応を生むダブルスタンダードについて考察できると思ったからだ。このダブルスタンダードを分析し、トランスの人たちの生活でどう展開されるのか説明するため、第八章をまるごと使った。完成したとき、私はそれまででもっとも大切なことを書き上げたような気がした。

そして『ウィッピング・ガール』は、フェミニンなジェンダー表現を悪びれずに弁護したことでも知られるようになった。再び一般化し過ぎを恐れずに言うなら、七〇年代から八〇年代のフェミニズムは、女性性《フェミニニティ》を男性の欲求を満たすために女性が無理やりさせられてきた人工的な一連の行為とみなし、とても蔑視していた。九〇年代までには、この観点はますます第三波フェミニズムとフェム運動から反駁を受けるようになった。たしかに私自身、後者の運動の影響を受けてはいたが、ある特定の女性性の「再領有〔改めて概念を捉え直すこと〕」だけが弁護されがちなことにがっかりすることも多かった。例えばアクティビストたちはライオットガール的生き方やブッチと一緒にいるフェムを、非伝統的な形でフェミニンだとかフェミニストやクィア側に寄せた女性性の作り直しだとか言って褒めそやしていたことが挙げられる。もちろんここから伝統的および異性愛的なフェミニン表現がいまだに本物と思われていないことが伺える。女性性の社会化を受けず奨励もされず、そして自分のフェミニンな傾向を隠しながら大人になったトランスの女性である私の目から見ると、女性性は本質的に人工的で男のためだけにあるという前提は、虚偽であるばかりかまるでセクシストとしか思えない。これまで説明した私自身の視点（内在的傾向モデル、一つのジェンダー表現には投影させる特定の意味と思い込みを別のジェンダー表現には投影させないなど）から、女性性に対する十把一絡げ的な非難はフェミニズム史のなかの残念な失敗の一つだったとする私の主張をうまく説明することができた。その後私はこの論考を、『排除されて』をはじめとする著作の中で発展させてきた。[10]

今回まえがきを書くにあたって、本書を再読してみた。私が記録した問題の多く（フェミニンであることに対する反感、シスセクシズム、トランス・ミソジニー、二項対立的セクシズム、伝統的セクシズムなど）はいまだに存在するが、私が掘り下げた具体例を見ると、その内容の多くに大きな変化があった。なかには個人的なことも含まれる。例えば今の私はレズビアンでなくバイセクシュアルのアイデンティティをもっている。私のアイデンティティやアクティビズムの変化の経緯は『排除されて』[11]の中で説明してある。また、トランスジェンダーのアイデンティティに関するラベル付けは常に変化している。本書で言及したなかで今ではほぼ消滅したもの（「トラニーボーイ」など）がある一方、近年さらに一般的になったけれど本書での言及がないもの（「Ａジェンダー」など）もある。本書にたびたび登場するミシガン女性音楽祭は、トランスの女性排除の方針を掲げていたことから私が初期のアクティビズムのターゲットとしていたが、どうやら最後の音楽祭を開催したらしい。残念ながら、この音楽祭は最後までトランスの女性を歓迎することはなかった。[12]そして、ＤＳＭ（いわゆる「精神科のバイブル」（400ページ参照））に掲載されたトランスに固有の二つの診断名、〈性同一性障害〉と〈異性装フェティシズム〉についても多少の紙幅を費やしておきたい。最近、新しいＤＳＭ（第5版）が発行され、前述の診断名はそれぞれ〈性別違和〉と〈異性装障害〉と劇的に変更された。この変更過程は、私の三作目の著書となる『歯に衣着せぬ――トランスジェンダー・アクティビズムとトランスフェミニズムの十年』[13]に詳述されている。もっと明るい変化といえば、ハリー・ベンジャミン国際性別違和協会（ＨＢＩＧＤＡ）は現在、世界トランスジェンダー健康専門協会（ＷＰＡＴＨ）と名称を変え、最近初めてトランスジェンダーをアイデンティティとする人（ジェイミソン・グリーン）が会長に選出された。同協会は現在もケア基準を発行している。ただ、第七章で私が説明した当時の古風なバージョンに比べて、ずっと柔軟でトランスフレンドリーな内容となっている。さらに私は本書で何度か、レイ・ブランチャードの「オートガイネフィリア」仮説に触れた。さらに、この仮説に関する批判的な評論を何本か執筆もしたし、他の研究者も研究論文を発表している。これらの研究から、この仮説が誤りであることがわかる（ただし残念なことに、そして予想できることだが、トランスの女性のアイデンティティを否定するのを目的としてこの仮説を引用する人がいまだに後を絶たない）。[14]

二〇〇七年に『ウィッピング・ガール』が出版されてから最大の変化といえば、おそらくメディアによるトランスの人たちの報道と取り上げ方だろう。当時、配慮が行われるのはごく稀だった。番組のほとんどがシスジェンダーの人たちが作り上げたもので、実際のトランスジェンダー的な視点が使われることはほとんどなかった。メディアにおけるトランス関連の表象はまだまだ完璧とは言いがたいが、今日のトランスの登場人物はある程度現実をよりどころとしていることが多く、トランスの俳優がその役を演じる場合が増えている。[15]主流メディアには、トランスの人たちが直面する深刻な問題に関するニュース記事の掲載頻度が増えただけでなく、それらがトランスのライターによるものであることが多い。近年、大勢の視聴者がラヴァーン・コックスやジャネット・モック、ローラ・ジェーン・グレース、チャズ・ボノ、つい最近ではケイトリン・ジェンナーといったトランスのセレブが、自分たちの体験を直接語ったりトランス・コミュニティに影響を与える問題について話したりするのを聞くことができるようになった。

トランスの生の声やメディアによるトランスの丁寧な描写などは、私が『ウィッピング・ガール』を書いているころには存在しなかった。一定の制限つきとはいえ、これは明らかに進歩の兆しである。私はケイトリン・ジェンナーが公衆の面前で大々的に行ったカミングアウトと性別移行の直後にこの序文を書いているが、私は彼女を支援する優しい言葉や称賛に感動している。と同時に、人称代名詞の言い間違いや古い名前である「ブルース」の使用、『ヴァニティー・フェア』誌のカバーストーリー用に情け容赦なく使われた「ビフォー・アフター」の写真、彼女が出演する番組『私はケイト』のプロモーションビデオに使われたジェンナーの化粧シーンなど、本書のあちこちで指摘したトランスジェンダーお決まりのポーズが続々と現れたことに驚いてはいない。この矛盾は何を意味しているのか。トランスフォビア（つまり、トランスの人たちに対する恐怖や嫌悪）は衰退しているが、シスセクシズムはまだまだ健在で、自分をトランスフレンドリーやトランスアライと思っている多くの人の心の中に根強く残っていると解釈できないだろうか。本書が表面的な寛容性や受け入れの表現を乗り越え、トランスジェンダーの人たちに悪影響を及ぼしている多くのダブルスタンダードを識別し、放棄するのを厭わない人たちのリソースであり続けてほしい。

この十年間にみられたもう一つの大きな変化は、トランスジェンダーの人たちのなかに存在する違いが少しずつだが理解されてきたことである。最終章「クィア／トランス・アクティビズムの未来」で論じるように、二〇〇〇年代前半は、かなり限定された「トランスジェンダー」の概念化が多くの人々の心に浸透しつつあったようだ。（当初意図されていたような）多様なジェンダーを生きる人たちの幅広い連合の代わりに、「トランスジェンダー」はある特定の審美的、政治的アイデンティティ、さらに共通の価値観や存在のための好ましい方法を意味するようになり、ある特定のジェンダー・バリアントの人たちには、他の人たちにくらべて有利に働くようになった。『ウィッピング・ガール』は、この傾向に対するリアクションだといって間違いない。この一枚岩的な「トランスジェンダー」観によって、トランスセクシュアルと女性／フェミニン寄りのトランス・スペクトラム上の人たちのもつ、とても異なる経験、障壁、視点がいかに無視されたかの説明を心掛けたからだ。ただし、トランスジェンダーの均質性を仮定する傾向の強まりを危惧したのは私だけではなかった。二〇〇〇年代後半になると、人種差別や階級差別、エイブルイズム《健常主義》などがトランスジェンダーの経験とどう交差するか、そしてクィア・コミュニティや都市部、あるいは米国以外に住むトランスの人たちがトランス・アクティビズムやジェンダーの多様性に関してかなり異なる見解を持っていることについて、議論が深まった。『ウィッピング・ガール』が出版された翌年に書いたエッセイの中で、第三波フェミニズムが台頭しつつあったころ、差異に関する議論が同じように深まったのにちなみ、私はこの運動に「第二波トランスジェンダー・アクティビズム」と名付けた。だがこのあだ名は定着せずに終わってしまった[16]（それでかえってよかったのかもしれないが）。

『ウィッピング・ガール』がトランス・ミソジニーのほか、二項対立的セクシズムと伝統的セクシズムの交差部分を論じた最初の本だったことを誇りに思うが、振り返ってみると分析の範囲を広げてこれらの影響力がさらに他の形態の周縁化（人種差別、階級差別、障害差別など）と共通点があることを論じていれば、この本がさらに強力なものとなったことは明らかだ。今日多くの研究が発表され、トランスフォビアによる暴力などトランス差別はかなり多くの形態が、女性／フェミニン寄りのトランス・スペ

クトラム上の人たち、非白人や貧しい労働者階級のトランスの人たちに偏って標的にしているか、さらに今挙げたカテゴリーの三つ全てが交差するところにいる人たち（白人以外のトランスの女性の多くがそうであるように）がもっとも強く影響を受けていることが明らかになってきた。[17] しかしながら執筆当時はこれらに関する調査が不足しており、本書が（九〇年代から二〇〇〇年代にトランス・アクティビストが書いたものの多くと同じく）私の主張を補強するのに、私個人の体験や観察に大きく依存しているのはそういった理由からである。著者の立場からすれば、おそらくこうした堅苦しくない私的なアプローチのおかげで、多くの読者には本書がよりわかりやすく胸に迫ると映るだろうということは理解できる。しかしアクティビストの立場からすると、このアプローチによって私の分析に大きな穴が開いているのがすぐわかる。結局のところ私は、単にトランスの女性なのではなく、白人で中流階級に属し、障害をもたない「ジェネレーションX」世代の、米国の大都市でシスセクシュアルとして「パス」し生活できる、クィアのアイデンティティを公表しているトランスセクシュアル女性なのだ。このように、私がここで記した逸話が真実であり啓蒙的であることに間違いはないが、こうした逸話はより大きな物語の一部に過ぎない点は覚えておいてほしい。

同じく、本書執筆中、私はトランスの女性の懸念点を社会が真剣に考えるきっかけを作りたいという思いから、自分を時の勢力への反発を呼び掛ける部外者だとみなしていた。けれども十年後の今、本書はしばしば教材に採用され、トランスの人たちを題材にした「権威ある」書物とみなされることすらある。今この事実を目の前にすると、私自身の個人的な体験を頻繁に最前面に出したこと、そしてトランスセクシュアルと女性／フェミニン寄りのトランスの人たちに焦点を限定したことによって、ジェン

ダー・バリアントの人たちのコミュニティや問題について、ゆがんだ考え方をもってしまった読者がいるかもしれないと懸念している。例えば本書では、インターセックスの人たちやノンバイナリーやトゥースピリットのアイデンティティをもつ人たち、男性／マスキュリン寄りのトランス・スペクトラム上の人たち、ストレートのアイデンティティをもつトランスの人たち、非白人やその他の文化をもつトランスの人たちなどについて、あまり突っ込んだ議論をしていない。さらに（執筆当時はまだ稀だった）成人を迎える前に社会的に性別移行をするトランスキッズの数が増えているが、こういう子どもたちの観点が（私のように）子ども時代に性別移行をしなかったトランスの人たちとは著しく異なることは間違いない。だから私は読者に『ウィッピング・ガール』をトランス的観点の一つと思ってほしい。どの観点も、「もっとも信頼がおける本」とみなさず、数えきれないほどあるトランス的観点の一つと思ってほしい。どの観点も、さらに詳しい探究の対象にされるべきなのだ。

多くのジェンダー・バリアントな人たちの間に存在する多数の差異を認識し受け入れるのは大切だと思うと同時に、私は、互いを対立関係にあるとか、ヒエラルキーの異なる位置にあるとかではなく、理解し協力し合えるよう努力するのが肝要だと思う。『ウィッピング・ガール』が出版されてから、トランスジェンダー・アクティビズムはしだいに「ジェンダー二元制をぶち壊す」やあらゆるジェンダー規範をなくす（これは私たちみんなにとってプラスになる）という大局的な目標からますます距離を置くようになった。その代わり、主にトランスの人たちの懸念事項に焦点を絞ったアイデンティティ政治的なアプローチに近づいているので、この点は強調しておかなければならないと感じている。そして残念なことに、「トランスの人たち」は「トランスセクシュアル」の同義語として使われることが増えている。

本書で私が人々のジェンダーはどのように察知され、解釈され、取り扱われるかに関するダブルスタンダードを議論するために引っ張り出してきたシス／トランスの区別は、今では「シスの人たちは抑圧者でトランスの人たちは被抑圧者。以上」のような一方的ナラティブを広めるのに使われることもある。この流れにみられる問題の多くについて、私は二〇一四年に執筆した『シスセクシズムとシス特権再考』という二部構成のエッセイの中で論じた。[18]

シスセクシズムとトランス・ミソジニーは社会に蔓延した問題であり、そこに焦点を置く必要があることに間違いない。だが私たちは、これらの問題が、程度の差こそあれどんな人にも影響を及ぼすもっと大きな力のあるシステムとして存在する二項対立的セクシズムと伝統的セクシズムから派生したものだということに気づくべきだ。さらに二項対立的セクシズムと伝統的セクシズムは、多くの異なる周縁化形態のうちの二つに過ぎず、全ての周縁化形態をなくすことをめざしてだれもが取り組むべきなのだ。二冊目の著書『排除されて』の第二部では、どの特定グループの経験や問題であっても、過程のなかで忘れ去られたり無視されたりされることなく、あらゆる形態のセクシズムと周縁化に疑問を投げかけるのに有効だと私が思う数々の戦略が提案されている。

このまえがきに続く本文は、よりわかりやすくするための簡単な変更や訂正を数か所入れた以外、初版のままにした。いろいろ考えた末、初版で私が使ったトランス関連用語は以下のような理由から変えないことにした。ここ数年、私は「アクティビスト用語メリーゴーラウンド」と呼ばれる現象について、盛んに執筆してきた。簡単に言うと、私たちの文化では、トランスの人たちは偏見や差別の対象とされ、過度な詮索を受けることが多いので、私たちに関係する用語の全てが結局は偏見や差別の対象となってしまう。[19] だからもし私が初版の用語をアップデートして、二〇一五年現在できたてほやほやの用語を使ったところで、たった数年のうちに古臭いとか（何らかの理由で）問題ありとされてしまうだろう。そのうえ、私が本書で頻繁に使ったトランス関連用語の全て（私が本書を執筆中に作った〈エフェミマニア〉や〈潜在意識下のセックス〉などは別にして）は、近年そうではないという反論を耳にするものの、ポジティブあるいは中立の意味で使われてきた長い歴史をもつ。私の言葉遣いや特定用語の使い方についての読者の疑問や懸念には、本書出版の後、トランスジェンダー用語についての多くの補足記事を書いたので対応できているつもりだ。[20]

最後に個人的なことを述べたい。私がこのプロジェクトに取りかかってすぐのころから、口には出さなかったものの、私は自分がティーンエージャーか若いころに読みたかった本を書こうとしているとはっきりした意識をもっていた。自分は男ではなく女のはずだという不可解な感情と、「男の子は女の子より好ましい」とか「女が秀でているのは一つのことだけ」と常に語りかけてくる社会のメッセージの両方を理解するのに役立つような本を。それを考えると、『ウィッピング・ガール』が出版されてから、多くのトランスの女性やトランスフェミニンな人たちが、これは自分たちのために書かれたそういうたぐいの本だと言ってくれていることに私はとても感謝している。そして女性／フェミニン寄りのトランス的視点の説明とエンパワメントを第一の目的とする本に、トランスの体験をもたない数多くの読者から称賛と謝意が寄せられていることに（一番良い意味で）驚いている。これが私の率直な感想だ。

二〇一五年九月　ジュリア・セラーノ

はじめに

Introduction

「もし私が自分で自らを定義しなかったら、私は他人が私のために作り出した空想の世界に追い立てられ、生きたまま食い物にされてしまう」

オードリー・ロード

私がトランスセクシュアルの女性としての経験と視点をもとに本を書いていると言うと、それは（政治や歴史の本とか、フィクションとか、個人的なエッセイ集とかではなく）自伝に違いないと思う人が多かった。トランスでない人たちがトランスセクシュアル女性から絶えず聞きたがっている告白スタイルの暴露本を私が書いているとでも思ったのかもしれない。その手の本はたいてい、私はずっと「男の体に閉じ込められた女」だったと主張するところから始まる。そして、私が女になりたい欲求は女らしさを手に入れるための追求へ歪められ、性別再割当手術やホルモン治療のおぞましい場面を事細かに説明する。こうした本は、女性として扱われる気分とか男性として扱われていたときに比べてどうかといった話を完全にスルーし、トランスセクシュアルであることで直面するあらゆる偏見をすっかり覆い隠すのだ。そして最後は、主人公が歯に衣を着せぬトランス・アクティビストやフェミニストになる場面ではなく、男との最初の性経験というかたちで私が女としての第一歩を踏み出すところで終わる。私の書いている本が単にこの典型例をなぞったものだろうと多くの人が思ったとしても、私は驚かない。

つい最近まで、こんな筋書きでないと、トランスセクシュアルの女性〔50ページ参照〕にはトランスでない版元やメディアプロデューサーからチャンスが与えられなかったからだ。これまで、自分のストーリーを思い切って世間に公表したトランスの女性に、私は尊敬の念しかない。だが、メディアがトランスセクシュアルの語りのおいしいところやセンセーショナルなところだけに焦点を絞った結果、トランスの女性のとても多様な視点や経験が不可視化された。不可視化されたことで、私たちの多くがもつ自分自身のジェンダーと身体との、複雑で難しい関係性が単純化されてしまった。さらに、私たちが女性で、トランスセクシュアルだという理由で他者が私たちに投影するジェンダーステレオタイプに立ち向かうときの困難も、もみ消されてしまった。

トランスジェンダー・アクティビストとしての活動やトランスを主な題材にするパフォーマンス詩人としての私を知る人たちは、私が「トランスジェンダー革命」についての本を書いていると思っていたかもしれない。つまり、ケイト・ボーンスタインやレスリー・ファインバーグ、それにリキ・ウィルチンズといった、カミングアウトしたころの私に大きな影響を与えた人たちの著作のような本か、ジェンダー二元制に囚われるなと読者に喝を入れるもの、あるいはトランスセクシュアル、クロスドレッサー、ジェンダークィア、ドラァグアーティストなど、トランスジェンダーの人たち全てに向かって、私たちは皆同じ境遇で、厳格な文化的ジェンダー規範の被害者であることに気づきを促すような本のことだ。私は、トランスジェンダーの人なら誰でも、ジェンダーの多様性やその驚くべき形態ひとつひとつの違いを恐れ取り合わない人たちとの政治的な戦いに関与しているとは思うが、差別のされ方や理由が全く同じだとは思っていない。クローゼットの男性クロスドレッサー、あるいはバイジェンダー〔53ページ参照〕

のクィアボーイといったアイデンティティをもっていたころの私に対する反応は人によってまちまちだったし、カミングアウト済のトランスセクシュアル女性である今の私に対する反応とも違っていた。「二元制的ジェンダー規範の境界を踏み越える」人たちなら誰にでも当てはまるカテゴリーとしての「トランスジェンダー」に捉われると、ジェンダーに基づく偏見がいくつも交差する地点にいる私たちの苦闘が、うっかり消されてしまう。「ジェンダー二元制をぶち壊す」をテーマにした本がよく主張する多くの点に納得はするが、それだけでは語るべきストーリーの一部でしかないと考えるようになった。

どんなトランス差別でも、私たちトランスジェンダーの人たちが「二元制的ジェンダー規範の境界を踏み越える」ことに原因があるという見方は、私の個人的な体験とあまり響き合わない。ちょっと風変わりな子どもだった私は、男の子の活動に参加しないで済むことが多かったし、アンドロジナス（セラーノの定義では、フェミニンとマスキュリンを組み合わせた、あるいはマスキュリンとフェミニンの境界線が曖昧なジェンダー表現）な風貌とペルソナを育てることもできた。皆と違う、普通の男の子のようにマスキュリンでないといってからかわれることも時にはあったが、完璧にフェミニンな少年たちだけに向けられる敵意に比べたら大したことではなかった。そして現在、カミングアウト済のトランスセクシュアル女性である私をばかにしたり無視したりする人たちは、私が単にジェンダー規範に従わないというだけの理由で私を叱責したいのではないと思う。むしろ、私のフェミニンなところをあざ笑いたいことのほうが多いのだ。時折ジェンダーベンディング（自分が属するジェンダーの規範とは異なる服装・行為）する人や女性から男性（ＦＴＭ）スペクトラム上の人からすれば、二元制的ジェンダー規範こそが全てのトランス差別の根源のように見えるかもしれない。だが私がトランスの女性として経験した反トランス的な感情の多くはおそらく、ミソジニーと呼ぶほうがしっくりくるものだ。

私たちの文化がトランスジェンダーを興味深げに悪魔化するとき、トランスセクシュアル女性だけが攻撃対象となる事実は、かれこれ五十年間の歴史をもつフェミニズムによる批評の対象になってしかるべきだった。ところが残念なことに、多くのフェミニストはトランスセクシュアル女性の経験や視点に対して、異常なまでの無関心あるいは敵意を見せてきた。事実、過去にトランスの女性について執筆したことのある数少ないトランスでないフェミニストたちの著作は、トランスの女性は本当は「男」であり女ではない、女性への身体的移行や女性性の表現は、女性の文化、シンボリズム、身体の剽窃だと憶説したものが多い。こうした欠陥のあるアプローチは女性としてのアイデンティティをもち、生活し、世間からも女性として扱われる私たちに対して失礼なうえ、伝統的セクシズムがトランスセクシュアル女性に対するよくある思い込みをどう作り上げるか、社会のこれほど多くの人がなぜ「女になることを選んだ男」の存在に脅威を感じているのかなど、もっと重要な問題を吟味する貴重な機会を逃すことになった。

本書の趣旨は、トランスセクシュアル女性について、そしてジェンダー全般について、多くの人が信じている俗説や誤解を明るみに出すことである。トランスの女性とそれ以外の世界の立場を逆転させ、なぜ社会のありとあらゆる側面でトランスの女性が非人間的な扱いを受けるのか検討し、私たちが馬鹿にされたり無視されたりするのは、多くのトランスジェンダー・アクティビストやジェンダー理論家たちが説明するように、私たちが「二元制的ジェンダー規範を踏み越える」からなのではなく、私たちが男でなく女であることを「選ぶ」からなのだと指摘したい。私たちが、男に生まれ男性特権を継承したにもかかわらず、女としてのアイデンティティをもち女として生きているという事実は、私たちの社会で男性であることの特質や男らしさを美化したがる人たちのみならず、男性・異性愛特権のみで他の女性やクィアの苦闘を定義する人たちに対する挑戦なのだ。

　社会全体がトランスの女性を拒絶するさまを観察すると、伝統的セクシズムのもつ重要なのに見落とされがちな側面、つまり伝統的セクシズムはその人が女性であることだけでなく、女性性を表現することもターゲットにすることを明るみに出すことができる。現在は、女性だからという理由で誰かをあからさまな差別の対象とするのは不適切だとされたり偏見をもっていると思われるのが一般的なのに、人間の女性性は、差別の格好の的になる。男らしさは強く、タフで、自然なことで、女らしいのは弱く、もろく、人工的だとする考え方は、男女は平等と信じている人たちの間にも広がり続けている。そして女らしさが決まって無視される世界では、おそらく男性とトランスの女性によるフェミニンな表現ほど、人工的で胡散臭いジェンダー化〔社会のジェンダー規範に沿って男性または女性として典型的だとされるさま〕された表現はないのだろう。

　私が本書を『ウィッピング・ガール』と名付けたのは、女でも男でもトランスジェンダーでも、マスキュリンな人たちに比べて、屈辱的な扱いを受けるのはフェミニンな人たちとほぼ相場が決まっていることに光を当てたかったからだ。女性性を表現する人たちのスケープゴート化は、男性中心の一般社会のなかだけで起きるのではない。クィア・コミュニティでも、「女々しい」ゲイ男性がゲイライツ運動の足かせになっていると非難されたり、フェム・ダイク〔フェミニン表現をするクィア女性。ダイクはレズビアンの同義語とされることが多いが、セラーノによればバイセクシュアル女性やジェンダークィアな人もアイデンティティとして使うことがある〕たちがレズビアン運動の裏切り者と呼ばれたりするようなことが起きているのだ。フェミニストですら、その多くが女性性について、伝統的にセクシストな概念、つまり人工的、作為的、軽薄、男性の興味を引き、男性の欲求を満たすためだけに使われる策略だとする見方を受け入れてしまっている。本書で私が示したいのは、策略を仕組んだのはフェミニンである私たちではなく、フェミニンであることに下等な意味づけをする人たちの方だということである。フェミニンであることはマスキュリンであることに従属するという考え方は、女性全体を軽視するものであるとともに、トランスの女性に関してよく知られているほとんど全ての俗説やステレオタイプの原型ともなっている。

本書で私は、女性性を「人為的」あるいは「パフォーマンス」と特徴づけて否定しようとしてきた従来のフェミニズムやクィア理論とは一線を画することにした。その代わり、女性性（男性性も）は自然な側面をもち、社会化に先行し、なおかつ生物学的な性別、つまりセックスに取って代わることができると主張したい。だから私は、フェミニストが女性の身体をもった人たちにのみ焦点を当てたり、トランスジェンダー・アクティビストが二元制的ジェンダー規範だけ話題にしたりするのは怠慢だと思っている。まず女性性そのもののエンパワメントに努めなければ、真のジェンダー平等はいつまでたっても達成されない。

本書の執筆中、私が取り組まなければならなかった問題のなかでおそらくもっとも難しかったのは、私が対象としたい読者の背景が多岐にわたることだ。トランスセクシュアルの読者もいるだろうし、トランスジェンダー・コミュニティでとても活発に活動している人もいるだろう。だがこういう人たちは、学問や臨床の現場、フェミニズム、あるいはクィア政治に存在する多くの議論になじみがないかもしれない。またある読者は、トランスでない研究者がトランスの人たちについて語ったことは知っているが、それらの対話や議論に関するトランスの女性自身の意見は読んだことがないまま、女性、クィア、ジェンダー・スタディーズの観点から本書に関心を抱くかもしれない。そして本書が扱う内容はまったく初めてで、トランスセクシュアルについてやトランスアライになる方法を知りたくて本書を手にした人たちもいるだろう。女性性やセクシズムといった特定テーマへ関心をもっているのかもしれない。私にとって、込み入ったテーマでかなり厚い本を、予備知識や推測の域がまるでばらばらな読者が簡単に理解すると同時に楽しんでくれるものにするよう執筆するのは、たしかに骨の折れることだった。

　私は本書を「素人言葉」で一般読者向けに書いたが、トランスジェンダー固有あるいはトランスジェンダー関連の専門用語はどうしても使わざるを得なかった。このテーマが初めての読者のため、多くの既存用語を定義しただけでなく、混乱を解消し、通常はトランスジェンダーの人や経験を説明するのに使われる臨床、研究、アクティビスト用語の奇妙な寄せ集めに残るすきまを埋めるため、用語を再定義し、時には新たな用語を作り出した。私の造語によって始めは戸惑う読者もいるかもしれないが、ジェンダーやトランスの女性に対してよく耳にする多くの思い込みに対処し、異議申し立てをするのには必要なことだと思う。

「はじめに」に続く「トランスの女性のマニフェスト」は、本書で紹介された意見の多くの導入にふさわしいと思って私が選んだものである。その後に第一部「トランス／ジェンダー理論」が続く。主にメディア、医療、精神医学、社会科学、学問としてのジェンダー・スタディーズ、クィア政治、フェミニスト政治などにおける、トランスセクシュアルの描写と表象の問題を取り上げる。トランスセクシュアルが人口に占める割合は比較的小さく、今挙げた領域での勢力も発言権もほとんどないに等しいので、トランスセクシュアルでない人たちがトランスセクシュアルの代役をしたり、実際のトランスセクシュアルの視点や経験をでっち上げたりということが頻繁に起きる。これは非常に厄介な点である。というのも、トランスセクシュアルはセンセーショナルに描写され、性的興味の対象とされることが多く、あからさまな敵意が存在することすらあるからだ。露骨に屈辱的な意図がなくても、トランスでない人たちの先入観と興味を下敷きにしてトランスセクシュアルを表現するので、トランスセクシュアルの人生に劇的な悪影響を与えることに変わりはない。こうしてトランスセクシュアルは、トランスでない人たちの用語や価値観を使って自分たちのことや体験を説明せざるを得なくなる。すると私たちは必然的に、従属的な立場（つまり、トランスでないジェンダーは「普通」「自然」「疑いない」とみなされ、トランスセクシュアルのジェンダーは「異常」「人工的」とみなされ、常に疑いの目を向けられたり、自由な解釈を許容したりする）に身を置くことになる。すると、単にトランスセクシュアルを研究するトランスでない人たちが、なぜか私たち当事者よりトランスセクシュアルのことを理解している「専門家」の立場に置かれるという、かなり怪しげなことが起きる。第一部のページの多くをトランスでない人によるトランスセクシュアルの表象の危なさを説明するのに費やしたのは、それが事実上、トランスの人たちによる政治的な発言を抑え込み、私たちの生活を私たちが見たまま、経験したままに説明できなくしているからだ。

　もちろん、もう一つの二元制的ジェンダー関連のこと、つまりジェンダー本質主義者（女と男は二つの相互排他的カテゴリーのいずれかに属し、それぞれが固有で互いに重複しない遺伝形質をもって生まれると信じる人たち）と社会構築主義者（ジェンダー差異は主に、あるいは全面的に社会化と二元制的ジェンダー規範の結果であると信じる人たち）にしっかり立ち向かわないでこうした問題を議論するのは不可能である。このため、トランスパーソンとして、現役生物学者として私の両方の経験に呼応し、内因子と外因子のどちらも私たちが自分のジェンダーを経験し理解するようになる過程を形成することを認める、私自身のジェンダー観を第一部に含めた。

第二部「トランスの女性、女性性、そしてフェミニズム」には、フェミニンであることに対する恐怖や疑惑、ネガティブな対応がトランスの女性に対する社会の意識を形成し、トランスの女性の自己評価にしばしば影響をおよぼすさまざまな状況を考察するため、私の性別移行の前、最中、後の経験と見解を収めた。第二部の最後の二つの章は、ジェンダーに基づくアクティビズムの新たな方向性を示唆するため、本書の主要テーマのいくつかをまとめて議論したものである。第十九章「フェミニンなことをフェミニズムに取り戻せ」の中で私が主張するのは、フェミニストのアクティビズムや理論は、昔のように女らしさを疎んじたり蔑視したりするのではなく、むしろそれを受け止めエンパワメントする取り組みによってこそ、もっとも貢献度が高まるということである。こうした取り組み方があれば、フェミニズムはトランスジェンダーの視点を取り入れ、過去の運動に取り残されたと感じるフェミニンなアイデンティティをもつ数えきれない女性たちに働きかけることができるようになる。第二十章「クィア／トランス・アクティビズムの未来」で私は、最新のクィア／トランスジェンダー理論や政治で広く認められ当たり前と思われてきたある特定の信念や仮定によって、トランスの女性の視点や課題が今も他のクィアやトランスジェンダーの人たちの視点や課題より優先順位が低いままになっていることを指摘している。「ジェンダー二元制をぶち壊す」こと、つまりジェンダー規範に従う人とジェンダー規範に従わない人を例外なく対抗させる戦略に重点を置くのではなく、あらゆる形態のジェンダー特権意識（すなわち、他人のジェンダーを察知したり、解釈したり、評価したりするのに、当人の自己理解より自分のやり方のほうを優先すること）に異議を申し立てるような取り組みをすべきだというのが、私の主張である。つまるところ、ターゲットが女性でも、クィアでも、トランスセクシュアルでも、他の誰でも、ジェンダー化された他人の身体と行動に先入観と価値判断を重ねるところから始まるのは、あらゆる形態のセクシズムに共通しているのだから。

トランスの女性のマニフェスト

Trans Woman Manifesto

これは、世界中のトランスの女性をスケープゴート化すること、嘲笑、そして非人間化を終わらせるよう要求するマニフェストだ。ここで〈トランスの女性〉は、出生時に男という性別《セックス》を割り当てられながら、自分を女性として認識し生活する人と定義される。「トランスの女性」という用語に、女としての「パス」度やホルモンレベル、あるいは性器の形状などによる制限が課されるべきではない。というのも、トランスであろうがなかろうが、女性を身体のほんの一部位に矮小化したり、社会が決めた見た目の理想像に従って生活しろと要求したりするのは、まぎれもなくセクシスト〔性差別主義者〕の言動だからだ。

トランスの女性ほど、汚名を着せられ誤解されている性的マイノリティはおそらく他にいない。私たちトランスの女性は一つの集団として、医学界・心理学界に病理化の対象とされ、センセーショナルなメディアに愚弄され、著名なレズビアンやゲイ団体から周縁化され、フェミニスト・コミュニティの一部から排除されてきた。さらに自分たちの男らしさや異性愛がなぜか私たちによって脅かされていると感じる男たちによって、トランスの女性が暴力の犠牲になった例は枚挙にいとまがない。私たちトランスの女性は、自分たちの生き方を左右する問題について意見を述べる機会を得るどころか、研究対象扱いされる。そして顕微鏡下で私たちの生活が事細かに分析され、ジェンダーやセクシュアリティに関する持論や思惑を正当化するために他人が考え出した動機付けや願望が私たちに押し付けられる。

トランスの女性が嘲笑や軽蔑の対象となっているのは、私たちがトランスフォビアやシスセクシズム、そしてミソジニー（女性嫌悪）のような、男／女二元制的なジェンダー観に基づく複数の偏見がまさに交差する場所に立っているからだ。

〈トランスフォビア〉とは、ジェンダー化されたアイデンティティ、見た目、あるいは行動が社会規範から逸脱している人々に対する不合理な恐怖、嫌悪、または差別のことだ。ホモフォビアをもつ人たちがしばしば、自分の内面に抑え込んでいる同性愛傾向に突き動かされるのと同じように、トランスフォビアは何より、それぞれの文化が掲げるジェンダーの理想に従って生きることへの自信のなさの表れなのである。トランスフォビアが社会に蔓延しているという事実は、生まれた時に割り当てられたセックスに対する期待、制約、思い込み、そして特権の全てに一人一人を同調させようと異常なまでのプレッシャーがかかっている現実の反映なのだ。

トランスジェンダーの人たちなら誰でもトランスフォビアを経験するが、トランスセクシュアル（53ページ参照）の場合はさらに、トランスフォビアと関連してはいるが別個の偏見である〈シスセクシズム〉も経験する。シスセクシズムとは、トランスセクシュアル自身がアイデンティティとするジェンダーは、〈シスセクシュアル〉（潜在意識下のセックスと身体のセックスが一致している状態しか経験したことがない、トランスセクシュアルでない人たち）のジェンダーに比べて劣っている、あるいは本物度が低いとする考え方である。もっとも一般的なシスセクシズムの表出は、トランスの人たちがアイデンティティとするジェンダーに結びついた基本的特権が否定されるときにみられる。間違った人称代名詞を故意に使ったり、トランスの人に対して別の公衆トイレに行くように迫ったりというのがよくある例だ。このように否定しても構わないとされるのは、トランスの人のジェンダーは出生時に割り当てられたセックス《性別》と相関性がないから本物でないという決めつけに基づくことが多い。シスセクシズムの信奉者はこう決めつけることで、人為的なヒエラルキーの構築を狙うのだ。トランスの人のジェンダーは「フェイク」だと言いつのることで、自分たちのジェンダーこそ「本物」あるいは「自然」だと正当化しようとするやり方は、社会が出生証明書も、染色体も、性器も、生殖器も、子どものころ受けた社会化〔セラーノの定義では、人間が他者との社会的相互作用を通じて、文化規範や習慣、価値観、そしてイデオロギーを学ぶプロセスのこと〕、はては法律上のセックスも知らないまま、日常的に他人のジェンダーを推測しているという基本的事実を無視したもので、はなはだ不見識だと言える。私たち一人一人が体験するジェンダーと私たちが他人について察知するジェンダーなら存在するが、「本物」のジェンダーなど存在しないのだから。

　シスセクシズムやトランスフォビア、そしてホモフォビアは、実際には異なる点が多いものの、いずれも〈二項対立的セクシズム〉に根差している。これは、女と男はそれぞれがユニークで重複しないひとそろいの属性、適性、能力、欲求をもつ、厳格かつ相互排除的なカテゴリーだとする考え方である。二項対立的セクシストは、ジェンダーまたは性別規範からはみ出す私たちのような人間の存在が、女性と男性は「対極にある」セックスだとする考えを脅かすので、私たちを懲らしめたり排除したりしようとする。だから一般社会では、ジェンダーやセクシュアリティをかなり違った形で経験しているバイセクシュアルやレズビアン、ゲイ、トランスセクシュアル、そしてトランスジェンダーの人たちが、混同されたりクィアなどの同じカテゴリーで一緒くたにされがちなのだ。私たちの自然な傾向として同性に惹かれたり、割り当てられたものとは別のセックスをアイデンティティとしていたり、別のセックスに典型的だとされる形で自己表現したりすることを通して、私たちの文化に今日存在する男性中心ジェンダー・ヒエラルキーの維持に必要な境界線が曖昧にされる。

　男性中心のジェンダー・ヒエラルキーを維持するには、二項対立的セクシズムによって確立された厳格で相互排除的なジェンダーカテゴリーのほか、〈伝統的セクシズム〉、つまり男であることや男性性が女であることや女性性（セラーノによる女性性と男性性の定義は３４７ページ以降を参照）より勝ったものとする信念を強めることが必要とされる。伝統的セクシズムと二項対立的セクシズムは、マスキュリンな人たちがフェミニンな人たちを支配し、男に生まれた者だけが正真の男とみなされることが担保されるよう、互いに同調しながら機能する。このマニフェストでは、女であることや女性性を排除したり愚弄したりする傾向を説明するのに〈ミソジニー〉という言葉が使われる。

　トランスジェンダーの人たちなら誰でも（頻度、露骨さ、当人がトランスジェンダーをカミングアウトしているかどうかによって）程度の差こそあれ、トランスフォビアとシスセクシズムを経験するように、私たちトランスの女性はいろいろな程度でミソジニーも経験する。トランスジェンダーの人たちには多様なタイプがあるのに、私たちの社会はトランスの女性のような男性から女性への（ＭＴＦ）トランス・スペクトラム上の人を見つけ出して冷やかしの対象として注目しがちなところから、それがはっきりわかる。これは私たちが単に二元制的ジェンダー規範に背いているせいだけではなく、私たちが必要に迫られて、女であることや女性性を自分のものとして受け入れるからなのだ。たしかに多くの場合、性的にセンセーショナルな扱いを受け、矮小化されるのは、私たちの女性性であったり女でありたい欲求なのだ。女性から男性（ＦＴＭ）へのトランス・スペクトラム上の人は、ジェンダー規範を破ったことによる差別（例えば二項対立的セクシズム）に直面しても、男性としての表現や男性性自体は嘲笑の対象とならない。そんなことをしたら、男性性そのものを疑うことになるからだ。

トランスの人が嘲笑されたり排除されたりするのが、単にジェンダー規範に沿った生き方をしていないためでなく、女であることやフェミニンな表現のためであるなら、この人は〈トランス・ミソジニー〉という別形態の差別による被害者だ。トランスの人たちを扱うジョークの大半が「ドレスを着た男」や「自分のペニスを切り落としたい男」ネタである場合、これはトランスフォビアではない。これこそトランス・ミソジニーなのだ。トランスの人に対する暴力や性的暴力のほとんどがトランスの女性を標的にしたものであるとき、それはトランスフォビアが動機ではない。トランス・ミソジニー[1]が原因だ。女性が「メンズ」ものを着ても問題ないのに、男性が「レディース」用を着ると異性装フェティシズムという心理障害と診断されるかもしれないなら、それはトランスフォビアではなくトランス・ミソジニー[2]なのだ。女性あるいはレズビアン団体やイベントで、トランスの男性なら参加して構わないのに、トランスの女性は参加できないなら、それはトランスフォビアではなく、トランス・ミソジニー[3]のゆえなのだ。

男性は女性より優れているとか男であることは女であることに勝ると想定する男性中心ジェンダー・ヒエラルキーにあって、男に生まれて男性特権を受け継いでおきながら女であることを「選んだ」トランスの女性ほど、脅威と認識される存在はない。自分たちが女であることや女性性を受け入れることで、私たちはある意味、男であることや男性性に想定された優位性に疑問を投げかけるからだ。トランスの女性が男性中心のジェンダー・ヒエラルキーにもたらす脅威を和らげるため、私たちの文化は、（主にメディアを介して）伝統的セクシズムの武器庫にある次のような戦術を総動員して私たちを排除しようとする。

一　メディアは、トランスの女性の物語を伝える時に私たちが女であることが「薄っぺら」だと強調するため、化粧や着替え中、そしてハイヒール姿のトランスの女性の画像を添えたり、か弱さ、混乱、消極性、そして臆病などといった女性を蔑視するときに使われる特性の持ち主としてトランスの女性を描いたりすることで、私たちをハイパーフェミニン化する。

二　メディアは、トランスの女性の大半がセックスワーカーか性的な目的のために人を騙すという印象を作り出し、さらにトランスの女性が性別移行する第一の目的は（うぶなストレート男性をえじきにしたり、奇怪な性的ファンタジーを実現させたりするといった）セックスのためだと主張することで、私たちをハイパーセクシュアル化する。こうした表象によって、トランスの女性の性別移行動機が軽視されるだけでなく、性的な対象となりえること以外、女性全体にも価値はないことがほのめかされる。

三　メディアは、性別再割当手術をセンセーショナルに扱い、私たちの身体をモノ化する。性器の話題には一定の配慮がなされて当然なのに、トランスの女性の「人工膣」になると、露骨な話しぶりになる。さらに未手術のトランスの女性は、ペニスを過度に強調し誇張する（その結果トランスの女性が「シーメール」や「ちんこ姉さん」と歪曲される）トラニー（トランスジェンダーの蔑称）ポルノ製作者や、男根中心主義に洗脳されて単なるペニスの存在がトランスの女性のアイデンティティや性格、さらに体全体の女性性をかき消すと思っている人たちによって、身体部位の一つにまで矮小化され続ける。

トランスジェンダーの人たちに対する差別は伝統的セクシズムに染まっているので、トランス・アクティビストが二元制的ジェンダー規範（つまり、二項対立的セクシズムのこと）に異議を唱えるだけではとうてい太刀打ちできない。女であることは男であることに劣るとか、女性性は男性性に劣るという考え方にも異議を唱えなければならない。言い換えれば、トランス・アクティビズムは根本的なところで必然的にフェミニスト運動でなければならない。

こうした主張は物議をかもすと思う人がいるかもしれない。だがここ何年も、自称フェミニストたちは、主要メディアが私たちの存在を否定するために繰り返し使ってきたハイパーフェミニン化、ハイパーセクシュアル化、トランスの女性の身体のモノ化など多くの戦術をあえて用いて、トランスの人たち、特にトランスの女性を退ける発言をしている。[4] こうしたエセフェミニストたちは「女たちは、男たちにできることは何でもできる」と声高に叫ぶや否や、トランスの女性がもつとされるマスキュリンな傾向をあざ笑う。この人たちは、女性なら意見を強くずばずば述べるべきと論じておきながら、トランスの女性が意見を率直に述べると男のようなふるまいだとする。この人たちは、女性が満たすべき基準や期待値を男性が作り出すのはミソジニーだと主張する一方、私たちを「女性」の基準に合致していないと排除する。これらのエセフェミニストは常に、他者には伝統的セクシズムを行使しながらフェミニズムを論じているのだ。

今こそ「フェミニズム」という言葉をエセフェミニストたちの手から取り戻す時だ。フェミニズムは結局、「民主主義」とか「キリスト教」といったものに近い概念ではないか。つまりそれぞれの概念はコアな部分で共通するものの、実践方法はどうやら無限にありそうだ。民主主義やキリスト教には、公正さや正義に勝っている形態がある一方、堕落し偽善的な形態のものもある。同様に、二項対立的セクシズムと伝統的セクシズムの両方を根絶することこそ真のジェンダー平等を達成する唯一の方法だとわかっている新しいタイプのフェミニズムを作り出すため、私たちトランスの女性は多様なジェンダーやセクシュアリティをもつ人たちの仲間に加わるべき時なのだ。

フェミニズムにとって、女に生まれた人たちの権利に特化して闘うだけではもはや十分ではない。長年にわたりこの戦略のもとで、多くの女性が期待を膨らませてきたが、自分たちも作るのに多少手を貸してきたガラスの天井にぶつかっているのが現状だ。フェミニズム運動は、男性の支配下にあったさまざまな生活領域にどんどん足を踏み入れるよう女性を励ますために精力的に活動してきた。だが多くのフェミニストは、男性がフェミニンな特性を示すときや、伝統的に女性のものとされる領域に進出することに対して、良くて曖昧な態度をとり、ひどいときは抵抗を続けてきた。私たちはこれまでのフェミニスト運動が、良識ある人の過半数が「男女平等」に賛同する社会づくりに貢献したとは思うが、女性性は男性性と同等だと信じる人が過半数を占めるようになるのに、残念ながらまだかなり時間がかかりそうだ。

私たちは、女に生まれた人に向かって女性性から距離を置くことを奨励するようなエンパワメントではなく、女性性そのものをエンパワメントすべきなのだ。私たちは女性性を「人為的」とか「パフォーマンス」として却下するのをやめ、女であること（男であることについても同じだが）のある側面が社会化や生物学上のセックスを超えることを認めるべきだ。そうでないとフェミニンな男の子やマスキュリンな女の子が存在しないことになる。そして、女性の傷つきやすさを弱さの証拠とみなす人たち全てに疑問を呈すべきだ。なぜなら、自分の考えや感じを正直に伝えたり感情を表現したりして自己開示するのは、男の中の男のうわべだけの沈黙とストイックさより、勇敢で内面的な強さが求められる大胆な行動だから。

私たちは、フェミニンなふるまいや服装をする女性に、従順で受け身の役回りを引き受けさせようとする全ての人に異議を唱えるべきだ。私たちの多くにとって、フェミニンなふるまいや服装は自分自身のためにすることであって、他人のためにしているのではない。それは自分の身体を取り戻し、自分の真の性格やセクシュアリティを臆せず表現するためなのだ。私たちの身体を単なるおもちゃに貶めたのは私たちではない。その罪を犯したのは、フェミニンな様式を私たちが自ら男性に性的に隷属しているしるしだと愚かに思い込んでいる人たちなのである。

いわゆる男らしさが強さと権威を表象するとみなされる社会において、ブッチ〔セラーノの定義では、マスキュリンな表現をする人、特に女性を割り当てられたか、そのアイデンティティをもつ人〕やボーイッシュな人はそれらが暗示するものに比較的守られたなかで自分たちのアイデンティティを模索する。それとは逆に、フェミニンな人は独自に自らを定義し、自尊感情を育てざるを得ない。フェミニンな人が常に自分たちに投影される劣等な意味合いから立ち上がるのには、勇気と意志の強さと大胆不敵さが必要となる。もし女性性が男性性より激烈で危険である証拠が見たいなら、身近にいる男性に女性用ハンドバッグか花束を少しの間持ってくれるように頼んでみるとよい。口紅をその男性につけてみたいと言ってみるのもよい。その男性がさっさと逃げ出すこと請け合いだ。男性性に尊敬が集まり、女性性がいつも無視される世界では、女性の身体をもつ人でも男性の身体をもつ人でも、フェミニンな自分を受け入れるには相当の強さと自信が必要となる。

だが、女であることや女性性をエンパワメントするだけでは不十分だ。さらに必要なのは、女と男の間に本質的な違いがあると偽るのをやめること。それは、どのジェンダー規範やステレオタイプにも必ず例外があること、そしてこの純然たる事実こそ、女と男は相互排他的なカテゴリーと主張するあらゆるジェンダー理論への反証であると認めるところから始まる。私たちは女性と男性が「対極」のセックスだと偽ることから手を引かなければならない。というのも、この神話を受け入れると危険な前例が作られてしまうからだ。男が大きければ女は小さいはず。男が強ければ女は弱いはずなどのように。ブッチであることが何事にも動じない人間を作るなら、フェム〔フェミニンな表現をする人〕であることで他人に影響されやすい人間ができる。男であることが自分の環境をコントロールすることであるなら、女であることは他人の期待に沿った生き方をすることになる。女性と男性を「対極」とする考え方を黙認すると、男性を小馬鹿にするか、自分たちの足元を自らすくうことなしに、女性のエンパワメントは不可能になる。

セックスが「両極」にあるとする考えを退け、女性性や男性性を表現するためにあてがわれた文化的な価値観を手放したとき、私たちはようやくジェンダー平等に近づくことができるかもしれない。二項対立的セクシズムと伝統的セクシズムの両方に対し同時に異議を唱えることで、この世界を、クィアな私たち、フェミニンな私たち、女である私たちにとって安全な場所にすることができる。その時ようやく、あらゆるセクシュアリティとジェンダーをもつ人たちをエンパワメントすることが可能になるのだ。

第一部

トランス／ジェンダー理論

Trans/Gender Theory

第一章

トランスジェンダーとトランスセクシュアルに関する概念 ——ひとまずこれが用語集

Coming to Terms with Transgenderism and Transsexuality

　トランスでない人たちの多くは、トランスジェンダー・コミュニティの人たちが自らを描写し、その経験や喫緊の課題を語るときに使う言葉に不案内だ。トランスジェンダーやトランスセクシュアルに関する書物やウェブサイトに、用語集的なものがあるのを目にしたことがあるだろう。そう、言葉が定義とともにアルファベット順に並べられているあれ、だ。でも用語集というのは、掲載されたトランスジェンダー関係の用語や言い回しが永遠に受け継がれていく決定版のような印象を生んでしまうところに問題がある。もちろんそれはただの印象に過ぎない。トランスジェンダーの人たちを説明するとき最近よく使われる用語には、十年前には存在しなかったものが多い。逆に十年前、トランスジェンダーの人たちを説明するのに多用されていた言葉の多くは、時代遅れで今は誰も使わなくなったばかりか、トランスジェンダー・コミュニティではむしろ侮辱的と受け取られることが増えたものもある。現在頻繁に使われる用語であっても、論争が起きることだってよくある。それはトランスジェンダーの人たちがそれぞれ他人とはちょっと異なる定義をもっていたり、感覚や政治的な好みで言葉を選んだりするからだ。そこで、本書で使われるトランスジェンダー固有の用語を定義し、他にもいくつか選択肢があるなかでその用語や言い回しを選んだ理由を説明するために、第一章を用語集代わりに使うことにした。

はじめに「セックス」と「ジェンダー」を定義しないで、トランス「セクシュアル」やトランス「ジェンダー」の人たちのことを語るのは難しい。「セックス」とは一般に、人の身体が男か女かあるいはその両方かを指す言葉である（一般に「性別」と訳してよいが、本書では「ジェンダー」との対比を明確にするため「セックス」と表記させていただく）。「セックス」の説明にもっとも頻繁に使われる身体的特性は、例えば、性染色体、ホルモン、生殖器系、性器など生物学に基づくものなので、セックスはジェンダーの「自然界に存在する」側面とみなされることが多い。でも、そうとも言い切れないのは、セックスの判定や考え方が文化に基づく期待や前提に大きく左右されるからだ。例えば性器偏重の前提に立つ私たちの文化では、人のセックスは出生時、ペニスの有無をもとに割り当てられる。つまり性器は、法律上のセックスを判定するうえで、（実際に検査されることはまずない）染色体や生殖能力よりずっと重要な役割を果たしていることになる。だから、子宮摘出術を受けた女性や精管切除術を受けた男性でも、法律上のセックスが変更されたり無効にされたりしない。たしかに「法律上の」セックスがあるという点からも、私たちのセックス理解が社会からだいぶ影響を受けていることがわかるだろう。本書で「セックス」は、主にヒトの身体的な雌性や雄性、あるいは雌性と雄性を併せもつ状態を指す言葉として使われる。だが場合によっては、身体のセックスと関係する社会階級や法律上の区分を指す言葉として使われることもある。

「ジェンダー」には、常にさまざまな用法がある。人が身体的、社会的、そして法律上、男あるいは女であることを説明する用法がもっとも一般的だが、（その人が身体的、社会的、法律的に男か女かを説明する）「セックス」となかなか区別がつけにくい。「ジェンダー」は、ある人のジェンダー・アイデンティティ（女、男、その両方、あるいはどちらでもない）、ジェンダー表現やジェンダー役割（立ち居振る舞いがフェミニン、マスキュリン、その両方、あるいはどちらでもない）、あるいは、察知されるセックスを手掛かりに他者が付与する特権、決めつけ、期待、制約を述べるのに使われることもある。私は、このようにさまざまな意味が込められている「ジェンダー」という言葉を、人の身体的あるいは社会的な性別、性別に関連する行動、その人が置かれている性別に基づく階級制度、あるいは（ほとんどの場合）それらの組み合わせといった、多様な側面を指すものとして広義に使っていくことにする。

さてこれで「セックス」と「ジェンダー」について理解できたと思うので、次に〈トランスジェンダー〉という言葉を検討してみたい。これはおそらく、英語のなかでもっとも紛らわしく、誤解を招きやすい言葉の一つだろう。もともとこの言葉には狭い定義があったのだが、九〇年代以降は主に、女であることと男であることの社会通念や期待に逆らう人たちを包括する言葉として使われるようになった。このなかには、トランスセクシュアル（出生時に割り当てられたものとは違うセックスに属する人たち）、インターセックス（典型的な女や男の定義に当てはまらない生殖器をもって生まれた人たち〔「性分化疾患（DSD）をもつ人たち」がより適切な用語だが、本書では原著のままインターセックスを使うことにする〕）、そしてジェンダークィア（男女という二元制の枠外にアイデンティティをもつ人たち）のほか、解剖学的に、あるいは見た目で判断されるセックスとは異なるジェンダー表現をする人たち（クロスドレッサー〔セラーノによれば、自分のセックス／ジェンダーとは異なる人たちの衣類を着用する人〕、ドラァグパフォーマー〔ジェンダーに関する多くの人の思い込みをネタにしたり疑問を投げかけるパフォーマンスをする人というのがセラーノの定義〕、マスキュリンな女性、フェミニンな男性など）が含まれる。女であることや男であることの社会規範から逸脱していると世間からみなされるあらゆる人を指す〈ジェンダー・バリアント〉が同義語として使われることもある。

「トランスジェンダー」という言葉が幅広い包摂性をもつのは、過去のフェミニストやゲイライツ運動から排除された多くの性的マイノリティに居場所を提供しようという意図の現れである。だがしかし、含まれる範囲が広すぎて、構成員の独自性がぼやけたり消し去られたりすることがよくあるのは、非常に厄介な点でもある。例えば、男性のクロスドレッサーとトランスセクシュアル男性はどちらも男性のアイデンティティをもつトランスジェンダーの人たちだが、ジェンダー差異に関してこの二つの集団が直面する課題は大きく異なる。同様に、世間でよく混同されるドラァグクィーンとトランスセクシュアル女性では、ジェンダーに関する経験や観点に概して大きな相違がみられる。

このように漠然とした性質をもつ〈トランスジェンダー〉という語と折り合いをつける最良の方向は、これはそもそも、セックス／ジェンダーの多様性に基づくあらゆる差別をなくすという共通の目標に向かって必死に戦う、いくつかの階級を団結させるための政治用語だと認識することである。なぜなら、トランスジェンダーは政治を語るには便利な言葉だが、個人のアイデンティティ、生活経験、あるいはジェンダー理解の共通性を示唆するには曖昧過ぎるからだ。

トランスジェンダーを取り巻く議論でしばしば見過ごされるもう一つの点は、トランスジェンダーのくくりのなかにいても、それを自分のアイデンティティを表す言葉に選ばない人が多いことだ。例えば、多くのインターセックスの人がトランスジェンダーという用語を使わないのは、この人たちの状態がジェンダーでなく身体のセックスに関するもので、この人たちが抱える大きな問題（例えば幼少期に無理強いされる「正常化」のための医療処置など）は、より幅広いトランスジェンダー・コミュニティ[1]の問題とはだいぶ異なるからである。同様に、トランスジェンダーという言葉には反トランスセクシュアル的なルーツがあるから、あるいはトランスジェンダー運動がもっとも目立つ形でジェンダー規範を「逸脱する」[2]アイデンティティや行動、そして見た目の人たちに特権を付与しがちだと感じるからといった理由で、この用語を使わないトランスセクシュアルも多い。こうした傾向によって、フェミニン表現あるいはマスキュリン表現の問題より、身体が女であることあるいは男であることに関わる問題と格闘する人が多いという事実が不可視化される。本書では、出生時に割り当てられたセックスが「間違って」いて、もう一つのセックスの人間として生まれたら良かったのにとか、もう一つのセックスの人間になれたらいいのにという潜在意識的な理解あるいは直感に（程度の差こそあれ）苦しむ人たちを指すのに、〈トランス〉という言葉を使っている。なお、〈トランス〉にはもう一つ、〈トランスジェンダー〉の同義語で、その短縮形としての使い方があることを指摘しておきたい。多くのトランスの人（54ページ参照）たちの見た目や行動が、社会のジェンダー規範から逸脱している可能性があることは非常に現実的な問題なのだが、この問題はしばしば、潜在意識下のセックス（第五章を参照）が身体のセックスに一致しないところから発生する認知的不協和に続いて発生するとされる。こうした〈ジェンダーの不協和〉は一般的に時間の経過とともに激しくなり、人を衰弱させるレベルにまで悪化することもある、一種の精神的苦痛や悲しみの経験のことを指す。

トランスの人たちはジェンダーの不協和を軽減するのにさまざまな方法を使う。おそらくもっとも一般的なのが、自分の潜在意識下のセックスを抑え込み否定することだろう。クロスドレッシングやロールプレイなどによって、自分の潜在意識下のセックスを時々表面化させる人もいる。さらに、女性性と男性性、あるいはその両方が混在する〈バイジェンダー〉や、ジェンダー間を束縛なく行き来する〈ジェンダーフルイド〉、あるいは男と女で成り立つ男／女二元制の枠外にアイデンティティをもつ〈ジェンダークィア〉と自分をみなすようになる人もいる。そして、出生時に割り当てられた以外のセックスをアイデンティティとして生きることを選択する私たちのような人は、〈トランスセクシュアル〉〔セラーノの定義では、出生時に割り当てられた性別以外の性別に属する人間としてのアイデンティティをもつか、そのように生活している人〕と呼ばれる。

トランスジェンダー・コミュニティについて見落とされがちな、そして混乱と論争の原因であり続ける最大の問題は、潜在意識下であれ身体上であれ自分のセックスに違和感がない人も、トランスの人たちがジェンダーの不協和を解消しようとするとき使うことが多い前述の戦略やアイデンティティを利用していることにあるのではないだろうか。例えば、男の体をもつクロスドレッサーのなかには、本当は女だったらいいなと思いながら暮らしている人もいれば、クロスドレッシングは単に自分の個性のフェミニンな側面を表現する方法だと思っている人もいる。ドラァグアーティストは、自分をまずエンターテイナーとみなし、ジェンダーをステレオタイプ化したパフォーマンスやパロディーで楽しむ。一方トランスの人がクロスドレッシングの同義語でもあるドラァグに魅力を感じるのは、世間が容認する環境で潜在意識下のセックスのある一面を表現できるまたとない機会を得られるからだ。そしてトランスの人の多くがジェンダークィアのアイデンティティをもつのは、自己理解が周りの人から思われている自分から大きく乖離した生活体験に意味づけするのに役立つからだが、純粋に知的なレベルで二元制的ジェンダー制度の妥当性に挑戦するためにジェンダークィアのアイデンティティをもつ人もいる。

このように、トランスジェンダーの人たちはそれぞれ視点や経験が異なるだけでなく、トランスジェンダーの同一サブカテゴリー（クロスドレッサー、ドラァグアーティスト、ジェンダークィアなど）のなかであっても、アイデンティティを受け入れる動機は一人一人異なる。本書は主にトランスセクシュアル、より具体的にはトランスの女性（これが私自身の経験と視点だから）に焦点を置いているが、それは私がトランスセクシュアルでないトランスジェンダーの人たちは重要でないとか正当性に欠けると考えているからではない。これらの人たちのジェンダー表現も私のと同じように正真なものであり、ジェンダー表現のせいで直面する差別も、私が直面するものと同じように現実に起きている。トランスの人がもう一つのセックスに移行して生活すると決めるのは、真っ当なことである。ただ、そう決心する人たちが、ジェンダーの境界を曖昧にして二元制的ジェンダーの外にあるアイデンティティを選ぶことだって自分の選択と同じくらい真っ当だとみなすのも大切なことなのだ。トランスとして歩む正しい道は一つだけでない。私たち一人一人に必要なのは、自分にとっていちばん良い方法と、自分が自分であることのいちばんうまい表現を考え出すことなのだ。

　トランスセクシュアルについて語るとき、〈トランスの女性〉という男から女に移行する人と、〈トランスの男性〉という女から男に移行する人の区別が必要なことがよくある。私はトランスの女性・トランスの男性という言い方がいちばん好きだ。なぜならトランスの人の人生経験の一側面を描写する「トランスの」という形容動詞を加えながら、その人が生活するなかで自分のアイデンティティとするジェンダー（女性か男性か）を伝えているからだ。要するに、「トランスの女性」・「トランスの男性」は、「カトリックの女性」や「アジア系の男性」と同じように機能する。ただし、性別移行以外の方法でジェンダーの不協和を解消しようとするトランスの人が多いので、出生時に割り当てられたセックスと異なるか、もっと複雑なジェンダーの経験をもつあらゆるトランスの人〈ジェンダークィア、トランスセクシュアル、クロスドレッサーのいずれのアイデンティティであっても〉の説明には、私は〈男から女（ＭＴＦ）スペクトラム〉や〈女から男（ＦＴＭ）スペクトラム〉という用語を頻繁に使うことになると思う。

社会は時により、私たちトランスの女性やトランスの男性を「女性」や「男性」から分離された独自の区分に押し込め、私たちのジェンダー・アイデンティティや生きられた経験を否定したり正当なものと認めなかったりする。これはトランスでない人たちが、男であることや女であることに関する自分たちの仮説や信念に疑問を抱かないまま、トランスの人々について議論を始めるときによく使う戦略だ。この現象のわかりやすい例が、トランスの女性に関する「シーメール」「ヒーシー」「ちんこ姉さん」といった言葉の流布である。トランスの人たちを〈第三のセックス化〉あるいは〈第三のジェンダー化〉しようとする動きは、もっとさりげなくあるいは無意識のうちに行われることがある。その例が、「トランスの女性 trans woman」をつなぎ合わせて一語にする「トランス女性 transwoman」や、「ジュリア・セラーノはＭＴＦ」のように形容詞のＭＴＦやＦＴＭを名詞化することだ。私は「男から女へ」というアイデンティティはもっていない。なぜなら、私のアイデンティティは女性だからだ。トランスの人たちを「第三のセックス」カテゴリーに追い込む試みは、トランスセクシュアル当事者が心の深いところで感じるジェンダー・アイデンティティを軽視するばかりか、移行先のセックスをもつ人間として待遇される現実の紛れもない体験を無視することでもある。

トランスセクシュアルの過去と現在の生き方を話題にするとき、ジェンダー化された経験を正確に描写する言葉を見つけることは重要である。トランスの人たちの多くは、出生時に割り当てられたセックスが何であれ、自分が女か男かわかったうえで生きてきたと話す。だからトランスの人が性別移行しても、その人の潜在意識下のセックス、つまりジェンダー・アイデンティティは基本的に変化することはない。その代わり身体のセックスのほうが変わるのだ（だからトランスセクシュアルという言葉がある）。トランスの人たちのもともとのセックスについて、私は〈出生時に割り当てられたセックス（あるいはジェンダー）〉といういくぶんぎこちない言い方をしばしば使うことになるが、社会での生育、社会化、周りからの対応が身体のセックスに基づいて行われるさまが、強制的なことを強調するためである。便宜上、〈割り当てられたセックスあるいはジェンダー〉や、〈出生時のセックス〉もたまにだが、使っている。トランスの人の移行後のセックスを、（セックスがその人のジェンダー・アイデンティティに合致することを強調するため）その人が〈選んだセックス〉、〈アイデンティティをもつセックス〉あるいは（そのセックスの人間として生き、社会経験を積んでいることを強調するため）〈生きられたセックス〉と言うこともある。

一般的には、トランスセクシュアルであるには、あるいはトランスセクシュアルになるには、何らかの「性転換手術」が必要だと考えられている。だが必ずしもそうではない。身体的移行の一環として数多くの医療処置を受けるトランスセクシュアルがいる一方、医療処置を受けるお金がない人や受けないことを選択する人もいる。たしかに、「トランスセクシュアル」を身体的に性別移行する人だけに当てはめようとするのは、（支払い能力という問題の点で）階級差別なだけでなく、全てのトランスの人を、その体に施された医療処置にまで矮小化するモノ化の行為だ。だから私は、出生時に割り当てられたものとは別のセックスで現在生活しているかその準備をしている人を指すのに、処置の内容に関わらず〈トランスセクシュアル〉という言葉を使うことにしたい。さらに、トランスセクシュアルが自分のものと認めるセックスで生活するようになるまでには多様な道筋があるので、私は〈性別移行〉をある特定の医療処置ではなく、その人の生きられたセックスの変更プロセスを表す言葉として使いたい。

　トランスセクシュアルがもっとも一般的に求める医療処置が〈ホルモン補充療法〉で、トランスの男性にはテストステロン、トランスの女性にはエストロゲン（場合によってはプロゲステロンも）が処方される。思春期を迎えた人間なら誰の体内でも分泌が盛んになる性ホルモンと同じだ。これらの性ホルモンは、トランスセクシュアル成人の身体にも思春期と同じような身体的変化をもたらす。肌の色や筋肉・体脂肪の分布が変わり、トランスの女性では乳房の発達、トランスの男性では声が低くなり、顔の毛が濃くなるといった影響がある。こうしたホルモンによる身体的な変化は、生殖器や性器などのいわゆる〈第一次性徴〉と区別して、〈第二次性徴〉と呼ばれることが多い。成人が女か男か見分けるときにもっともよく使われる手掛かりが、第二次性徴である。だからホルモン補充治療だけで自分がアイデンティティとするセックスで生活しても、トランスの人だと周りに気づかれないことが多い。

　トランスの人が受けることのできる手術にはいくつかあるが、世間の好奇心をもっともかき立てるのは、自分がアイデンティティとするセックスのものに性器形状を近づけるための性器再建を含む、〈性別再割当手術（SRS）〉だろう。なかにはSRSという用語に反発し、〈性器適合手術〉や〈ジェンダー確認手術〉、または乳房除去や豊胸などの〈トップ手術〉に対比させた〈ボトム手術〉〔生殖器に関する手術など性別移行関連手術の呼び方のひとつ〕のような言い方を好むトランスの人もいる。私個人は、こうした手術がメディアや世間でかなり注目される状況に比べたら、技術用語そのものに対してイラっとすることはあまりない。例えば、心臓専門医でもなく心臓の病気をしたこともない私には、心臓手術の専門用語を全部知ったり手術の実況中継に耳を傾けたりすることへの差し迫ったニーズがない。がんサバイバーの話に感動するのに、化学療法の名前をいちいち覚えたり用量を全部知る必要もないだろう。だから私は、医療関係者でもトランスの人でもない多くの人が、トランスセクシュアルの身体的な変身に関するグロい詳細を知りたがったり、性器の形状を質問できる権利があるかのように思ったりすることに戸惑いを感じる。子どもでも大人でも、「陰茎包皮切除済み」や「包皮未切除」と呼ばれるのがいかに男性の自尊心を傷つけ屈辱的なことなのかわかるものだろうに、ことトランスセクシュアルとなると、「手術前」「手術後」とあけすけな言い方をしても構わないと思っている人があまりに多いことが不愉快である。

トランスセクシュアルの医療処置については、性別再割当を考えている人が簡単にその詳細を入手できるようにしておくべきだ。だがそういう情報は、トランスの人たちの経験や視点を理解するにあたって何の関連性も必要性もない。私の身体的な性別移行の大部分は、私の人生のほんの一瞬とも言える一年半で終わったが、移行の前、最中、後のどの時期であっても、私のジェンダー表現や女性のアイデンティティに対していわれのない気詰まりさを感じたり動揺したり、自分たちのジェンダー・アイデンティティは私のより自然で正当性があると決めつけるトランスジェンダーでない人たちからの抵抗と偏見に私がさらされてきたことは事実である。だから、トランスセクシュアルでないマジョリティ側の偏見と無礼を十分に精査し批評しないうちに、トランスセクシュアルを完全に理解するなど、不可能だと思う。本書でトランスセクシュアルについての話はするが、〈シスセクシュアル〉、つまり潜在意識下のセックスと身体的なセックスが一致した状態しか経験したことのない人たちによくある考え方や態度についても、かなりのページ数を費やして議論するつもりだ。同じく、（本書はトランスジェンダー人口全体というよりトランスセクシュアル女性に焦点を置いているので、本書で使うことはあまりないとは思うが）トランスジェンダーでない人たちを〈シスジェンダー〉[3]と呼ぶことがある。私はこの用語のほうが好きだが、場合によってはその同義語である〈トランスセクシュアルでない〉や〈トランスジェンダーでない〉も使っている。

読者のなかには、ここで私が紹介したトランスあるいはジェンダー関連用語に圧倒されたとか紛らわしいと思う人がいるかもしれない。あるいはジェンダー／クィアスタディーズの研究者のなかには、私が自分自身をトランスセクシュアルと描写し、トランス固有の用語を創作して自分の体験を説明することで、そもそも私を周縁化したと同じトランスセクシュアルとシスセクシュアルの区別を補強する「反動的言説」に加担しているとして、用語のほとんどを却下する人がいるかもしれない。このどちらの立場に対しても私の反応は同じだ。私は、トランスセクシュアルとシスセクシュアルの間に本質的な差異はないと考えている。だがこの二つのグループには、周りからどう見られ、扱われているかにとても大きな違いがある。私たち特有の身体的・社会的経験がそうした差異にどう影響されるかによって、トランスセクシュアルの多くがシスセクシュアルとはずいぶん異なるジェンダー観・理解をもつようになる。トランスセクシュアルのほうは、私たちの文化を支配しているシスセクシュアルのジェンダー観をとてもよく知っているのに、多くのシスセクシュアルはトランスの視点をよく知らない。シスセクシュアルが知っている言葉だけを使って私のジェンダー化された経験を語るのは、音楽家が素人にもわかる言葉だけで音楽を説明するようなものだ。やってできないことはないが、言い換えている間に重要な部分が必ず抜け落ちてしまう。音楽家が「短調」や「拍子記号」などの概念に触れずに曲の印象を十分に説明するのが無理なように、本書にはジェンダーに関する私の考えや経験を正確に伝えるとき極めて重要となるトランス固有の用語や概念が出てくる。トランスの女性としての私の経験や視点について、啓発的で細かいところにまで配慮した議論をするためには、その経験を正確に説明する言葉や概念を使って始めるべきなのだ。

第二章

女の尻を追う奴ら
——メディアはなぜトランスの革命を口紅とハイヒールで表現するのか

Skirt Chasers: Why the Media Depicts the Trans Revolution in Lipstick and Heels

トランスセクシュアル女性である私は、私が「本物の女性」でないし、そうなれるわけもないと言い切る人にしょっちゅう出くわす。そういう人たちがよく使う言い草の一つが、「ドレスを着ただけで女になれるってもんじゃない」である。これには私もまったく同感する。だから、性別移行して女性として生きている私が化粧やものすごくフェミニンな格好をしないことに混乱する人たちが多いことに、とてもイライラする。

現実には、トランスの女性にも女性一般のように、さまざまなタイプの人がいるのだが、トランスの女性ならピンク色を基調にしてなるべく美しく控え目に見せたいに決まっていると、世間は信じている。たしかに、美やフェミニンであることについて世間の常識を鵜呑みにするトランスの女性もいるが、あらゆるジェンダーステレオタイプに対して率直な物言いをするフェミニストやアクティビストにもトランスの女性はいる。でもこれは、大手メディアを見てわかることではない。トランスセクシュアルといえば皆男から女に移行した人たちで、トランスの女性ならステレオタイプ的な女らしさを得たいに違いないという思い込みがあるからだ。

一つのセックスからもう一つのセックスに移行し、出生時に割り当てられたものとは「対極にある」セックスで生活してまったく気づかれないことが多いトランスセクシュアル。こういう人たちの存在から、ジェンダー差異は人間の染色体や外性器からいとも簡単に現れるとみなす過去の常識に疑問が生じるかもしれない。トランスセクシュアルによって、〈女〉や〈男〉、〈同性愛〉や〈異性愛〉のように、今まで何の疑問をもたれなかった概念がボコボコにされてしまうかもしれないのだ。出生時のセックスが生きられたセックスと同じでないとき、これらの用語に定着していた意味が失われる。しかしメディアは、トランスセクシュアルが伝統的セクシズムや二項対立的セクシズムを許容するカテゴリーにとって脅威であるから、トランスの人たちのイメージや経験を使ってジェンダーステレオタイプを否定するのでなく、むしろ強化させている。

メディアにおけるトランスの女性の原型

一般的に言ってメディアによるトランスの女性の描写は、それが架空の人物であっても実在の人物であっても、「まやかし型トランスセクシュアル」と「トホホ型トランスセクシュアル」の二つの原型に大別される。どちらの原型を下敷きにしても、登場人物は超フェミニンな容姿を得ることに強い関心をもっているように表現されるが、それがうまくいくかどうかに違いがある。「まやかし型」は女性としてのパス度が高いので、どんでん返しを起こす役や、「男」にひっかかる間抜けでうぶなストレート男性をえじきにする性犯罪者の役を演じる。

「まやかし型」の例としておそらくもっとも有名なのが、一九九二年公開の『クライング・ゲーム』に登場したディルだろう。この映画がポップカルチャー現象にまでなったのは、ディルがトランスだと途中まで観客に気づかせなかったことが大きかったと言える。それが発覚するのは、ディルを口説こうとしていた男性主人公のファーガスとディルのラブシーンの最中。ディルが服を脱ぐとき、観客はファーガスとともに初めてディルの身体が男性のものだと知ることになる。私は映画館でこの映画を観ていたが、ディルの身体がさらけ出されたとき、ほとんどの男性からうめき声が聞こえた。スクリーン上のファーガスは、観客と同じくらい強烈なリアクションで、ディルに平手打ちをくらわせ、バスルームに駆け込んで嘔吐する。

ジム・キャリー主演の映画『エース・ベンチュラ』（一九九四）には「まやかし型トランスセクシュアル」が悪役として登場する。ショーン・ヤングが演じるロイス・アインホーン警部補はひそかに〔アメリカンフットボールのチーム〕マイアミ・ドルフィンズの元キッカー、レイ・フィンクルになりすます。フィンクルはドルフィンズのクォーターバック、ダン・マリーノに復讐する策略の一環としてチームマスコットを盗んだ人間だ。この奇妙な物語の終盤、ベンチュラは二十人ほどの警官の前でアインホーンを下着姿にさせ、「彼女は自分が知っているなかでいちばんひどい痔にやられている」と言い放つ。そして観客の方を向いたアインホーンがペニスと睾丸を股の間に隠しているところを見せる。そこに『クライング・ゲーム』のテーマ曲が流れると、居合わせた警官全員が嘔吐し始める。

ディル役のジェイ・デヴィッドソンは特筆すべき例外だが、「まやかし型」は女性が演じる場合が多い。そしてたとえ女性としてうまくパスしても、このタイプの役柄がジェンダーに関する決めつけ自体に異論を示すことはまったくない。それどころか、こうした役柄の女性は「フェイク」とされ、トランスであるという「秘密」の「真相」がドラマチックに暴露される。このとき、「まやかし型」の見た目（彼女が女であること）はただの錯覚と化し、秘密（彼女が男であること）だったことが本当のアイデンティティになる。

「まやかし型」は、登場人物の男であることが「真実」だということを強調するため、他の男性登場人物、さらには観客のなかのホモフォビアを誘発するのに使われることがとても多い。この現象は、『ジェリー・スプリンガー・ショー』のような視聴者参加型のバラエティー番組で特に顕著である。これらの番組は、「俺のガールフレンドはゲイ」や「私って本当は男よ」などの題名で、ストレートのボーイフレンドにカミングアウトするトランスの女性の特集を頻繁に放映している。二〇〇三年、英国のテレビ局が放映したリアリティーショー『ミリアムについて気になること』は、六人のストレート男性が魅力的な女性を口説く設定だった。この女性がトランスセクシュアルとは知らずに出演した男性が、名誉棄損、人身傷害、性的暴行の共同謀議のかどでプロデューサーを訴えると脅したため、放送開始が何カ月も遅れた。この事件は結局裁判沙汰にはならず、報道によれば一人十二・五万ポンドにのぼる額（当時のレートで二十万ドル以上相当！）[1]で示談になったようだ。

ゴア・ヴィダルの小説『マイラ』を原作とする同名の映画（一九七〇）は、伝統的な男らしさに復讐し、「セックスを再編成」するためにハリウッドを目指すトランスの女性が主人公である。この「再編成」にはどうやら、元フットボール選手をペニスバンドを使ってレイプすることも関係しているようで、そういう場面が登場する。「まやかし型」トランスの女性による男性への（誘惑することで達成される）報復というテーマが繰り返し登場するが、男性と異性愛特権のどちらも、トランスセクシュアルによって脅かされると無意識に認めているようだ。

女の策略を巧みに操って成功する「まやかし型」とは対照的に、「トホホ型トランスセクシュアル」の登場人物は誰も騙すことはない。「トホホ型トランスセクシュアル」は、マスキュリンなしぐさと伸びかけた髭にもかかわらず、自分が男性の体に閉じ込められた女性だと必ず主張する。こうした「トホホ型」登場人物のジェンダー・アイデンティティと外見の強烈な矛盾は、笑いを誘うのに使われることが多い。映画『みんなのうた』（二〇〇三）の結末に出てくる、マーク・シャブというミュージシャン（髭のバリトン歌手という設定でハリー・シアラーが演じた）の性別移行が良い例だ。

その「パス」能力のため、私たちの文化がもつジェンダーやセクシュアリティの理想に深刻な脅威となる「まやかし型」とは異なり、女性にまったく似ても似つかない「トホホ型トランスセクシュアル」は、害がないとみなされることが多い。そのためか、ポップカルチャーが親しみを込めてトランスの女性を描くと、「トホホ型トランスセクシュアル」になる。『ガープの世界』（一九八二）でジョン・リスゴーが演じてオスカー候補になった元フットボール選手ロバータ・マルドゥーンや、『プリシラ』（一九九四）でテレンス・スタンプ演じる年老いたショーガール、バーナデットなどがその例である。またインディー映画『セバスチャン・コールの冒険』（一九九八）には、ティーンエージャーの主人公セバスチャンの継父で、七〇年代のロックバンドのクルーのような服装やふるまいをするハンクが登場する。映画の冒頭、セバスチャンはこの継父がまさに女性になり、ヘンリエッタを名乗ろうとしていることを知る。思いやりのある性格でセバスチャンの周りでは唯一安定した存在だったヘンリエッタは、ほぼ決まって花柄のナイトガウンや肩出しルックでこれでもかとアクセサリーをつけ、化粧顔で登場する。だが、極端にフェムな衣服を身に着けても、ヘンリエッタは公然とウェイトレスをいやらしい目で見たり、自分を「オカマ」と呼んだ男にパンチを食らわせたりと、（殴った後「爪をダメにした」と嘆いてみせるが）ステレオタイプ的な男性の行動を取り続ける。

ヘンリエッタの中に極端な男性性と女性性が共存していても、男であることと女であることに関する観客の先入観への挑戦とは受け取られない。むしろ、ヘンリエッタのマスキュリンな声としぐさによって、彼女が女性になりたいと願ったところで本当は男だという事実は変えられないと証明しているようなものだ。『ガープの世界』のロバータや『プリシラ』のバーナデットに対してと同様、観客はヘンリエッタを人間としては尊敬するが、女性としては認めないように誘導される。だから観客は、あまり女性っぽくない女性として生きる難しさから生まれるヘンリエッタたちの勇気を称賛しても、観客が登場人物に自分を重ね合わせたり、「まやかし型」のディルに対して感じる性的な魅力を見出したりすることは、まずないだろう。

興味深いことに、「トホホ型トランスセクシュアル」の役では必ず、いかにもマスキュリンな外見とともに、男性器の欠如（あるいはそれを取り去りたい思い）も強調される。事実、先ほど挙げた映画には、「トホホ型トランスセクシュアル」の登場人物が自分の去勢を軽く扱う印象的なセリフがいくつかある。『プリシラ』の中で、バーナデットは「チョキンと切ってから」親と話をしていないと述べる。『ガープの世界』では、ロバータが車内でのフェラチオでけがをした男についてこんなジョークを言う。「私のは全身麻酔かけて取ったけど、ビュイックの中で噛みちぎられるとはね」。伝記を下敷きにした映画『エド・ウッド』（一九九四）では、ビル・マーレイが「トホホ型トランスセクシュアル」のバニー・

ブレッキンリッジ役を演じている。ウッズの映画『グレンとグレンダ』に触発されたバニーは「性転換」のためメキシコに行くことを思い立ち、ウッズに向かってこう言う。「あなたの映画を観て何かしなきゃと思ったんです。さよなら、ペニス！」

ペニスが切り落とされることに対する「トホホ型トランスセクシュアル」のお気楽コメントは、「まやかし型」の場合とはかなり対照的だ。まやかし型のほうは重苦しく、しかも多くが暴力的な場面で、他人に性器を発見されるのが一般的だ。フロイト派の精神分析医なら、「まやかし型」トランスセクシュアルの危険性は、隠されたペニスの存在によって象徴化されているとでも説明するところだろう。そこまで男根的でない解釈としては、「パスする」行為自体がパスできるトランスの女性を「まやかし型」にする。結局のところ、「まやかし型」にしろ「トホホ型」にしろ、トランスセクシュアルの登場人物で、トランスの女性は本当は男だという世間の思い込みが正当化されるようになっている。「トホホ型」トランスセクシュアルは女になりたいのかもしれないが、マスキュリンな外見やしぐさによって、必ず馬脚を現す。そして「まやかし型」は始めのころこそ「本物の」女性だと思われるが、遅かれ早かれ、羊の皮を着たオオカミ、つまり偽りと現代医学技術による幻影であることがばれ、たいていその結果、制裁を受ける。

「女性化」に魅せられて

実話かフィクションか、あるいは「まやかし型」か「トホホ型」かに関わらず、トランスの女性はステレオタイプ的にフェミニンな外見とジェンダー役割を求めているという前提で描かれることが多い。

トランスの女性にだって、女性として認識されることとハイパーフェミニンなイメージを作り出したい欲求の区別ぐらいできることは、話題にさえならない。事実、メディアは女性化プロセスの細部にこだわることが多く、トランスの女性がフェミニンな外見を自分のものにしていく様子を見せたがる。テレビや映画、ニュース番組のプロデューサーが、フェミニンな衣服や化粧姿のトランスの女性をただ見せるだけでは飽き足らず、口紅をつけたり、着替えたり、ハイヒールを履こうとする「最中」をキャッチしようとすることから、それがうかがえる。こうやってトランスの女性が女であるのは人為的な隠れ蓑やコスチュームなのだという印象を視聴者に与える。

　この現象の好例が、フェリシティ・ハフマン演じるトランスの女性のブリー・オズボーンと、最近まで存在すら知らなかった息子を主人公にしたバディロードムービー『トランスアメリカ』（二〇〇五）である。映画開始後の五分間、観客はブリーが独りで『あなたの女性の声を見つけましょう』というビデオに合わせて練習している様子を目にする。その間、彼女がストッキングを履き、ブラにパッドを入れ、ピンクのドレススーツを身に着け、これまたピンクのマニキュアをし、口紅、アイシャドウ、おしろいなど、化粧をするところが映し出される。このシーンの直後（偶然でなく）、最初のセリフが登場する。ブリーが精神科医に、ホルモン補充治療を始めて三年になること、永久脱毛の他に顔の女性化整形手術、ブロウリフト、額の縮小、あご整形、喉仏の切除などを受けたことを話す場面だ。オープニングで化粧や女性化医療のこまごましたことを立て続けに見せることで、ブリーの女性としてのアイデンティティが人工的で模倣的なこと、さらに彼女の性別移行を、女らしさに磨きをかけるためのものにまで降格させることを狙っているのは明らかだ。

さらにこの映画では、フェミニンな衣服や化粧品がブリーのフェイクっぽさを強調する手段として繰り返し使われる。彼女の衣服が、何か仮装的なものを象徴でもしているかのように、ブリーの着替えシーンがやたら出てくる。彼女が暇さえあれば化粧したり化粧直ししたりする場面もあり、しょっちゅうファンデーションを分厚く塗っているのはその下にある（間違いなくもっとマスキュリンな）「本物の」ブリーを隠す仮面だと思わずにはいられなくなる。MTFクロスドレッサーがひげの剃り跡を隠すのに濃い化粧をすることがよくあるが、永久脱毛を受け、既に三年もホルモン治療を受けているブリーのようなトランスの女性には必要ないだろう。事実、汗で彼女のファンデーションがてかる場面が何度かあり、ハリウッド映画に登場するシスセクシュアル女性が見せたことのない、ハイヒールでよろける場面も一度ならず出てくる。こうしたことから、映画製作者が女性用アクセサリーを意図的に使って「女性をする」のが下手なブリーを描き出そうとしたのは明らかだ。しかもそれは、この映画に少しだけ登場するアンドレア・ジェームズやカルパーニア・アダムスなど実際のトランスの女性たちに比べて、フェリシティ・ハフマンが限りなく怪しく見えるので、たしかに成功していると言える。

　メディアは、「男性」の女性化につきものの表面的な飾り立てに対する観客の強い興味を満足させるためなら何でもするが、同時にトランスの女性のストーリーを伝えるノンフィクションなどの真面目な取り組みを台無しにする。例えば、二〇〇四年『ニューヨーク・タイムズ』紙に掲載された「弾圧の緩和とともに増えるイラン人の性別変更」という記事は、イランでトランスセクシュアルの権利が向上していることを伝えている。[2] ところがこの記事に添えられた二枚の写真のうち一枚は、トランスのイラン人女性が口紅をつけている写真なのだ。絶大な人気を誇ったトークショー「オプラ・ウィンフリー・

ショー」は、二〇〇三年、トランスセクシュアル女性とその妻たちの特集を二回にわたって放映した。一回目は自伝的な『彼女はそこにいない——二つのジェンダーをもつ人生』の著者、ジェニファー・フィニー・ボイランとの対談だった。オプラ・ウィンフリーとボイランとの会話は失礼なところがなく真剣だったが、番組の始めに女性たちがアイシャドウや口紅をつけたり靴を履いたりするお決まりのシーンが映し出された。さらにインタビューの最中も、まるでボイランが見かけとは異なって本当は男なのだとでもいわんばかりに、「ビフォー」写真がちりばめられていた。

　フェミニンな装いやしぐさをするメディア版「生物学上の男」像には、世間のジェンダー観に一石を投じる可能性が潜んでいるかもしれないが、描かれる女性化シーンの多くを見れば、実際にはその公算がないとわかる。メディアは、観客のなかにある「女らしさ《フェミニニティ》そのものが人工的だ」という無意識の思い込みに訴えて、トランスの女らしさが「女性」というカテゴリーにもたらす潜在的な脅威を中和する。世間の大多数は、女性なら自然にフェミニンだと信じている一方、（かなり偽善的に）女性なら女らしさの社会的基準を満たすための化粧やおしゃれに毎日一、二時間かけて当然だとも思っている。男らしさが「すること」ではなく、「ありよう」自体から直接生まれるものだとされる男性とは異なるのだ。実際、女らしさは本質的に「怪しげ」で「うわついて」いて「ずるい」と仮定され、それに比べて男らしさには常に「自然」で「現実的」、さらに「誠実だ」という印象がある。このようにメディアは、フェミニンな衣類やアクセサリーをつけるところを描写しても、トランスの女性が「本当に」女であることを手に入れているという印象は与えないようにする。さらにメディアは、もっともフェミニンなごまかしに焦点を当てることで、トランスの女性は何らかの性的フェチのために生きているという考えを喚起する。こうしてトランスの女性が性別移行する真意がセクシュアル化〔セラーノの定義は285ページ参照〕されると、トランスの女性の女性としてのアイデンティティが軽視されるだけでなく、女性全体のモノ化も進んでいく。

もちろん、トランスの女性が可愛い服や化粧で飾り立てるセンセーショナルで実体のないシーンのためなら、プロデューサーはどんなことでもやるという点はいつも見落とされる。トランス・アクティビストとしてのほか、ミュージシャンや「トラニーフェスト」映画祭のディレクターとしても活動するサンフランシスコ在住のショーナ・ヴィラゴは、何でもやってしまう地元ニュース番組プロデューサーたちとやり取りした経験が何度もあると言う。例えばヴィラゴが警察とトランス・コミュニティ間の連絡を円滑にするために討論会を企画していたとき、新聞記者が記事にしたいと、彼女をはじめ何人かのトランスジェンダー・アクティビストに話を持ち掛けてきた。だが新聞社はアクティビストたちの政治的な活動ではなく、性別移行のほうに関心をもった。「新聞社から、私たち一人一人の『ビフォー・アフター』写真が欲しいと言われました」とショーナは話す。「これにはムカつきましたね。記者には、『ビフォー・アフター』的なものは警察の職権乱用にもトランスの女性とＨＩＶなど他の問題にも、まったく関係がないです、と言いました。でも記者にはそこが理解できなくて。結局、私の発言は記事にされませんでした」

数年後、別の新聞社の記者がヴィラゴに連絡をよこし、彼女が外出の「準備をしている」写真が欲しいと言ってきた。「私がベッドから起きて、急いでバスに乗ろうとしている写真なんか、何の説得力もないと言いました。するとその記者が『あなたがきれいに身づくろいしているところ、化粧しているところの写真が欲しいんですよ』と言うので、私は拒否しました。でもその記者はそういう求めに応じるトランスの女性を見つけたんです。その人がマスカラをつけて口紅を塗ってきれいなドレスを着ている写真でしたが、記事の内容とは何の関連もないものでした。記事は、トランス・コミュニティが直面する政治的、社会的な課題に関する内容だったはずなんですよ[3]」

　トランスの女性であるナンシー・ナンジェロニとパートナーのゴーデン・O・マッケンジーは、『ジェンダートーク』というラジオ番組の共同司会者だ。この二人も、似たような経験を二度していると番組の中で語っている。どちらの場合も動画の撮影中、メディアプロデューサーから、二人が一緒に化粧しているところの映像が欲しいと言われた（ナンジェロニとマッケンジーはこの要請を拒絶）のだそうだ[4]。

　ホルモン治療を始める直前の二〇〇一年にさかのぼるが、私も同じような経験をしたことがある。友人の紹介で、トランスジェンダー運動についての映画を製作している人と会うことになった。Tシャツにジーンズ、スニーカーというごく平凡な男みたいな格好で現れた私に、その映画製作者はひどくがっかりした。ついに彼女は、撮影するときに口紅をつけてはもらえないだろうかと私に尋ねた。そこで私は、口紅をつけることは、私がトランスジェンダーの人間であることや女性としてのアイデンティティをもっていることと何の関係もないと言った。彼女は（口紅なしで）短い動画を撮影し、もしそのどこかを使うことになったらまた連絡すると言った。だが彼女から連絡が来ることはなかった。

　トランスの女性がスカートをはいたり化粧をしたりする場面があっても、観客が見ているのは登場するトランスの女性たち自身の価値観の反映とは限らない。観客が見るのは、テレビ・映画・ニュース番組のプロデューサーがもつ、一般的に女性のセクシュアリティに紐づけられているあらゆるモノに関する妄想なのだ。言い換えれば、メディアと観客がトランスの女性に強い関心をもつのは、その二者による全女性を対象にしたセクシュアル化の副産物なのである。

メディアのトランスジェンダー・ギャップ

私たちの文化のなかで女性と男性に付与される価値の違いと、女に生まれて男としてのアイデンティティをもつトランスの男性よりもトランスの女性を描きたいというメディアの強い関心の間には、間違いなく関連性がある。最近はどちらの方向の性別移行であっても人数にあまり差がないのに、メディア報道を見る限り、トランスの男性と女性の間には数的にかなり大きな開きがあると思える。[5]

トランスの男性のジェイミソン・グリーンは、サンフランシスコ市が公民権保護の範囲をジェンダー・アイデンティティに拡大する決定を下すきっかけとなった報告書を一九九四年に執筆しているが、このことをメディアが報道した様子を次のように語っている。「私は、裁判所で開かれた記者会見の席上、記者たちがこの報告書の著者は誰かと何度も尋ねるのを傍に立って聞いていました。著者はあの人だと誰かが私を指さしたとき、記者たちの視線が私を通り越し、報告書を書いたに違いないドレス姿の男性を探し始めたのがわかりました。その人にインタビューしなければ、とね。私を見て信じられないという面持ちの記者から、『本当にあなたがこの報告書を書いたんですか』と何度も尋ねられました。私の「普通」の外見からして、新聞種にはならないと判断したんでしょう」[6]

事実、メディアはトランスの男性に気づかず、完全無視することが多い。なぜなら男性性そのものに疑問を投げかけないままでは、トランスの男性をトランスの女性のようにセンセーショナルな扱いができないからだ。少女は誰でもペニス羨望をもつという教えのうえに現代心理学が確立された社会では、男らしさを得ようと頑張るのは、まったく理にかなった目標だと考える人のほうが多い。セックス・アクティビストで著者のパトリック・カリフィアはトランスの男性でもあるが、一九九七年に出版された著書『セックス・チェンジズ——トランスジェンダーの政治学』の中で、こう述べている。「この世界はまだ『男性になりたい女性』よりも『女性になりたい男性』に興奮することが多いようだ。前者は当たり前に思われるが、後者はスキャンダラスだ。これは私たちの社会で男女がもつ特権のレベルが大きく違うことを反映するものである。もちろん女は男になりたいし、一般的にはそういう傾向がみられるけれども、もちろんそれは不可能。ただそれだけのことだ[7]」

メディアによるトランスセクシュアルに関する報道のしかたが、女であることと男であることに対して社会が付与する価値の違いに基づいていると認識できるようになると、トランスの女性をセンセーショナルに扱ったり馬鹿にしたりする企てのほぼ全てが、暗黙のミソジニーという基盤の上に構築されていることが明らかになる。相対的に無力な女性になるために男性特権や影響力を捨てる人がいると想像できる人はごくわずかなので、トランスの女性が性別移行するいちばんの理由は、女性がこの社会でもつと思われている唯一の力を得るためだと思ってしまう。それが、女らしさで男を惹き付ける力というわけだ。

だから、極端にフェミニンな衣服を着ることがほとんどなく、男性に魅力を感じるわけでもない私のようなトランスの女性は、多くの人々にとって不可解な存在なのだ。私が女性でありたいと思う気持ちを、単なる女らしさへのフェティッシュや性的倒錯の一種だと決め込むのは、性的な対象となる以外、女性には基本的に価値がないと言っているようなものだ。

フェミニストによるトランスの女性の表現

トランスの女性について、メディアによる表現といくつかのフェミニスト理論による描写との間には、数多くの共通点がみられる。多くのフェミニスト、特に八〇年代から九〇年代にかけて成人した若い世代のフェミニストは、ジェンダーステレオタイプを排除するためにトランスの女性と共闘できることがわかっている。その一方、女性性に対する家父長的な考え方を模倣するトランスの女性はセクシズムを助長させているとか、女の身体を得ようとすることで女性をモノ化していると信じるフェミニストもいる。ジェンダー本質主義の信奉者には特にその傾向がみられる。後者に属する多くの考えは、ジャニス・G・レイモンドが一九七九年に出版した『トランスセクシュアル帝国――シーメールの製造』という、トランスセクシュアルに関するフェミニストの著作のなかでおそらくもっとも影響力が強い著書から生まれたものだ。メディア同様、レイモンドはトランスの男性をほぼ無視し、「お飾り」だとして取り上げない。その代わり、話題をもっぱらトランスの女性に集中させ、性別移行は型通りの女らしさを得るためだと主張し、「ほとんどのトランスセクシュアルは、いちばん女らしい生まれつきの女性よりもっと女らしい役割に従う」とまで言い切る。[8] 女性性そのものを家父長制社会から人工的に生まれた副産物とみなすレイモンドにとって、それは当然のことなのだ。彼女は、トランスの女性は女性性を手に入れるかもしれないが、だからといって「真の」女性にはなれないとする（この点を強調するため、彼女はトランスの女性を「男性から構築された女性」と呼び、この著作の中ではずっと男性形の人称代名詞を使用する）。こうしてレイモンドは、男性に性別移行するトランスの人の存在を軽くあしらう一方、トランスの女性をハイパーフェミニンに描くことで女性としてのアイデンティティが大変人工的だと感じさせハイパーセクシュアル化するメディアと同じ戦術を使って持論を展開する。

メディアとは異なり、レイモンドはステレオタイプ的な女性性をもたないトランスの女性の存在をしぶしぶながら認めている。「男性から構築された女性と私が呼ぶ存在に本書の一つの章全体を費やすことに、とてもためらった」[9]とレイモンドは言う。彼女はレズビアン・フェミニストが「トランスセクシュアルのわずかな割合」しか占めていない（彼女はこの主張の裏付けをせずに終わる）と信じているため、「フェミニストたちの間で（主題が）引き起こした近年の議論と分断」[10]に関して以外、トランスセクシュアルたちの存在を議論する気にはなれなかったようだ。女らしさが女性の本当の価値をむしばむと信じるレイモンドは、女らしさや家父長制的なジェンダーステレオタイプを非難するトランスの女性なら受け入れるのではないかと思うかもしれない。だが、そうではない。彼女はこう主張する。「男性から構築された女性のトランスセクシュアルは、男性が作った女性のひな型に合わせたイメージ通りに行動して身体的な意味で女性に憑依する試みをするが、レズビアン・フェミニストを自称する男性から構築された女性は、もっと深いレベルで女性に憑依しようとする」[11]彼女はこの章の最後まで、レズビアン・フェミニストでもあるトランスの女性が女性のスペースや精神に潜入しようとどのように「まやかし」を使うかについて語る。「トランスセクシュアルとして構築されたレズビアン・フェミニストは、フェミニンなアイデンティティや役割を誇示することはないが、彼は型通りのマスキュリンな行動をする」[12]とレイモンドは語る。この主張からすれば、トランスの女性は要するにダブルバインド状態に置かれる。フェミニンな行動をすれば下手な物まねと思われ、マスキュリンにふるまえば、男としての真のアイデンティティが見え隠れすると言われるのだから。レイモンドもメディアも、トランスの女性なら必ず「フェイクな」女性という印象がつきまとうように操作している。その人がフェミニンかマスキュリンか、あるいは「パス」しているかしていないかなど、どんな外見でどんな行動をするかなどは関係ないのである。

「生物学上の女性は生物医療によって用なしにされている」という前提に立って書かれた『トランスセクシュアル帝国』の大部分は明らかにやり過ぎなのだが、レイモンドの主張の多くは、女性の団体やスペースからトランスの女性を排除することを正当化する試みとして今も繰り返されている。事実、世界最大の女性だけのイベントで、「ミシガン」と略されることが多いミシガン女性音楽祭は、明らかにトランスの女性を参加させないように作られた「女に生まれた女」オンリー主義をいまだに貫いている。[13] トランスの女性を排除する根拠に使われる釈明の多くは女性専用スペースの価値を保護するためのものではなく、トランスの女性は「真の」男であり「フェイクの」女であるということを強く印象付けるためのものである。例えば、トランスの女性を音楽祭に入れない理由としてもっとも頻繁に引用されるものは、私たちトランスの女性はペニスをもって生まれてきて、まだペニスをもつ人が多い（トランスの女性の多くは性別再割当手術の費用が払えないか、手術を受けない選択をしている）からというものだ。私たちのペニスは男性による抑圧のシンボルであり、男性に性的暴行を受けたり虐待されたりした女性にとってトリガーとなる可能性があるため、危険だという主張なのだ。だったら、ペニスが音楽祭から追放されたと思うだろう。でも、そうとは言い切れない。女性はミシガン女性音楽祭の会場で、ディルド、ペニスバンド、パッキング製品など、その多くがペニスに酷似している製品を買うことができる。要するに男根も、トランスの女性についているのでない、自分たちが入れたりつけたりするものならさほど悪くはないわけだ。

ミシガン女性音楽祭からのトランスの女性排除の理由としてもう一つよく聞くのは、トランスの女性が音楽祭に「男性エネルギー」を持ち込むというもの。マスキュリンな表現は認められないと言っているのだろうが、ここまで見当違いなことはない。ミシガン女性音楽祭には男の格好をして男のようにふるまうドラァグキングのパフォーマーは入場可能だ。そして音楽祭の舞台には、トランスジェンダーのアイデンティティをもち女性の身体をしたパフォーマーが登場することもあり、そのなかには男性形の人称代名詞を使って自己紹介する人もいる。[14] 多分、音楽祭を主催するリサ・ヴォーゲルが、女性に生まれた人なら本物の男性性や「男性エネルギー」を発揮できないとの信念から許可しているのだろう。これはトランスの男性に対する侮辱（この人たちが完全にマスキュリンであることや男性になることはありえないとほのめかしているのだから）であるが、では、「男性エネルギー」はそれを表現する人が女性に見えるか男性に見えるかとは無関係に測定できるものだと思っているのだろうか。これは明らかに事実に反する。私はトランスの女性だが、皆が私のことを女性だと**察知する**ので、私は「男性エネルギー」を発していると非難されたことは今まで一度もない。私が実際に「マスキュリンな」ふるまいをすると、「おてんば」とか「ブッチ」と言われる。私の態度は以前と変わらずで、変わったのは私の身体のコンテクスト（他者が私を女性と見るか男性と見るか）だけだ。

これはトランスの女性を「フェイクな」女性として描く（メディアでもフェミニストでも）あらゆる

企てが避けられない問題である。その人が女性の身体をもって生まれたのか男性の身体をもって生まれたのか（または女に見られるのか男に見られるのか）によって、同じ行動に対して異なる名称、意味、価値を与える必要がある。言い換えれば、セクシズムを信奉する必要があるのだ。女性と男性の間に本質的な差異があると主張する人たちは、フェミニストの掲げる理念を支持するどころか、かえって反駁するところまで自分たちの論法を深めていく。

一つのセックスからもう一方のセックスに移行した私自身の経験から言えば、乗り越えられない亀裂によって女性と男性が分断されているとは思えない。だが多くの人はそう信じているようだ。事実、私たちの大半は、ホルモン剤の処方箋一枚で「対極にある」セックスの人間だと察知されるようになるではないか。個人的には、女と男の間には本当にちっぽけな違いしかないことの証しとして、喜んでこの考え方を受け入れたい。女性は性染色体や生殖器、あるいは社会化のゆえに女性なのだと信じることは、私たちが来る日も来る日も、わずかな視覚的な手掛かりと山ほどの臆測を使って、出会う人間の一人一人を女性か男性かのいずれかに分類している現実を認めないことなのだ。女性の共通点は、私たちはみな女性と**察知され**てそう扱われることだけである。私はフェミニストとして、生物学を宿命とする考えから皆が脱却し、この社会で男女間に存在するもっとも大きな違いは私たちがお互いの身体に与える意味の差だと気がつくときが早く来ることを願っている。

第三章

ビフォー・アフター
——階級と身体の変容

Before and After: Class and Body Transformations

温かいとは言えない社会に生きるトランスセクシュアルの生活には、孤立しがちな子ども時代、否認、抑うつ、カミングアウト、男女の区分けと何とか折り合いをつけるなど、多くの障害がつきものだ。運転免許証やパスポートに表記される「セックス《性別》」、どちらのトイレなら安全に使えるか、誰となら結婚するのが許されているのかなど、法的に宙ぶらりんな状態のなかを進んでいかなければならない。私たちの多くは、職場での差別、警察によるハラスメント、そして暴力の脅威に絶え間なくさらされている。だがメディアがそうした状況に目を向けることはほとんどない。トランスセクシュアルを題材にしたテレビ番組やドキュメンタリーの関心は、もっぱら私たちの生活のある一点に集中している。それが身体的な性別移行だ。

身体的な性別移行が題材の番組は、必ず同じフォーマットを踏襲しており、医療処置（ホルモン、手術、永久脱毛など）の隅々にわたる活発な議論や、ビフォー・アフター写真をたっぷり見せるのが定番のようだ。私は性別移行する前、こうした番組には目新しさがなく似たり寄ったりであるものの、ある程度は役に立つと感じていた。セックスを変えたいと長いこと考えていた私にとって、これらの番組は性別移行を進めていくうえで何が期待できるかなど、一定の情報を提供してくれたからだ。だがもちろん私は想定された視聴者層のはみ出しっ子だった。明らかにこれらの番組は、登場するトランスの人に自分を重ね合わせることも性別再割当手術を受けることを考えたこともない人によって同じような人向けに作られていたからだ。当時の私は、性別移行プロセスやトランス関連の医療処置の細部に、トランスでない視聴者がなぜそんなに関心を寄せるのかあまり深く考えてはいなかった。

　トランスセクシュアルであることをオープンに生活を始めてから五年経った今、私はトランスセクシュアルがテーマのドキュメンタリーやテレビ番組には、多くのシスセクシュアルのかなり深いところにひそむ、ある強い衝動が露呈していることに気づいた。その衝動とは、自然な好奇心と呼んで済まされるレベルではない、移行プロセスの身体的な側面だけにほぼ限られた執着のことである。ほとんどのトランスセクシュアル同様、私もこの傾向を明らかにするエピソードには事欠かない。ある文芸イベントで、トランスの女性グウェン・アラウージョの殺人についての作品の朗読を終えて質疑応答に進んだ時、私は聴衆の一人から「顔の永久脱毛はしたのですか」と質問を受けた。また大学生を対象としたあるワークショップでは、二元制的ジェンダー規範のことや人間は自分が思い描くジェンダーの理想像を他人に投影するといった話の後で、一人の若い女性から私が「性転換手術」を受けたかどうかについていくつか質問があった。私がトランスとしてのカミングアウトを記録したウェブサイト、switchhitter.net を立ち上げたとき、知らない人からお叱りメールをもらったこともある。サイトにビフォー・アフター写真が一枚もないとの苦情だったが、三千七百語におよぶ質疑応答と私のトランスとしての体験を綴った四千五百語のミニ自伝だけでは、私のトランスセクシュアルとしての状況を十分に把握できなかったらしい。この人は変化を目で確かめたかったのだ。

もちろん、ビフォー・アフター写真を見たいと私に言ったのは赤の他人だけではない。私がトランスだと知った友人・知人や同僚から「ビフォー」写真を見せてほしいと頼まれることは少なからずある。そんなリクエストもあろうかと、念のため子どものころの写真を私が持ち歩いているとでも思っているのだろうか。頼まれたら私はたいてい、性別移行する前の私は今とまったく同じ外見で、違いといえばその当時私は男の子だったことぐらいだと答えている。でもその答えに満足する人はあまりいないようだ。

ビフォー・アフター写真を見たいとか、性別再割当手術のこまごましたグロい部分のことを聞きたいという欲求について、私がいちばんすごいなと思うのは、人はよくそこまで大胆になれるという点である。はっきり言って、そういうことを聞く人たちは、私が男であることに居心地悪さを感じ、人生を辛くみじめだと思うことが何度もあったと知っておくべきだと思うのだ。なぜ、他人がみじめだった時期の写真を見せてほしいなどと頼めるのだろう。私からすれば、それはまるで私が数年前うつに苦しんでいたと言ったとき、「へえ、じゃ、そのころの写真持ってますか」という返事が返ってくるのと同じぐらい、思いやりのないことなのだ。まったくもって、誰かに（しかも公衆の面前で）性器の医療処置を受けたかどうか聞くほど、失礼で不適切なことはない。ではなぜ他に悪気のない人たちが、礼儀や分別を無視してでも私の性別移行の身体的側面について知りたいと思うのだろう。

私は二年ほど前まで、自分のことがよくわかっていなかった。当時はちょうど整形手術をテーマにしたリアリティーテレビ番組流行の最盛期で、『究極のメイクオーバー』『スワン』『有名人の顔がほしい』

などの番組が放映されていた。これらの番組は、依頼者のビフォー・アフター写真をたっぷり使ったドラマチックな体の変容過程が見たいという、視聴者に共通の欲求に応えようとしていたのだと思う。当時は、胃バイパス手術がメディアの大きな注目を集め始めたころでもあり、「病的肥満」とされる人たちの手術から回復までを追い、最後にはもちろんお決まりのビフォー・アフター写真で依頼者がどれだけ体重を減らしたかが強調されるような番組が数限りなくあった。ディスカバリー・ヘルス・チャンネルには、従来の整形手術と胃バイパス手術を一緒に行う回が多い『整形手術ビフォー・アフター』という名前のシリーズまである。

私がおやと思ったのは、これらの番組が私が以前視聴したトランスセクシュアルのドキュメンタリーの多くとフォーマットがとても似ていたことだ。何らかの理由で自分の体に不満をもっている依頼者、今後の処置を事細かに説明する優しく有能な医師、手術当日と手術直後の病院での映像、そして完全に回復した後のラストシーンで、依頼者は目覚ましい変身を全て見せるビフォー・アフター写真を並べ、結果にどれだけ満足しているかについて語る場面が登場する、というものだ。こうした番組は時に人をちょっと不安にさせる音楽を流し、ドラマチックなナレーションとともに、目にしているのは驚くべきことであると同時にタブーでもあると視聴者に印象付ける。トランスセクシュアルのドキュメンタリーと整形外科番組で唯一の大きな違いは、前者にはまず、なぜ依頼者がセックスを変えたいと思うのかについて、もう少し背景と説明が必要な点である（もっと痩せたいとか誰の目にも魅力的になりたいとかというニーズに説明は必要ないと思う）。

ではなぜ整形や胃バイパス、そして性別再割当の処置が、番組の中でそこまでよく似た扱いを受けるのだろう。単にこれらが最先端医療処置を描いているからではない。さまざまな医療技術や手術を取り上げた番組は数多く存在するが、トーンはずっとシリアスで煽る様子はあまりないのが一般的だ。珍しい処置だから大衆の関心をそそるとも言い難い。性別再割当手術はまだかなり稀ではあるが、二〇〇四年に行われた美容整形処置の件数は九百二十万件、胃バイパス手術はおよそ十四万件だった。[1] またこれらの番組が何らかの変身を描写しているとも言い切れない。役者の容貌を大幅に変えることのできるハリウッドのメークアップアーティストや衣装デザイナーの舞台裏を見せる番組がたまに放映されるが、他のタイプの変身を扱う番組とは違い、センセーショナルなひねりをきかせたものはまず見ない。例えば『クィア・アイ・フォー・ザ・ストレート・ガイ』や『ホワット・ナット・トゥ・ウェア』など、手術を伴わない大変身を題材にした番組も多いが、もっとリラックスして参考になる雰囲気があり、あなたにもできますよ的な態度で視聴者をその気にさせる。ここが、もっと冷酷で覗き趣味的な感じがする整形手術や性別再割当手術番組と対照的なところだ。それに、髪の色やスタイルを変えた女性やひげをそり落とした男性は大きく変身してまるで別人のように見えるわけだが、整形手術や性別再割当手術番組に比べて、放送スタジオの観覧者は依頼者のビフォー・アフター写真に驚いて口をぽかんと開ける反応をするようにとは誘導されない。

　整形手術、胃バイパス手術、性別再割当手術がどれも同じようなセンセーショナルな扱いを受けるのは、醜さから美しさ、肥満体から痩せた体、そしてトランスセクシュアルの場合は男から女、あるいは女から男へのように、普通は乗り越えられないと思われている階級の境界線を出演者が越えるからではないだろうか。

もちろん階級問題としての容姿の良し悪しはテレビの内容として浸透しており、誰が主人公や恋愛の相手役になるか、誰がオタクっぽい隣人やおっちょこちょいを演じるかを決定する要因になっている。テレビCMは私たちに、徐々に魅力的にしてくれるかもしれない各種化粧品や、余分な五キロ、十キロ、いや二十キロも減らすのに役立つかもしれないダイエットやエクササイズ・プログラムを買わせようとするだろう。しかし人間の身体には乗り越えられない限度があること、その限度があるからこそ容貌で社会的地位が決定されることは一般に受け入れられている。実際、エクササイズやダイエット、美容製品によって達成できる比較的ささやかな見た目改善のために私たちの多くが行うさまざまな努力こそ、私たちがどれだけ型にはまった美とサイズの標準に基づいて判断されて（そして他人を判断して）いるかの証しである。だから乗り越えられないはずの境界線を誰かが越え、「あまり見た目が良くない」から「すばらしく美しい」に、あるいは「病的な肥満体」から「痩せた体」に、自分の属する社会階級を変えるところを見たら、美や魅力に対する私たちの考え方が変わるかもしれない。

トランスセクシュアルの私は、これと似たジェンダーの現象にいつも直面している。気づいているかどうかはともかく、大半の人は相手が女性と男性とで評価や扱い方、共感のしかたをだいぶ変える。しかも必ずしも意図的とか意地悪で変えているわけでもないのだ。こうした偏見は、美や魅力に対する見方と同じく社会に織り込まれているため、私たちの目にはほとんど見えない。だから私が「以前男だったんです」と言うと、多くの人はまず唖然とする。これらの人たちは、とても自然で女性にしか見えない人が、過去には全く別の何かだったかもしれないと納得するのに手間取るらしい。一人の人間が人生のいくつかの時点で、女でも男でもあったり、醜かったり美しかったりすることができるという事実は、これらの階級が相互排他的でそれぞれが自然にはっきり分かれているものだとする一般的な考え方に疑問を生じさせる。

ジェンダーや美醜という階級間の壁を乗り越えた人としっかり向き合うことは、そもそもこうした階級制度を作り出しているのが、私たちのバイアスや思い込み、そしてステレオタイプなのだと気づくきっかけとなる。ところが私たちの多くは、自分自身の価値判断を疑ったり、サイズ、外見、あるいはジェンダーによって他者への対応が異なることに気がついたりするのではなく、そうした状況になると、反射的に階級の壁を裏付けするような反応をし、出演者が経験した変身の「人為的」とされる部分に焦点を当ててしまう。変身プロセスの「人為的」な側面を強調することで、階級の壁のほうが、現代医学技術なしには超えられなかった「自然なもの」という印象が生まれる。もちろん、整形手術も性別再割当手術も「人為的」なのは確かだが、私たちがワークアウトに使うフィットネスバイクや顔に塗りたくるシワ取り保湿クリーム、髪染め、体型補正用下着、それに何より、ジェンダー、体型、美に関して私たちが頑張って近づこうとする基準である「理想の」イメージを浴びせかけるテレビ番組や映画、雑誌、屋外広告などだって人為的なものではないのか。外見とジェンダーに基づくこの階級制度はけた外れに「人為的」なのだが、これらの階級を（再確認するのではなく）ひっくり返す行為だけが「人為的」とみなされる。

整形手術、胃バイパス手術、そして性別再割当手術を題材にした番組は、意識的であろうとなかろうと、これらの処置の「人為的」とされる性質を誇張してやり玉に挙げるような作られ方をしている。だから、克服された階級の壁の真偽を追求することなく、視聴者にドラマチックな変身ショーを楽しむチャンスを提供できる。変化が劇的であればあるほど、プロセス全体の「人為的」な度合いが否が応でも上がっていく。整形手術を望む人口のなかで、もともと普通に見た目が良い人の割合のほうが間違いなく高いのに、整形外科ショーにそういう人が登場することはまずない。それに鼻の美容整形やお腹のたるみを取る手術だけを希望する人が登場することもない。これらの番組はほぼ決まって、平均的、または平均以下の容貌で、複数の処置を受ける人たちを選ぶ。そうすればドラマチック度が上がり、大規模な身体的変化が作り出せるからだ。

　性別再割当手術番組の出演者に関してもそうだ。性別移行前のトランスの人たちにはフェミニンな男性やマスキュリンな女性が多いが、そういう人たちが登場することはまずない。フェミニンな男性やマスキュリンな女性がそれぞれトランスの女性やトランスの男性に性別移行するところを見せても、劇的な変身にはならない。それでは、性別再割当手術とは、出演者の生物学上のセックスを「人為的に」変えるのではなく、単に出演者の「自然な」ジェンダー・アイデンティティを裏付けるに過ぎないものだという印象を与えることになるからだ。

　だからこれらの番組には前述の理由からか、以前はマスキュリンな男性に見えたトランスの女性がもっとも頻繁に登場する。私は第二章でメディアの関心がトランスの男性ではなくトランスの女性に向けられている理由を述べたが、それ以外にこの現象にはもう一つ身体に基づく要因がある。トランスの男性に比べて、トランスの女性は自分のアイデンティティであるセックスで「パス」するのに困難を感じることが多い。それは、テストステロンに長期間さらされて起きた不可逆的な影響を完全に食い止めきれないＭＴＦ移行プロセスの限界だけによるのではない。私たちの文化では、他人のセックスを判断するとき、女性でなく男性の手掛かりに主に依存していることも関係している。[2] だから、自分がアイデンティティとするセックスの人間だと真剣に受け取ってもらうため、もっと医療処置を必要とするトランスの女性もいるのだ。私が観た性別移行系テレビ番組は、トランスの女性の永久脱毛に始まり、ホルモン補充治療やボトム手術（ここまではどれもごく一般的）を追ったものだったが、豊胸のためのトップ手術のほか喉仏を小さくする手術のようなあまり一般的でない処置や、声の低さを克服するためのボイスレッスンの様子も含めた番組もあった。こうした番組の多くは、トランスの女性が所作指導を受けたり、ファッションコンサルタントに会っている場面など、トランスの女性の大半が決して経験しないステップが含まれていることが多い。

　性別移行系番組の大半が、複数の医療処置を受けるトランスの人たち、あるいは自分がアイデンティティをもつセックスで「パス」できるようにレッスンを受ける人たちばかり取り上げるため、ホルモン補充療法だけで簡単に「パス」したり、トランスセクシュアルと一般に関連づけられる処置のいずれも受けないことを選ぶトランスの女性・男性が見えなくされる。性別移行のときいちばん多くの処置を受けるトランスの人々を集中的に取り上げることは、変化のドラマチックさを上げるのには好都合だが、性別再割当手術は「人為的」という考えが裏付けされるだけでなく、自然なジェンダー・アイデンティティ、つまり潜在意識下のセックスの表現というより、トランスの人たちは自分のと違うセックスを模倣しているとか、なりすましているだけという視聴者の思い込みが増長される。

　これらの性別再割当や美容整形番組の構成要素のうち、ビフォー・アフター写真ほどジェンダーや外見についての視聴者の思い込みを裏付けるものはおそらく他になく、ステレオタイプをことさら強調するために使われる。整形手術と胃バイパス手術を扱った番組の出演者はたいてい、「ビフォー」写真ではダサい服を着てしかめっ面をしており、「アフター」写真ではおしゃれな服を着て笑っていて、出演者の魅力度が上がったという感じを醸し出している。トランスセクシュアルのドキュメンタリーに出てくるトランスの女性の「ビフォー」写真は、スポーツをしている少年時代の写真か、青年になってひげを生やして結婚式のタキシードか軍服を着ている写真など、いちばん男っぽい状態のものがほとんどだ。同様に、トランスの男性の「ビフォー」写真の多くは、子どものころひらひらドレスを着ている誕生日の記念写真やロングヘアでハイスクールの卒業アルバムに収まっている写真である。このようなステレオタイプ的に女らしいあるいは男らしいイメージを、例えば出演者がもっとジェンダー・バリアントである様子や、ジェンダー中立なものなど、他にもいろいろあった写真のなかから選ぶのは、トランスの人が割り当てられたセックスの「自然さ」を強調し、それによって今のアイデンティティであるセックスが「人為的だ」と誇張するためである。

　実生活のビフォー・アフター写真は、必ずしもジェンダーの差異をはっきり伝えない。女性としての私しか知らない友人が私のアパートにやって来て、私と妻ダニの結婚写真を初めて目にしたときのこと。結婚したのは私が身体的な性別移行をする前だったので、写真の私は身体的に男性でタキシードを着ていたが、あまりマスキュリンには見えなかった。むしろ私はそれまで通り小柄で長髪の、ステレオタイプ的な女性性や男性性に当てはまらないアンドロジナスな少年のように見えた。私の友人はその写真に少しがっかりしたようだった。彼女は「変だなあ。この写真の人はあなたそっくりなんだけど、これは男の人だよね」とぼそっと言った。同様に、私が性別移行して初めて会う旧友たちは、今は女性だということ以外、私には何の変わったところがないのが不思議だと決まってコメントする。まるで女性と男性を脳の異なるカテゴリーに入れたり、その二つを「対極にある」セックスとみなしたりする衝動があまりに強くて、人間は全く別人にならなくてもどうにかセックスを変えることができるとは想像しにくいかのようだ。

　最近私は、自分の男としての過去の生活や女性への性別移行のために受けた医療処置について聞かれるたび、これらの人たちは、女性と男性が相互排他的なカテゴリーではない可能性に心を開く代わりに、自分たちのジェンダーに関する思い込みやステレオタイプを守りたいと皆で必死にがんばっているのだなと感じる。私の「ビフォー」写真が見たいとか私の前の名前を尋ねたりするのは、私の経験を私に割り当てられたセックスに固定するために、私が男であるところを想像したいからなのだ。私の身体的な移行に焦点を当てる人たちは、私が女であるのは、私の内部から湧き出る紛れもないことではなく、医学の産物だと思いたいのだ。

　私は、トランスセクシュアルの性別移行プロセスを題材にしたテレビ番組やドキュメンタリーが多少は可視化の助けになっているとか、お笑いのネタ以外でテレビで紹介されるまたとないチャンスとして何かの役に立つと思う人がトランス・コミュニティにも多いことは知っている。だが実際のところ、トランスの人たちを単なる身体的な性別移行と解剖学的に「改造された」身体構造のレベルまで下げたこと以外、何が達成されただろうか。言い換えれば、これらの番組は、私たちをモノ化してはいないだろうか。そしてトランスの人たちがテレビ出演するときは「ビフォー」写真を見せるのが当たり前になってしまったが、このため、シスセクシュアルの一般大衆は、潜在意識下のセックスやジェンダー・アイデンティティよりも、割り当てられたセックスのほうに特権を与え続けることができる。もし私たちトランスセクシュアルが本当に自分たちのアイデンティティとするセックスの人間として真剣に受け止められたいのであれば、割り当てられたセックスをベースに私たちを分類したいシスセクシュアルの衝動を拒絶するだけでなく、シスセクシュアルがトランスセクシュアルの精神、人格、アイデンティティを真摯に受け止めず、私たちの身体を絶えずモノ化していることを指摘すべきではないだろうか。

第四章

ボーイガズムとガールガズム
——ホルモンとジェンダー差異に関するざっくばらんな話

Boygasms and Girlgasms: A Frank Discussion About Hormones and Gender Differences

私が体験した男から女への性別移行のあれこれについて、他人の妄想に付き合う気はあまりないのだが、ホルモンによる心理的な変化については例外扱いすることが多い。その理由はいたってシンプル。私たちの文化では、男性の攻撃性や暴力の話になるとほぼ決まってテストステロンが公然と非難の対象にされるなど、性ホルモンがものすごく政治色を帯びてしまっているからだ。また、怒りをあらわにしたり興奮を隠さない女性は、それがもっともな成り行きであっても、単なる体内の化学反応の現れだと思われて相手にされない。そしてこうしたホルモンを巡る俗説が医学にも大きな影響を与えている。その証拠に、誰もが知っているテストステロンとエストロゲンに関する仮説にトンデモ証明を試みるエセ科学的研究は数限りなくあるではないか。当然、そうしたあからさまな政治化は、人間行動におけるホルモンの役割を過小評価する人たちから大きな反発を呼んでいる。ホルモンの影響と思われている（男性を攻撃的にさせすぎたり、女性を感情的にさせすぎたりする）ことのほとんどは、社会化（39ページ参照）の概念を使ったほうがうまく説明できる、なぜなら男の子たちは攻撃的であることを奨励される一方、感情は見せるなと言われ、女の子の場合はその逆ではないかというわけだ。

男性ホルモンと女性ホルモンの両方を直接体験した私は、先天性対後天性の議論を骨抜きにするのが自分の役目だと思っている。そこで、テストステロンからエストロゲンとプロゲステロンへの私自身の「移行」経験について、説明と解釈を提供したいと思う。だが、ホルモンに関する議論を始める前に、言っておきたいことが二つある。まず俗説とは裏腹に、ホルモンの作用は、女性としての／女性的な発達と男性としての／男性的な発達を制御する一方的なオン・オフスイッチのように単純なものではないということだ。人間は誰でも、アンドロゲン（テストステロンも含まれる）とエストロゲンの両方を組織中にもっている。ただしそのバランスは男性の場合は前者に、女性の場合は後者に偏っている。アンドロゲンとエストロゲンにはいくつかのタイプがあるだけでなく、これらの性ホルモンが機能するにはさまざまなステロイド受容体が必要となる。性ホルモンは、多数の代謝酵素によって一つのホルモンから別のホルモンに転換され、そのバランスが変わる。こうしたホルモンには、各ホルモンの特定作用を生み出すとき直接的に関わってくるいくつかの「下流遺伝子」のレベルを制御する機能がある。このように変数が多いので、特定ホルモンの感じ方や作用には、人によって自然変異がずいぶん発生するようになっている。

二つ目の留意点は、ホルモンの「本当の」作用を、知覚あるいは推定された作用と区別するのが難しいことである。例えば、ホルモン療法開始後まもなく無性に卵が食べたくなった私は、すぐさまこの欲求はホルモンのせいだと考えたが、私が話を聞いたトランスの女性のなかにはこれに似た食べ物への強い欲求を経験した人は一人もいなかった。だからおそらくこれは私だけに起きたホルモンの作用だったと思う。あるいはたまたま「卵食べたい欲求期」がホルモン治療の開始と重なっただけなのかもしれない。そこで、ホルモンの影響には個人差があるのに、偶然の一致をホルモンのせいにして、私たちの予想をホルモンに投影することがあるという新たな問題点が見えてくる。

　だからこれから私が話すことは、私が経験し、トランスの女性たちから話を聞いて裏付けが取れたホルモンの変化に限っている。さらに、議論の的にはなっていないホルモンのより身体的な作用（筋肉、脂肪分布、発毛など）ではなく、エストロゲンと、ホルモンバランスを成人女性にみられる範囲内に収めるために内因性テストステロンのレベルを抑制する抗アンドロゲン剤を使い始めたころに私が経験した「心理的」変化、例えば情緒、感覚、そして性的欲求を主に取り上げたい。

　女性は女性ホルモンの影響があるから男性より「感情的だ」とよく言われるが、それは単純化しすぎだと思う。でなければ、私が体験した変化をどう説明すればいいのかわからなくなる。振り返ると、テストステロンが私の身体でもっとも優勢な性ホルモンだったころ、私の感情の前に分厚いカーテンが垂れ下がっているようだった。カーテンのために感情の高まりは鈍くなり、私につきまとう幽霊でもあるかのように色あせてぼんやりしていた。ところがエストロゲンを使い始めると、昔とまったく同じ感情が今度はとてもあざやかになっていることに気づいた。つまり変化したのは感情そのものではなく、その強さの度合いで、高さがぐっと高まり、低さがずっと低まった、というわけだ。感情が私の精神の中の遠景ではなく近景にあり、今のほうがより情緒を感じられるという言い方もできる。

　私がホルモン療法を始めてからおよそ二カ月後、この変化を描写するのにおそらくいちばんぴったりの出来事があった。妻のダニと口論中、私は泣き出した。それはホルモン的に男性だったころもよくあることだったが、一分ほど経つと、私は泣きながら笑い始めた。そこが違っていた。なぜ笑っているのかとダニに聞かれて、「だって、抑えられないから」と答えた。ホルモン的に男性だったころ、私は泣くのをいつでも止めることができると思っていた。本気を出しさえすれば、感情を抑え込むことができると思っていた。今は、泣き始めたら涙をこらえることはほぼ不可能。私は、泣きたい気持ちに逆らわず、泣くことを学んだ。泣くと気持ちがずいぶんすっきりするものだ。

このところの私の感情は強さの度合いがおおむねぐっと上がったが、論理や論法の邪魔になったり私の考えや判断のそれぞれを一手にコントロールしているようには感じられない。私は依然として、感情に従ってというより、理性的思考によって完璧に行動することができている。一方、今はできなくなったこと（少なくとも以前はできていたことの範囲内では）として、自分の感情を完全に無視したり抑制したり、あるいは心の中からすっかり遮断することが挙げられる。

感情の度合いと同時に、触感覚も変化した。以前は感じなかったことが感じられるようになったと言えるぐらい向上したとは断言できないが、私が世界を体感するとき、ずっと大きな役割を果たしていることに間違いはない。私は何かに興味をもつと、それが本であれ、芸術作品であれ、衣服であれ、どんなものであっても触れたい、いじってみたいという衝動に駆られる。その物体が物理的にどう感じられるか、触知なしに私はその物体を完全に理解できないとでもいうようにだ。それとは対照的に、ホルモン的に男性だったころの私は、たいてい興味をもった物体をただ見るだけで満足していた。

主に**強さの度合い**が高まった私の情緒や触感覚とは異なり、私の嗅覚は断然**鋭くなった**。今の私には、以前なら嗅ぎ分けられなかった匂いがわかる。陳腐な表現かもしれないが、性別移行後初めての春、私は花の匂いに圧倒された。花が良い匂いがすることはわかっていたが、以前は気づかなかった香調や香りの全てを一気に嗅ぐことができた。私はさらにある特定の食べ物の匂いでも同じような経験をした。この変化で私にとってもっとも興味深い面は、他人から新しい匂いを察知するようになったことだ。男性からとても強くてなんとなく甘い匂いがすることがある。以前の私には気づけなかったことだ。でも私が男性の体臭や「フェロモン」をかぎ分けることができるようになったという単純な話ではない。なぜなら私は今、女性にも新しい匂いをかぎ分けているからだ。性別移行の最中、妻のダニにキスしたり、鼻をダニの首に押し付けたりしたとき、私の頭の中で花火が上がったような感覚をもった。驚くほど甘くて心地良く、そして官能的な匂いで私は性的に刺激されたばかりでなく、彼女とはこれまでとまったく違うつながり方ができているように感じ、彼女と自分との距離が縮まったような気がした。嗅覚と触感覚が敏感になったうえ、私が自分の感情と「触れ合っている」感じが強くなったおかげで、私と世界や他人の波長がうまく合っているように感じている。

　ホルモンによる性別移行に伴うもっとも深遠な変化は、私の性的欲求に起こったのにはまず間違いない。事実、エストロゲン／抗アンドロゲン剤を使い始めた最初の数週間で、私が最初に気づいたのが性欲の急激な減退だった。これに最初に気がついたのはとても忙しかった一週間の終わりだった。長時間働き、そのうえほぼ毎晩のように外出した週だった。その週、私は一度も性行為もマスターベーションもしていなかったことに気がついた。別にたいしたことではないと思う読者もいるだろうが、当時の私にとって、それはまったくありえないことだった。私は一日たりとも何らかの形で性欲を発散させないではいられなかったし、二日も忘れるなんて考えられなかった（大人になってからのほとんどの期間、男性として生活していたころ、普段は一日に一回から三回はマスターベーションしていた）。私の性欲は減退したかもしれないが、性行為への関心がなくなったわけではない。今もマスターベーションも性行為も熱烈にエンジョイしている。以前は一日三回だったのが、今は週に三、四回の欲求になったということだ。

性的体験の量はぐっと減ったが、質は飛躍的に高まった。事実、本章を「ボーイガズムとガールガズム」としたのは、私にとって身体が性的刺激にどう反応するか、言うなれば私がどう「イク」かが、私の経験上もっともドラマチックな（そしていろいろな意味でもっともエンジョイできる）ホルモン的な変化だったからだ。私はホルモン療法開始後数週間でこの変化に気づき始めた。その前から勃起を維持することが難しくなり、男性が一般的に好む前後ストロークなど以前は興奮できたことで目的を達成することができなくなっていて、もっと何か必要だなと感じていた。そこでダニのバイブレーターを試してみた。前に使ってみたときには、刺激が強すぎると感じることが多かったのだが、今度は突然、これはすごいと感じた。私がホルモン的に男性だったころ、性的な刺激があると私はあっという間にオーガズムの頂点に達していた。もう少し長持ちさせたいときは、ギリギリのところで身を離すことを繰り返す必要があった。だが今では、以前ならオーガズムに達していた地点をはるかに超え、以前は経験したことのない強烈にセクシーな感覚のなかで十五分はもだえ続けている。現在、私のオーガズムは男性というより女性の域にあり、普段は達するまで長い時間がかかり（でも待つ価値はある）、オーガズムの一つ一つに違った味わいと激しさがある。また一か所に集中せず私の身体全体に広がっている。そしてオーガズムが一回きりでないことがよくある。

感覚の変化も私の性的欲求に大きく影響しているのは驚くことではない。パートナーの匂いでもっと性的に興奮を覚えるだけでなく、触感覚の質の向上によって、性行為のとき全身の感覚がビリビリっと生き生きとしている。それがいちばん際立つのが、性器に直結しているかのような私の乳首だ。さらに、性愛に関していえば、私はあまり視覚に頼らなくなったこともわかった。すぐに気づいたわけではないのは、おそらく新しい感覚の登場より感覚を失ったことのほうが気づきにくいからだろう。移行開始からおよそ一年後、ほとんどの女性でみられるプロゲステロンの内因性発現を刺激するため、一カ月に十日、プロゲステロンを服用するようになってようやくそのことに気づいた。プロゲステロンを使い始めて私が最初に気づいたのは、私の性欲、特に視覚的インプットへの反応が急に高まったことだ。実際、プロゲステロンの視覚的効果を体験して、ホルモン的に男性だったころの私が視覚的な刺激にどう反応したか、ありありと思い出した。

　私の経験を聞いて、ジェンダーの差異が生物的ではなく社会的だと思っている人は特に、私の変容に意外性がないことに何となくがっかりしているのではないだろうか。私が以前より涙もろく、感傷的で花をめで、性的なアグレッシブさをなくした人間になったという説明は、女性のステレオタイプに従っているせいだとまで考える人もいるかもしれない。他のトランスの女性もこれと似たような経験をよく語っているが、トランスの男性は通常、逆のことを言う。つまりこれらの人たちはほぼ例外なく性欲の高まり（視覚的なインプットにより敏感になる）、男性型のオーガズム（より一点集中型、すばやく達成）、嗅覚の衰え、泣いたり感情の区別をつけたりするのが困難になると説明する。[1]

　その一方、ホルモンについてよく言われる推測の裏付けが欲しくてうずうずしている人たちは、私の何が**変化しなかったか**を知れば、同じようにがっかりするはずだ。私の性的指向、魅力を感じる女性のタイプ、音楽や映画、さらには趣味、政治、ユーモアのセンスやアグレッシブさ、あるいは競争心、面倒見のよさや創造性、そして知性の程度、地図の読み取り能力や数学の能力〔米国では女性より男性のほうがこの二つに優れているとされる〕などは、私がホルモン的に性別移行した後も際立った変化がなかったからだ。こうした人間の特性の素因を作るのに、胎児期のホルモンがある役割を果たす可能性があるので、必ずしもホルモンに依存するものでないと断言するのは無責任だと思うが、多くの人が論じたり仮定したりするほど、成人のホルモンレベルによってコントロールされていないのは明らかだ。

　どのトランスセクシュアルの体験談でも、ホルモンに関する説明はおおかた一致しているが、私はそれぞれの体験にみられる微妙な差異を説明するのには啓発的な効果があると思う。例えば、テストステロンを使い出したらポルノをむさぼり始めたという話を、何人ものトランスの男性から聞いたことがある。私がホルモン的に男性だったころ、たしかにポルノを眺めて楽しむことも時にはあるなど、私の性的欲求は視覚的な面が断然強かったが、それでも私は裸体の写真より、エロティックな話やファンタジーの方を好んだ。同様に、テストステロン療法を始めてからほとんど泣いたことがないと何人かのトランスの男性が教えてくれた。一方、ホルモン的に男性だったころの私は、どちらかといえば頻繁に泣いていた（今ほどではなかったにしても）。トランスの男性がテストステロンを使い始めてからよりアグレッシブ、あるいは負けず嫌いになったという話も聞いている（逆にもっと穏やかになったと言っている人も多いが）。[2] しかし、ホルモン的に男性だったころの私はたいていどこにいっても、いちばんアグレッシブからも負けず嫌いからもほど遠い人間だった。でも自分が消極的だったと言っているわけではない。どんな仕事でも引き受けた以上は必ず成功させるという意気込みはいつもあったから。でも私は、他人を犠牲にしてまで成功したいという欲望を感じたことが一度もなかった。

だから、男性の典型的なテストステロンレベルそれ自体は、ステレオタイプ的に男性のものとされる行動の多くを生み出すには不十分なことが明らかになる。それはおそらく人によって、テストステロンの作用のしかたや、それをどう体験するかにばらつきがあるためである。私には、テストステロンに鈍感なのは私がトランスで、あるレベルでは私は完全な男性でなかったからだと言いたい気持ちがある。だが、この部分について例外と言えるシスセクシュアルが多いことも理解している。たいしてポルノに興味がなく、あまりアグレッシブでもなく、よく泣くトランスでない男性をたくさん知っている。そして性欲が強く、ポルノをエンジョイし、平均的なアルファ男性並みのアグレッシブさや競争心をもっている女性にも会ったことがある。だから男性と女性の二つのグループの平均より、女性同士あるいは男性同士のほうにもっとバリエーションがみられるようだ。

このバリエーションを認めることは、ジェンダーに関して極端に単純化（そして二元化）された「生物学対社会化」論争をついに乗り越えるために絶対不可欠である。というのも、ホルモンにはとてもリアルな**生物学的**差異があるからだ。エストロゲンに比べて、テストステロンを使ったらおそらく誰でもあまり泣かなくなり、性欲が高まるだろう。しかし、もしこの生物学的差異が、男女全てに当てはまる**本質的な**ジェンダー差異を代表すると主張するのだとしたら、それは誤りだ。なぜなら、ある特定の女性より泣く男性はいるし、ある特定の男性より性欲が強い女性はいるからだ。おそらくもっとも重要なのは、社会が前述のようなホルモンに影響された行動を、ホルモンの自然な効果を誇張しているかのように制御している点であろう。この社会において男の子は、もともとテストステロンのせいであまり泣かないはずなのに、泣くのを積極的に阻止される。そして男性は「精力絶倫」とおだてられて性欲のおもむくままに行動するようにけしかけられる一方、女性の多くはもともと男性の多くより性欲が低いのに、「あばずれ」と呼ばれて性欲に従った行動をさせてもらえない。

多くのジェンダー理論家がこの手の社会化がジェンダー差異を**生成する**ことを証明しようと躍起になっているが、私からすれば、社会化は多くの場合、既存の生物学的なジェンダー差異を誇張する働きがあるといったほうがより正確だと思われる。つまり、例えば泣き虫の男や強い性欲をもつ女など例外的な存在は、ジェンダー多様性のスペクトラム上のどこかにぽんと収まるのではなく、その傾向を隠すか抑えるように言いくるめられる。このようにして例外の存在を軽視したり排除したりすることで、社会化は男女間に本質的な差があるような印象を作り出そうするから生物学的ジェンダー差異が歪められる。それゆえ、社会化の主な役割は新たにジェンダー差異を作り出すことではなく、女性と男性は相互排他的な「両極にある」セックスだという錯覚を起こさせることにある。

生物学的ジェンダー差異と本質的ジェンダー差異を見極めることは、ジェンダー・アクティビズムの将来にとって非常に重要な意味をもつ。私たちの欲動や社会経験にはバリエーションが自然に存在するから、例えば人はユニセックスまたはアンドロジナス状態になろうとしていると主張するなど、ジェンダー差異を最小限にする試みはかなり無意味である。それよりも、典型的（フェミニンな女性とマスキュリンな男性）であれ、例外的（マスキュリンな女性とフェミニンな男性）であれ、あらゆる形態のジェンダー多様性が受け入れられるようになるべきだ。さらに、自分の感情を熟知しているといったフェミニンとされる属性や性行為のことで頭がいっぱいのようなマスキュリンな属性は、明らかにホルモンの影響を受けているので、ジェンダー理論家が女らしさや男らしさを完全に人為的とかパフォーマティブと表現するのは見当違いではないだろうか。残念ながら、最近のジェンダー・スタディーズの領域は、女性性と男性性の生成に関する問題に支配されている。だが私たちが焦点を当てるべきなのはそこではなく、ジェンダーの特質がどう解釈されるかのほうなのだ。

　解釈に関わる問題は、トランスセクシュアルを考えるときに明らかにされる。例えばトランスの女性に比べ、トランスの男性のホルモン的な移行の説明はずっとエンパワメント的だと気づかずにはいられない。トランスの男性は性欲の高まりを経験し、あまり感情的でなくなり、身体が堅く強くなる。これらの変化は全て、私たちの社会で肯定的な含みをもつ。それとは対照的に、私は性欲の減退を経験し、より感情的になり、柔らかくそして弱くなる経験をした。これらは私たちの社会で否定的に受け取られる。このような意味合いの差がどこから来るかは明らかだ。私たちの文化では、女性性や女であることは、男性性や男であることより理解されず価値も認められないのだから。性別移行のとき、女であることや女性性を受け入れることは個人的にエンパワメントされるとともに満足感があったが、それでも私は、他人が自分に投影し始めたあらゆる否定的な含みや劣等な意味に圧倒された。これらの意味は、私の女性としての身体だけでなく、私のプロゲステロンの処方箋にある「眠気またはめまいを引き起こす恐れがある」、そして「重機類の操作はおやめください」という注意書きから、女性ホルモンのせいで私が相手の意見に賛成できないとほのめかす男たち、さらに私がホルモンを体内に循環させることを選んだとわかったとたん「何でそんなことがしたいの」とせせら笑う女性まで、ホルモンそのものにも投影された。

ジェンダーを社会的に構築されたものとしてではなく社会的に誇張されたものとして考え始めるとき、私たちはようやく生物学上のセックスをその過程で無視したり軽視したりせずに、社会におけるセクシズムの問題に取り組むことができる。生物学的ジェンダー差異は極めて現実的なものであるが、生物としての女性と男性に関連する意味合い、価値、仮定の大半はそうではないのだ。

第五章

死角
——潜在意識下のセックスとジェンダー特権意識

Blind Spots: On Subconscious Sex and Gender Entitlement

トランスセクシュアルである私がいちばんイラつくことの一つに、なぜ性別移行を決心したのかとしょっちゅう質問されることがある。身体を物理的に変える必要があると思ったのはなぜか。男としての経験しかないのに、女になったらもっと幸せになれると、どうやってわかったのか。女性と男性は「両極にある」セックスだと信じていないなら、なぜ自分のセックスを変えるのか。これらがよくある質問の中身なのだが、残念ながら私の答えにいちばん納得しないのは、きまって質問した当人だ。友人や家族、講演に招かれた高校や大学、そしてジェンダーに関する議論に詳しいクィアやフェミニストの仲間から寄せられた質問にひとしきり答え終わったとき、私はある結論に達した。シスセクシュアルのほとんどは、ある身体のセックスをもって生まれた人がどうやったら別のセックスに属していると自分を認識できるようになるのかについて、果てしない好奇心（そしてしばしば猜疑心）をもっているが、その好奇心が生まれるおおもとのところに独特の死角を持っている、というものだ。そしてその死角は〈ジェンダー・アイデンティティ〉と呼ばれることが多い。

個人的な意見を言うと、「ジェンダー・アイデンティティ」というのはずいぶん紛らわしい用語だと常々思っている。つまるところ、女性でも、民主党員でも、キリスト教徒でも、ネコ好きでも、ヘビメタファンでも、自分が何者か認識するというのは、自分が社会にどう順応していると説明すればしっくりくるのか、意識的かつ意図的に選択することではないだろうか。だからトランスセクシュアルの場合、「ジェンダー・アイデンティティ」という言葉は扱いにくい。なぜならこの言葉は、私たちがアイデンティティとして意識的に選択するジェンダーと、潜在意識下で自分はこれだと感じるジェンダーという、二つの潜在的に矛盾する事柄を指しているように思えるからだ。話をわかりやすくするため、ここからは後者を〈潜在意識下のセックス〉と呼ぶことにする。

ジェンダー・アイデンティティと潜在意識下のセックスを区別する大きな理由は、このほうが私自身の個人的な体験をもっとも的確に説明できることにある。実は私は、自分が女性に違いないとずっと思い続けるという、トランスの王道的な経験はしていない。こういう認識は、私の中で徐々に育っていった。自分はトランスだと思った最初の記憶は、私が小学校に入学したてで、五歳か六歳のころのこと。当時の私は既に、自分が身体構造的には男性で周りも自分のことを男の子と思っていることをはっきり自覚していた。この時期になって、女という潜在意識下のセックスが発現する経験を何度もするようになった。大人が私に「あなたは女の子だよ」と言う夢を見たり、ペニスに注射針を刺した男の子の絵を描いて、注射器の中にはペニスを消し去る薬が入っていると想像したりしていた。それから私は、学校の男子トイレに足を踏み入れるたび、何か間違っていることをしているような妙な気持ちになった。そしてクラスが男子と女子のグループに分けられるたび、今にも誰かが私の肩をたたいて、「ねえ、あなたはこっちで何してるの。男じゃないのに」と言うのではないかと密かに思っていた。

当時、私はそんな感情をどう理解していいのかわからなかった。結局のところ私が男の子なのは明らかだったし、周りもそう思っていた。そして他のＭＴＦスペクトラム上の子どもたちとは異なり、私はままごと遊びなど女の子っぽい遊びに混ざりたいとはあまり思わなかった。だから私の「女の子」「男の子」の理解といえば、多くの小学生同様、主におもちゃ、遊びかた、趣味に基づいたもので、私の中のぼんやりした潜在意識下の感情を、恐竜に対する情熱や大きくなったら大リーグの野球選手になりたいという強い思いとどう両立させたらいいのかよくわからなかった。

潜在意識下の感情を、女性になりたい衝動や願望として自覚するようになったのは、十一歳ごろだった。気づいたきっかけは、ある夜遅く、なかなか寝付けないのに何とか眠ろうとしていたときに起きた。私はなぜか、窓から白いレースのカーテンを外してそれをドレスのように自分の体に巻き付けずにはいられなくなった。七十年代後半に流行していた男の子の長めのヘアスタイルをした思春前期の少年だった私は、鏡の前に歩み寄ると、カーテンをまとっただけで、女の子に見えるほど十分に変身できていた。私は一時間以上、鏡の中の自分を唖然と見つめていた。鏡の中の自分が女の子であるのがごく当たり前だと、なぜか突然ひらめいたのだ。

気づきの次のチャンスはその後すぐにやってきた。私は学校から帰ると、自分の部屋でたわいもない冒険物語を作って演じてみる一人遊びをよくやっていた。しばらくの間（おそらく鏡の前のひらめきがあったから）私が創作する冒険談には、架空の宿敵が私を女の子に変えるというどんでん返しがあった。そこから、私が男の子に戻してもらうためにその敵を探し回る展開になる。何度もやっているうちに筋書きの最後の部分に飽きてきたので、そのまま女の子として冒険物語を続けることにした。数週間ほどこうして遊んでいるうち、この話の「女の子でいる」部分がただの劇ではないことに気がついた。私は実際に女の子でいたいんだということ、そしてある程度、その気持ちがしっくりくることが次第にはっきりしてきた。

　こうした潜在意識下の経験を意識上の思考にするのは厄介な仕事だ。今言ったような出来事を私個人がどう理解しているか正確に捉えたり伝えたりするとき、英語のどんな言葉もまったく役に立たない。例えば私が女性としての自分を「見た」とか、自分が女の子だと「知っていた」と言ったとしたら、私が男であることを常に意識的に自覚していた事実を否定することになる。そして女の子なら「良かったのに」とか女の子に「なりたかった」と言ってしまうと、自分にとって女であることがどれだけ納得感のあるものだったか、私という存在のもっとも奥の、もっとも深遠なレベルで、それがあるべき姿だと強く思ったことを消し去ってしまう。女の子のような「気がした」と言えるかもしれないが、これでは私には他の女の子（そして他の男の子）の気持ちがわかるんだという間違った印象を生み出してしまう。私は「女の子であるはず」とか女に「生まれるべきだった」のような言い方には、宇宙の壮大な構想について、私が何か奥深い洞察を持ち合わせているかのような含みがあると思う。だがそれは当然ありえないことなのだ。

　脳のあるレベルで、私の身体のセックスが女だと予想されていたようだというのが、私が潜在意識下のセックスをどう感じるかを説明するのに最善の方法だと思う。実際、人間の脳は身体のセックスが何か、本質的に理解していることを示唆する証拠もある。[1] 例えば割礼の失敗や総排泄腔外反症（性分化疾患でない疾患）などによって、生後間もない男児が外科的処置で女というセックスへの再割当を受けた例は数多い。女性として育てられ、女性の外性器をもっているように見えても、そうした子どもたちの大半は、いずれ自分を男とみなすようになる。このことから、脳が認識するセックスは、社会化と外性器のセックスの両方を無効化する可能性が見えてくる。[2] さらに、分界条床核（ＢＳＴｃ）として知られる性的二型を示す脳の小さな部位に関する研究もある。研究者によれば、トランスの女性の分界条床核部位の構造は大多数の女性のものに酷似しており、トランスの男性の場合は大多数の男性のものに酷似していることが明らかになった。[3] どんな脳研究でも同じだが、こうした研究には限度と但し書きがつきものだ。しかしこれらの研究が、人間の脳には社会化や身体の外見とは無関係に、身体が女か男かを予測できるようなハードワイヤー回線が生まれつき巡らされている可能性を示唆していることに変わりはない。

個人的には、私は脳ハードワイヤー説に魅力を感じる。この説が科学的に疑いの余地なく証明されているという信念からではなく、自分は女だという思いが曖昧だが常に存在するものと感じられたのは、意識上の現実を否定する無意識の理解のようなものであったからだということが、この説によっていちばんうまく説明できるからだ。この説を使って説明がつくことが他にもいろいろある。自分が男の子なのは何かおかしいということを、意識的に言葉にできるずっと前からどうやってわかっていたのか。女であることやフェミニンな表現への意識的な欲求を経験するかなり前から、私はなぜ女の子としての自分や女の子になる夢を見たのか。ティーンになって、人間が性交するとき何が起こるか、見たことも聞いたこともなかったころ、生まれて初めてマスターベーションしたとき、私は両脚を広げて手を股にあてて前後に動かした。これは多くの女の子が本能的に取る方法だ。

脳ハードワイヤー説は、自分を女だと思うことがなぜ私の意識の届かないところにあったか、なぜ私がそういう気持ちを抑えられず、どんなに頑張っても合理的な解釈ができなかったのかも説明してくれる。トランスの人がセックスを変えたいのは、考えれば考えるほど別のセックスが欲しくなり、別のセックスでいることが本来の姿だと一人合点している中毒者のような執着をもつからだと思っている人が多い。トランスであることは、それとはまったく逆だと思う。つまり、自分は女であるという思いを無視すればするほど、その思いは躍起になって私の感情をかき分けて前にしゃしゃり出てくる。その点では、無視すればするほど時間とともにその感覚が高まっていく、空腹感やのどの渇きなど他の潜在意識下の感覚に似ている。

私が人格のこの側面を、潜在意識下の「ジェンダー」ではなく「セックス」と呼ぶことに異議を唱える人はきっといるだろう。私が「セックス」と呼びたいのは、私自身の経験が身体のセックスにかなり限られたものだったし、女になりたいという私の潜在意識下の欲求が、一般的に「ジェンダー」という言葉に関係する社会現象とは無関係に存在していたからだ。前にも述べたように、女という潜在意識下のセックスをもつ私が最初に経験したものに、女性ジェンダー役割を探求したいとか女性性を表現したいとかいう欲求は伴っていなかった。それは、社会的なジェンダー規範に「なじもう」とした結果でもなかった。というのも、私は当時、誰から見ても極めて普通にふるまう男の子だったからだ。潜在意識下の女というセックスは、それまで私がジェンダーについて真実だと教わったこと全て、そして「お前は男の子だ、男らしくふるまえ」と繰り返される励ましの言葉を覆すものだったため、社会化つまり社会的なジェンダー構築の結果でもなかったのはほぼ間違いない。

潜在意識下のセックスが女だというのは、私の内部つまり私の人格の本質的な部分で生まれたものだと信じてはいたが、ひとたび私の意識がこうした感情を整理し始め、自分の身体が男だという現実だけでなく、周りの人が私を男とみなして関わりを持つ世界でその役割を果たさなければならないという事実にぶつかると、いろいろややこしくなった。潜在意識下のセックスと意識上のセックスの交差したところにこそ、ジェンダー・アイデンティティと言われるものがあると私は考えたい。シスセクシュアルのように、潜在意識下と意識上の二つのセックスが一致するときは、適切なジェンダー・アイデンティティがすんなり現れるものだ。私の場合、自分について二つの異なる理解が生み出す緊張感はたまらなく不快なものだった。私はまだ子どもだったが、この不快感を解消するには、潜在意識下のセックスを抑えつける（やってみたが、完全に成功することはなかった）、潜在意識下のセックスを意識上のセックスとして受け入れる（そうすると、私の身体が男だということを否定するだけでなく、家族や友達に私が女の子だと宣言することになるが、それは危険なうえ、関係者全員にとって衝撃的なこと）、意識上と潜在意識下のセックスの違いをコントロールする術を身に付け、男であることと女であることの両方にある程度またがってもいいような新たなジェンダーとの関わり方を見つけるという、たった三つの方法しかなさそうだということは理解できた。

　私の潜在意識下のセックスが意識的思考や社会に影響されないことはわかったが、ジェンダー・アイデンティティ、つまり、私が意識的に自分のジェンダーとどんな関わり方をするかは、文化的規範と私個人の信念や体験に強く影響されてきた。例えば、女になりたいと最初に自覚したのは、私が性的な関わりを持ちたいと思うようになる前のことで、ステレオタイプ的に女の子っぽい活動や趣味に関わりたいという欲求とは無関係だったとはいえ、自分のセクシュアリティとジェンダー表現に疑問を抱くように（そしてそのうちいろいろ試してみることに）なったのは、そういう自覚があったからだ。つまるところ、私は他の子どもたちと同じように、男はマスキュリンで女性に惹かれるのが当たり前、女はフェミニンで男に惹かれるのが当たり前と信じるように育てられたのだ。女になりたいという気持ちによって、ジェンダーに関連した他の側面は必然的に流動的なものとなった。事実、自分は女になりたいと願っていることに気づいたとき、まず私の心をよぎったのは、自分はゲイに違いないということだった。七十年代のテレビ番組に頻繁に登場した派手でフェミニンなゲイ男性がヒントになったのは間違いない。しかし、ひとたび思春期に入って性欲が出てくると、私は自分が男性ではなく女性に惹かれることに気づいた。それで私はますます混乱した。当時の私はまだ、「レズビアン」という言葉を知らなかったからである。

時が経つにつれ、私は潜在意識下の感情を説明してくれそうなジェンダー・アイデンティティや理論に片っ端から飛びついた。私はかなり長い間、自分をクロスドレッサーだと思い、女という潜在意識下のセックスを表面に出てこようとする「女性的な側面」とみなした。だがクロスドレッシングを何年かやってみたものの、結局興味が失せた。女になりたいという願望は衣服やフェミニンであることそのものとは何の関係もないと気づいたからだ。さらに私には、「変態」という言葉を受け入れ、女になりたいという願望を何か性的倒錯のように思っていた時期がある。その道を模索しているうち、これでは自分が女であると考えるのは性的なコンテクスト以外のことがほとんどだったことが説明できないとわかった。その後、ケイト・ボーンスタインとレズリー・ファインバーグの著作を読んで初めて、「トランスジェンダー」と「クィア」という言葉を受け入れるようになったのだ。潜在意識下の女というセックスは、自分の身体が男であることと同じく本物だと考えた私は、自分をバイジェンダーと思うようになった。性別移行までの数年間、私は、男の身体を持つというコンテクストのなかで、なるべく自分が女であることを表現してみた。世間から見れば、とてもアンドロジナスでクィアな少年だった。私は、他人が私をどう思おうと、ただあるがままの自分でいられることにほっとする一方、自分が男ではなく女であるべきだという潜在意識下の切実な自覚と絶えず格闘していた。二十年にわたる探索と実験を経て、私が最終的にたどり着いたのは、潜在意識下の女というセックスは、私のジェンダー役割や女性性、あるいはセックス表現とは関係がなく、むしろ私と身体との個人的な関係性のことなのだということだった。

　トランスとしてもっとも辛い私の経験は、ジェンダー規範に抗うなかで直面する差別や嘲りではなく、潜在意識下のセックスと意識上のセックスが一致しないときに経験した内面の痛みである。二つの相反する思考やものの見方が同時に存在することに気づいたときに人の精神の中に発生する緊張やストレスを指す「認知的不協和」は、この状況をもっともうまく表している心理学用語だと思う。私の場合自分は男だという事実に意識的に対処していながら、潜在意識では自分を女とみなしていたことである。認知的不協和の表れ方はさまざまである。私には、不眠症との長い闘いの原因となるストレスや不安のように感じられることもあれば、自分のジェンダーに疑問を抱かない人たちに対する嫉妬や怒りとなって表れることもあった。でもそれは何より、ジェンダーにまつわる特別な悲しみとでも言おうか、私の身体で何かがとても間違っていることに対する、慢性的で恒常的な深い苦悩のように感じられた。

　トランスの人がジェンダーに関して実際に痛みを感じるという事実を軽視する人がいる。もちろん、ジェンダーの不協和を無視するのはたやすい。それは目に見えないし、もっと関連性があることをいえば、そう思う人自身がジェンダーと関わりをもてていないからだとも考えられる。でもそういう人たちでも、良好とは言えない人間関係や満たされない仕事に縛られて身動きが取れないでいると人はみじめになり、生活のあらゆる部分に影響が及んで、かなり重い抑うつ状態になるということなら理解できる。痛みは一時的なものならしのげるが、長期的に見たら、何かが変わらない限り、ストレスも悲しみも人をダメにすることがある。週に四十時間の仕事ですら相当の絶望感が現れるなら、間違っているとずっと感じているジェンダーで生活させられている人がどれだけ気落ちして苦しむか、想像してみるとよい。

　時が経つと薄れていく悲しさとは違い、私のジェンダーの不協和は日に日に悪化していくばかりだった。性別移行を決心したころの私は、ジェンダーの不協和がかなりひどくなり、すっかり消耗していた。それは身体的にも情緒的にも、私がそれまで経験したどんな痛みより苦しいものだった。トランスセクシュアルが性別移行をするのはセックスを変えたいからだと考える人が大多数であることは知っているが、単純化し過ぎだ。私は人生の大半を女でありたいと思って過ごしてきた。けれど、「トランスセクシュアル」というレッテルや後悔するかもしれないという部分に怯えきって、性別移行を真剣に検討できないでいた。二十数年間続いたその悶々とした期間で私が変わったことといえば、女でいたいという欲求ではなく、男であることやジェンダーの不協和との付き合い方のほうだった。性別移行を決心した時、正直なところ女として生活するとはどんなことなのか、私にはまったく想像できなかった。私に唯一わかっていたのは、男のふりを続けたら、私は自分の手でじわじわ殺されるということだった。

トランスセクシュアルはしばしば、ホルモン療法を始めるまで身体的性別移行をすべきかどうかはっきりわからないという。もし身体的な変化や気分の現れ方が気に入ればそれは正しい決断だし、そうでなかったら間違った決断なのだ。正直言って私は、女性ホルモン療法を開始してから数週間経つまで、移行すればジェンダーの不協和が軽減されると百パーセント確信していたわけではなかった。ホルモン投与後、そしてその結果私の身体に起きた変化で私が感じたのは**これで間違いない**だった。それは本当に、他の言葉では言い表せない感覚だ。

　シスセクシュアルはよく、トランスの人たちが性別移行するのはジェンダーに関連した何らかの特権を手に入れたいのだろうと決めてかかる。でもこういう見方は、性別移行後のトランスセクシュアルが、男女いずれかになり、バイセクシュアル、同性愛者、あるいは異性愛者になり、外見がジェンダー規範通りの人もジェンダー・ノンコンフォーミング〔セラーノによれば、社会のジェンダー規範に従わない人や行動のことで、ジェンダー・バリアントの代わりに使われることもある〕になる人もいるという事実とは相いれない。例えば私の場合、世間的にはストレート男性からレズビアン女性になったわけだ。その結果男性そして異性愛者としての特権の大きなメリットを失ったけれど、私は性別移行して良かったと思っている。生まれて初めて、私にとってもっとも重要なジェンダー特権、つまりセックス化された身体で常に心安らかでいられる体験ができているからだ。今の私は、ジェンダーに関して不協和を抱えた人生ではなく、調和を経験している。

　シスセクシュアルの多くは、自分たちにも潜在意識下のセックス、つまり自分の身体のセックスがどうあるべきか、深い理解が備わっているという考え方をなかなか受け入れられないでいる。生まれついてのセックスをあんばい良く感じる人は、潜在意識下のセックスを見つけて疑問を抱いたり、身体のセックスと区別するのを余儀なくされることはないのだろう。つまり、シスセクシュアルにも潜在意識下のセックスは存在するが、それは見えないところに隠されている。なぜなら、シスセクシュアルには死角があるからだ。

だが私はシスセクシュアルであっても、潜在意識下のセックスを垣間見ることができると信じている。シスセクシュアルにそれができるようになってもらうため、私がトランスジェンダーの人たちが抱える問題に関するプレゼンテーションをするとき、参加者にする質問がある。「これからの人生を別のセックスで過ごすなら一千万ドルあげると私が言ったら、あなたはこのオファーを受け入れますか」というものだ。「受け入れる」と答えるお利口さんが必ず何人か出てくるが、参加者の大多数は「受け入れない」と首を横に振る。女性も男性も、クィアもストレートも、今の性別を変えるつもりはないと主張するので、参加者がジェンダー特権とは無関係に答えを出しているのは明らかだ。受け入れないと答えた人たちにその理由を聞いてみると、最初は言葉が見つからずにまごつく人たちも、最後には「だって私は今、**女（あるいは男）だから**」とか「変えるなんて**ピンとこない**」と答える。

よく考えてみよう。シスセクシュアルに潜在意識下のセックスがなければ、性別再割当手術は今よりもっと頻繁に行われるはずではないのか。男性優位のビジネス界で成功したい女性は男性になればいいのだ。クィアであることを恥じるレズビアンやゲイ男性は、セックスを変えればいい。ジェンダー・スタディーズ専攻の大学院生は、論文用のデータを集めるのに数年間、性別移行をすればいいのだ。トランスセクシュアル役を演じる俳優は、ホルモン療法を数カ月続ければ、迫真の演技ができるようになる。犯罪者やスパイは、身体的な性別移行をして地下潜伏できる。そしてリアリティー番組の出演者は「十五分の名声」を得ようと、喜んでセックスを変えるだろう。それが現実ではないのか。

　もちろん、そんな筋書きはまったく馬鹿げているとしか思えないだろう。身体のセックスが人間が宿る皮相的な殻以上のものだと、深遠な潜在意識レベルでは誰もが理解しているからこそ、あり得ないと感じられるのだ。トランスセクシュアルが性別移行する理由を聞いて混乱したり信じがたいと思ったりするシスセクシュアルについて、私がいちばんカチンとくる部分がここなのだ。そうした信じがたい思いは、生まれついたセックスで落ち着ける自分自身のジェンダー調和体験に直接起因するのだということが、シスセクシュアルにはわかっていない。つまり、この人たちは、自分の潜在意識下のセックスの調和のゆえに、そしてそれを認識できないため、誰かがセックスを変えたい理由がなかなか理解できないのだ。

　私はこの話をするにつけ、私が育った七〇年代から八〇年代初期のころを思い出す。当時、ストレートな人の多くが性的指向に関して似たような死角をもっていた。皆、同性に惹かれるなんて信じられないとよく口にし、「自然じゃないね」や「そういう時期なのよ」、そして「私にはちょっと理解できない」などと馬鹿げた発言もしていた。現に、「自分は本当にストレートだと、どうやってわかったのか」と自問もせず、クィアな人たちには「でもね、自分が本当にゲイかって、どうやってわかるの」とずうずうしく（あるいは無邪気に）尋ねる人もいた。

　過去二十五年間に起きた概念の重要な変化によって、ストレートな人たちが異性愛だけを「自然な」セクシュアリティと当然視できなくなったため、ＬＧＢの人たちの包摂が少しずつ進んだのだと思う。今ならストレートな人たちは、クィアな人たちと同じく、自分たちにも異性愛という性的指向があることを理解している。これと同じように私は、シスセクシュアルの人たちが自分たちにも潜在意識下のセックスがあることと、自分のセックスは今のとは違うという潜在意識下の思いから集中砲火を絶えず浴びせられながら戦っているのでなければ、その人の潜在意識下のセックスは身体のセックスとマッチしている可能性が高いことを理解しない限り、私はトランスの人たちが社会に完全に包摂される日が来るとは考えていない。

　自分自身の死角を認めること、すなわち直接体験していないジェンダーやセックスの傾向を完璧に理解するのは不可能だと認めることは、この世に存在するあらゆる〈ジェンダー特権意識〉をなくすための初めの一歩として重要である。トランスの人だけが経験するジェンダーの不協和と異なり、ジェンダー特権意識からは誰もが影響を受ける。これは、ジェンダーやセクシュアリティに関する自分の考え方やものの見方こそ、もっとも適切なものだと傲慢に信じることと言い表すのがいちばん合っている。ジェンダー特権意識は、自分のジェンダー特権意識に異議申し立てしたり疑問を呈したりする人がいると、いわれなく動揺したり気詰まりを感じ始めたりする症状、〈ジェンダー不安〉を引き起こすことがよくある。

　ジェンダー特権意識とジェンダー不安には、さまざまな、だがしばしば重複する形態がある。例えば、ジェンダー特権意識の形態としていちばんよく話題にされるのが、異性愛こそ唯一の「自然」で道理にかなった、あるいは道徳的に容認される性欲だとするヘテロセクシズムである。ヘテロセクシズムに基づくジェンダー特権意識から、同性愛関係にある人たちに対して向けられたジェンダー不安の発現として、ホモフォビアが生まれることがある。同様に、女性は誰でもフェミニンで男性はマスキュリンである、あるいはそうあるべきとするジェンダー特権意識の考え方――これを〈シスジェンダー主義〉と呼ぶ人もいる――から、その規範から外れた人たちに対して向けられたジェンダー不安の一種であるトランスフォビアが生まれる。ホモフォビアもトランスフォビアも一般社会で注目を集めるようになったが、ジェンダー特権意識とジェンダー不安の観点をもってすれば、そこまで知られていないものの、侮辱的レベルとしては同レベルのジェンダー差別、性的関心に基づく差別が他にもあることに気づくだろう。例えば、人間は誰でも「自然に」同性愛者か異性愛者のいずれかであると考えるゲイ男性やレズビアンは多いが、人間は二つの性別の一方にだけ惹かれるという思い込みに疑問を投げかけるバイセクシュアルの人たちに対して、ジェンダー不安の一種であるバイフォビアが表明されることがある。私はトランスジェンダー・コミュニティでも、男／女二元制の枠組みから外れたアイデンティティは、二元制枠組みの中のアイデンティティより優れていると思っている人たちに出会ったことがある。こういう人たちは、女か男いずれかに強いアイデンティティをもつ人に対して、ジェンダー不安（二元制フォビアとでも言おうか）を表明することがよくある。

　ここまでの話で、ジェンダー特権意識とジェンダー不安は、どんな形態であろうと根本的に不安の現れだということが明らかにされたと思う。結局、自分自身のジェンダーやセクシュアリティの欲求や表現に何の問題も感じない人なら、他人の表現や欲求が自分と違っていても煩わしいと感じたり気にしたりすることはない。だが、不安に駆られてジェンダー特権意識に訴えるとき、人間のジェンダーやセクシュアリティにみられるバリエーションを否定するだけでなく、**相手**の傾向や欲求は、**こちら**の期待に合わせて抑制したり一致させたりされるべきだと尊大な思い込みをするようになる。

私たち一人一人がジェンダー特権意識を克服できるようになるもっとも生産的な方法は、自分には知りえない、そして直接体験できないジェンダーやセックスの表現や欲求が存在することを認め、自分自身の死角を受け入れることである。自分自身の性的指向をよく知り、他人の性的指向は自分の性的指向に何の関係もないと認識することこそ、ホモフォビアやバイフォビアを克服する道なのだ。トランスジェンダー運動では、トランスフォビアに立ち向かうために類似のアプローチが取られてきた。シスジェンダーが自分のフェミニン／マスキュリン表現に慣れることで、他人のフェミニン／マスキュリン表現も大切にできるようになってもらうのだ。このアプローチによって、私たちは差別を恐れずにジェンダーを表現できるべきだと社会の一部を説得できたので、多くのトランスセクシュアルが恩恵を受けたことはほぼ間違いない。だが残念ながら、トランスフォビアとの闘いでは、シスセクシュアルのジェンダーに比べて、トランスセクシュアルのセックスには「本物度」が足りないとか基準に合っていないとかと、シスセクシズムを減らすことがあまりできていない。私のフェミニンな行動や女性としてのアイデンティティを受け入れる人が、私のトランスセクシュアルである身体は断固として受け入れないとき、この点がはっきりわかる。

大多数の人は、潜在意識下のセックスの存在、そして潜在意識下のセックスと身体のセックスの関係を受け入れることができていないので、セックス／ジェンダー・バリアントな身体から、感じなくてもいい苦痛を経験することが多い。トランスジェンダーの人たちの権利を支持する人の多くも、更衣室や公共シャワー室にトランスジェンダーの人たちが入ってくることに難色を示しがちだ。トランスジェンダーの友人や同僚に対して協力的な人はたくさんいるが、デートの相手やベッドを共にする人、あるいはパートナーとなった人がトランスセクシュアルとカミングアウトすると、動揺するのは偽善的ではないか。ジェンダー不安を抱えるシスセクシュアルが自分の心の奥深くを見つめ、自分はなぜ、トランスセクシュアルの身体を見ると、不安になったり心がかき乱されることを**選ぶ**のか自問するべきではないのか。シスセクシュアルのものだと思っているうちは魅力的とか無害だとされる身体が、トランスセクシュアルのものとわかったとたん、突然ゾッとする威嚇的なものに見えてしまうのはどうしてなのか。そして同じ身体でも、状況が変わっただけでかなり劇的に異なる反応を引き起こすのだとしたら、本当の違いはトランスセクシュアルの身体ではなく、シスセクシュアルの心の中に宿っていることがわかるのではないか。

ここでもまた私は、同性愛の容認が始まった八〇年代に、「他人が自宅の寝室で何をしようが私には関係ない。私の目の前で堂々とやってもらっては困るが」と言うのが流行っていたことを思い出す。今では、そうした言い方は寛容に見せかけた偏見に過ぎないと誰の目にも明らかだ。同様に、ジェンダー不安を抱えるシスセクシュアルが、トランスセクシュアルの身体を自分たちの目に留まらないところに隠しておいたり、別の基準を適用したりするのと同時に、例えば、女であることや男であること、身体の部位やその機能について恥ずかしげもなく話すことでシスセクシュアルの身体を「見せびらかす」、公衆トイレを使う、カミングアウトなどの必要なく気兼ねなく恋人に自分の身体をあらわにするといったジェンダー化された権利を当然視できるのはなぜか自問し、あからさまなシスセクシズムをもっていることを受け入れてよいころではないだろうか。ジェンダー不安にさいなまれるシスセクシュアルは、自分たちがトランスセクシュアルの身体に対して感じる問題は、自分自身の自信のなさ、そして自分たち自身のジェンダーやセクシュアリティに問題が提起されたことからくる恐怖に起因すると認めなければならない。シスセクシュアルの大多数が特に潜在意識下のセックスに関して自分自身の死角と折り合いをつけることを拒否する限りにおいて、トランスの人たちがモノ化され二級市民として扱われる無数のさりげない方法も見え透いた方法も、シスセクシュアルの視界には永遠に入ってこない。

第六章

内在的傾向とは
——ジェンダーとセックスの多様性を解説する

Intrinsic Inclinations: Explaining Gender and Sexual Diversity

私は前章で、潜在意識下のセックスを身体のセックスと区別して捉えることが、トランスセクシュアルとトランス差別についての理解を促進するために重要だと述べた。ジェンダーとセックスの多様性の領域に踏み込む前に、ジェンダーには私たちが考えを整理しなければならない側面が少なくともあと一つあることに触れておきたい。それが、自分の見せ方、ふるまい、趣味、好みなどがフェミニンかマスキュリンか、それともその二つが組み合わさったものかを示す〈ジェンダー表現〉[1]だ。

ジェンダー表現は、潜在意識下のセックスや性的指向と混同されやすい。例えば、トランスセクシュアルが性別移行するのは、自分の身体のセックスと潜在意識下のセックスの整合性を取るためではなく、女性性や男性性を表現したいからだと思っている人は多い。同様に、女性にしては何となく男っぽいとか、男性にしては女っぽいというだけで、それぞれレズビアンやゲイに間違われる人もいる。普段は外から見えない性的指向や潜在意識下のセックスとは異なり、他人の目にとまりやすいジェンダー表現は、もっとも頻繁にコメントや批評の対象となるとともに、制約を受けやすいジェンダーの側面だと思う。

たしかに、私たちの社会ではジェンダー表現がかなり制約されているため、女性性や男性性を、自然に発生しない、人間文化の捏造品あるいは人工物などのような、単なる社会的構築物だと主張する人は多い。社会構築主義モデルによれば、男の子は社会化によって男らしくなり、女の子は女らしくなる。私たちは、正と負の強化の組み合わせと、模倣や実践、そしてパフォーマンスを通して、これらのジェンダー表現の生産を学習する。社会構築主義者は、「女らしい」「男らしい」という言葉が人間行動の単なる描写ではなく、誰もが達成すべき理想の表象だと指摘する。これらの人は話し方、使う言葉、しぐさ、関係性のなかの役割、衣服のスタイル、審美眼、関心、職業など、社会化の影響を受けるような（しばしば〈ジェンダー役割〉と呼ばれる）ジェンダー表現の発現を中心にこれを証明しようとする。社会構築主義者はさらに、これらのジェンダー役割は時代や文化によって変化することからも構築されたことがうかがえると主張する。

　この主張と対立するのが、男に生まれた人はマスキュリンな行動を、女に生まれた人はフェミニンな行動をするように、前もってプログラムされているに過ぎないと信じるジェンダー本質主義者である。私たちの文化でも他の文化でも、フェミニンな女性とマスキュリンな男性が圧倒的に多い点、ごく幼いころから女の子は女の子っぽく、男の子は男の子っぽくふるまう点、先史時代の人類も、女性と男性とでは作業の内容が違っていたと思われる点、人間以外の種でも雌雄で行動が異なるらしい点などが、これらの人の主張を裏付ける証拠である。ジェンダー本質主義者は、女性と男性の行動上の差異を、つまるところ女性と男性の遺伝的（さらにそこから派生する解剖学上、そしてホルモン的）差異から生まれるとみなすことが多い。そうは言っても、ヒトの特定遺伝子とジェンダー化された行動との関係は依然はっきりしていない。

私は遺伝子学を学んだうえ、社会で女性と男性で扱われ方や評価のされ方に実際どんな違いがあるか直接経験した者として、社会構築主義もジェンダー本質主義も間違い（少なくとも両者は部分的に正しいだけ）だと信じている。男はみなマスキュリンではないし、女もみなフェミニンでないことがはっきりしていることが、ジェンダー本質主義の致命的な欠陥である。マスキュリンな女性、フェミニンな男性、女性性と男性性の組み合わせで自分を表現する男女など、〈例外的な〉ジェンダー表現をもつ人がいる。ほぼどの文化にもどの時代にも、（例外的な潜在意識下のセックスや性的指向をもつ人たちなど）例外的なジェンダー表現をする人は存在していたので、これは自然な現象ではないのだろうか。ジェンダー本質主義は、そうした例外を異常、つまり生物学的エラーや発育欠陥の結果として片付けようとしがちだ。しかし、例外的なジェンダー表現、潜在意識下のセックス、そして性的指向はどれも、単なる遺伝子的な「エラー」と推測するには桁違いの頻度で発生する。[2] さらに、社会が男の子にマスキュリンであれと積極的に奨励し、フェミニンな行動を取る子を仲間外れにしたりばかにしたりする（女の子の場合はこの逆）社会化がなければ、今よりもっと多くの例外的なセックス表現の例があるに違いない。

残念ながら、厳密な社会構築主義モデルによっても、例外的ジェンダー表現の説明は難しい。マスキュリンな女の子とフェミニンな男の子の多くは、そうした行動傾向をかなり幼い時から（多くは子どもたちがジェンダー規範に関して十分に社会化される前から）見せ始め、たいていは成人してからも、（割り当てられたセックスにふさわしいジェンダー表現を再生産するように社会が個人にかける極度の圧力にも関わらず）そうした行動を続ける。これは、ある特定の女性性や男性性の表現は、性的指向や潜在意識下のセックスに類似した形で、潜在意識下の奥にある傾向を表象していることを強く示唆している（ここで私は、人間をある特定のジェンダーやセックスの表現や経験に導く持続的な欲求、好み、または衝動など何でも含む言葉として「傾向」を使っている）。このような傾向は潜在意識レベルで存在し、人間の一生を通して持続することが多いため、おそらく人間の脳にハードワイヤー的に組み込まれているのだろうが、純粋に生物学的現象だと定義してしまうのはためらわれる。私たち一人一人が自分の傾向をどう解釈するかは、明らかに社会的要因に大きく影響されるからだ。事実、傾向を社会化と区別するのは不可能なことが多い。どのみち人は同じ方向に向かうからだ。私たちが自分の傾向に気づくのはたいてい、それが例外的、つまり生物学と社会の規範から逸脱しているときだ。

ジェンダーの傾向が自然に発生する現象の表れであることを示すもう一つの証拠を、他の種に見出すことができる。ジェンダーやセックスの表現が私たちの社会ほど極端な社会構築物でないとみなされる哺乳類や鳥類を幅広く見渡すと、一つのセックスに支配的なものの、別のセックスにも低い頻度だがある程度発生する行動が見出されることが一般的だ[3]。だから、人間のジェンダー表現や性的指向、そして、潜在意識下のセックスの説明を試みるモデルなら、これらの傾向には程度の差こそあれ、自然に、つまり社会からの影響を受けずに、典型的形態と例外的形態が発生することを考慮するべきである。

この問題を整理するため、人間のジェンダーとセックスのバリエーションの説明に、私が〈内在的傾向〉と名付けたモデルを提唱したい。このモデルの基本的な主張は次の通りである。

一　潜在意識下のセックス、ジェンダー表現、そして性的指向は、互いにあまり干渉し合わない別個のジェンダー傾向を表す（このモデルは、これら三つの傾向自体、複数の独立した傾向から成り立っている可能性、あるいは別のジェンダー傾向が存在する可能性を排除しない）。

二　こうしたジェンダー傾向は、私たちにある程度もともと備わっている。潜在意識の深いレベルで発生し、社会からの影響やジェンダー傾向を排除、抑制、あるいは無視する個人の意識的な努力があっても、通常は原形が保たれる。

三　いずれのジェンダー傾向でも、直接原因とされる遺伝子的、身体構造的、ホルモン的、環境的、あるいは心理的な要因がまだ一つも発見されていないので、これらが（複合体相互作用を通して複数因子によって決定される）量的形質だと推測することができる。その結果、個別の（フェミニン／マスキュリン、女性に惹かれる／男性に惹かれるなどの）分類が作られているのではなく、各傾向の結果には起こりうる連続した範囲がある。

四　それぞれの傾向はおおむね身体のセックスと相関するので、身長のような他のジェンダーによる差に類似した二峰性分布（つまりベル曲線が重なり合う）となる。[4] おしなべて男性は女性より背が高いのは確かだろうが、個人の測定にはこういう言い方はほとんど無意味だ。任意の女性は任意の男性より背が高いかもしれない。ほとんどの人は比較的平均に近い身長だが、その範囲外の身長の人もいる（例えば一八八センチの女性もいれば、一六三センチの男性もいる）。同様に、おしなべて女性は男性よりフェミニンだが、女性のなかには男性よりずっとマスキュリンな女性もいるし、男性のなかには女性よりフェミニンな人もいる。

こうした傾向には複数のインプットがあり、結果の範囲が連続しているので、例外的な性的指向、潜在意識下のセックス、あるいはジェンダー表現を持つ人を、発達的、生物的、あるいは環境的な「エラー」とするのは誤りだ。むしろ、これらの人は人間にみられる差異が自然に発生する例なのである。

内在的傾向モデルと社会構築モデルの折り合い

内在的傾向モデルの良いところは、なぜほとんどの人のジェンダーは典型的（たいていの男は男性というアイデンティティをもち、マスキュリンで、女性に惹かれる。女性はその逆）なものなのかを説明すると同時に、この世に存在するジェンダーとセクシュアリティの幅広い多様性も説明できる点である。このモデルを使えば　なぜゲイ男性やレズビアンにブッチやフェムやアンドロジナスな人がいるのか、小さいころ男の子のようだった女の子が大人になると、レズビアンだったり、トランスの男性だったり、異性愛の女性だったりするのか、そしてなぜトランスの女性にはバイセクシュアルも、ストレートも、レズビアンもいるのか説明できる。

これら三つのジェンダー傾向のなかにある多様性に加えて、身体のセックス自体にもう一つの多様性がみられる。身体のセックスはさらに複数の特徴に分けることができる。染色体のセックス（XXとXY）、性腺から見たセックス（卵巣と精巣）、性器のセックス（クリトリス、膣、ペニス）、ホルモン上のセックス（エストロゲンとアンドロゲン）、そして第二次性徴を促すもの（例えば女性の乳房発達、男性の顔ひげの伸びなど）などが例として挙げられる。女性と男性は別個で相互排他的と考えられがちだが、百人に二人はインターセックスとして生まれる。[5]

このようにこの世界では、セックスやジェンダーのバリエーションが自然に数限りなく発生する。これをどう解釈すべきかが問題になるとき、社会構築物が登場する。人間の性徴やジェンダー傾向のバリエーションは自然発生的なものかもしれないが、そうした形質の解釈のしかた、アイデンティティや意味との関連づけなどは、文化ごとに相当の違いがあっておかしくない。私たちの文化では、それぞれの階級に関連づけられた象徴、習慣、期待、制約、特権など、女性あるいは男性であることの現在の意味は五十年前に比べてだいぶ変わった。これはジェンダー傾向が典型的でも例外的でも同じように当てはまる。例えば、私は今ここでなら、自分は女性、ダイク、トランスセクシュアル、そしてトランスジェンダーだと言える。これらのアイデンティティのそれぞれが私のジェンダーとセクシュアリティの少し違った（でもある程度重複している）側面を表している。しかし、これらのラベルの多くが一般的でなかったり、まだ存在すらしていなかった半世紀前に生まれていたら、私が今のように自分のアイデンティティを語るのは不可能だっただろう。性別移行の医療手段が広く利用可能になるまでトランスの人たちがよくしていたように、私は女性としての潜在意識下のセックスに導かれて女性として「パス」して生きる努力をしていたかもしれない。あるいは、今ならレズビアン、ゲイ、バイセクシュアル、トランスジェンダーだとされる人たちが団結した、当時の同性愛秘密組織に参加していたかもしれない。もしかしたら、他にジェンダー・バリアントな人の存在を知らず、よんどころなくクローゼットに留まっていたかもしれない。

さらに私が米国以外の国で生まれていたら、まったく別のトランスジェンダー・アイデンティティをもったかもしれない。他の文化には、インドのヒジュラ、ブラジルのトランスベスティス、タイのカトゥーイ、そしてアメリカ先住民の「ベルダーシュ」あるいは「ツースピリット」といったMTFスペクトラム上のトランスジェンダーの人たちがいる。[6] こうしたトランスジェンダーのアイデンティティは名前だけでなく、習慣、実践、そして社会的役割などの点でそれぞれ異なる。これらのグループが互いに異なる理由として、文化によってジェンダー傾向への焦点の当て方が異なることが挙げられる。ある文化では、ジェンダーの決定にジェンダー表現が果たす役割は米国より大きい。またある文化ではその人が性的関係をもつ相手が男か女かにより重きが置かれる。私たちの文化では、人間はほぼ例外なく男女二つのグループのいずれかに分類される。もちろん、身体のセックスの特徴の多くは他人の目には明らかでないので、性器だけに頼って出生時に性別割り当てを行うというのがより正しい。子どもの場合はジェンダー表現とジェンダー役割に、成人の場合は主に第二次性徴に依存する。

ジェンダーに二大カテゴリーを認識する私たちは、女性と男性を「対極」にあるとみなすようになるが、この前提は、かなり間違った一連の想定を基礎にしたものだ。まず、二つのセックスが「対極」にあるなら、相互に排他的でなければならない。よって、社会的なレベルでは、セックスの特徴にみられるバリエーションがわざと無視され、二つの身体のセックスの間に重複する部分が全くないような錯覚が起こる。次に、私たちは内在的傾向によって可能性が連続する範囲が作り出される現実を無視し、代わりに二つのセックスを真似て、それぞれの傾向から一つか二つの結果しか生まれないと想定する。よって、私たちは人々が男女いずれか（両方でなく）だけに惹かれ、フェミニンかマスキュリンのいずれか（両方でなく）になり、男女いずれか（両方でなく）のアイデンティティをもつことができると推測する。三つ目の想定は、それぞれのセックスの典型的な傾向は、そのセックスに属する人全員に当てはまるというものである。だから女の体をもった人は誰でも、男性に惹かれ、女のアイデンティティをもつとされ、男の体をもった人はその逆だとされる。

「対極にある」セックスが存在するという考え方自体、女性と男性を不必要に両極化し、両者を孤立化させ、二つの間の差異を誇張する。ここから、他の「対極」ペアを女性と男性（そして女性性と男性性）に投影する枠組みが生まれる。こうして、私たちは男性は積極的で女性は消極的、男性は強く女性は弱い、男性は現実的で女性は情緒的、男性は大きく女性は小さいなどと思い込むようになる。積極的で強くて現実的で身体が大きい女性や消極的で弱くて情緒的で身体が小さい男性など、こんな思い込みが間違いだと証明する数知れない例外を目の当たりにするのにも関わらず、私たちは皆、文化的にこういう考え方をいつも受け入れてしまう。「両極」という考え方があるから、誰もが達成することを求められる女であること／女性性や男であること／男性性に関する期待が生まれ、同時に、理想に当てはまらないあらゆる行動の正当性が否定される。例えば、男性が攻撃的な行動を取ってもとやかく言われることはあまりない（攻撃性が男であること／男性性に対する先入観に織り込み済みだから）が、アグレッシブな女性は世間からいろいろ批判される。同様に人々はしばしば、公衆の面前で泣く男がいると大騒ぎするが、同じことを女性がやっても誰も驚かない（感情表現は女であること／女性性に対する先入観に織り込み済みだから）。こういう例外的な行動には、それぞれのジェンダーに的を絞った侮蔑語（アグレッシブな女性は「ビッチ」、感情的な男性は「泣き虫」とか「女々しい」と呼ばれることがある）がぶつけられることがあり、まともではないとか不自然だとされて、ますます片隅に追いやられる。

このようなジェンダー観は、それに反対する多くの人たちの言葉を借りれば〈二元制的ジェンダー制度〉と呼ばれるが、男と女のたった二つの区分しかないとするところに大きな問題点がある。個人的には、セックスには大きく分けて二つのカテゴリーがあると認めることが必ずしも有害だとは思わない。この二つのカテゴリーが別々でもなければ、相互排他的でもないことを認め、例外的な性徴やジェンダーの傾向を見せる人が多いことを尊重し続ければ、の話だが。実際、人生の大半をジェンダーの不協和との闘いに費やしたトランスの人間として、身体と精神が女なのか男なのかなどまったく無意味で表面的であり、しかも取るに足らないと言える人たちのような特権を私は持ち合わせていない。私にとって、私の身体のセックスは、それがどう私の潜在意識下のセックスと関係しているかとともに、とてつもなく重要なのだ。

二元制的ジェンダー制度の大きな問題は、それが二元的（身体にみられるほとんどの性徴とジェンダー傾向は本来は二峰性であるようなので）な点ではなく、このシステムを通して、女性と男性が「両極」だという浅薄で抑圧的な考え方がはびこる点である。女性と男性が「両極」のセックスだとする考え方から、セックスによって適用のしかたが異なるとする思い込みとステレオタイプが自動的に生まれる。私はこうしたジェンダーの見方を〈二項対立的セクシズム〉と呼ぶ。

二項対立的セクシズムは、〈伝統的セクシズム〉（男であることと男性性は女であることと女性性より優れているとする考え方）を育むフレームワークを形成するばかりでなく、私たちのように例外的なセックスの形質や傾向をもった人間を周縁化させてしまう。そのため、人間に自然に備わったジェンダーの傾向と性徴をある程度否定するのだ。例えばゲイ男性が男性に惹かれるのは、異性愛女性が男性に惹かれるのとは違って当然視されない。トランスの男性がもつ男性としてのアイデンティティは、シスセクシュアルの男性がもつ男性アイデンティティより正当性に欠ける。男性の身体をしたトランスジェンダーの人の女性性はシスジェンダー女性の女性性に比べて本物度が低い。さらにインターセックスの身体はインターセックスでない女性や男性の身体に比べると自然ではない、といった具合だ。

二項対立的セクシズムのもとでは、例外的なジェンダーやセックスの形質には正当性がないとされ、さらにそれらを外に表す人たちに対しての敵対心や恐怖心を生み出すこともある。例えば、私がレズビアンであってもトランスセクシュアルであっても別に他人のジェンダーやセクシュアリティを左右できるはずはない（ジェンダーの傾向は伝染するわけではないのだから）。ところが、自分の性的指向や潜在意識下のセックス、そしてジェンダー表現について深く考えたことのない、それゆえ自分のアイデンティティをジェンダーは二項対立的だとする仮定から得る人たちは、自分たちのセクシュアリティやジェンダーが私の存在によって脅かされていると思うのかもしれない。女性の定義は男性でなくマスキュリンでもなく女性に惹かれない人、男性の定義は女性でなくフェミニンでもなく男性に惹かれない人だと思っている人がいたとしよう。私がセックスを変えたとか、女性に惹かれる女性であると知ったとき、この人の中に、では一体、他の皆のジェンダーやセクシュアリティはどうなのだろうという疑問が必然的に引き出されるだろう。レズビアンでありトランスである私の存在によって、「女性」の意味そのものが曖昧になる。だから男性は私に惹かれたら男に瑕がつくと怯え、女性はどうやら私がこれらの人たちがもつ女であることの概念をむしばんでいると思うかもしれない。だからある意味、「対極にあるセックス」はあらゆるジェンダーとセクシュアリティの形態と互いに絡み合っているのだ。

私たちがなぜ、ジェンダー規範に合わせて自分たちの行動を修正するように促されたり、他人にジェンダーに応じた行動をするように（そしてジェンダーにそぐわない行動をしないように）促したりするのか、こうしたジェンダーの絡み合いを使って説明することができる。私たちが他人のジェンダー表現、アイデンティティ、行動に対して発する好意的あるいは批判的な無数のコメントから、例外的なジェンダーやセックスの形質をもつ人たちにクローゼットに閉じこもったままでいたほうがよさそうだと思わせる雰囲気が生まれる。さらに典型的ジェンダー傾向と性徴をもつ人たちには、自分たちのジェンダーにいつ何時、疑問を呈する声が上がるのではと気まずく身構えさせる。このように二項対立的セクシズムとは、あらゆる人のジェンダーに関する不安を悪化させ、性的マイノリティを直接ターゲットにした多くの偏見と差別を引き起こす主な要因なのである。

残念ながら、例外的なジェンダーやセックスの形質をもつ人たちがそのような差別に反撃を試みようとするとき、自分たちに特有の例外的形質の重要性を消しつつ、二項対立的セクシズムの理想を是認するようなことを力説することがよくある。例えば、同性に惹かれる人たちの多くは、「私たちは性的指向が違うだけで、あとはあなたたちと同じ」と言って、社会の圧倒的多数派であるストレートを説得しようとした。これはもちろん、バイセクシュアル、ゲイ、レズビアンというアイデンティティをもつ人の多くも、実は例外的なジェンダー表現や性徴、あるいは潜在意識下のセックスをもっていることを軽く扱う言い草だ。同時に、トランスジェンダー・コミュニティにも、異性愛者であることを強調することで自分の例外的なジェンダー形質を抹消しようとした人が数多く存在する。「普通の」（つまりストレートで、適切なジェンダー表現をする）男や女になることがゴールだと主張するトランスセクシュアルもいる。そして男性のクロスドレッサーはよく、男性のアイデンティティをもち、女性に惹かれる（つまり「普通の」潜在意識下のセックスと性的指向を持つ）点を強調する。

　これらに共通する明らかな問題点は、複数の例外的なジェンダーやセックスの形質をもつ人たちを周縁化させてしまうことである。突き詰めていくと、そうした人たちが人生でなかなかうまくいかない理由は、問題の根っこ（二項対立的セクシズム）を解決するのではなく、（ホモフォビアやトランスフォビアなどに）対症療法をしようとするところにある。要するに、世間がしょっちゅう同性愛者、バイセクシュアル、トランスジェンダーの人、そしてインターセックスの人を混同するのは、世間から見れば私たちが象徴するものが同じだからだ。私たちは皆「クィア」、つまり世間のジェンダーに対する二項対立的な決めつけに挑戦する例外的な存在としてひとまとめにされることが多い。だから、さまざまなジェンダー傾向と性徴の区別、ユニークなアイデンティティ、課題、具体的な違いがそれぞれのマイノリティ・グループにもたらす課題などに関する啓発活動は重要だとは思うが、団結して女性と男性は「両極にある」という神話に立ち向かうこともまた重要なのではないだろうか。

　トランス・アクティビストとしての経験からいえば、二項対立的セクシズムへの対抗に協力する「クィア」あるいは「ＬＧＢＴＱ」の大きなくくりに入る人たちがぶつかる最大の壁は、主に概念的なことである。長年にわたってクィアのさまざまな下位集団が、それぞれのグループに特殊な課題について、独自の見解と表現のしかたを展開してきた。こうして生まれた概念の多くは、一つの問題に絞ったアクティビズムには効果的であるものの、それでは他のクィアが経験したことを周縁化させるばかりか、なかったことにしてしまうので、二項対立的セクシズムとの闘いには逆効果なのである。

例を挙げてみよう。ゲイライツ運動の歴史を見ると、異性愛者は同性愛者を抑圧するという前提に立ってその活動の大部分が構築されてきた。ここまで単純化すると、異性愛者と同性愛者は「両極にある」という間違った印象が生まれ、バイセクシュアルが周縁化される。さらに、レズビアンやゲイ男性がもっとも頻繁に直面する偏見を説明する用語である「ホモフォビア」と「ヘテロセクシズム」から、クィアな人たちが差別されるのは主に性的指向のせいだという誤ったニュアンスが作られてしまう。この仮定は間違っている。というのも、ストレートな社会からおそらくもっとも激しい差別を受けるのは、例外的ジェンダー表現が明らかなレズビアンやゲイ男性（例えば、外見的にフェミニンなゲイ男性やブッチなレズビアン女性）だからだ。ジェンダー傾向でなく性的指向を特権化することで、トランスジェンダーの人が直面する偏見や暴力は「ホモフォビア」の結果であると主張しつつ、（ジェンダー・アイデンティティやジェンダー表現ではなく、性的指向に焦点を当てるという前提で）ジェンダー・バリアントの人たちを活動から排除してきたゲイライツ・アクティビストもいる。シングルイシューのゲイライツ・アクティビストによる、こうしたジェンダー・バリアントの経験や苦難の剽窃によって、シスジェンダーのゲイ男性やレズビアンをクィア序列の頂点に立たせるという唯一の目的が果たされたように思われる。あらゆるクィアな人たちに対する偏見をなくすのが真のゴールであれば、それがどんな活動であっても（「ヘテロセクシズム」のような）ゲイ特有の言い回しを、全ての例外的ジェンダーとセックスの形質に同じように配慮し、ホモフォビアとトランスフォビアは見分けがつかないことが多い現象だと認める、より包摂的な言い回し（例えば「二項対立的セクシズム」など）に置き換える必要がある。

トランスジェンダー運動には、主にゲイライツの本流グループから排除された人たちが関わっていたが、そこにも独自の概念的、そして言葉上の問題があった。少なくとも二つの重複するカテゴリー、つまり例外的ジェンダー表現をする人たちの集団と潜在意識下のセックスが例外的な人たちの集団が、「トランスジェンダー」というカテゴリーに組み込まれたため、不必要な緊張関係と混乱が発生した。その結果、少なくとも二つの異なる（そしてほぼ相いれない）ジェンダー観がコミュニティ内で支配的になった。多くのトランスセクシュアルの主張は、「セックスはからだ、ジェンダーはこころ」と俗に言われている言葉に要約することができる。この言い回しは、トランスセクシュアルが身体のセックスを変えて自分の認識するセックスに一致させたい理由を伝えるには便利だが、ジェンダー概念を単純化しすぎている。「ジェンダー」という言葉が実は潜在意識下のセックスを簡単にした言い方だという点が、ジェンダー表現より潜在意識下のセックスのほうにしらずしらずのうちに特権を付与する結果となっている。さらに、社会からより強い影響を受けるジェンダーの側面（例えばジェンダー・アイデンティティやジェンダー役割）が、二項対立的セクシズムに基づいた考え方に従う能力または意欲とともに、人間の潜在意識下のセックスから直接生まれるものという、そもそも事実ではないことを誤って暗示してしまう。この観点の信奉者は、男／女二元制から外れたアイデンティティをもつ人や男性性と女性性の組み合わせを表現する人を、「本格的な」あるいは「真の」トランスジェンダーの代表ではないと思い込んで見下すことが多い。

ジェンダーそのものが完全に構築されたものだとするトランスジェンダーの人たちは、別の観点を支持する。この考え方によれば、自分たちの例外的なジェンダー形質が二項対立的セクシズムに内在する社会的スティグマから解放されるため、エンパワメントされると言う人が多い。だがこの考え方は同時に、潜在意識下のセックスやジェンダー表現のように内在した傾向があることや、それらがおのおのジェンダー・アイデンティティとジェンダー役割に結びついている可能性を否定している点で「ジェンダー」概念を単純化しすぎる。こういった考え方が極端化されると、バイジェンダーでバイセクシュアルの傾向をもつ人たちを特権化してしまう可能性があるのだ。このシナリオによれば、気軽に男／女のジェンダー二元制の外でアイデンティティを見つけられ、女性性と男性性の両方を表現し、男の身体をもった人と女の身体をもった人のどちらとでも性的関係をもつ人は、自分たちの「バイ」傾向が他の全ての人々の中にある自然な状態を表象するものと勘違いするかもしれない。この「バイ・セクシズム」的観点から、女か男か、フェミニンかマスキュリンか、同性愛か異性愛かのどちらか一方だけにアイデンティティをもつ人に対しては、二元制的ジェンダー規範と社会化に騙されたからそうなったという先入観が生まれる。さらにこの観点から、二元制的ジェンダー制度以外のアイデンティティをもつ（だからジェンダー規範に異議申し立てをしていると思われている）人たちとトランスセクシュアル（自分が認識するセックスに移行してジェンダーの現状維持を支持していると非難される）とを対立させる、新たな二元制的なものが生まれた。バイジェンダーやジェンダークィアな人たちはトランスセクシュアルよりも「ラディカル」で「クィア」だとするような主張は、同性愛者がバイセクシュアルより「ラディカル」で「クィア」だとする昔の無邪気な主張に似ている。クィア・コミュニティ内の順位を確立させることを優先させ、トランスセクシュアルとバイセクシュアルが直面する極めて現実的な差別を無視するラディカル／保守ジェンダー二元制の設定は、自己完結的であると同時に反クィア的でもある。

前述のような例から、ある特定グループに属する人たちをジェンダー関連のスティグマや抑圧から解放するためのジェンダー理論が、しばしばうかつにも他の性的マイノリティを周縁化してしまったり、さらに悪いことには、先にあった制度と同じぐらい抑圧的なジェンダーのヒエラルキーを新たに形成してしまったりする可能性があることがわかる。欠陥のあるジェンダー理論には明らかな兆候がある。まず、ジェンダー化された表現やセクシュアルであることに、一つの「正しい」あるいは「自然な」方法があると仮定するジェンダー理論には注意すべきだ。こうした理論は単にジェンダー・ヒエラルキーの頂点に立ちたいという創案者の欲求を暴露しているだけなので、決まって本質的に自己陶酔的だ。さらに、ジェンダー化に「正しい」とか「自然な」方法が一つしかないなら、例外的なジェンダーやセックスの形質を示す人たちがいる一方、典型的なものを示す人たちがいることを説明するには、これら二つのグループのどちらかが、何らかの理由で意図的に間違った方向に進んだと推測する以外、方法がない。事実、宗教右派は「ゲイアジェンダ」をでっち上げて同性愛者が積極的に子どもをリクルートしていると主張する。人は皆バイセクシュアルでアンドロジナス的、あるいは中立的なジェンダー傾向をもつ（人は社会化とジェンダー規範によってマスキュリンな男性またはフェミニンな女性の異性愛者に形作られるに過ぎない）とする人たちも同様の戦略を使う。

私は、人が簡単に騙された結果、不自然に性的でジェンダー化された生活をするようになるという理論に異論を唱えたい。私自身のジェンダーの例外的傾向は、無視したり社会によって作り直されたりするにはあまりに強く執拗に続いていたからだ。そして二項対立的セクシズムによって、多くの人がジェンダーの傾向をクローゼットに入れるのは確かだが、大多数の人が自分の真のジェンダーやセクシュアリティを隠していたり、あきらめてまったく人工的なものを受け入れていたりするとは信じがたい。私は、私たちの文化のなかにある二元制的ジェンダー制度は、それがマジョリティのジェンダー傾向に共感（全員ではないが、大多数の男性は男性性に、大多数の女性は女性性に引き寄せられる）するがゆえにしっかり定着しているのだと思う。

次に、ジェンダーを単純化しすぎる理論には警戒すべきだ。ジェンダーに関する記事や書物が、（ジェンダー表現／ジェンダー役割が）フェミニンかマスキュリンか、（例えば潜在意識下のセックス／ジェンダー・アイデンティティなど）アイデンティティは男女どちらか、あるいはそれぞれのセックスに関係する社会規範に沿った行動をするかなど、ジェンダーを排他的に定義づけするところから始まることはよくある。こうした仮定があると、議論の条件が大幅に制限される。本来なら、ジェンダーに関するどんな議論であっても、誠実で有意義なものにしたければ、始めに「ジェンダー」にはいくつもの意味があることを認め、それらの全てを真剣な検討対象にしなければならないというのに。だから、ジェンダーの定義がジェンダー本質主義と社会構築主義のいずれか一方に偏る、あるいは特定のジェンダー傾向にのみ特権を付与する理論は、この世に存在する膨大なジェンダーとセックスの形質の多様性を説明するには不適切となるに決まっている。そして必然的にある特定の性的マイノリティを見えなくしてしまう。

最後に、ジェンダー特権意識に根差したジェンダー観には疑問を呈すべきである。私たちが自分のジェンダーに基づく仮定と意見を他人の行動や身体に投影するとき、必ず個人のジェンダーとセクシュアリティの個性を消してしまう。私たち一人一人は、身体構造、遺伝子構成やホルモン、潜在意識下のセックス、性的指向、そしてジェンダー表現などの内的要因のほか、文化、宗教、人種、社会階級、生い立ち、能力など多くの外在的な要因に影響されながら、ジェンダー化されたユニークな経験をしている。これらの要因が一緒になって、私たちがどんなジェンダー化された経験をするのか、私たちがそれらをどう受け止めるかを決定する。そのため、私たち自身のジェンダー化された視点や経験を完全に理解するのは不可能であり、他人のジェンダー化された過去、欲求、動機、知見について推測することなどとうてい無理な話だ。

トランスセクシュアルとして、私は幸いにも人生のさまざまな段階で、他人から女性としても男性としても、同性愛者にも異性愛者にも、さらにフェミニンにもマスキュリンにも、そしてジェンダーが曖昧とみられる、稀（そしてシュール）な経験をしてきた。それぞれの場合で、私に対する周りの対応はかなり異なっており、私のジェンダーやセクシュアリティについての他人の思い込みは、私自身のアイデンティティや生活史とはあまり関係がないことが多かった。ジェンダー・アクティビストである私の立場から言えば、知覚と個人の体験の間に存在する大きなギャップを認識することが重要だと思う。女性と男性、あるいはクィアとストレートとの間に乗り越えられない壁があるとは思わないが、私たちが生き、感じ、直接体験する〈体験に基づいたジェンダー〉と、私たちがそう感じたり仮定したりするにすぎず、本当のところは具体的に決してわからない他人のジェンダーとの間には壁が存在すると思っている。ジェンダー特権意識と画一的なジェンダー理論の尊大なレトリックを超えるために、ジェンダーやセクシュアリティについての話し合いの場で、この大きな溝の存在を認める時期が来た。これがジェンダーやセクシュアリティの真実であれば良かったのにと私たちが願うことを他人に投影させるのを止め、人々の個性的なアイデンティティや経験、そして視点に譲歩することを学ぶべきである。

第七章

病的科学
——トランスジェンダーに関する性科学・社会学モデルの誤りを暴く

Pathological Science: Debunking Sexological and Sociological Models of Transgenderism

過去二百年間、現代医学と心理学の発展とともに、人間のジェンダーとセクシュアリティの起源と表現への関心が高まり、多くの調査が行われた。「性科学」とも呼ばれる分野の学者たちは、典型的あるいは例外的なセックス、ジェンダー、そしてセクシュアリティの性質について理解を深めるのに、心理学、医学、疫学、内分泌学、社会学など多様な専門知識を応用する学際的なアプローチを試みた。しかし、伝統的セクシズムと二項対立的セクシズムが蔓延する環境では、学者の個人的あるいは政治的な視点と科学的調査を完全に切り離すのはほぼ不可能だ。マグヌス・ヒルシュフェルトやアルフレッド・キンゼイなど、性的規範やジェンダー規範と相いれない人たちにとって安全な世界を作りたいという思いに突き動かされた性科学者もいたが、逆に例外的なジェンダーやセクシュアリティをもつ人たちを抹消し根絶しようとした人たちもいる。後者のような研究者がよかれと思ってしたことで、自然に発生する例外的な性徴やジェンダー傾向を異常、性的倒錯、あるいは病的とみなす後遺症が社会に残された。

　トランスセクシュアル研究は、性科学のなかでもっとも活発な分野の一つだが、それは、トランスの人がホルモン療法や手術を受けるとき、研究対象になることが求められる場合が多かったからである。

この依存関係は、ハリー・ベンジャミン国際性別違和協会（ＨＢＩＧＤＡ）という「性同一性障害の精神医学、心理学、内科、外科的治療に関するガイドライン」を設定する専門家協会が始めたといっても過言ではない。[1]一九九八年まで『ＨＢＩＧＤＡケア基準』には、「臨床行動科学者以外、性別移行手術ならびにホルモン療法に関する推奨をすることはできない」と明記されていた。[2]米国では、これらの医療処置が法律上のセックス変更の要件となっている（その後連邦レベルでは、二〇二一年からパスポートに記載された性別を変更するのに医療従事者からの証明書を提出する必要がなくなった）ので、精神医療従事者（そして心理学者、医師、性科学者など、ケア基準の確立に手を貸した人たちも）は、医療的・法律的なセックス変更の「ゲートキーパー」としての役割を果たすようになった。この分野の人たちはこれまで五十年にわたり、トランスセクシュアルやトランスジェンダーに関する研究を大量に蓄積し、私たちの文化がトランスジェンダーの人をどうみなすかはもとより、トランスジェンダーの人自身の自己理解にも大きな影響を与えた。こうした研究成果は「科学的」かつ「客観的」とされてはいたが、実はトランスジェンダーの人についてよりも、学者側のバイアスや先入観などを表面化させるものだった。

二項対立的セクシズムと性別再割当

これまでの章で述べたように、トランスの人たち（潜在意識下のセックスが身体のセックスと一致していない人たち）は、ジェンダーの不協和に悩まされることがよくある。ジェンダーの不協和は、自分のものと認識できないジェンダーに属しているふりを常にしなければならないことから来る心理的緊張と考えるのがもっとも適切だろう。性科学者たちは長年にわたり、ジェンダーの不協和を訴えるトランスの人たちを「治す」ために、精神分析、嫌悪療法、電気ショック療法、男の体をもつトランスの人たちにはアンドロゲン、女の体をもつトランスの人たちにはエストロゲンなど出生時のセックスに一致するホルモンの投与、向精神薬など、ありとあらゆることを試してみたが、全て失敗に終わった。ジェンダーの不協和を緩和するのに役立ったとされる唯一の方法が、トランスの人たちを自らがアイデンティティとするセックスで生活させることだった。[3] この方法の有効性を裏付ける歴史的・人類学的証拠は膨大な量に上る。どの文化にもいつの時代でもトランスの人たちがいて、その人たちがアイデンティティとするジェンダーに紐づけられた役割、服装、あるいは職業を引き受け、時には断種という形で物理的かつホルモン的に身体を作り変えるなどして、割り当てられたのとは違うセックスで生きることを選んできた。[4]

二〇世紀に入り医学が進歩した結果、トランスの人たちには社会的性別移行に加えて、ホルモン療法と外科手術によって、身体的に性別移行する機会が与えられるようになった。この選択肢を積極的に提唱した著名人の一人が、ＨＢＩＧＤＡの名称の由来となった内分泌学者ハリー・ベンジャミンである。

ベンジャミンがトランスの人と初めて出会ったのは一九二〇年代初期。女性の身体発達を誘発する女性ホルモンを入手したいと、ＭＴＦスペクトラム上の人がベンジャミンに助けを求めてきたことがきっかけだった。ベンジャミンが求めに応じたことで、このトランスの人の「情緒的改善」がみられた。[5] ベンジャミンはその後長年にわたり、性科学者からの紹介状を携えてやって来るおびただしい数のトランスの人の相談に乗った。彼はこれらの人たちの必死さに心を打たれたのだろう。彼はまた、苦痛の緩和には心理療法など従来のセラピーが役に立たないこと、身体の性別移行に対して医学・精神医学界全般が気乗り薄な様子、そして出生時に割り当てられたセックスのままでいることしか選択肢がないとわかると、自殺あるいは自己去勢を考える人が多いといったことに衝撃を受けたようだ。

当時の米国で性別再割当手術が一般的でなかったこともあり、ベンジャミンはホルモン補充療法に重点を置いた。トランスの人たちが感じるジェンダーの不協和を軽減するのに、それが大いに効果があると気づいたからである。ベンジャミンは「より重篤で激しい症例」には性別再割当手術が行われるべきだと信じていたが、別のセックスに完全に移行できない、あるいはしたくないトランスの人たちがもつジェンダーの不協和を緩和するために、ホルモンの利用も推奨した。[6] ベンジャミンはその著書『トランスセクシュアル現象』（一九六六）の中で、ＭＴＦスペクトラムをキンゼイ風に七段階の尺度に分類し、「疑似トランスヴェスタイト」〔トランスヴェスタイトの説明は157ページ参照〕から「真性トランスセクシュアル」まで、それぞれの段階に名称をつけて記述した。欠点はいくつかあったが、彼の尺度は、別のセックスへ一時的、部分的、あるいは完全な移行のいずれを望むのか、そして社会的、ホルモン的、あるいは外科的な移行のいずれを望むのかの点で、トランスの人たちの間に大きなばらつきがあることを認めるものだった。[7]

しかし、トランスセクシュアルに対する主流メディアと精神医学・一般医学界の意見にネガティブさが増すにつれ、性別移行に対する大衆の偏見と恐怖心を何とかしろとのプレッシャーが次第に高まっていった。[8] それに呼応して、ゲートキーパーを自認する多くの人は、ベンジャミンが当初奨励したものとはかなり異なるやり方、つまり「普通の」女性や男性として社会にうまく溶け込むことができるトランスの人たちだけにホルモン療法と性別再割当手術を提供することを支持した。このやり方でいくと、完全移行が許される「真性」トランスセクシュアルを、心理療法以外いかなる医学的介入も許されない他のトランスの人たちからふるい分けすることがゲートキーパーの仕事になった。トランスの人たちの治療が極めて二分法的だったのは、本人の同意を得ずにインターセックス幼児に性器手術を施した先駆者であるジョン・マネーや男児からフェミニンな要素を取り除く行動変容アプローチで有名なリチャード・グリーンなど、トランスセクシュアルに介入した多くの性科学者にとって、セックス、ジェンダー、セクシュアリティにみられる曖昧さを「治す」（つまり取り除く）ことこそが主な関心事だったからだ。

六〇年代後半までには米国にも、複数のジェンダークリニックが設立された。さらにグリーンとマネーの共同編集による医学論文集『トランスセクシュアルと性別再割当』が出版され、セックスの再割当を望む人々に対処する『標準プロトコール』も発表され始めた。[9]『ＨＢＩＧＤＡ標準ケア』が初めて体系化されたのは一九七九年である。特にＨＢＩＧＤＡがようやくトランスジェンダー・コミュニティの示唆をもとに変更を加え始めた九〇年代中期以降は、診療ガイドラインも少しずつ進化した。とはいえ、基本要綱は同じものがいまだに使われているのが現状である。[10]本章は主に文法的な整合性を保つため過去形で書かれてはいるが、大多数のゲートキーパーは今も昔ながらの基本要綱を守り、私が本章で述べる二項対立的セクシズムと伝統的セクシズムをベースにした基準を使ってトランスの人たちの診療にあたっていることを指摘したい。セックス再割当プロセスの第一段階は、一定期間続く心理療法（最低三カ月だが、それより長いのが普通）で、心理療法士などメンタルヘルス専門家が来談者の査定にあたった。来談者が心理療法士から何らかの意見書（現在は性同一性障害（ＧＩＤ）の診断書）をもらうと、自分がアイデンティティとするセックスでの生活を一、二年送る「実生活テスト」を始めることができた。当事者と心理療法士の両者によって実生活テストの成功が確認できたら、（実生活テスト前あるいは並行してホルモンが処方されていなかった場合）当事者はホルモン補充療法と性別再割当手術（こちらは普通、二人目のメンタルヘルス専門家からの意見書が必要になる）を始めることができた。

ゲートキーパー側はこの方法がトランスセクシュアルの保護のためだと一貫して主張したが、特に九〇年代中期以前、実際何が起きていたかを見れば、その根底にある意図が明らかになる。無意識にせよ意図的にせよ、ゲートキーパーは、（一）性別移行するトランスセクシュアルの人数を最小限に抑える、（二）性別移行した人たちの大多数が決して「ジェンダーが曖昧」にならないことを請け合う、（三）完全に性別移行したトランスセクシュアルにはトランスだと口外させないことを目指したのである。また、これらの目標がトランスセクシュアルにとって不都合なのも歴然としている。ゲートキーパーたちは、トランスの人たちがジェンダーの不協和をなかなか緩和できないようにし、孤立させたうえ、存在自体を見えにくくした。その目的は、シスセクシュアルがトランスセクシュアルだとわかる人と顔を突き合わせることに由来するジェンダー不安に襲われないようにし、シスセクシュアルが主な構成員である社会を守ることだった。

ゲートキーパーは性別再割当プロセスのほとんどの段階で、性別移行できる人数を抑える努力をした。例えば、トランスの人たちの診療（とリサーチ）のために開設されたジェンダークリニックであっても、プログラム参加希望者のなかからごくわずかな人数しか引き受けなかった（例えばジョンズ・ホプキンス大学は、性別再割当手術に申し込んだ最初の二千人から引き受けたのはわずか二十四人だった）[11]。性別再割当プログラムに運良く参加できたとしても、性別移行できる保証はなかった。トランスの人はまず、心理療法を長期間にわたって受ける必要があったが、時にはセラピーに終わりが見えないこともあった。心理療法の意義は、性別移行に伴う情緒と身体の変化にトランスの人を備えさせることのほうが大きいに決まっているが、実際には精神科医が決めた「真性」トランスセクシュアル基準を満たしているか査定するためのものだった。意見書をもらった人は、性別移行の全期間中（つまり手術が終わるまで）、心理療法を継続することが求められた。ホルモン、手術、その他一般的には健康保険でカバーされない医療費に加え、数年にわたる心理療法を受ける要件があったため、莫大な経済的負担が生じた。だから性別移行できるのはそもそも、経済的余裕のあるごく少数の人に限られることになった。

　他にも、実生活テストを始めるのが許された人たちがたびたび直面する課題があった。ジェンダークリニックによっては（『ＨＢＩＧＤＡ標準ケア』の初期バージョンでも）、ホルモン療法の前に実生活テストを開始したがった。[12]ホルモンの助けなしに自分がアイデンティティとするセックスで「パス」できる身体をもつトランスの人たちはごくわずかなので、テストが始まるやいなや、トランスセクシュアルはさまざまな差別やハラスメント、さらには暴力の危険に不必要にさらされることになった。ホルモン療法を先送りすることで実生活テストは歪められ、自分がアイデンティティとするセックスで「パス」することがほとんどできないトランスセクシュアルを追い出すための、いわばいじめの洗礼期間に変わり果てた。

　ゲートキーパーたちはさらに、伝統的セクシズムに基づいたジェンダーの理想像を遵守することをトランスセクシュアルに義務付けることで、性別移行する人数を低く抑えた。そのためまず、「パスする」ことを性別移行の条件にしたのだ。[13]トランスの人が性別移行できるかどうか最終的に決定するのは、望ましい女性や男性の身体サイズや体型に関するシスセクシュアルの偏見だったというわけだ。トランスの人は自分がアイデンティティとするセックスの身体で「パス」できることを求められただけでなく、「適切な」性的指向（異性愛のこと）と、そのセックスにふさわしいジェンダー表現（トランスの男性なら男性性、トランスの女性なら女性性）を示さなければならなかった。こうした制約、特にトランスの人たちが自分のアイデンティティとするセックスと同じ人に惹かれると告白すると決まって性別移行の意見書が出されなかった点を、ゲートキーパーがもつ「ヘテロセクシズム」あるいは「ホモフォビア」の証拠だと指摘する人は多い。だがこうした批判は単純化しすぎだし、見当違いな感もある。ゲートキーパーは、ヘテロセクシストというよりむしろ、何よりもまずシスセクシストなのである。いずれにせよ、トランスの人たちがアイデンティティとするセックスで異性愛者であるべきとする要件は、アメリカ精神医学会が発表する精神疾患の診断基準・診断分類（ＤＳＭ）から「同性愛」が削除された後もずっと適用され続けた。[14] さらにゲートキーパーは、トランスセクシュアルにみられる例外的な性的指向だけでなく、例外的なジェンダー表現も制限した。要するにゲートキーパーたちは、シスセクシュアルの性的指向とジェンダー表現には大きなバリエーションがみられることをおおかた認めていたが、トランスセクシュアルに対しては全く異なる（そしてより厳格な）基準を適用したのである。

　ゲートキーパーたちは、トランスセクシュアルの「パス」と二項対立的セクシズムのジェンダー観の遵守能力にひたすら注目しているうちに、トランスの人たちのジェンダーの不協和を緩和するという問題を、些末的とまではいかないまでもあまり重要でない問題点にしてしまった。例えば、頻繁に引用される著名な研究論文の中には、性別再割当の効果を評価するとき、性別移行がトランスの人の情緒的健全性を改善したのかは考慮せず、トランスセクシュアルの「パス」能力を測定する要因だけに注目したものが多い。[15] ジェンダーの不協和に伴う深刻な痛みを無視するあまり、トランスセクシュアルを「我慢強くない」とし、性別再割当の願望を強迫的と特徴づける傾向は、研究論文中に散見される高圧的なコメントにもみられる。[16] トランスの人たちがもつ痛みに対する配慮のなさを見れば、ゲートキーパーたちがトランスの人たちのジェンダーの不協和を改善することより、シスセクシュアルの世界をトランスセクシュアルの存在から守ることのほうがずっと大事だと思っていることがわかる。性別移行ができないと抑うつ状態になったり自殺念慮に陥ることがよくあると知っていながら、ゲートキーパーが容姿のような表面的な基準だけでトランスの人の治療をためらいなく拒否することに、それがよく表れている。

ジェンダーの不協和が緩和されるかどうかは、厳格で二項対立的セクシムズに基づく期待に添うように生きる本人の能力にかかっていたので、トランスの人たちは、ホルモン療法や性別再割当を推奨する意見書をもらうには何を言ってどうふるまえばいいのか、研究論文を読み、他のトランスセクシュアルとの会話からすぐに学んだ。例えば、多くのトランスの女性は、心理療法のセッションに行くときはワンピースを着て化粧をし、ステレオタイプ的にフェミニンなしぐさをすること、さらに幼いころから自分が女性だという認識があり、男性に惹かれるものの、自分がホモセクシュアルだと思いたくないから今は性的な関係を避けていること、そして自分のペニスをおぞましく感じると主張する必要があることを把握した。この筋書きに従わないと、性別再割当の希望を却下される可能性があったからだ。もちろん最終的にはゲートキーパーのほうも、大多数とはいかないまでもかなりの人数のトランスの人たちが、ただ自分たちの聞きたいことを語っていただけだと気づいた。これに対するゲートキーパーの憤りは論文にも表れており、トランスセクシュアルを「欺瞞的」や「嘘つき」とする記述が多いのはそのためだ。[17] ゲートキーパーたちはどうやら、「真性トランスセクシュアル」の原型の正当性に疑問を呈したり、二項対立的セクシズムに基づいた想定があるからジェンダーの不協和の軽減を求めるトランスの当事者が嘘をつかざるを得なくなったことを考慮して、自分たちにも責任があると認めたりするより、自分たちの経験について医学誌で怒りを発散させるほうがより生産的だと判断したようだ。

　それにしても、ゲートキーパーがトランスの人たちを「嘘つき」と非難したのは特に空々しいと思う。自分たちが作ったプロトコールのゆえに、トランスセクシュアルは性別移行後の経歴に嘘をつかざるを得なかったからだ。これは心理療法の基本的な考え方と完全に矛盾していると思われるが、トランスの人たちは、過去の経歴について質問されてもトランスであることを公表しないでもいいように、移行後のジェンダーに一致した（つまりシスセクシュアルとしての）経歴をでっち上げることが求められた。[18] この要件はシスセクシュアル社会からトランスセクシュアルを守ることを意図して作られたとされるが、ゲートキーパーがもっとも躍起になっていたのは、トランスセクシュアルからシスセクシュアル社会を守ることのほうだったのは明らかだ。トランスセクシュアルであることをオープンにしていた人やトランスであることで（例えば、エンターテイナーになったり、自分の体験を公開したりして）金銭的な利益を得ようとした人たちを「反社会的」と医学論文で説明する資料こそ、その証左である。[19] トランスセクシュアルに関して権威があるとされる論文でも、性別移行を始めるトランスセクシュアルにとって「居住地の変更はほぼ義務に等し」く、「**雇用主が困惑しないように**、仕事はやめるべきである」という主張がみられた（強調筆者）。[20] 家族への対応に関して、ゲートキーパーはこうも提言している。「幼い子どもには、両親が離婚してパパは遠いところに引っ越すことになり、おそらく二度と会えないと思うと伝えるのがよい」[21]。ゲートキーパーは、トランスの当事者よりもシスセクシュアルの親族や知人の感情に対する気遣いをいつも優先させたのだ。

ゲートキーパーがトランスであることを完全に隠ぺいする要件をトランスセクシュアルに課したことで、トランスの当事者は多くの問題に直面することになった。例えばクローゼットの中で生活することに恥と自己嫌悪を感じたし、家族や友人との関係を断ち切らねばならなくなったので、以前はあったかもしれない社会サポートシステムがことごとく消え去った。新しい仕事も、過去の雇用履歴を使えないまま見知らぬ土地で探さなければならなかった。しかも性別移行を完了させるのに必要なセラピーや医療費の支払いは続ける必要があったのだ。これが、生まれて初めて自分がアイデンティティとするセックスで何とか生活しながら対処しなければならなかったことである。こういうストレスの積み重ねもあって、手術後のトランスセクシュアルが抑うつ状態や自殺念慮に陥るのは珍しくなかった。ゲートキーパーたちは、こういう問題がクローゼットの中で孤立した生活を強いられたことからではなく、トランスセクシュアル自身のジェンダーに関する課題から生じるとみなすことが多かった。例えばあるトランスセクシュアルは、自分がトランスだと誰かがかぎつけるのではないか、トランスだとばれたら性別移行プログラムから追い出されるのではないかと心配したことが主な原因で、抑うつ状態になった。しかしゲートキーパーの目には、「ジェンダー同一化の問題とまだ格闘中」としか映らなかったのである[22]。

トランスセクシュアルであること（特に移行後の抑うつと「トランスセクシュアルの後悔」）に関する

ゲートキーパーの言説には、トランスの人々にとって本質的な問題であるジェンダーの不協和と、外在的な問題であるシスセクシュアル社会のジェンダー不安に直面した結果トランスセクシュアルが経験する情緒的なストレスを区別する視点が抜け落ちていた。実際、個々の問題同士の境界が曖昧なことが、〈性別違和〉という心理用語の発明とともに体系化され、トランスの人に本質的なジェンダーの不協和と混同されるに伴い、シスセクシュアルのジェンダー不安が不可視化された[23]。ゲートキーパーが性別違和という用語を頻繁に使用することに、シスセクシュアル社会の偏見を生活の軸にするのはトランスセクシュアルの責任だとする先入観が見て取れる。大多数のゲートキーパーたちは、自分が当然トランスの人たちの「治療」にあたっていると思っていたが、トランスの人にシスセクシュアルとして「パスする」ことや、性別移行後はトランスであることを隠すよう強要したのだから、社会のシスセクシズムを促進したに過ぎない。

伝統的セクシズムとエフェミマニア——「男性の女性性」への執着

ゲートキーパーが伝統的セクシズムにも手を染めていたのは、その研究や論文のテーマがＭＴＦスペクトラム上の当事者にほぼ絞られていたことから明らかである。自分たちもＭＴＦトランスセクシュアルの人口はＦＴＭトランスセクシュアルより三倍程度に過ぎないと見積もっていたのに、だ[24]。もちろん前述のように、ゲートキーパーの統計はしばしば自分たちのバイアスを反映したに過ぎなかった（ゲートキーパーが診療や治療を行わないと決めた人たちは、トランスセクシュアルとみなされなかったなど）。情報も性別移行もアクセスがずっと楽になった今日、トランスの人たちの性別移行はいずれの方向へも同じぐらいの割合で行われていると思われる。この点から、ＭＴＦトランスセクシュアルのほうが過去の研究に引用される率が高かったのは、単にゲートキーパーがこちらの人口を好んで研究したり「治療」したりしたという、人為的な影響のためだったことが強く示唆される。

ゲートキーパーがなぜトランスの男性でなくトランスの女性に注目したのかについてはさまざまな解釈があるが、その多くは出生時に割り当てられたトランスの当事者のセックスいかんで、伝統的セクシズムが発生するという想定を重視したものだ。例えば、男性として育てられたトランスの女性なら、極めて費用のかさむセラピーや性別移行に伴う処置にも手が届くはずだという指摘が多い。さらに、男性に性別移行を望む女性の身体をもつ人は、女性に性別移行したいと思う男性の身体をもつ人よりも、ずっと軽視されがちだと主張する人たちもいる。[25] ゲートキーパーが、「女」より「男」の話を真剣に聞いたことが不均衡を助長させた面は否めないが、私は伝統的セクシズムが逆方向に作用することのほうが多かったのではないかと思う。言い換えれば、ゲートキーパーがＭＴＦスペクトラム上の人たちに注目したのは、このグループが男性特権をもっていたからというより、女性のマスキュリン表現に比べ、男性のフェミニン表現のほうがショッキングで社会への脅威になりかねないとゲートキーパーには思えたからではないだろうか。

「女性の男性性」に比べて、「男性の女性性」のほうがより精神病理学的分析の対象にふさわしいとする見方は、ＤＳＭ最新版（ＤＳＭ－Ⅳ－ＴＲ）〔一九九四年出版。本書訳出時の最新版はＤＳＭ－５－ＴＲ〕に掲載されたトランスジェンダー診断基準のあちこちにみられる。例えばＤＳＭによれば、異性装フェティシズム（ＦＴＭスペクトラム上のトランスの人は除外される）は性的倒錯の一種とされる。性的倒錯とは精神医学上の性行動カテゴリーで、「（一）人間以外の物体、（二）自分自身または自分のパートナーの苦痛や屈辱、あるいは（三）子どもなど合意のない人」などが関与する性的興奮を指す。異性装フェティシズムの診断基準は、日常的にクロスドレッシングする異性愛者の全員とまでは言わなくても、そのほとんどが該当するような曖昧な書き方がされている。[26] 精神障害としてのジェンダー多様性に関する精神医学カテゴリーを改革するため活動する団体であるＧＩＤリフォーム・アドボケイツのケリー・ウィンターズ（キャサリン・ウィルソンというペンネームで執筆活動している）は、この診断が男性の身体をもった人を対象にしているが、伝統的セクシズムに陥っているとして、次のように指摘する。

> 興味深いことに、女性とゲイ男性は精神障害のラベルを貼られることなく、好きなものを身に着けることができる。この基準があるため、ストレート男性には、女性やゲイ男性よりもっと厳しく標準に従うことが求められる。このダブルスタンダードは、アメリカ文化における異性愛男性の社会特権を反映しているだけでなく、助長もしている。まず、社会的地位の低い女性を模倣する生物学上の男性は非合理的で精神障害者とみなされ、男性を模倣する生物学上の女性はそうではないという意味合いが読み取れる。次に、女性性やクロスドレッシングを男性同性愛者にステレオタイプ的に関連づけ、このステレオタイプを逸脱するストレート男性がいわれのない扱いを受けるという意味もある。[27]

女の子の男性性よりも男の子の女性性を強く責める類似の方策は、ＤＳＭに記載された子どもの性同一性障害診断にもみられる。ウィンターズが指摘するように、「衣服や行動の選択について、男児にはなぜか女児よりもずっと厳しい診断適合基準が課せられる。クロスドレッシングや女装模倣の好みは男児の診断基準には該当するが、女児には該当しない。女児の場合、完全に男性用衣服だけ着用したがるのでない限り、診断に値しない」とされる。[28]

一九八〇年に基準が確立して以来、子どもの性同一性障害診断は多くの厳しい視線にさらされてきた。この診断が子どもを対象に、例外的なジェンダー表現を排除し、クィアな大人になるのを防ぐために行われる嫌悪療法や電気ショック療法などの行動変容療法を正当化するためにしばしば使われたからである。[29]どちらのセックスの子どもも対象であったが、大量の資金が女児の男性性でなく、男児の女性性を対象にした研究プロジェクトに流れ込んだ。事実、この種の研究で最大の助成金を得たのが「フェミニンボーイ・プロジェクト」だ。実施したリチャード・グリーンは一九八七年にその概要を『「シシィーボーイ症候群」とホモセクシュアリティの発達』として出版した。[30]グリーン（元ＨＢＩＧＤＡ会長で、『トランスセクシュアルと性別再割当』の共編者）は、男性の身体をもった人が見せるフェミニンなあるいは女性に紐づけされた行動と傾向に焦点を当てた数多くの学者の一人に過ぎない。私はこのような研究を〈エフェミマニア〉、つまり「男性の女性性」への執着と表現する。

フェミニンなジェンダー表現と男性同性愛、そしてＭＴＦトランスセクシュアルであることを混同し、それらが同じ「病気」に現れる異なる症状のように扱うことが多いのが、エフェミマニア研究の特徴の一つである。これは精神科医や性科学者がこれらの現象の病因を説明するときの学説で明らかである。もっとも一般的な理論は、支配的あるいは過干渉な母親と消極的あるいは冷淡な父親の組み合わせの家庭で育つと、男の子は幼いころに母親と同一化をはじめ、母親のしぐさを真似するようになるというものだ[31]。エフェミマニアである精神科医のロバート・ストラーが強く主張したこの説は、男性同性愛者とＭＴＦトランスセクシュアルの両方に適用されてきた。「男性の女性性」の実例の全てどころか大部分の説明になっていないにも関わらず、この学説のさまざまなバリエーションは、その後何十年にもわたり精神医学界で支持され続けた。もう一つの通説は、胎内で発達中の男児の脳が母親の女性ホルモンから不適切な影響を受けたことに原因を見るものである。他にも、男性同性愛とＭＴＦトランスセクシュアルであることは、母親から息子（Ｘ染色体を一つしかもっていないために影響を受けやすい[32]）に渡されたＸ染色体特有の突然変異あるいはゲノム刷り込みによって引き起こされるというものがあった。もちろん、息子のフェミニンな傾向を母親のせいにしていること以外でこれらの学説全てに共通しているのは、女性に生まれ育った人の例外的なジェンダー傾向の存在には適用できず、研究者はそのことを説明しようともしない点である。

　性科学のエフェミマニアから今度は、ＦＴＭスペクトラム上の人にはほとんど適用されず、ＭＴＦスペクトラム上のトランスの人たちだけを対象とするラベルや下位カテゴリーが増えた。もっともよく知られているのが、トランスヴェスタイトとトランスセクシュアルの区別である。ゲートキーパーは、トランスヴェスタイトは男性のアイデンティティをもち、女性に惹かれ、性別移行には関心がない人たちである一方、ＭＴＦトランスセクシュアルは女性のアイデンティティをもち、男性に惹かれ、完全な性別移行を強く望むとする。そんなに単純なカテゴリーは存在しないというたしかな証拠があるのにも関わらず、前述のようなステレオタイプにいまだに依存するゲートキーパーもいる。トランスヴェスタイト男性にはバイセクシュアルの人もいればゲイの人もいる。異性愛者に見えても、男性との性行為をいつも空想する人も多い。多くのＭＴＦトランスセクシュアルは、バイセクシュアルかレズビアンである。ＭＴＦトランスの人のなかには性別再割当手術を受けないまま、ずっと女性として生活することを選択する人もいる。かなりの数のトランスヴェスタイトはおそかれ早かれ、トランスセクシュアルというアイデンティティを得て、性別再割当を求めるようになる。

もう一つの一般的な分類法は、ＭＴＦスペクトラムのバリエーションを一次的トランスセクシュアルと二次的トランスセクシュアルにわざわざ区別して説明するものだ[33]。このモデルによれば、一次的トランスセクシュアルは「真性」トランスセクシュアルの規範的原型に当てはまる。このタイプの人たちは女性としてのジェンダー・アイデンティティにかなり幼いころに気づき、成長してからもとてもフェミニンなことが多く、一般的には男性に惹かれるとされる。二次的トランスセクシュアルが女性のジェンダー・アイデンティティに気づくのは成長した後（通常は思春期以降）のことが多く、一次的トランスセクシュアルほどフェミニンではなく、普通は女性に惹かれる。Ｊ・マイケル・ベイリー著『女王になる男』[34]（二〇〇三）に、このモデルのハイパーセクシュアル化されたバージョンが登場し話題になった。ベイリーは一次的ＭＴＦトランスセクシュアルは「ホモセクシュアル」であり、男性と親密になりたい欲望から女性への性別移行をしたいだけのフェミニンな男性だと主張する。さらに二次的トランスセクシュアルとは本質的には女性に惹かれる男性で、性別再割当を求めるのは自分が女性の身体をもっていると考えることで性的な興奮を得る「オートガイネフィリア」なのだとベイリーは主張する。オートガイネフィリア（もともとは一九八〇年代後半に、ゲートキーパーであるレイ・ブランチャードが作った用語）の概念も、疑わしい証拠に基づき、科学的に立証されたことがないのにも関わらず、ＤＳＭに掲載されている。[35]

もちろん、ジェンダークリニックや地元のクロスドレッシング自助グループ、あるいは（ベイリーが調査の大半を行ったらしい）トランスバーなどで当事者にインタビューするだけでなく、トランスジェンダー・コミュニティでかなり多くの時間を過ごした人なら誰でも、今挙げたモデルのどれにも無数の例外が存在することに気づくはずだ。[36]ある硬直した二分法的なモデルにトランスの人たち全員を押し込めるのではなく、第六章で私が提示した内在的傾向モデルのようにジェンダー表現、潜在意識下のセックス、そして性的指向は互いに独立して決定されると考えれば、膨大な多様性がトランスジェンダー人口に存在することが容易に説明できる。これはトランスジェンダーの人たちの多様性だけでなく、トランスの人たちのなかになぜ、別のセックスのアイデンティティに後から気づく人と、とても幼いころから意識していた人がいるのかの説明にもなる。世間の人が思春期前の女の子と男の子を見分けるとき、ジェンダー表現とジェンダー役割だけに頼ることが多い。だから、ジェンダー表現がフェミニンで潜在意識下のセックスが女性である子どもは、身体が男であっても、自分は男の子ではなく女の子だ（あるいはそうに違いない）という結論を出すことが多い。一方、その子どもがマスキュリンなジェンダー表現をしているのであれば、身体のセックスとステレオタイプ的にマスキュリンな行動の両方から、最初は自分は男の子だと認識するかもしれない。そして、身体のセックスが男女を区別する大きな特徴となる思春期まで、その子は自分の潜在意識下のセックスが女性だと気づかずにいる可能性もある。さらにこのモデルを使えば、クロスジェンダーをアイデンティティとする男児が成長すると、トランスセクシュアルでなく、ゲイやバイセクシュアルになることも説明できる。幼児期のクロスジェンダー同一化は、潜在意識下のセックスが女性であるところではなく、フェミニンなジェンダー表現に起因するのだ〔クロスジェンダー表現・自認とは、ジェンダーの境界線を横断（クロス）して出生時割り当てられたセックスとは異なるジェンダーの表現・自認をすること。子どもなど本人がジェンダーを超越（トランス）していると認識していないときに使われることもある〕。

では、もし比較的シンプルな内在的傾向モデルによって、MTFとFTMのどちらのスペクトラム上のトランスの人たちにもみられるバリエーションの全てが説明できるのなら、なぜこんなに多くのゲートキーパーが、エフェミマニア的なMTF固有のモデルでトランスジェンダーの人たちを説明し続けるのか。それは何より、エフェミマニアが伝統的セクシズムの表明だからである。そしてゲートキーパーたちは、女性性は男性性に比べて劣っているという前提で研究することが多いので、「女性の男性性」より「男性の女性性」のほうが大きな懸念材料であっても、別に驚くことではない。こうした先入観は、リチャード・グリーンのフェミニンボーイ・プロジェクトに大きく依拠したフィリス・バークの著作、『ジェンダー・ショック』（一九九六）に描かれている。バークはグリーンの論法を、「男児に強く現れたら、伝統的にフェミニンとされるもの全ての価値を格下げ」する必要があるものだと説明する。「男児は女児が好きだからという理由で女児を（遊び友達に）選ぶのではない。支配できるから、あるいは脅威でないから女児を選ぶのだ。面白いから女児向けの遊びが選ばれるのではなく、男児がマスキュリンな活動に失敗するからだ。男児にマスキュリンな活動ができるなら、どうしてわざわざフェミニンな活動をする必要があるのだろう」[37]

エフェミマニアは単に、ホモフォビアやトランスフォビアの発現だと見る向きもあるだろう。だがこれは正しくない。エフェミマニアは同性愛やトランスセクシュアル全体ではなく、明らかに女性性に的を絞っている。例えば、イヴ・コゾフスキー・セジウィックは一九九一年に発表した評論『子どもをゲイに育てる方法――女々しい少年たちをめぐる戦争』で、『男性同性愛――現代の精神分析的視点』の著者で精神分析医のリチャード・C・フリードマンが、「成人ゲイ男性の女々しさを『包括的人格精神病理学』と、彼の言う『心理構造スペクトラムのより下位部位』[38]」に関連づけながら、マスキュリンな特性をもつゲイ男性をとても称賛している様子に言及している。どんな形態でもトランスセクシュアルはいまだに公式な病理化の対象となっているが、トランスの女性に比べて、トランスの男性が精神的により「安定している」と主張するのがゲートキーパーたちの間ではごく一般的である。[39]こうしたコメントは、何の背景説明もないことが多い。こんな特徴づけがされるのは、女性性や女でありたいと願うことより、男性性や男性でありたいと願う気持ちのほうが、合理的で健康的な傾向だというゲートキーパーの思い込みに由来するのではないか、という疑念を抱かせる。

私たちの文化では、どんな形であっても女性性や女であることがセクシュアル化される傾向がある。この問題もエフェミマニアを煽っているようだ。多くのフェミニスト作家や学者が、女であることと女性性のセクシュアル化が文化のほぼあらゆる側面に浸透し、多くの女性の生活に悪影響を及ぼしていることを分析してきた。だがこの傾向が、「男性の女性性」をほぼ純粋な性愛に限って語る環境を生みやすいことは無視されてきた。例えば、もっとも一般的なトランスの女性のイメージは、「シーメール」や「ちんこ姉さん」のようなポルノから、メディアによる性的詐欺師、売春婦、セックスワーカーとしての描き方まで、セクシュアリティが中心になっている。そしてもちろん、性的に男性の気を引きたい人や奇妙な性的ファンタジーを実現させたくて性別移行したトランスの女性（どちらもメディアに頻繁に登場する。またベイリーとブランチャードのＭＴＦトランスジェンダー当事者のモデルもこれに当たる）というテーマが使い回しされる。

　この文脈なら、なぜベイリーやブランチャードが、ＭＴＦスペクトラム上のトランスの人たちに同性愛・オートガイネフィリアモデルを適用する理論を提案したとき、同業者から何の疑問ももたれなかったかが容易に理解できる。このモデルに疑問を差しはさむには、男性性と男であることを純粋にエロティックなこととみなす、つまり男であることを単なる性欲の対象物の地位に引きずり下ろす必要があった。そんな考えが脳裏をよぎっただけで、ストレートで男性のアイデンティティをもつ人間が圧倒的に多いゲートキーパーなら、おぞましさに震えが止まらなかっただろう。ゲートキーパーたちは、女性性がセクシュアル化されているレベルまで、男性性をセクシュアル化したくないため、ＭＴＦスペクトラム人口の性行為やファンタジーにみられるありとあらゆる細かい差異やバリエーションに延々とこだわり、その一方でトランスヴェスタイト女性は存在しない、ＦＴＭクロスドレッシングにエロティックな要素はない、ゲイを自認するトランスの男性はいないと、頑なに主張したのだ[40]。もちろんこうしたアイデンティティも経験も実際に存在し、トランスジェンダー・コミュニティと性科学以外の分野の学者によってその記録が残されている。

　また、トランスの女性のセクシュアル化は、トランスセクシュアル当事者の性別移行基準に大きな影響を与えた。歴史的に見て、トランスの男性もトランスの女性もゲートキーパーの二項対立的セクシズムの理想をクリアする必要があったが、トランスの女性の場合、もう一つの基準を満たす必要があることが多かった。すなわち、自分がアイデンティティとするセックスの性的魅力が求められたのだ。七〇年代、スザンヌ・Ｊ・ケスラーとウェンディ・マッケナは、ゲートキーパーたちが見せるその無遠慮な実態に何度か出くわした。「一九七四年度アメリカ心理学会会議でトランスジェンダー関連のパネルディスカッションに登壇した医療従事者の一人は、男性から女性へ移行したトランスセクシュアル当事者がことのほか美しく、彼が他の美しい女性を見たときと同じぐらい彼女に対してそそられるなら、自分はこの当事者が女だと納得しやすい、と発言した。もう一人の医療従事者は、トランスセクシュアルが主張するジェンダーが本物かどうかを判断するとき、自分自身の性的関心を基準にしていると述べた[41]」

　トランスの女性に性別再割当を許可するかどうか査定するとき、全てのゲートキーパーが自分自身の性的関心に依存していたわけではないが、その多くが当事者の性的魅力を考慮していたことは明らかだ。例えばジョン・ランデルというゲートキーパーは一九六九年、「どちらの性別の人であっても、手術を受けるのに選別された理由はなりすましに説得力があったことだが、男性の場合、容貌に多少の違和感があるにせよ、女性としての役割を果たすなかで性的に受け入れられた人たちであることだ」と述べている[42]。このように、性的な魅力が他の性別移行基準よりも優先されることは多かった。さらに、ＭＴＦトランスセクシュアルの事例を読み進めると、ゲートキーパーがトランスの女性の性別移行の成功を予測する文脈で、「魅力的」という言葉が頻繁に使用されていることがすぐにわかる。トランスの女性の性的魅力が強調されるのは過去のものだと思う人は、先ほど触れたＪ・マイケル・ベイリーの著書（二〇〇三年出版）を手に取ってみるべきだ。このなかで彼は、「この点を慎重に配慮して言葉にするのはまず無理なので言ってしまおう。同性愛トランスセクシュアルは、オートガイネフィリアのトランスセクシュアルより外見がずっと良い人が多い」と述べている。[43]

ゲートキーパー全員が、トランスの女性のクライアントをここまでセクシュアル化する罪を犯しているとは言わない。だが多くのゲートキーパーが、トランスの女性にできるだけ型通りの美しさを求めたのは事実だ。一九八八年に出版されたアン・ボリンの『イヴ・内なる女性を求めて』で、彼女にインタビューされたあるトランスの女性が次のように述べている。「トランセクシュアルなら、スカートやストッキングの着用に始まり、いろいろひっくるめて伝統的に女らしい女性のはずだ。これが精神科医が考えることです[44]」もう一人のトランスの女性は、この問題を「必ずしも私自身が考える女性ではなく、医者が考える女性像に従わなければならないこと」と説明する。[45]

ヴィヴィアン・ナマステの『見えない人々』（二〇〇〇）には、はじめに「男性」の衣服でセラピーに行ったため、ゲートキーパーからホルモン療法を断られたあるトランスの女性へのインタビューが記載されている。彼女はこう語る。「この精神分析医のもとに再び行きました。今度は目の周りにエジプト風の化粧であるコホルをしっかり施して、フェイクファージャケットとぴったりフィットした黒いパンツ姿で行きました。すると彼女がこう言ったのです。『最初に会ったころからだいぶ進歩しましたね。あなたがトランスセクシュアルだということに、私はすっかり確信がもてました。』それは初めて会ってから三週間目ぐらいのことでしたよ[46]」

私自身、トランスの女性たちとの会話を通して、こうした風潮がまだかなり広く行き渡っていると感じる。二〇〇〇年代初めごろ、私はトランスの女性を中心とするメーリングリストの会員だった。一回目のセラピーを予約した新会員がアドバイスが欲しいと書き込みをしたところ、二十ほどの返信があり、その大半はトランスの女性からのものだった。悲しいことにそのほとんどが、「男もの」あるいはユニセックスな衣服を着てセラピーに行ったので断られたけれど、その後ワンピースと化粧姿で行ったら承認されたという内容だった。このような基準は明らかに伝統的セクシズムに基づいているが、トランスセクシュアル女性が女性とみなされるには、シスセクシュアル女性より厳格な女性性の基準を満たすことが要求される点において、シスセクシズムに基づくものだということを改めて指摘しておきたい。

　私は第二章「女の尻を追う奴ら」で、トランスの女性がスカート、ハイヒール、化粧等の外見で女であることを証明することが求められるのに、次には一転してそれらがごまかしの手段だとみなされる結果、トランスの女性は「フェイク」な女とか「女になりすまし」だと排除されることが多いと述べた。だがこうした批判は、ゲートキーパーにも当てはまるのではないだろうか。性別移行の機会を得たいトランスの女性にハイパーフェミニンな容姿を保つことを求めるのは、事実上ゲートキーパーが作った基準である。ところがその点を考慮せずに、トランスの女性は女性性を「誇張する」と文句をつけコメントする。一九六九年、マネーらは、トランスセクシュアルにおけるフェミニンとマスキュリンの傾向を測定したテスト結果を発表した[47]。著者らは、トランスの男性からは「マスキュリンな」回答があったと称賛したが、「マスキュリン」の程度は平均的シスセクシュアル男性と同等だったとする。多くの男性ゲートキーパーには男であることを示す方法は一つでないと理解できていたから、トランスの男性は誇張なしでマスキュリンな回答ができたのではないだろうか。だがマネーらはその可能性を全く考慮せず、トランスの女性を平均的女性よりもフェミニン度が高いスコアを示したと愚弄した。トランスの女性は、トランスセクシュアルであることを真剣に受け止めてもらうために、平均的女性よりずっとフェミニンなふるまいをしなければならなかったのだ。アン・ボリンの『イヴ・内なる女性を求めて』（一九八八）には、トランスの女性はハイパーフェミニンだというテスト結果が、ゲートキーパーの伝統的セクシズムのバイアスと整合性を取る手段に過ぎなかった証拠が述べられている。ゲートキーパーでないボリンは、トランスの女性とのやり取りを全てクリニックの外で行った。彼女がトランスの女性に同様のテストを実施したところ、スコアにもっとばらつきがみられ、シスセクシュアル女性の基準に近いものだった。ボリンは、「医療従事者の期待に応えるのが重要だとされたことが……現在医療・精神医療に普及しているトランスセクシュアル概念を生み出した唯一最大の要因」とコメントしている[48]。

当然これは、トランスジェンダーの人たちを対象とする医療、心理、性科学研究の大きな問題点である。客観的科学を装ってはいるものの、ゲートキーパーの研究の多くは自らのバイアスによって台無しになったまま蓄積され、調査結果が不自然な作り事に過ぎなくなったのだ。ゲートキーパーたちは、性別移行が許されるトランスの当事者の数を制限することに自分たちが積極的に関わってきたことを認めないまま、トランスセクシュアルであることは「稀な」現象だと一貫して主張してきた。そして自分たちのエフェミマニアがＦＴＭスペクトラム上の当事者を不可視化していることに気づかずに、クロスドレッシングとトランスセクシュアルであることは主に出生時に男を割り当てられた人たちを「さいなむ」ものだと信じてきた。「病的科学」とは、スタート時は科学的方法に準拠しているものの、無意識にその方法から外れて都合の良いデータ解釈をするような病的な過程を踏む研究を指す用語である[49]。たしかに、ゲートキーパーによるトランスジェンダー・トランスセクシュアル研究の大半は、「病的科学」の基準をクリアしている。

批評家を批評する

トランスセクシュアルに対する一般大衆の見方（多くのトランスセクシュアルが自分に対してもつ見方も）は、性科学者から大きな影響を受けたが、トランスセクシュアルに関する「権威」と位置付けられていたのは性科学者だけではない。社会科学とジェンダー・スタディーズの学者たちも、トランスセクシュアルについて長年にわたり盛んに論文を執筆してきた。社会の伝統的・二項対立的セクシズムに基づくジェンダー観にそぐわないトランスセクシュアルに対する狼狽や非難をあらわにすることが多かったゲートキーパーたちとは異なり、多くの学者は逆の懸念を抱いていた。つまり、トランスセクシュアルたちがジェンダーの正常感を達成するのに無理しすぎているというのだ。この懸念は概して、トランスセクシュアルであることは現代の構築物で、医療技術、精神病理学、家父長制、異性愛主義、資本主義、私たちの文化の頑なな二元制的ジェンダー規範などがなければ存在しないという、人文科学分野でよくみられる先入観から生まれたものである。社会学やジェンダー・スタディーズ分野の学者は、トランスセクシュアルであることの社会的原因に関心を寄せる傾向があるので、潜在意識下のセックスなど内在的傾向がトランスの当事者を性別移行に駆り立てる可能性は見逃すか無視しがちだ。問題がこう定義されたことで、トランスセクシュアルであることは「間違った意識」の一形態と理解されるようになった。さらにトランスセクシュアル当事者を概念化するときにも、次の二つの方法しか使われなくなった。一つ目がゲートキーパーに騙されて性別移行する「カモ」で、二つ目が自分自身の例外的ジェンダー表現や性的指向に苦しんだあまり、ストレートの世間に溶け込むためなら外科的に身体を改造しセクシズム理想像を鵜呑みにする「フェイク」である。

トランスセクシュアルやトランスジェンダーの社会学的モデルは、性科学的モデルほどトランスの当事者の生活に直接的な影響は及ぼさなかったが、どちらのモデルも、学者であれ医療関係者であれシスセクシュアルの「専門家」なら、トランスセクシュアル本人よりトランスセクシュアルであることをよく理解できるという誤った印象を作り出す。これは、女性より男性「専門家」のほうが女性をよくわかっているとか、ゲイ男性やレズビアンより異性愛「専門家」のほうが同性愛のことを理解していると言い出すのと同じぐらい問題含みの考え方である。さらに、トランスセクシュアルに関する社会学的、あるいはジェンダー・スタディーズ的な説明は、性科学的な説明ほど社会の関心を集めていないが、アカデミアやフェミニズムにおけるトランスの当事者を巡る議論や考察の方法に強い影響を与えた。私は本章で、学者にみられるトランスセクシュアルに関するもっとも一般的な誤解を解いていきたいと思う。これから私が批評する議論のなかには、社会学やジェンダー・スタディーズが専門でない読者にはなじみがないもの、難解と思われる部分があるかもしれないが、クィア政治やフェミニスト政治に繰り返し出てくることなので、指摘しておくのが重要だと思っている。

トランスセクシュアルに関して学者が陥りやすい誤解の一つが、ゲートキーパーが、ジェンダー・バリアントな人たちを「普通の」女性や男性に同化させることができると甘い言葉で誘ってえじきにし、積極的に性別再割当の利用を勧めているというものである。この観点を支持する影響力のある研究論文の一つが、社会学者のドワイト・B・ビリングスとトマス・アーバンが一九八二年に発表したものだ。そのなかで二人は「トランスセクシュアルとは、医療行為によって医療のなかで**のみ**存在する社会的に構築された現実である」[50]（強調原文）としている。ビリングスとアーバンの目には、「トランスセクシュアル・セラピーは……患者を自己理解や性の政治の方向ではなく、人工膣や陰茎の魅惑の世界に駆り立てる」[51]と映る。ジャニス・G・レイモンドも同様の見解だ。一九七九年に出版された『トランスセクシュアル帝国』（第二章に既出）の中で、彼女は性別再割当を「トランスセクシュアルが心理療法士と専門家に身をゆだねる」、「男性介入主義者の技術」と呼ぶ[52]。そして彼女は、トランスの人たちも彼女自身がフェミニスト運動のなかで経験したのと同じ「コンシャスネス・レイジング」法を使ったほうがよいと提案する[53]。つまり、どちらの本の著者も、トランスの人たちにもっと知識があってフェミニズムや性の政治に関わってさえいれば、トランスセクシュアルは存在しないと信じているのだ。

それではトランスセクシュアルであること自体が社会全体にとってタブーなら、なぜ人はいとも簡単に騙されて性別移行するのだろうか。レイモンドとビリングス、そしてアーバンの説明では、トランスセクシュアルが社会的に容認されるようになったからというのが論拠である。しかしそれぞれの著書の執筆時期が七〇年代後半（レイモンド）と八〇年代初期（ビリングスとアーバン）だということを考えると、かなりとんでもない主張だと言わざるを得ない[54]。もちろん多くのゲートキーパーたちは、トランスセクシュアルが簡単にお偉い医療関係者の暗示にかかってなびいてしまうという見方にきっと驚くだろう。ゲートキーパーたちは、トランスセクシュアルの「頑固さ」、心理療法への強い抵抗、そして堅い決意をもってセラピーに現れることにたびたび不満を漏らしていたからである[55]。

これらの論文のもう一つの欠点は、出生時に割り当てられたセックス以外のセックスを自覚して生活する人たちは新しい現象で、性別再割当手術が発明される以前には存在しなかったという仮定に基づくところにある。実は多数の歴史学者や人類学者が、米国以外の地域や文化のトランスの人の存在を記述しているのだ。[56] 事実、ハリー・ベンジャミンなど初代ゲートキーパーの多くは、身体的な移行が可能かについてトランスの人たちの方から打診されたからトランスセクシュアルの存在が「発見」できたに過ぎず、クリスティン・ジョーゲンセン（米国で最初に一般大衆の注目を集めたトランスセクシュアル）や「アグネス」（第九章で詳述）など最初期のトランスセクシュアルたちは、身体的に性別移行したいと医師に相談する前から、ホルモンを自己投与していた。[57] ゲートキーパーたちは、性別再割当を「発明」したのではなく、性別再割当に無理やり引きずり込まれたというのが真相なのだ。ゲートキーパーたちがほぼ例外なく、性別再割当手術を受ける人の数を大幅に減らすような厳重な制限を支持することからも、これらの専門家は性別再割当をしぶしぶ推奨するに過ぎないことが明白だ。

バーニス・L・ハウスマンの著書『性の転換』（一九九五）には、トランスセクシュアルを歴史や異文化コンテクストから排除しようとした例が記されている。ハウスマンは、これまでの歴史のなかで、別のセックスをアイデンティティとする人たちの一人として生活した人、ホルモンや手術に頼らずに別のセックスで生きる現代人の存在を知りながら、トランスセクシュアルであることを身体の性別移行を経て自分のセックスを変える行為と狭く定義している。[58] だから「医療技術や医療行為の発達が性転換需要の出現に必要な条件設定に中心的な役割を果たした」という主張ができたのだ。[59] この素人くさい論旨には驚かされる。輸送は化石燃料と燃焼機関の発見に依存した現代の構築物だと主張したいために、モーターのついていない自転車やヨット、馬車などの乗り物の存在を全て無視するようなものだからだ。

なぜハウスマンがトランスセクシュアルをそこまで狭義に捉えたのか。もちろん、それには明確な理由がある。そうしなければ彼女の主張が覆されるからだ。もし彼女がトランスの人たちがいつの時代でもさまざまな文化に生きてきたことを認めれば、読者はトランスセクシュアルを文化特有の現象ではなく自然の一部だと捉え、トランスの人たちが社会の圧力ではなく主に自分たちに内在する傾向に突き動かされて自分がアイデンティティとするセックスで生きたいという欲求をもっていると理解するかもしれないからだ。この観点からすれば、最新医学の発達によって、シスセクシュアルの女性や男性がホルモン補充療法や豊胸・陰茎増大あるいは再建手術や、不妊治療などが可能になったのと同じように、性別再割当はトランスの人たちの現代的な選択肢だとみなされるだろう。だがハウスマンは、トランスの歴史的・異文化的コンテクストからトランスセクシュアルを排除することで、トランスの人たちがほぼ一夜にしてどこからともなく突然現れたという、トランスセクシュアルを文化的に特有で社会的に派生したという強引な事実上の作り話で、読者に誤解を与えている。

　ハウスマンの主張にみられる知的矛盾がより一層鮮明になるのは、同性間の性的欲望は常に存在していた（だから社会的構築に先立つ）とはっきり認めている点だ。だから彼女は、トランスセクシュアルはその「医学的な表現や医療行為との特別な**概念的**かつ**実体のある**関係[60]」（強調原文）ゆえに、同性愛とは同質ではないとする。身体的に性別移行しないトランスセクシュアルを既にいないことにしているハウスマンにとって、これは都合の良い主張だ。実際ハウスマンは、どの時代にも（トランスセクシュアル同様）同性に惹かれる人間がいたことが無視されるのであれば、同性愛もトランスセクシュアル同様、現代医学の産物だと主張できる可能性には関心がないようだ。つまるところ、「同性愛」も「トランスセクシュアル」も過去百五十年間に作られた言葉で、二〇世紀の性科学の台頭とともに有力な概念となり、両者の心理的病理化が進むなか、その動きに対応するものだったため、アイデンティティや政治の運動として出現したものだ。同性愛をどうしても完全に構築されたものとみなしたいなら、ハウスマンと同じようにすんなりと近視眼的結論に達することができるはずだ。つまり、自分たちを公然と同性愛者と呼ぶ人の数が増えたのは、この人たちがようやく「クローゼットから出る」ことを可能にした政治や文化の変化によるものではなく、同性愛への医療的介入が同性愛者になりたい人の「需要」を掘り起こしたからだという主張をしてもいいのではないか。

ハウスマンの著書は、精神疾患や身体疾患の指標に基づいてトランスセクシュアルを狭く定義したり、医療的介入なしに別のセックスをアイデンティティとして生活するより広範なトランス人口から、身体の性別移行をするトランスセクシュアルを切り離そうとしたりするとき、学者は誤った情報を生み出す可能性があることを証明している。これと同じような誤りをたびたび犯すのが、ある文化で完全に男でも完全に女でもないとみなされる人たちを説明するカテゴリーである「第三の」、「複数の」、あるいは時により「代替」ジェンダーと呼ばれることに固執する人類学者である。これは、こうしたグループがジェンダー二元制の枠外に存在するように見え、しかも欧米人ならトランスセクシュアル、同性愛、あるいはトランスジェンダーの人と呼んで区別する境界線が曖昧なため、ジェンダーが主に社会的に構築されたものと信じる学者の間で関心の高いテーマである。

こうした人類学者の一人が、インドのヒジュラを調査し、『ジェンダーの多様性――異文化間の差異』など数冊の著書を出版しているセレナ・ナンダである。二〇〇〇年に出版された『ジェンダーの多様性』は世界のジェンダー多様性の概説で、ジェンダーを身体のセックスだけに基づいて定義する欧米の傾向に疑問を投げかける社会的カテゴリーとジェンダー役割の例を示したものである。ナンダは、自著で取り上げる文化やジェンダー・バリアントの人々に対して終始慇懃な態度を取り、価値判断を避けている。ところが「トランスセクシュアル」と題された章になると、様相が一変する。ここで彼女は罵倒モードに切り替わり、トランスセクシュアルをステレオタイプ化された欧米の医師や心理学者のジェンダー観によって形作られた医学の「創作物」と説明する。[61]

ナンダはさらに、トランスセクシュアルは「決してジェンダー多様性の一例ではなく、欧米で支配的な男か（ステレオタイプ的な）女かのいずれかを選ばなければならないセックス／ジェンダーイデオロギーの反映のうえ、それを強化する役割も担った」と総括する。[62]初期のゲイライツやレズビアン・フェミニストの運動に関与した者、今日のトランスジェンダー・ジェンダークィア運動の最前線にいる者などがトランスセクシュアルである例が無数にあるのに、ナンダがこのように雑駁なまとめ方をするのは、彼女が自分のステレオタイプに当てはまらないトランスセクシュアルを誰一人知らないか、トランスセクシュアルが皆、医学界の金太郎飴製造機で作られたという誤った印象を作り出すために、意図的に無視あるいは軽視しているからと考えざるを得ない。

ここまで柔軟性に欠いて歪んだトランスセクシュアルの印象を植え付けようとするナンダの真意は、続く章「トランスジェンダーの人たち」で明らかになる。「トランスジェンダー」を名乗るほぼ全ての団体やコミュニティにトランスセクシュアルも参加しているのが当たり前なのに、ナンダはなぜか、「トランスジェンダーの人たち」を「トランスセクシュアル」に対立するものと再定義する役目を買って出ている。彼女によれば、トランスジェンダーの人たちはトランスセクシュアルとは異なり、自分を一つのジェンダーに固定せず、アンドロジナスの原理に基づいていると説明する。[63] 彼女がなぜ、この二つのグループが重複していることを躍起になって否定するのか、その理由は明らかだと言える。女や男とは別に定義されるトランスジェンダーの人たちは、必然的に男／女の二元制的ジェンダー制度を「自然」だとみなす欧米の先入観に異議を申し立てるというのが、この著書の根底を流れるテーマだからだ。トランスセクシュアルはジェンダー・バリアントだが二つのセックスのいずれかのアイデンティティをもつことが多いため、この問題を複雑化させてしまう。ナンダは、私たちトランスセクシュアルを二元制的セックス／ジェンダー制度を維持する医学の創作物として退けることで、「第三のジェンダー」やアンドロジナス、そして明らかにクィアな人たちなど、女と男の境界線を曖昧にする人たちはラディカルで自然だが、女か男いずれかのはっきりとしたアイデンティティや外見をもつ人たちは保守的で不自然[64]だとする、独自の二元制的ジェンダー制度を作り出しているようだ。

ウィル・ロスコーは、歴史史料から「ベルダーシュ」（ジェンダー・バリアントなアメリカ先住民を包括する欧米の用語）と彼が呼ぶ人たちの生活を再構築する調査を精力的に行った人類学者であるが、彼もこのラディカル／保守ジェンダー二元制を主張している。厳格な社会構築主義者であるロスコーは、これらジェンダー・バリアントのアイデンティティは単なる「自然と文化の妥協、あるいは『自然の』バリエーションを提供する場所[65]」だとは信じない。彼はさらに、「ヘテロセクシスト的なジェンダー制度を支持しているとみなしてもらえる」ために（彼の言い方だが）という理由でジェンダーを（男から女に、あるいは女から男に）「越境」する人もいた、とする多くの人類学者の意見を公然と非難する。[66]

ジェンダー・バリアントのアメリカ先住民が「第三のジェンダー」を代表すると何としてでも証明し

たいロスコーは、別のセックスをアイデンティティとしていたり、別のセックスになりたいと思っている人たちが存在する証拠を過小評価する一方、これらの人たちは女や男とは区別されるとか、女と男の混合だと思われる兆しを強調した。（アメリカ先住民部族によって、それらの役割がだいぶ異なるので）そう主張するのがさほど難しくないグループもあるが、モハーヴェ族のアリハ（MTFスペクトラム）とフワメ（FTMスペクトラム）のアイデンティティに関する歴史史料を分析するときでも（一九九四年「どのようにベルダーシュになるか」で発表）、ロスコーは「第三のジェンダー」説に固執する。そこに登場するアリハたちは、「女性の名前と女性ジェンダーを使ってほしいと主張し」、「自分たちのペニスのことをモハーヴェ語でクリトリスを指す言葉」で呼び、顔には女性用の入れ墨を施し、妊娠を模倣した儀式に参加していた。それでもロスコーは、アリハには他の女性と区別される独特の（アリハという）名前が与えられるため、「第三のジェンダー」とみなすべきとする主張を曲げない[67]。モハーヴェ族のアリハが明らかにアイデンティティとするジェンダーでは、他のモハーヴェ人に完璧には受け入れられないと主張するために、ロスコーは何人かのモハーヴェ人が、アリハは他の女性に比べて女らしさに欠けると語った例を挙げ、[68]その人たちを指すのに（アイデンティティのあるセックスではなく）出生時に割り当てられたセックスの人称代名詞が使われた稀な例を証拠として挙げている。こうしてロスコーは、モハーヴェ族のアリハとフワメは「第三のジェンダー」を代表するとする自説を通そうとして、ジェンダー・バリアントな人々について、当事者より当事者でない人たちの判断を信用するということをやってのけた。とはいえロスコー自身、アリハやフワメの描写には、これらの人たちがアイデンティティとするセックスではなく出生時のセックスに基づいてわざと不適切な人称代名詞を使っているので、別に驚くことではないかもしれない。

　ナンダとロスコーが、「第三のジェンダー」と一つのジェンダーから別のジェンダーに「越境する」トランスの人たちを厳格に二分しようとする動きはかなりきな臭いと言える。結局、非欧米的な「第三のジェンダー」の伝統のなかでも、女か男かのいずれかのセックスでのアイデンティティを完璧にもっているか機会があれば身体的に性別移行する選択をする人もいるのだ。[69] さらに、西洋のトランスセクシュアルである私は、選ぼうと思えばきっぱりと男／女ジェンダー二元制のなかでアイデンティティをもつかもしれない。しかし私がトランスセクシュアルだと知った人たちは、人称代名詞をうっかり間違えたり、私をＭＴＦ、ボーイガール、彼・女s/he、彼女／彼she/he、シーメールなどと呼び始めることがよくある。言い換えると、私を「第三のジェンダー」化するのだ。ロスコーもナンダも、「第三のジェンダー」の論理的意義を高めるのにだいぶ注力してきたため、これらのカテゴリーによって例外的ジェンダー傾向にある人を際立たせ、ジェンダー規範に従う女性や男性から分離することが、実際にはジェンダー二元制をぶち壊すのではなく、むしろその安定化に貢献している可能性に気がつかないでいるのだと思う。ある文化には二元制的セックスから乖離した複数のジェンダーが実際にあることを私に納得させたいのであれば、どのジェンダーカテゴリーにも男の身体の人と女の身体の人の両方が含まれる文化を見せてもらいたい。

　残念なことに、ジェンダーのなかには、より本質的に「ラディカル」あるいは「反体制的」なものがあるという間違った考えが「第三のジェンダー」に関する人類学の文献の多くにみられるが、「第三のジェンダー」は、人類学の文献のみならず、あらゆる社会科学の部門、女性学、ジェンダー・スタディーズ学部、人文科学分野全般にも浸透している。社会構築主義者が唱えるジェンダーのラディカル／保守ジェンダー二元制では、トランスセクシュアルほど頻繁に信ぴょう性を奪われ、中傷されるグループは他にいない。私たちはしばしばジェンダーの裏切り者と呼ばれ、自らアイデンティティとするセックスでの生活や性別移行は、私たちの内在的傾向ではなく、ジェンダーの正常感に溶け込んで同一化したい欲求のせいだとの誤解を受ける。そうした誤解は次のような引用から明白である。

> トランスセクシュアルは、厳格に社会的規定がなされた異性愛主義の男と女というジェンダー二分法に対する反応である。
>
> ――フランク・ルウィンズ（一九九五）[70]

> その真意は……社会的プレッシャーがあるため、トランスセクシュアルは二分法的なジェンダー規範に適合できるように身体を変えることで、問題を乗り越えようとするということだ。
>
> ――デイヴィッド・E・グリム（一九八七）[71]

> トランスセクシュアルの患者はどんな行動が「セックスごとに適切」なのかについて過度に狭いイメージをもつ……男性性と女性性の観念にもう少し融通性があれば、性転換手術は不必要になるはずだ。
>
> ――マーグリット・アイクラー（一九八〇）[72]

> 性転換手術は、はっきりとした対照をなすジェンダー役割に個人を適合させ、それを強化するという点で、非常に保守的である。
>
> ——ジャーメイン・グリア（一九九九）[73]

> トランスセクシュアルは、自分が男あるいは女であることに思い至るしくみという点では文化的規範から逸脱しているかもしれないが、思い至った後すべきことに関して、この人たちの多くは極めて体制順応主義者である。
>
> ——ジュディス・シャピロ（一九九一）[74]

> 皮肉なことに、トランスセクシュアルは女性になりたいと願うのに男性の性的保守主義に近づく……そのほとんどは今でも性解放運動のアンクル・トムのような特徴を示すとも言える。そこが、他の性的マイノリティとは際立って対照的な点だ。
>
> ——トマス・カンド（一九七四）[75]

トランスセクシュアルが性別移行するのは自分の例外的ジェンダー表現や性的指向を隠すためにだという示唆は、社会構築主義者が潜在意識下のセックスを除外するため、ジェンダーを過度に単純化してきたからこそ生まれる。社会構築主義者による潜在意識下のセックスの除外方針は、事実上全てのトランスセクシュアルが、自分のジェンダーに関して深遠で不可解かつ本質的な自己認識を経験したことがあると述べていることからも際立っている。トランスセクシュアルの潜在意識下のセックス／ジェンダー・アイデンティティに関する体験談はだいたいどこででも耳にするので、前述の批評家たちはトランスセクシュアルが自身の生活や体験について語ったことをわざわざ読んだり聞いたりすることもせずに結論を出したか、あるいはこうした体験談を無視あるいは軽視することにしたと考えざるを得ない。おそらくジェンダーについて、シスセクシュアルの学者にわからないことをトランスの人たちが理解している可能性を考慮したくなかったのだろう。「トランスセクシュアルは同化主義者」という非難はトランスセクシュアルの視点をあからさまに否定するだけでなく、他の点でも臆面もなくシスセクシスト的である。こうした非難の声によって、押しも押されぬフェミニストやクィア・アクティビストである多くのトランスセクシュアルたちの存在が抹消され、自分は異性愛主義のフェミニンな女性やマスキュリンな男性だと認識する異性愛主義のトランスセクシュアルたちは、同じようなアイデンティティをもつ圧倒的多数のシスセクシュアルよりも、ジェンダーに基づく抑圧を引き受ける責任を押し付けられる。

　学術評論家たちはトランスセクシュアルでないのに、トランスセクシュアルであることを完璧に理解し、権威として話すことができると思い込んでいるが、その結果トランスセクシュアルの人間性が奪われている。実際、こういった人たちがトランスセクシュアルと個人的に知り合いになるのは稀だった。シャピロやナンダ、グリム、そしてアイクラーがトランスセクシュアルをこき下ろすときの主張は、もっぱら他人の調査に依存していた。ハウスマンはトランスジェンダーの人たちの会合に一度出席したことがあると豪語するが、結局トランスセクシュアルの自叙伝からふんだんに（そして長々と）引用するに過ぎない。だがどのトランスセクシュアルの話が採用されたり無視されたりするかを決めるのに、トランスでない書籍版元の人たちや読者がどんな役割を果たしたのかについて考慮した形跡はない。

　トランスセクシュアルとのインタビューに基づいて評論する社会学者の場合、自分たちの調査に始めから存在する数多くの問題点を無視して、平気で結論を導き出す。これらの人たちは概して、同じ地域で得た悲しくなるほど小さい標本サイズに依存しているうえ、その母集団は皆、性別移行の初期段階にあって、似たような（中流階級の）経済状態の人たちで構成されている。後者の傾向は特に重要である。身体の性別移行（とその変化に対する他人からの反応）を積極的に何とか対処していく過程にあるトランスセクシュアルの態度は、アイデンティティとするセックスで既に何年も生活している人の態度とかなり違うことが多い。さらに多くの社会学者が、標本をジェンダークリニックの患者から抽出するという同じ過ちを犯す。ジェンダークリニックは、比較的多数のトランスセクシュアルを見つけられる場所であるため、社会学者にとって願ったりかなったりかもしれないが、もっともバイアスのかかった調査母集団を提供する可能性が高い。[76] ジェンダークリニックはとりわけ厳格な二項対立的セクシズムと伝統的セクシズムの規範をトランスの患者に押し付けることで悪名高い。だから、ジェンダークリニックのみから抽出された調査母集団は、ジェンダーに関してもっともシスセクシュアルの期待に添うことができる、あるいは沿いたいトランスセクシュアルが既に選択されていると言える。さらに、ジェンダークリニックは定期的にトランスセクシュアルについての調査を実施するので、トランスセクシュアルの目から見ると、ジェンダークリニックと共同でインタビューを実施する社会学者は、ゲートキーパー側の人とみなされる可能性が高い。すると社会学者たちは、用意したインタビューの質問に予想通りの型通りの回答を得ることになる。

トランスセクシュアルたちはしばしば、ゲートキーパーから厳しい尋問を受けざるを得ず、自分たちの存在を認めたがらないシスセクシュアル社会に説明して納得させる必要が常にあるため、ゲートキーパーであれ学者であれ、トランスの人たちを研究対象にしたいシスセクシュアルにはうんざりで疑わしく思っている人が多い。表面をなぞっただけの社会学的インタビューの結論と、アン・ボリンやヴィヴィアン・ナマステの調査のようにトランスセクシュアルの信頼を得ようと努力するインタビュー者が出した結論との間に大きな差異がみられることから、トランスセクシュアルがしぶしぶ社会学者の調査に応じていることは歴然としている。

特に、多くの社会学者が依存する母集団に似た、小さくてバイアスのかかった標本母集団から始めたボリンの研究はわかりやすい例である。彼女が取得したデータの大半は、一つのトランスジェンダー・サポートグループに参加中の性別移行初期段階にある十二名からのものだった。[77] しかし、彼女が数年かけてメンバーであるトランスの女性たちと知り合いになり、最終的には信頼を勝ち取ることになった。だから「遺伝学上の女性よりもずっと伝統的な女らしさの概念に満足しているハイパーフェミニンなトランスセクシュアルというステレオタイプとは裏腹に、この母集団のトランスセクシュアルはステレオタイプ的な女らしさを賛美してはいなかった。この人たちはフェミニスト運動をはっきりと認識し、キャリアへの意欲と同時に、人生を共に過ごす相手を欲しいと望み、衣服のスタイルは模倣の対象である女性人口と同じくらい多様性に富んでいた」のように、社会学者とはとても違ったトランスの女性の経験を垣間見ることができた。[78]

より多くの学者が私たちトランスセクシュアルを単なる研究対象としてではなく人間として実際に知ろうとすれば、私たちがジェンダー二元制に「溶け込む」ために性別移行をするという予測が、ほとんどのトランスセクシュアルの生活実態とは何の関連性もないことがわかるだろう。私たちの多くは、出生時に割り当てられたセックスの「普通」の一員として何年もうまく「パス」した後で、性別移行を決断する。自分とセックスのアイデンティティが同じ人に惹かれる場合、移行後はもはや異性愛者とみなされなくなると知っていても、性別移行する。私たちのジェンダー表現が多様であるから、性別移行後に何となくマスキュリンな女性、あるいはフェミニンな男性と思われる人もいる。そしてどんなトランスセクシュアルであっても、性別移行後、自分のアイデンティティであるセックスで身体的に（短期的でも長期的でも）「パス」するのが難しいかもしれないという危険を冒すのだ。

「トランスセクシュアルは同化主義者」という主張に従えば、他の面（例えばジェンダー表現あるいは性的指向）でクィアなシスセクシュアルより、トランスセクシュアルのほうが社会に受け入れられているとされる。これは絶対にそうではないのだから、もっとも人をなめている見方と言えよう[79]。男性クロスドレッサーとしてかなり長い間、比較的「カミングアウト」して生活し、その後アンドロジナスなバイジェンダー・ボーイとして過ごした私の経験から言えば、私が今トランスセクシュアルと言うときに比べ、世間は当時の私がアイデンティティとするジェンダーに対して概して驚くほど寛容で、違和感をもたなかった。「なぜもっと早くに移行しなかったのか」と、性別移行前からクィアとしてカミングアウトし堂々と生きていた人たちを含め他のトランスセクシュアルに尋ねると、ほとんどの人から、家族やコミュニティから縁を切られる、失業する、周りから好ましくないと思われる、アイデンティティとするセックスについて他人からひっきりなしに質問されるなど、性別移行につきものの社会的悪影響を恐れたという答えが返ってくると思う。性別再割当手術は、私たちの社会に存在するもっとも汚名を着せられた医療行為であるばかりでなく、トランスセクシュアル自身も文化的・法的に本物の男性あるいは女性としてなかなか受け入れてもらえない。トランスセクシュアルよりレズビアンやゲイ男性のほうが、ストレート中心の世間により受け入れられていると言って差し支えないと思う。だから、トランスの人が「異性愛主義的なジェンダー規範」に従うために性別移行するというのは、非論理的だし無礼なものの言い方だ。

　私からすれば、トランスセクシュアルがジェンダーに関してラディカルか保守的かをめぐるアカデミアの議論は、完全にシスセクシュアル特権に基づくものだとしか思えない。議論に参加している学者たちは誰もジェンダーの不協和の現実を生きる必要がないので、潜在意識下のセックスを思う存分知的に分析する余裕があり、だから自分の関心やバイアスをトランスの人に投影することができる。こうした学者の研究によって、どんな視点からトランスセクシュアルであることを解釈するかがだいたい決まるのは驚くべきことではない。内分泌科医としての経歴があるハリー・ベンジャミンは、トランスセクシュアルであることは胎児期のホルモンレベルに関係すると信じ、リチャード・グリーン、ロバート・ストラー、そしてジョン・マネー（三人とも心理学畑）は親との関係や発育期に起きた出来事を主な原因とした。だから社会科学者が一般的に、トランスセクシュアルであることは社会のジェンダー規範の結果であるとし、ゲイ・レズビアンの学者はヘテロセクシズムのせいだとし、フェミニストは家父長制のせいに、そしてポスト構造主義者はトランスセクシュアルであることを存在しないものに脱構築理論化するのは、想定内と言っていいだろう。

シスセクシスト的トランスセクシュアル・モデルを超えて

過去五十年におけるトランスセクシュアルに関する性科学と社会学の言説は、ただの茶番だった。そこではいつも、学術や臨床の資格をもつ人たちの意見がトランスセクシュアル自身の意見に優先され、トランスの人たちは、シスセクシュアルであるジェンダー・スタディーズの学者がお気に入りの理論を刻み込むためのまっさらな石板に過ぎない。人文科学領域の学者はよく、自分たちの研究がゲートキーパーの研究に対立するものだと言うが、私から見れば、両者には相違点より類似点のほうが多い。臨床家も大学の学者もトランスジェンダー人口に関する詳細な記録とサブカテゴリー化に躍起なのだ。どちらもＭＴＦスペクトラム上のトランスの人々をもっぱら関心の対象とする強迫的なエフェミマニアをさらけ出す。そしてどちらもトランスセクシュアルを実際に存在する人間の多様性の一部とみなすのではなく、説明と正当化が必要な異常とみなす。

ステレオタイプに基づいたジェンダーの差異は生物学的要因から生じるとするグループと、そうしたジェンダーの差異はもっぱら社会的に構築されたと証明したいグループとの恥ずべき主導権争いのなかで、トランスセクシュアル自身のニーズ、欲求、そして視点は忘れ去られてしまった。トランスセクシュアルとしての私の生かされた経験は、ジェンダーに関する厳格なジェンダー本質主義者の説明とも、社会構築主義者の説明とも一線を画す。ジェンダーは生物学的なものや社会学的なものなどがいろいろ混ざっているという考え方は、誰かの著書や論文の中の受けそうなしゃれた言い回しやセクシーな「つかみ」としては役に立たないが、私にとっては譲れない点だ。そしておそらく大多数の性科学者と社会学者がこの点を受け入れられたら、トランスジェンダーの人たちをはじめ例外的なジェンダー傾向やセックスの特徴をもつ人々の人生を食い物にして根掘り葉掘り調査することをしなくなるだろう。

もしトランスセクシュアルに関する性科学と社会学の説明から学ぶものがあるとしたら、トランスセクシュアルのジェンダーには、シスセクシュアルのジェンダーとは異なる基準を課すシスセクシズムの傾向が、一般大衆の間だけでなく、医学・精神医学界とアカデミアに流布しているということである。社会学者が真にトランスセクシュアルに対する理解を深めたいと思うのであれば、トランスセクシュアルの行動や病因学にのみ焦点を合わせるのでなく、多くのシスセクシュアルがトランスの人々（と例外的なジェンダーやセクシュアルな特質をもつ人々）に対して見せる不合理な敵意や恐怖、失礼な態度を研究すべきだ。性科学者が真にトランスセクシュアルのメンタルと身体の健康に関心を寄せるのであれば、私たちの性別移行に事細かく口出しせず、シスセクシュアルとトランスセクシュアルの間にあるジェンダー関連医療へのアクセスの大きな格差を是正することにエネルギーを集中させるべきだ。トランスの患者の権利擁護を十分に行わなかったゲートキーパーの失策のせいで、シスセクシュアルのホルモン補充療法、性器・乳房再建手術のほか、生殖力やセクシュアリティを高めたり可能にする医療に保険適用を通常は認めている米国の保険会社が、トランスセクシュアルにそれらを認めない怠慢が放置されている。そしてトランスセクシュアルは「クレイジーだ」、つまり私たちがアイデンティティとするジェンダーは単なる過剰な妄想の産物だからまともに受け取るものではないという一般的な固定観念も、前述のような医療的・精神医療的に承認されたダブルスタンダードの結果なのである。シスセクシュアルは、病的とみなされたり誰かの許可が必要とされたりすることもなく、何百もの肉体改造手術メニューから好き勝手に選ぶことができる。一方、トランスセクシュアルが充実した健康的な人生を送るのに必要な処置には、ゲートキーパーの許可と性同一性障害の診断が必要とされる。

九〇年代にトランスジェンダー・アクティビズムが始まったことにより、最近は公民権に進歩がみられたが、米国ではトランスセクシュアルに関するゲートキーパー・モデルがいまだに優勢である。最近、ＨＢＩＧＤＡがそのケア基準を多少緩和したものの、トランスセクシュアルがホルモン療法や手術を受けようとしたり、法的にセックスを変更しようとしたりするときは今でも精神科の承認が必要とされる。この制度は、自分がアイデンティティとするセックスを認めてもらいたいトランスの人たちが、伝統的セクシズム、二項対立的セクシズム、あるいはシスセクシュアルのバイアスをもつかもしれない心理療法士のジェンダーに関する先入観を受け入れ譲歩しなければならないため、本質的にシスセクシスト的である。今はもう、既存のゲートキーパー・モデルをトランスの人々自身のニーズに基づいたモデルと入れ替える時なのだ。それにはまず、人は誰でも自分でアイデンティティを設定する（たとえそのアイデンティティが男／女二元制から外れていても）権利をもち、自分がアイデンティティとするジェンダーは、他人が極めて単純に割り当てたジェンダーよりも必然的に正当性が高いと広く認知されるようにすべきである。さらにセックスの社会的・法律的変更プロセスは、医療・精神医療から完全に切り離されるべきだ。人が自分のアイデンティティとするセックスを認めてもらうのに、特定の医療処置が必要とされるべきではなく、アイデンティティであるセックスで生活するのを妨げる権限が医療・精神医療関係者に与えられるべきでもない。ジェンダーの不協和を軽減するためホルモン的あるいは身体的に性別移行をする必要があると感じるトランスの人々は、シスセクシュアルがホルモン補充療法、性器あるいは乳房再建手術、生殖・セクシュアリティ関連の処置などを受けるかどうか、最終的には自分で決めるのと同じように、当人が望むならそうした選択肢が許可されるべきだ。

　トランスの人々が身体の性別移行するかどうかは自分で決めるべきという考え方を、誰かが「オンデマンド性転換」と侮蔑的に呼んでいたが、それは最初からゲートキーパー側が反対している。もっともよく言われる理由は、この制度は現状、トランスセクシュアルでない人（例えば自分の非典型的なセクシュアリティを単に恥じたり困惑していたり、「妄想」や「反社会的」行動をするシスセクシュアルなど）が不可逆的かもしれない処置を受けるのを防ぐセーフガードとして機能するというものだ。[80] このように、ごく少数のシスセクシュアルの健康を守るため、トランスの人々はジェンダーの不協和の治療を直ちに受けることを拒絶されるところにも、ゲートキーパーのシスセクシズム・バイアスが露わになる。シスセクシュアルが必要なホルモン補充療法やジェンダー関連の手術を受ける許可を得るときに、トランスセクシュアルである可能性を精神分析医が排除できるように三カ月から半年もの心理療法を受けることが求められたら、たいていの人がどれだけ腹を立てイライラするか、想像してみるとよい。

　ゲートキーパーの「オンデマンド性転換」に対する恐怖は、トランスの人の大半が医療的・精神医療的に認められた性別移行への経路を選ぶ金銭的な余裕すらない社会では特に空々しく聞こえる。適切な健康保険がない人たちにとって、心理療法料は法外に高額だ。多くのトランスの人々は処方箋なしで手ごろな価格のホルモンを入手するため闇市場や海外の薬局を頼りにする。米国よりはるかに安価で制約が少ないタイのような国に行って性別再割当手術を受ける人も多い。ゲートキーパーが性別移行を規定して過干渉するやり方は、かなりの割合のトランスの人々（ＨＢＩＧＤＡのケア基準を守る金銭的な余裕がないか、自分が「真性」トランスセクシュアルだと心理療法士を説得できなかった）をこの制度から締め出すのに貢献したことは明らかだ。

誰が性別移行すべきか、すべきでないかを診断できるのは自分たちだけだとするゲートキーパーたちは、ジェンダーの不協和は以前から当事者の「自己診断」に基づく症状からしか診断できないというまぎれもない事実を無視している。ジェンダーの不協和には目に見える兆候も検査もない。それを感じるトランスの人がそう説明するだけだ。他人の目を気にするより自分に忠実でありたいから性別移行という苦渋の決断をしたら最後、私たちを止めることなど誰にもできない。だから医療・メンタルヘルス専門家は、性別再割当の規制から性別移行処置の安全な利用の促進に注意を向けるべきなのだ。幸いなことに、この目標に向かってトランスの人たちが安全に性別移行できるよう、情報、ホルモン、適切な医療検査などを安価で提供するプログラムを策定するなど、既に動き出している人たちがいる。[81] 同様に精神科領域でも、メンタルヘルス専門家たちにゲートキーパー・モデルからの方向転換をしようと、性別移行中の情緒的ストレスや障害との付き合い方などを中心にトランスセクシュアル支援を奨励する人たちも現れた[82]。

このような変化は幸先の良いスタートの徴しだが、ＤＳＭを発行するアメリカ精神医学会がジェンダーの多様性を病理化の対象とする限り、トランスセクシュアルとトランスジェンダーの人たちにとって真の平等はなかなか達成できないだろう。人間のジェンダーやセクシュアリティにみられる多様性はとても幅広い。だから、ジェンダーを横断するどんな形態の行動あるいはアイデンティティでも、精神障害に分類される正当な理由は見当たらない。

とはいえ、私は性別移行を選ぶ人が手ごろな価格でトランスセクシュアル関連の医療処置にアクセスできる用意が整わないうちに、トランスセクシュアルであることの完全な脱医療化、つまりＤＳＭから性同一性障害を削除することには反対だ。現行の精神医学による性同一性障害診断に代わる精神科以外の医学によるトランスセクシュアル診断を作ろうという意見もあり、それは理にかなっている。ほとんどのトランスセクシュアルがこころではなくからだの方に問題を感じているからだ。[83] 医療的な対策が整えば、精神医学からトランスジェンダーの人たちを脱病理化させる動きの重要性を過小評価することができなくなる。というのも、シスセクシュアルとシスジェンダーが私たちに偏見をもつのは、ジェンダー・バリアントであることが精神疾患の一種、つまりトランスセクシュアルとトランスジェンダーの人たちのほうに問題があるという、ありふれた誤解に基づいているからである。

— 第八章 —

シスセクシュアル特権を解体する

Dismantling Cissexual Privilege

これまで、トランスセクシュアルに関する言説は、トランスセクシュアルを調査対象とする臨床家、研究者、学者が作った用語や概念に依存するのが当たり前だった。その枠組みのなかで、トランスセクシュアルの身体やアイデンティティ、視点、そして経験などに説明を求められ続けるので、必然的にさまざまな解釈が飛び交っている。同じような属性であっても、シスセクシュアルのものは「自然」で「普通」な、あって当たり前なものとみなされ、批評の対象とはならない。私たちトランスセクシュアルは、自分の生き方をうまく説明するには無理があるシスセクシュアル中心の用語を使わざるを得ない。だから私たちはいつも不利な立場に置かれるのだ。

近年みられるトランスジェンダー・アクティビズムの台頭により、トランスセクシュアルもその一部であるジェンダー・バリアントの人々の経験を理解するため、新しいパラダイムが作られた。このパラダイムモデルによれば、ジェンダー・バリアントの人々は、他人から見て簡単に察知できる女か男のいずれかのアイデンティティが全ての人に強制されるシステムによって抑圧されているとみなされる。この視点をもとに、トランスジェンダー・アクティビストたちは主に二元制的ジェンダー規範、特にジェンダー表現や外見に制約を加えることに異議申し立てすること、そして男／女二元制に反発し、超越し、あるいは合わせられない人たちを褒めたたえ、文化的なスペースを創出することに注力してきた。トランスジェンダー・アクティビズムが多くの点でトランスセクシュアル・コミュニティに貢献したことに間違いないが、それによってトランスセクシュアル特有の課題や経験の多くが不可視化されたのも事実である。その大きな理由は、トランスジェンダーのレトリックが、男／女二元制の外でアイデンティティをもつ人たち（トランスセクシュアルのほとんどは概して二元制のアイデンティティをもつ）や、男／女二元制に従わないジェンダー表現と外見をもつ人たち（トランスセクシュアルは概して、自分の潜在意識下のセックスと身体のセックスの不一致を、生活の重大な障害と捉える）の視点を優先させたことにある。

　私も、男／女二元制の外にいる人たちのために居場所を設けることは闘う価値のある目標だと思う。その一方、私たちトランスセクシュアルは、私たちの言葉と概念を発展させ、私たちのユニークな経験と視点を正確に表現し、ゲートキーパー用語とトランスジェンダー・アクティビスト用語との間に存在するいくつもの間隙を埋めていく作業を同時に進めなければならないと思う。これにはまず、〈シスセクシュアル特権〉を徹底的に批評するところから始めるべきだ。シスセクシュアル特権とは、トランスセクシュアルのジェンダーがシスセクシュアルのものと明確に異なり正統性に欠けるという考えを広めるダブルスタンダードのことである。シスセクシュアル特権がどう使われ正当化されているかを説明する前に、シスセクシュアル特権を急増させる社会的ジェンダーの、あまり認識されていないが重要な二つの側面、〈ジェンダリング〔性別振り分け〕〉と〈シスセクシュアル前提〉に触れる必要がある。

ジェンダリング《性別振り分け》

男女を見分ける行為は、それとなく行われていると信じたい人がほとんどだと思う。人は誰でも自然に男と女という二つの相互排他的なカテゴリーのいずれかに分類されるので、男か女か、ありのままの状態をさりげなく客観的に観察された結果なのではないかというわけであるが、実はそうではない。男女を見分けるのは能動的なプロセスであり、私たちはついそれをやってしまう。疑うなら、自分がどれくらいのスピードで他人のジェンダーを見分けているか観察してみるとよい。あっという間のはずだ。そればかりか、私たちはどんなに遠く離れた所からでも、証拠がほとんどない時でも、他人が女なのか男なのか、何とか判断を下す。私たちは何気なく他人を見ているだけと思いたいかもしれないが、実際はいつも積極的に、自分がもつ男であることや女であることに対する考えや思い込みを会う人ごとに投影させているのだ。そしてこれは、シスセクシュアルでもトランスセクシュアルでも、本物のストレートでも紛れもないクィアでも、誰もがやっていることなのだ。

男女を見分けるこのプロセスを、人が普段、視覚と聴覚のわずかな手掛かりだけで積極的かつ強迫的に、誰にでもジェンダーを振り分けていることを強調するため、私は〈ジェンダリング〉と呼んでいる。この現象がいたるところで発生することがわかったとたん、ほとんどの「ジェンダー」定義自体に疑問が湧いてくるのではないだろうか。遺伝子、染色体、脳の構造、性器、社会化、そして出生証明書や運転免許証に記された法律上のセックスなど、何によって女性あるいは男性が定義されるのか、いろいろ議論できるだろう。でも実際のところこれらの要因は、私たちが毎日、他人にどうジェンダーを振り分けているかにほとんど何の影響も及ぼさない。私たちが通常手掛かりとするのは、主に体型や体格、肌の色、ひげや体毛、声、乳房などの第二次性徴で、身なりやしぐさなどのジェンダー表現やジェンダー役割にも多少は依存する。他人が私たちに振り分けるジェンダーを、ここでは〈そうと察知されたセックス〉、あるいは〈そうと察知されたジェンダー〉と呼ぶことにする。

　多くの人にジェンダリング行為が見えていないのは、ある人のジェンダーに関する私たちの判断が、当人のジェンダー・アイデンティティだけでなく他の人たちが振り分けたジェンダーともたいていの場合一致することが大きく関わっている（私たちが他人に振り分けるジェンダーが他の人たちが振り分けたものとしょっちゅう違っていたら、ジェンダリングにはあて推量がつきものだと誰の目にも明らかになるのだが）。しかし、トランスセクシュアルである私は、ある人には女性だと思われ、別の人には男性だと思われるなど、複数の人が同時に異なるジェンダーを私から察知する場面に（特に性別移行中は）数多く出会ってきた。このような例から、ジェンダリングが臆測に基づいていることがわかるだろう。私はさらに、ジェンダーにまつわる個人の経験や先入観が他人へのジェンダリングに大きな影響を与えることにも気づいた。例えば、私が自分を男性クロスドレッサーと認識していただいぶ昔のことだが、郊外では女性として結構すんなりと「パス」できるのに、ジェンダー・バリアントの人々の存在がもっと認識されているような都市部では男性クロスドレッサーと「リードされ《読まれ》て」〔セラーノの定義では、他者が察知するジェンダーを付与されること。「パスする」の反意語として「見破られる」を意味することも〕しまうことがあった。ほとんどのシスセクシュアルは、自分たちが〈ミスジェンダリング〉の対象、つまり当人がアイデンティティとしないジェンダーを間違って振り分けられる経験はあまりないため、ジェンダリングが主観的な行為だとは気づいていない。残念なことに、こうした経験をもたないシスセクシュアルは、ジェンダリングのプロセスを推測行為ではなく純粋な観察だと信じてしまうことが多い。

シスセクシュアル前提

シスセクシュアル特権が使われるときの第二のプロセスは、〈シスセクシュアル前提〉である。シスセクシュアルは、自分たちの身体のセックスと潜在意識下のセックスについて、生まれたときのセックスに違和感をもたず、別のセックスになりたいと願うこともない経験は世界中誰にでも共通するという、間違いだけれども一般的な思い込みをもっているため、ここに〈シスセクシュアル前提〉が発生する。そしてシスセクシュアルは、シスセクシュアルであることを手あたり次第他人に投影しながら、シスセクシュアルであることを人間には当然の属性へと変えていくのだ。それは、異性愛者であることが当たり前とみなされることに似ている。大部分の異性愛者が、そうではないという証拠を見せられない限り、会う人が全て異性愛者だと思い込んでいるのと同じように、大部分のシスセクシュアルは会う人全てをシスセクシュアル前提で扱う。

大部分のシスセクシュアルにはその決めつけが見えていないが、トランスセクシュアルである私たちにはそれが痛いほどわかる。多数派であるシスセクシュアルは、性別移行前のトランスセクシュアルは出生時に割り当てられたセックスの一員としてのアイデンティティをしっかりもっていると思っていることが多い。そのため、私たちがジェンダーの違いと何とか折り合いをつけようとしたり、自分をどう認識しているかを公表したりすることが難しくなる。世間のシスセクシュアルは、性別移行後の私たちは以前から今のセックスをアイデンティティとする人間だったとみなすため、他人にカミングアウトし続けるのでない限り、トランスセクシュアルがトランスであることをオープンにし続けることは不可能だ。だから大多数のシスセクシュアルには、シスセクシュアル前提の存在自体見えていない。しかしトランスセクシュアルである私たちには、それがトランスの人々とその経験を消し去る積極的なプロセスなのだと理解できる。

シスセクシュアルのジェンダー特権意識

大多数のシスセクシュアルは、身体のセックスに違和感をもたずに生活している。そして周りの人からの適切なジェンダリングで、この自然な感覚が追認される。その結果、シスセクシュアルは自分のジェンダーについてある種の特権意識、つまり女または男を名乗る権利があると考えるようになる。これ自体は別に悪いことではない。だが、絶対に間違えずに他人にジェンダーを振り分けられるとの思い込みから、〈シスセクシュアルのジェンダー特権意識〉が過度に発達することがある。これは個人のジェンダーに対する自己所有感以上のもので、誰が女または男と名乗っていいか、究極的に判断するのは自分たちだとみなす領域にまで到達する。繰り返しになるが、大部分のシスセクシュアルは自分のジェンダー特権意識に気づかない。その理由として、（一）特権が付与されるプロセスがシスセクシュアルの目に見えないことと、（二）ジェンダー規範に比較的沿っているシスセクシュアルの場合、他人のジェンダー特権意識で不都合な目に遭ったことがおそらくないことが挙げられる。ジェンダー特権が付与されたシスセクシュアルは、誰が女で誰が男か正確に判断する能力と権限が自分にはあると思い込んでいるので、自分が適切にジェンダリングする人たちには実質的に〈シスセクシュアル特権〉を与えることになる。例えば私には男性に見える人（言い換えれば、私が男性とジェンダリングした人）に声を掛けられたとしよう。その人が自己紹介で「ミスター・ジョーンズ」だと名乗れば、私はたぶんその人にシスセクシュアル特権を付与すると思う。つまり私は、その人の男性としてのアイデンティティを尊重し、その人のアイデンティティであるセックスに関連した特権の全てをその人に与える。私はその人を「サー」と呼び、男性専用スペースに入ることを許し、その人が女性と結婚していると言っても納得するだろう。しかし私がジェンダー特権意識をもっていたとしたら、ある人がアイデンティティとするセックスに関連する特権をその人に与えないことがあるかもしれない。例えば「ミズ・ジョーンズ」と自己紹介した人について、その人の女性としてのアイデンティティより、自分が先に察知したジェンダー（男）のほうがより本物に近くて納得できると判断した時点で、私はその人のシスセクシュアル特権を否定していることになる。同じくもし私が、「ミスター・ジョーンズ」はトランスセクシュアルで出生時のセックスは女性だと知ったとしよう。私がその情報に基づいて彼を男性でなく女性だと新たなジェンダリングをしたとしたら、私は彼のシスセクシュアル特権を否定していることになる。

次のジャーメイン・グリアーのコメントは、ジェンダー特権意識がシスセクシュアル特権を生み出し、その特権がトランスセクシュアルのジェンダーの信用を失墜させるのに使われるさまを示す好例である。

> 性転換した男性を女性とみなすか、あるいはＭＴＦトランスセクシュアルを女性として受け入れざるを得ないかについて、女性たちがこれまで一度も意見を求められたことがないのは、女性のアイ

デンティティや自尊感情にとってかなり有害である。[1]

この引用を読んですぐに襲ってくるのは（吐き気以外）、グリアーのもつ耐え難いほどのジェンダー特権意識である。グリアーは、トランスセクシュアル女性が女性としてのアイデンティティをもっていることを知りながら、私たちを「性転換した男性」と呼ぶところから、トランスセクシュアルに対して好き勝手なジェンダリングを行う権利が彼女には当然備わっていると思っていることがわかる。さらにシスセクシュアル前提（シスセクシュアルが「自然」なのは言うまでもないという信念）があるため、女性という言葉が何を意味するのか、厳密に定義しようとしない。グリアーの頭の中では当然、シスセクシュアル女性だけが女性だからだ。グリアーは、（自分を含む）女性にもトランスセクシュアル女性が女性に属するかどうか意見を求められる同等の権利が付与されているという言い方で、女性にシスセクシュアル特権を与える。グリアーがこの文脈で「求められる」という言葉を使っているのは特に意味深だ。結局のところこの社会では、自分のであれ他人のであれ、あるジェンダーに属していいかと許可を求める人などいないではないか。私たちは私たちであり、他人は適宜私たちのジェンダーを推測する。だからグリアーが「求められる」や「せざるを得ない」という言葉を使うとき、彼女はトランスの女性が女であってよいかどうかではなく、私たちが女であることはシスセクシュアルが女であることと同じ程度に尊重され正当化されるべきかどうかを問題にしているのだ。ある人がアイデンティティとして生きるジェンダーの正当性に関して、シスセクシュアルかトランスセクシュアルかで異なる基準を適用するグリアーは、シスセクシュアル特権を生産し、行使している。

シスセクシュアルの生得特権にまつわる神話

シスセクシュアルは、自分のジェンダー特権意識がジェンダリングとシスセクシュアル前提の行為から生まれることに気づかないことが多いため、自分たちのジェンダーがトランスセクシュアルのジェンダーより正当性に勝る、つまり「本物」だという信念を正当化せざるを得ない立場に立たされることが多い。シスセクシュアル特権の正当化にもっともよく使われるのが、自分を女性や男性と呼ぶ権利をシスセクシュアルが継承しているのは、そのセックスに生まれたおかげだという神話である。言い換えれば、シスセクシュアルは自分たちのジェンダー特権意識を生得権とみなしているのだ。これが多くの場合欺瞞なのは、この社会には、たまたまの生まれ合わせで職業、社会的地位、経済状態、政治権力などがあらかじめ規定されている階級やカースト制度に基づく社会や文化を軽蔑する傾向を（過半数でないとしても）かなり多くのシスセクシュアルがもっているからだ。欧米に住むほとんどのシスセクシュアルは、生得権を他のさまざまな社会階級を決定する手段として冷ややかな目を向けるのに、ジェンダーのこととなるとそれを受け入れるのは偽善的ではないだろうか。

自分のジェンダー特権意識を生得権だとみなすシスセクシュアルには、トランスセクシュアルがアイデンティティとする生きられたセックスの正当性を簡単に否定できる。この人たちの目には、トランスセクシュアルは（生まれついていないから）生得権をもたないジェンダーを自分のものと盛んに主張している人たちとしか映らない。しかし、トランスセクシュアルである私は、「生得権」を論拠とするのにはいくつか明らかな不備があると思っている。まず、出生時に割り当てられたセックスは日常生活に何の役割も果たしていないということが挙げられる。出生時のセックスを証明するため、出生証明書を持ち歩く人などいない。私が女性として暮らしてきたなかでは、女児として生まれたのかどうか尋ねられたことは一度もない。事実、世間の人は私を女性とジェンダリングすると、シスセクシュアル前提で私が女性に生まれたと勝手に思い込むので、私の出生時のセックスはほとんど問題にされない。

　ジェンダー特権意識をもつシスセクシュアルは、女性に性別移行して女性として生活する私がシスセクシュアル特権を積極的に盗もうとしていると主張するかもしれないが、実際のところ、私には盗む必要などない。シスセクシュアルが見ず知らずの他人にも誰かれ構わずシスセクシュアル特権を付与するからだ。どんな店に入っても、店員が私に「いらっしゃいませ、奥様」と必ず声をかけてくる。声をかけた人たちは私にシスセクシュアル特権を付与しているのだ。私が女性トイレに入ったとき、たじろいだり私に何でここにいるのかと質問する人がいなければ、私にはシスセクシュアル特権が付与されている。しかし、私はトランスセクシュアルなので、私が体験するシスセクシュアル特権が突然問題視される可能性がある点で、シスセクシュアルの特権と同等ではない。私に付与される特権は「私はトランスセクシュアルだ」と私が口にしたり、誰かがそう気づいたとたん、私から奪われる可能性がある（そしてたいていそういう結果になる）ものなので、〈条件付きシスセクシュアル特権〉とでも言うのがいちばんぴったりくるかもしれない。

　シスセクシュアルは、自分たちのジェンダーのほうが私のより本物度が高いと信じたいかもしれないが、それは不誠実だし無知というものだ。本当のところ、シスセクシュアル女性は（一）女性としてのアイデンティティをもっているから、（二）女性として生活しているから、（三）周りから女性として扱われるから、自分を女性と呼ぶ権利があると思っている。トランスセクシュアル女性の私も、これらの基準をクリアしている。人付き合いの場面においてトランスセクシュアルとしての私のジェンダーとシスセクシュアル女性のジェンダーの間にみられる唯一の違いは、私の女らしさが、二流、本物ではない、そしてシスセクシュアルのジェンダーの模倣だといった間違った特徴づけをしょっちゅうされることである。そして私とシスセクシュアル女性の生活史の大きな違いは、これらの人たちは女性として認めてもらう権利を当たり前のように特権としてもっているが、私はその権利のために闘ってきたことである。

トランス・ファクシミレーションとアンジェンダリング

シスセクシュアルとしてのジェンダー特権意識や特権の保護に既得権をもつシスセクシュアルのなかには、トランスセクシュアルのジェンダーを**人工化する**努力を一致協力して続けている人たちが多い。この目標達成のために使われる一般的な戦略が〈トランス・ファクシミレーション〉、つまりトランスセクシュアルのジェンダーはシスセクシュアルのジェンダーの複製《ファクシミリ》だとする考え方である。この戦略で、トランスセクシュアルのジェンダーは「偽物」だと誤って特徴づけられるだけでなく、シスセクシュアルのジェンダーこそ最重要かつ「本物」のバージョンで、トランスセクシュアルのジェンダーはただのコピーだと情報操作される。

　トランス・ファクシミレーション戦略は、トランスセクシュアルのジェンダー・アイデンティティやジェンダー表現の描写に、シスセクシュアルが「真似る」「倣う」「模倣する」「ふりをする」のような言葉をたびたび使うところから、それだとわかる。さらに、シスセクシュアルの番組プロデューサーが、実在でも虚構でも、トランスセクシュアルの登場人物が自分のアイデンティティであるセックスに紐づけられたジェンダー役割をわざとらしく練習する様子を描こうとすることにも、その戦略の存在がうかがえる。トランスセクシュアルであるのは単なる見せかけと描写されると、トランスセクシュアルが自分のものとするセックスの一員としての生活へと導いていくための極めて現実的なジェンダー傾向と経験が骨抜きになる。さらに、トランスセクシュアル、シスセクシュアルに関わりなく、人は誰でもジェンダーについて他人を観察し、模倣する点が無視されている。シスセクシュアルの場合、子どもから思春期にかけて模倣期があり、同じセックスの親や年上のきょうだいが見せるジェンダー化された行動を真似ることができる。トランスセクシュアルの場合、この過程はそれより後、性別移行の直前または最中に行われることが多い。どちらのケースでも、模倣はたいていジェンダーお試し体験の一つの形態で、本人が自然に感じる行為はその後もずっと続けられ、違和感があったり本人の自意識にそぐわないことは、結局中断されることになる。このプロセスの理解が進めば、トランス・ファクシミレーションが、シスセクシュアルによるジェンダー模倣行為には見て見ぬふりをし（よってシスセクシュアルのジェンダーが自然なものとされる）、トランスセクシュアルによるジェンダー模倣をやたらに強調しようとする（よって、私たちのジェンダーが人為的なものとされる）露骨なダブルスタンダードだということがはっきりする。

　トランスセクシュアルのジェンダーがしばしば「フェイク」と否定されるのは、トランスセクシュアルとシスセクシュアルに対してそれぞれ異なるジェンダリング基準が課されていることも一つの原因である。このことは、パトリック・カリフィアの著書『セックス・チェンジズ』の中で、次のようにうまく表現されている。

最近、私はとてもためになる経験をした。昔から知っている女性がトランスジェンダーだったのだ。……トランスセクシュアルであることについて私はだいぶ学んできたと思っていたが、大した意味がなかったようだ。いずれにしても私は、彼女を全く違った角度から見ている自分に気がついた。突然、彼女の手は大きすぎるように思えてきた。鼻の形も何か不自然だ。そしてあれはもしかして喉仏だろうか。彼女の声は女にしては低過ぎないか。それに彼女は、男みたいにすごく偉そうにしている。あれまあ、腕に毛がぼうぼうと生えている。[2]

カリフィアはこの一件で、トランスセクシュアルがどうみなされるかについて、ダブルスタンダードが存在していることに気づいた。例えばある人をシスセクシュアルとみなすとしよう。私たちはたいてい、その人から全体的に察知されるジェンダーをおおむね自然で本物だと受け入れ、見た目に現れたジェンダーのささいな矛盾は無視する。だが、その人がトランスセクシュアルだとわかると、あるいはそう疑い始めると、私たちはしばしば積極的に（しかもかなり強迫的に）、性格や表現のしかた、そして身体に、その人が出生時に割り当てられたセックスの形跡がないか探し始める。私はトランスセクシュアルとカミングアウトして、これを何度も体験している。私がトランスだと知ると、昔私が少年だったころのヒントを探したり、私の身体に異なる意味づけを投影させたりして、突然相手の私を見る目が独特なものに変わる。私はこのプロセスを〈アンジェンダリング《ジェンダリング取り消し》〉と呼ぶ。トランスの人がシスセクシュアルとみなされていたら普段は見過ごされ問題にならない外見上の矛盾を取り上げて、その人のジェンダーを取り消そうとする行為だからだ。アンジェンダリングの唯一の目的は、トランスセクシュアルなどジェンダー・バリアントの人たちのジェンダーを認めない一方、シスセクシュアルのジェンダーを特権化することである。

「バイオボーイ」と「ジェネティックガール」を超えて

シスセクシュアル特権を解体するにはまず、シスセクシュアルのジェンダーはトランスセクシュアルのジェンダーより信頼がおけるという考えを助長する用語や概念を、私たちの語彙から取り除くことが必要である。手始めは、シスセクシュアルを「遺伝子的」あるいは「生物学的」男女と呼ぶ世間の動きを止めることだ。「遺伝子的」という言葉は頻繁に使われるが、人の性染色体は簡単に見ることができないので、私にはとても奇妙に聞こえる。事実、染色体試験を受けたことのある人は非常に少なく、大多数の人は遺伝子のセックスがまだ確定されていないと言える。染色体の検査を受けた稀なケース（例えばオリンピックのセックスチェックや不妊治療など）で、遺伝子のセックスが出生時に割り当てられたものに適合しなかった例は私たちが考えるよりずっと多い。[3]「生物学的」（そして略語の「バイオ」）も「遺伝子的」同様、使えない。誰かがシスセクシュアルを「生物学的」女性や男性と呼ぶのを聞くたび、私はたいてい、「私はトランスセクシュアルだけれども、私のどこにも無機質だったり非生物学的なところはないですが」とコメントする。そこで私が「生物学的」の定義を問い質すと、セックスに合った生殖系が完全に機能している人のことだという答えが返ってくることが多い。だったら、生殖能力のない人や何らかの疾患が原因で生殖器を取った人はどうなるのだろう。この人たちも「生物学的」男性・女性ではないというのだろうか。「生物学的」とは外性器のことを指すと主張する人も多いが、それでは一体何人の外性器を間近に見たことがあるというのだろう。十人、二十人、それとも百人だろうか。私たちが人と会うとき、相手は外性器がしっかり隠れた衣服を身に着けていることが圧倒的に多いはずだが、私たちはどのようにして相手を「彼女」と呼ぶのか「彼」と呼ぶのか判断しているのだろう。実のところ、私たちが誰かを見て女か男かに区別するときによく使われる生物学的ヒントは、性ホルモンの産物である第二次性徴である。そういうことなら、私はこれまでの五年間エストロゲンを体内に投与してきた人間なので、「生物学的」女性とみなされてもいいのではないか。

　こう分析していくと、「生物学的」と「遺伝子的」という言葉は、人々が本当は使いたい「自然な」という言葉の単なる代用だということが明らかになる。ほとんどの異性愛者が自分たちの性的指向を自然だと思いたいのと同じように、ほとんどのシスセクシュアルは自分たちが男、あるいは女であることを自然だと信じたいのだ。実際、社会・階級問題全般を見渡すと、富裕層がダーウィンの自然淘汰説を持ち出して巨大な貧富の差を正当化したり、白人が有色人より頭が良くて成功するのは生物学つまり遺伝子のためだとしたりするなど、特権を「自然化」する動きがあることに気づくだろう。ジェンダーに関していえば、「自然」は、特権や偏見などに関わる問題を無視し、性的マイノリティの極めて現実的で正当な視点を「不自然」とか「人工的」とすることで真面目に扱わなくてもよいとする、究極の奥の手なのだ。私が〈シスセクシュアル〉という言葉を選ぶのにはこういう理由がある。この言葉は、シスセクシュアルとトランスセクシュアルの違いについて、シスセクシュアルは潜在意識下のセックスと身体のセックスが一致している経験しかもたないということだけを意味する。

第三のジェンダー化・第三のセックス化

トランスセクシュアルを受け入れるようになってからまだ日が浅く、自分自身のシスセクシュアル特権も完全に理解したわけではないシスセクシュアルは、トランスの人たちを「女性」・「男性」とは別のユニークなジェンダー区分で存在しているとみなしがちだ。私はこれを〈第三のジェンダー化（あるいは第三のセックス化）〉と呼んでいる。トランスの人を第三のジェンダー化する試みにはあからさまに軽蔑的だったりセンセーショナルなもの（「シーメール」や「ヒーシー」）があるが、そこまで失礼ではないにしても、トランスセクシュアルをめぐる議論のなかで「s/he 彼／女」や「ＭＴＦ」のような形で常に行われている。私の性別移行の方向を示す「ＭＴＦ」は形容詞としては便利かもしれない。だがこれを名詞として使う、つまり文字通り私を「男から女へ」と呼ぶのは、私が女性のアイデンティティをもって生活しているという事実を完全に抹消することになる。トランスの女性・男性はより丁寧で発音が簡単だし、どっちがどっちだったか混乱することもないと思う。それにも関わらずＭＴＦ・ＦＴＭのほうが広く使われているのは、意識的か無意識的かはともかく、トランスセクシュアル女性・男性をシスセクシュアル女性・男性と区別したいという多くのシスセクシュアルの願望が反映されているのではないだろうか。

第三のジェンダー化行為について議論するとき、第三のジェンダーをアイデンティティとする人たちと、他人を積極的に第三のジェンダー化する人たちを区別することはとても重要だ。どんなジェンダー・

アイデンティティにも言えることだが、人がある第三のジェンダーに属していると思うなら、それはその人が自分自身や社会のなかの居場所を理解する一つの方法であり、尊重されなければならない。過去にバイジェンダーでジェンダークィアというアイデンティティをもっていた私は、それが何であろうと他者のジェンダー・アイデンティティを認め尊重することが大切だと思っている。私が相手の意思に反して、あるいは同意も得ずに第三のジェンダー化することに反対するのは、それと同じ理由からである。他者を第三のジェンダー化するのは、相手の合意なく臆測に基づいてジェンダリングする癖から生まれたのではないだろうか。言い換えれば、私たちは他者を女か男かジェンダリングせずにはいられないので、（通常は例外的ジェンダー傾向のために）簡単に区別できない人に出会うと、私たちはその人を二つのジェンダーから切り離して考える。「第三のジェンダー」と「第三のセックス」という用語は、自分たちは「ノーマル」なジェンダーだと考える人たちによって、同性愛者、インターセックスの人たち、そしてトランスジェンダーの人たちに適用されてきた長い歴史がある。ここから、他者を第三のジェンダー化する傾向がジェンダー特権意識と二項対立的セクシズムの両方に由来することが強く示唆される。

パス中心主義

トランスセクシュアルとシスセクシュアルのジェンダーは本質的に価値が異なることを前提とするもう一つの言葉の例が、「パス」の用法である。あるセックスをアイデンティティとして生活するなか、条件付きシスセクシュアル特権を付与されるトランスセクシュアルが経験する極めて現実的な特権を説明するうえで、「パス」は便利な言葉だ。しかし、トランスの人たちがごまかしをして許されているような含みがある点で、非常に問題のある用語でもある。さらに詳しく見ていくと、トランスの人たちにしか適用されない「パスする」という概念が、シスセクシュアル特権まみれなことが一目瞭然なのだ。例えば、店員がシスセクシュアル女性に「ご主人、ありがとうございます」と言っても、彼女が男性として「パスした」とか女性として「パス」しなかったとは言わない。言うとすれば、彼女は女性**であり**、男性に**間違えられた**だろう。さらに私たちは、マスキュリンな体を作りたくて毎日筋トレをするシスセクシュアル男性や、フェミニンな見た目にしようと化粧をしてスカート姿でハイヒールを履くシスセクシュアル女性を「パスする」とは言わない。だが、私はトランスセクシュアル女性なので、もし寝起きにTシャツとジーンズに着替えただけで通りを歩くとき、他人に私が女性だと受け取られ（私に外見へのこだわりがなくても）ても、女性として「パスしている」と片付けられるかもしれない。

　この問題の核心は、「パスする」や「パスしている」が動作を表す動詞だというところにある。トランスセクシュアルが「パスしている」と言うとき、この状況に積極的に参加しているのはこの人だけ、つまりあるジェンダーに特徴的な外見になろうと頑張っているトランスセクシュアルがいて、周りがこの人の「パフォーマンス」におとなしく騙されたり騙されなかったりしているという誤った印象が生まれるのだ。だが私は、その逆こそ真であると言いたい。目に入るあらゆる人を女か男にジェンダリングしたい無限の欲求がある一般大衆こそ、いちばん積極的で重要な参加者なのだ。こうした状況に対してトランスセクシュアルができる対応は二つしかない。一つ目はスティグマ化されるのを避けるために社会に溶け込み、男であることや女であることに関する世間の期待に応えようと努力すること。二つ目は世間の期待を無視して自分らしく生きることである。たとえトランスセクシュアルが後者を選んだとしても、世間は女に見えるか男に見えるかによってその人を判断したり、人によっては、当人が積極的に何か悪いことをしたわけではなくとも「パスしている」と非難する。そして、どうしても男女の区別をつけたがる人が積極的な役割を果たしていることが、「パス」の概念によって見えなくされる。

ここで一つ言っておきたいのは、他の社会階級に関する問題でも「パスする」という言葉が使われるところに、この「パス」観の根拠があることだ。例えば、ゲイ男性はストレートとして「パスでき」、肌の色が濃くない有色人は白人として「パスできる」。「パス」できるように努力する人もいれば、何の努力もいらない人もいる。いずれにしても、常に変わらないことが一つあるとすれば、「パス」という言葉によって、責任の所在がマジョリティ側の偏見からマイノリティに属する人がもつと想定される動機や行動に転嫁されることだ（だから、「パスする」人はそれが見つかると、「まやかし」や「潜入者」と非難される）。

私の経験では、大多数のシスセクシュアルはトランスセクシュアルが「パス」するかどうかだけしか考えていないと言える。臨床家や学者の意見からテレビ、映画、雑誌記事にいたるまで、シスセクシュアルは莫大なエネルギーを費やして、例えば医学的処置や行動変容療法など、トランスセクシュアルがアイデンティティとするセックスで「パス」するために「する」ことに心を奪われるがままになっている。こうした〈パス中心主義〉によって、シスセクシュアルは自分たちのシスセクシュアル特権を無視することができ、トランスセクシュアルが自分のアイデンティティとして生きる経験をもつセックスではなく、出生時に割り当てられたセックスのほうに特権が付与される。こうして、トランスセクシュアルのジェンダーは本物でないとする考えが増長されるのだ。

「パスする」ことに熱心なのはトランスセクシュアルのほうだとシスセクシュアルが主張してきたのは皮肉なことだ。そんな言いがかりがあるから、他人からどう思われようと構わない数知れないトランスセクシュアルの存在が無視され、さらにトランスセクシュアルの「パス」に関して、両者の利害関係が本質的に全く異なることが不可視化される。具体的に言おう。シスセクシュアルには、シスセクシュアル特権の行使以外、どのトランスセクシュアルが「パス」するかどうか心配する正当な理由がない。一方トランスセクシュアルのほうは、自分がアイデンティティとするセックスでまともに受け止めてもらえるかどうかによって、生活の質に並々ならない影響が出ることを理解している。けた外れにシスセクシスト的なこの世界で生きるトランスセクシュアルたちは、シスセクシュアル特権の何たるかを認識している。早い話、それは〈特権〉なのだから。自分のアイデンティティであるセックスの人間として受け入れられると、就職活動や住まい探しは格段と楽になる。さらに、個人的、社会的、そして政治的なレベルで真剣に話を聞いてもらえるようになり、嫌がらせや暴力にさらされずに街を歩けるようになる。

シスセクシュアルは、外見という皮相的な基準のみでトランスセクシュアルの扱いを著しく変える傾向がある。そうやって「パスする」ことを作り育み強制するのはトランスセクシュアルではなく、シスセクシュアルのほうだ。シスセクシュアルは、トランスセクシュアルが「パス」しないことを理由に、その人がアイデンティティとするジェンダーを認めたり尊重したりといった最低限の礼儀を忘れることが多い。そんな時シスセクシュアルは、公然とトランスセクシュアルの自尊心を傷つけたり暴言を吐いたりしても許されると思うことすらある。そして実際に「パスする」トランスセクシュアルたちは、必ずしも敬意をもってとは言えないが、シスセクシュアルからずっとましな対応を受けることは疑いない。

私は「パスする」トランスセクシュアルだが、私がトランスだと知ると、同性愛であることを「誇示」しない（要するにストレートのようにふるまう）ゲイ男性や「正しい英語」を話す（要するに白人っぽくふるまう）人種的マイノリティを褒めちぎるのと同じ、おもねた態度で私を褒めるシスセクシュアルに頻繁に出会う。そして、シスセクシュアルの優位性を強化するための皮肉なお世辞を言われる。いちばんよく言われる「あなたは本物の女性にしか見えない」は、シスセクシュアル女性が聞いたら明らかに侮辱的だと思うコメントだ。もう一つ、「あなたがトランスセクシュアルだとは夢にも思わなかった」もよく聞くが、これも本質的には私が**シスセクシュアルっぽく**見えることへのお世辞であって、シスセクシュアルはそもそもトランスセクシュアルより好ましいというあてこすりなのだ。

「パスする」という用語は、シスセクシュアルとトランスセクシュアルのジェンダーにダブルスタンダードを生み、シスセクシュアル特権意識を許容する。だから代わりに、この現象がジェンダリングとシスセクシュアル前提の副産物であると正しく認識できるような言葉を取り入れるべきだ。そこで私は、シスセクシュアルまたはトランスセクシュアルの人が、その人がアイデンティティとする以外のジェンダーを振り分けられたときには〈ミスジェンダリングされた〉を、自分のアイデンティティと一致するジェンダーを振り分けられたときは〈適切にジェンダリングされた〉を使うことを提案したい。そして、前に述べたように、過去に「パス」特権と呼ばれていたものを説明するためには〈条件付きシスセクシュアル特権〉が使われるべきだ。

他人のジェンダーに疑問を抱かないとは

もう一つの問題は、「パス」という語が一般的に、トランスセクシュアルが出生時に割り当てられたセックスではなくアイデンティティとするセックスについて使われることだ。だから、トランスセクシュアルは性別移行**した後**に初めて、周りが察知するセックスにパスできるようになるといった印象が生まれるのだ。私が今、女性として「パスしている」と周りが言っているとしても、それ以前に私が男として「パス」しているとき、どれだけ困難を感じていたか尋ねた人は一人もいない。私個人的には、周りが私を男だと察知するなか、私自身がアイデンティティとするジェンダーに直面していたころのほうが、女として生きている今よりずっと困難があってストレスが多かった。しかし、他人から見て「パスしている」かどうかではなくトランスセクシュアル本人の自己理解に基づいて、ミスジェンダリングされたか、あるいは適切にジェンダリングされたか考えるようにすれば、トランスセクシュアルの体験についてより正確で実態に基づいた理解が可能となる。事実、たいていのトランスセクシュアルは子どものころから、時には成人してからもミスジェンダリングされてきた経験をもっていると言える。人格形成期に絶えずミスジェンダリングされた経験を基に、私たちのジェンダーとの関係性が作られることは過小評価されるべきでない。

私にはトランスとしての経験しかないため、自分のジェンダーの経験とプロセスのしかたがほとんどのシスセクシュアルと違うことに長い間気づかなかった。例えば、私が女性としてフルタイムで生活を始めて数カ月たったころ、間違って男子トイレに足を踏み入れたことがあるかと男友達に聞かれた。まず、何て変な質問だと思った。私の困惑した顔を見た友達は、何が言いたかったのかはっきりさせようと言って、自分はどちらのトイレに入るかなど考えたことがなく、ドアにある小さい「男性」のシンボルにさえ気づいたことがないのにいつも正しいほうに入っていると説明した。だから彼は、性別移行後私が「習慣で」男子トイレに入ったことがあるか知りたかったのだ。私は声に出して笑い、生まれてからこのかた、女性用でも男性用でも公衆トイレに**習慣で**入ったことはただの一度もないと答えた。私はずっと、これから足を踏み入れるのがジェンダー別のスペースなことを重々認識してきた。

身体のセックスと潜在意識下のセックスの間の心理的不協和に向き合うとともに、周りから絶え間なくミスジェンダリングの集中砲火を浴びるなど、トランスとして育ったのは辛い経験だったし、自己を自分の身体と情緒から切り離すことになった理由の一つでもあった。身体的な性別移行が進み、アイデンティティとするセックスで生活するようになってようやくジェンダーの不協和を克服できた一方、私はいまだにジェンダーに対して（より具体的にはジェンダリングに対して）強烈に過敏な状態を引きずっている。自分のジェンダーに疑いを持たないことを学んだり、私の友人のようにジェンダーを習性として習得する機会がなかった私は、誰かが私を「彼女」（私にとって望ましい人称代名詞なのだが）と言うのを聞くたび、今でも戸惑いのような衝撃を感じることがある。私は、ここ五年以上「サー」と呼ばれたことが一度もないのだが、自分の写真やビデオを見ているとき、つい「少年」の表情や声を見つけてしまう。テレビや映画を観ているとき、トランスの人がアイデンティティとするセックスを否定したり割り当てられたセックスでその人を呼んだりするジョークや無知丸出しのコメントに不意打ちをくらうたび、私自身が暴行を受けたように異常に取り乱してしまう。そして最近ようやくジェンダーの不協和にさいなまれることがなくなったものの、私はいまだにジェンダーに囚われている。ジェンダーについて本を執筆するのはいいのだが、同時に不健康に息切れしてしまう経験でもある。

ジェンダー過敏症で思い出したが、以前ある友人がお金との付き合い方について話してくれたことがある。彼女が育った家庭では、お金がないことが原因でけんかが絶えなかった。この経験が、彼女のお金との付き合い方に決定的な影響を与えた。中流階級に生まれたほとんどの人にとって、お金は欲しいものや必要なものを得る手段でしかないが、私の友人にとってお金にはさらに情緒的な側面が付け加えられていた。今は経済的にずっと安定している彼女だが、お金を受け取っていいのかためらったり、お金を使うときに罪悪感を抱くことがいまだにあるそうだ。お金は今でも彼女の心配事として不安をかき立てる。お金はいつ何時消えてなくなるかもしれないことを理解している彼女は、いつまでたってもお金がある状態を当然視できないのだ。

私の友人とお金との関係は、私が今も感じるジェンダーに関する不安を思い出させる。私は、自分の身体で生きることにようやく安心できるようになったものの、自分にはそう思う資格がないと罪悪感を覚えることがよくある。周りの人たちは自分のジェンダーを当然視する権利意識を持っているようだが、私は、私のジェンダーはいつ何時剥奪されるかもしれないと常に感じている。そしてある意味、その時とは、私に対して誰かがシスセクシュアル特権を行使するときのことかもしれない（そしてたいていその通りなのだ）。

トランスフォビアとシスセクシュアル特権の見極め

トランスセクシュアルが子ども時代に絶えずミスジェンダリングされながら生きてきた事実は、世間の人がジェンダー不安を表現するとき、トランスセクシュアルをはじめとするクィアな人たちがどう反応するかに大きな違いを生み出す。例えば、ブッチ・ダイクでシスセクシュアルの友人が、女性用トイレで（おそらく彼女のマスキュリンな服装と所作のせいで）「男性」がいると非難された経験を語ってくれたことがある。「男がいる」と詰め寄って来た女性は私の友人に向かってジェンダー特権を振りかざし、「あなたにここにいる資格はない」と言った。友人はこの出来事に当然動揺しながらも、自分の胸のあたりを指さして、「私は**女ですよ**。だからここにいる資格が**ある**」と返した。すると非難した人はばつが悪くなって詫び始めた。私の友人はトランスジェンダーであるというアイデンティティはもたないが、この出来事はトランスフォビアの一例だということができる。彼女は、ジェンダー規範を「逸脱した」外見のために標的にされたからだ。そして非難した人は謝罪という行為によって、事実上（遅まきながら）私の友人にシスセクシュアル特権を付与したのだ。すなわち、非難した人は友人を（ジェンダー・ノンコンフォーミングではあるが）本物の女性として認め、だから友人が女性専用空間を彼女と一緒に使う権利も認めたのだ。

この話をするのは、トランスの女性の友人たちが似たような状況で根本的に異なる経験をしているからだ。トランスセクシュアル女性が女子トイレで「男がいる」と非難されるとき、彼女がずっと男とミスジェンダリングされ続けてきた経緯を考慮する必要がある。彼女は多くのシスセクシュアルのクィアが感じるように、自分の行動がジェンダー規範を「逸脱している」と感じるより、トランスセクシュアルであることによってターゲットにされたと感じるはずだ。言い換えれば彼女は、非難した人は彼女に対してシスセクシュアル特権を行使していると想定する。そしてトランスセクシュアル女性の想定はおおかた正しい。結局のところ、私のブッチ・ダイクの友人が「私は女だ」と言ったとき、非難した人は謝罪し始めた（つまり友人は遅ればせながらシスセクシュアル女性と「リード」してもらえた）が、友人のトランスの女性たちは「私は女だ」と言っても、「男だ」と言われ続けることがよくある。つまり、彼女たちはトランスセクシュアル女性だと「リード」されるため、シスセクシュアル特権を否定されるのだ。

ジェンダー表現と外見が規範と異なる人をターゲットにするトランスフォビアと、出生時のセックスとアイデンティティとするセックスが異なる人をターゲットにするシスセクシュアル特権の違いを認識することは重要である。今のクィア／トランス間の権力闘争を理解するうえでは特にそうだ。例えばクィア女性のイベントやビジネスには、トランスの女性の参加をはっきり拒否する方針を掲げているものがある。こうした方針の賛成派は、（「女性に生まれた」なら）トランスジェンダーであると自認する人でも受け入れているのだから、自分たちはトランスフォビアではないと主張することが多い。トランスの女性を排除する方針を「トランスフォビア的」と呼ぶのではなく、トランスセクシュアル女性の女としてのアイデンティティをシスセクシュアル女性のアイデンティティ同様に正当なものとして受け入れるのを拒否していることから、シスセクシスト的な方針と呼ぶほうがより正確だ。これらの方針はさらに、ＭＴＦスペクトラム上のトランスの人たちよりＦＴＭスペクトラム上の人たちを優遇するので、〈トランス・ミソジニー的〉と呼んでもいいかもしれない。さらに、こうしたイベントに進んで参加する「女性に生まれた」シスセクシュアル（トランスジェンダーであるというアイデンティティの有無とは無関係に）は、シスセクシュアル特権を行使している、つまり出生時に割り当てられた女というセックスに関連した特権の全てを利用しているとも言える。実際、シスセクシュアルであるトランスジェンダーやクィアな人たち、特にアイデンティティとするセックスに移行することで「パス特権」を得ようとしているとトランスセクシュアルを偽善的に非難する人たちの多くは、自分たちがどれだけシスセクシュアル特権を享受しているかに思いをめぐらすことはまずない。

シスセクシュアル特権とは何かが理解できれば、これまで「トランスフォビア」という言葉のもとで一緒くたにされてきた多くの差別行為は、おそらくシスセクシズムとして説明したほうが良いことが明らかになる。次に私は、そうした差別行為のいくつかについて、二項対立的なジェンダー規範を破るトランスの人たちをターゲットにするのではなく、トランスの人たちがアイデンティティとするジェンダーの正当性を蝕むように作られているさまに焦点を置いて再検討してみたい。

トランス排除

トランス排除は、トランスセクシュアルに対するおそらくもっとも直截的な偏見行為である。簡単に言うと、シスセクシュアルによって、トランスセクシュアルがアイデンティティとするジェンダーのために作られた空間、団体、あるいはイベントからトランスセクシュアルが排除されることである。トランス排除には、トランスの人がアイデンティティとするジェンダーが無視される他の事例（誰かが私を「男」と呼び続ける、私のことを話すとき不適切な人称代名詞を意図的に使うなど）が含まれることがある。私たちの文化では誰かをミスジェンダリングすることが社交上の大きな過ちであることや、過ちを犯したことに気づいた人はたいていどれだけ申し訳なさそうにするかを考えると、トランスセクシュアルに対する意図的なミスジェンダリングであるトランス排除は、トランスの人たちを小馬鹿にし、自尊心を傷つける尊大な試みとしか思えない。

トランスモノ化

トランスセクシュアルの身体をモノ化するのは、シスセクシュアルの「パス」への執着と非常に密接な関係をもつ。身体的な性別移行は通常、人生のほんの一部に過ぎない数年で行われるのに、トランスセクシュアルに関するシスセクシュアルの言説の大半を占有している。その理由は明白だ。トランスセクシュアルの身体的変容だけを重視して、トランスセクシュアルを出生時に割り当てられたセックスに永遠に固定し、トランスセクシュアルがアイデンティティとするセックスを常に追い求めるけれど完璧には到達できないゴールにすり替えるためだ。この行為は、性別移行後、アイデンティティとするセックスの人間として生活するトランスセクシュアルの極めて現実的な経験をないがしろにするだけでなく、トランスセクシュアルに対してシスセクシュアルがもつ偏見という重要な問題を意図的に回避する。これは異性愛者が自分たち自身の行為や態度が同性愛差別の一因となっているのか考えることを避けるため、ゲイ男性やレズビアン、あるいはバイセクシュアルがベッドルームですること、つまりどんな性行為をするのかを重視するのに似ている。

〈トランスモノ化〉のもう一つよくみられる形態は、トランスセクシュアルの身体のセックスとアイデンティティとするジェンダーの間にあるとされる矛盾に、シスセクシュアルがこだわり、動揺し、妄想をもつときに発生するものである。トランスの人の性器に関心が集まることがそのもっとも一般的な例である。この戦略によってトランスセクシュアルの存在は「モノ」にまで貶められ、シスセクシュアルは罪悪感や自責の念をもたずにトランスセクシュアルを咎め、悪者扱いし、フェチ化し、愚弄し、批判し、搾取することができる。

トランス神秘化

パス中心主義とトランスモノ化と一緒になっているもう一つの戦略が〈トランス神秘化〉だ。「性転換」のタブーな性質に夢中になりすぎると、トランスセクシュアルにはかなり現実的な実体があり、実際に体験している人たちにしてみればごくありふれたことに過ぎないのだということを見失う。トランス神秘化の例は、メディアによるトランスセクシュアルの説明の中にすぐに見つかる。割り当てられたセックスがしばしば秘密やどんでん返しに使われ、生きられたセックスは複雑な幻想で歪められる。私が実生活でトランスセクシュアルだと誰かに伝えると、まるで私の手品に感動でもしたかのように「あなたが以前男だったなんて信じられない」と、もたもたと繰り返す人がよくいる。本当のことを言えば、トランスセクシュアルであることにすばらしいことなど一つもない。それが私たちの多くにとって現実だというに過ぎない。私は周りの人にしょっちゅうカミングアウトしているが、その都度どこからかサスペンスに満ちた効果音が流れるわけではない。それに私が女であるのは、私がさっとやってのけるのに巧妙なトリックを必要とする複雑な出し物ではないのだ。まさかと思うかもしれないが、私はただ自分らしく、自分がしやすいことをやって生きているに過ぎない。トランス神秘化は、トランスセクシュアルであることの「不自然さ」を強調することで、出生時に割り当てられたセックスこそ「自然」で、アイデンティティとして生きられたジェンダーのほうはそうではないという間違った印象を与えようという、シスセクシュアルの試みの一つに過ぎない。

トランス尋問

パス中心主義、トランスモノ化、そしてトランス神秘化はトランスセクシュアルであることの「どのように」の部分に焦点を当てることでトランスセクシュアルのアイデンティティの正当性を否定する。一方、〈トランス尋問〉は、「なぜ」に焦点を当てる。なぜトランスセクシュアルは存在するのか。なぜセックスを変えたがるのか。遺伝子の影響か。ホルモンのせいか。それとも育った環境のせいか。美容整形に固執する文化のせいなのか。昔から言われているように精神障害だろうか。これらの疑問はトランスセクシュアルのモノ化が知性化されたものだ。トランスセクシュアルは、自分に内在する傾向だけでなく外在するシスセクシズムや二項対立的セクシズムによるジェンダー差別を受けながらも生きて呼吸している存在だが、シスセクシュアルは、トランスセクシュアルを探究の対象に矮小化し、そういうことを考慮する不都合から自らを開放する。

第七章「病的科学」を執筆中、トランスセクシュアルはなぜ存在するのかについて性科学者と社会学者の説明にどっぷり浸かっているうち、私はあることを思いついた。性同一性障害をＤＳＭからただ削除するのではなく、トランスセクシュアルの起源の説明に対する多くのシスセクシュアルにみられる不健康な執着をトランスセクシュアル病因学障害と名付け、置き換えればいいのではないか、と。私がなぜ存在するのかを考え御託を並べることに興味をもつシスセクシュアル研究者とは違い、なぜ私はトランスセクシュアルなのかという疑問は私にとって常に恥と苦悩の源だった。思春期直前ころから青年期にかけて、私はこの質問で消耗しきっていた。率直に言って、私はトランスセクシュアルになどなりたくなかった。多くの人と同様、私はシスセクシュアルのほうが良いと信じ切っていた。だが私は「なぜ」にこだわるのは無駄だと気づいた。自分がトランスセクシュアルとして存在しているのは事実だし、自分がシスセクシュアルに劣っていると感じる正当な理由もないと思うようになったからだ。

いったん自分自身がトランスセクシュアルであることを受け入れると、「なぜトランスセクシュアルが存在するのか」という質問は純粋な興味ではなく、初めから受け入れ拒否が目的なのだとわかってきた。なぜならこの質問が発せられても、「なぜシスセクシュアルが存在するのか」という補完的な質問は一切行われなかったからである。トランスセクシュアルであることの原因を発見しようとする果てしない探求は、トランスセクシュアルのジェンダー・アイデンティティを恒常的に疑問の余地があるものにしておくためであり、それによってシスセクシュアルのジェンダー・アイデンティティは永遠に疑う余地のないものだということを担保するためである。

トランス消去

トランスセクシュアルはなぜ存在するのかとしつこく考え続ける人たちよりもっと厄介な唯一のものが、その質問の答えを知っていると傲慢にも信じている人たちである。多くのシスセクシュアルは残念ながら、ほぼ例外なく何らかの内在的な自己認識や潜在意識下のセックスを説明するトランスセクシュアルの話をそのまま受け入れることはせず、ジェンダーに関する自分たちの思い込みをトランスセクシュアルに投影しようとする。こうした試みは、生きられたセックスを変えることでトランスセクシュアルが特権、正常性、性的充足など社会的に何を得られるのかをシスセクシュアルが単純化していることに基づいている場合が多い。トランスセクシュアルは、まず何をおいても自分が自分自身の体で安心して過ごせるように性別移行するのだという考えが、真剣に受け止められることはほとんどない。これは一般的にシスセクシュアルがトランスセクシュアルを実体のないものと捉えているためである。トランスモノ化、トランス神秘化、トランス尋問のプロセスを通して、トランスセクシュアルが非人間扱いされ、他人の利益となったり世間の娯楽としての物体や見世物とみなされるようになる。トランスセクシュアルの声が社会でいとも簡単にかき消されたり無視されたりするのは、〈トランス消去〉という現象によるものである。

メディアや政治経済権力へのアクセスが拒否されると、どんなマイノリティでもその声がある程度消されるが、トランス消去が特に大掛かりなのにはいくつかの理由がある。まず、他の性的マイノリティ同様、二項対立的セクシズムのために、トランスセクシュアルとしてカミングアウトするトランスの人の割合がほんのわずかだということが挙げられる。次に、その人たちは、シスセクシュアルであるゲートキーパーによって長らく規制され、厳しく制限されるプロセスである身体的性別移行をすると決断したと同時にカミングアウトすることが多いことである。性別移行の許可を得るのは、アイデンティティとするセックスのジェンダー規範に従い、移行後はトランスであることを秘密にしておけるかどうかなどに関するゲートキーパーの査定に基づいて選ばれた人が多かった。これが移行前後のどの時点であっても、たいていのトランスセクシュアルたちが事実上、シスセクシュアル人口の中に消えていくのに一役買った。

だがおそらくトランス消去の促進にもっとも貢献したのは、毎日のジェンダリングとシスセクシュアル前提であろう。私が誰かにカミングアウトすると、その人にとって私が初めて出会ったトランスセクシュアルだと言われることが多い。このことから、ほとんどのシスセクシュアルは、毎日見かけるシスセクシュアルのような人の何パーセントかが実際はトランスセクシュアルである可能性を決して真剣に考慮しようとしないことがわかる。国際的な統計によれば、「手術後」のトランスセクシュアルの割合は、人口当たり一から三パーセント程度だとされる。米国のトランスセクシュアルの人数に関する厳密な統計はないものの、性別再割当手術実績数に基づく見積もりでは、少なくとも五百人に一人はトランスセクシュアル（そしてその数倍がトランスジェンダーの人たち）となる[4]。

人は誰でも女か男のいずれかに属し、シスジェンダーかつシスセクシュアルとみなされる社会では、トランスジェンダーやトランスセクシュアルの人たちは一般大衆の意識から事実上消去されていることになる。そこでメディアプロデューサーたちが好きなようにトランスセクシュアルを描写し、シスセクシュアルの医療関係者、心理学者、その他自称「専門家」たちがトランスセクシュアルを代弁するようになる。

変わらぬパフォーマンスでも、察知されるジェンダーは変化

ジェンダリングやジェンダー特権、そしてシスセクシュアル特権などを十分に理解すると、トランスセクシュアルのジェンダーよりシスセクシュアルのジェンダーのほうが「自然」で本物だという世間の思い込みと、近年ジェンダー理論家やアクティビストの間にみられる、人間はどのように自分のジェン

ダーを「する」あるいは「パフォーマンスする」かに対する関心の高まりに対して疑問が生じる。[5] ジェンダーのパフォーマンス中心モデルにはさまざまなものがあるが、人はそれぞれ、ある一定の方法でジェンダーを「する」「パフォーマンスする」ことで、ジェンダー差異を積極的に作り出すと主張するのが一般的だ。この見解によれば、女であることは自然な状態を指すのではなく、自分を女性と呼ぶとき、そしていわゆるフェミニンな形で行動し、着衣し、話すときに再生産されるもので、男であることも同様だという。この理論でもっとも極端な例のなかには、内在するジェンダー傾向の入る余地はほとんど残されておらず、人間のジェンダーやセックスのアイデンティティは、一人一人に押し付けられた社会化とジェンダー規範の単なる無意識の繰り返しだとするものもある。多くの理論家やアクティビストは、ジェンダー化されたパフォーマンスをジェンダーに関する特権や期待、そして制約を社会に広める手段と見なし、二項対立的セクシズムと伝統的セクシズムに対抗するのにもっとも効果的な方法は、全てのジェンダーやセックスのアイデンティティを否定するか、慣習に従わない方法（ドラァグ、アンドロジナスなど）でジェンダーを「する」ことによってそれらのカテゴリーを破壊することだと主張する。

　多くのジェンダー理論家やアクティビストは、二項対立的なジェンダー規範から人間を解放し、ストレートのジェンダーはクィアのジェンダーより正当性があるとする考え方に異議を唱えるパフォーマンス中心モデルの可能性を喜んで受け入れてきた。だが私は、これらの理論にいくつかの問題点を見出している。まずこれらのモデルには、私が第六章「内在的傾向とは」の中で詳しく説明したジェンダー理論をたびたび破壊するいくつかの不備があることだ。さらに私は、社会的ジェンダーは個人がジェンダーを「する」あるいは「パフォーマンスする」ことから発生し、拡散されるというジェンダーのパフォーマンス中心モデルの原則は問題だと思っている。あるセックスから別のセックスへ身体的に移行した経験をもつ私のような人間の多くは、察知されるジェンダーは概して「パフォーマンス」（要するにジェンダー表現・ジェンダー役割）の産物ではなく、身体の外見（特に第二次性徴）によるものだと理解している。考えてみたらわかるはずだ。要するに、スーパーモデルのような人が好きなだけマスキュリンにふるまったとしても、周りは必ずその人に女とジェンダリングするだろう。人がジェンダーを「する」やり方は、その人が周りからクィアと思われているのかストレートと思われているのかに左右されることがあり、そもそもジェンダーが曖昧な外見の場合なら状況が変わるかもしれないが、大多数の人は行動ではなく主に身体に基づいてジェンダリングされる。

　私自身、男性として生活しながらクロスドレッシングして公共の場で女性として「パス」していたころは、パフォーマンス中心的な考えをもっていた。その離れ業のために外見と行動を変えるのに費やした時間と努力の量を考えると、多くの点でパフォーマンスのように感じられた。だが私が最終的に性別移行したとき、私はパフォーマンスすることをやめ、ただこれまで通り私がいちばん楽だと感じるようにふるまい、衣服を着、話すことにした。女性ホルモンを開始して数カ月後、私がジェンダーを「する」やり方はこれまでと変わっていないのに、周りの人が私を一貫して女性とジェンダリングしていることに気づいた。私にとってもっとも印象的だったのは、同じ行動やしぐさでも、相手が私を女と察知するのか男と察知するのかで解釈が異なったことだ。例えば、バーでドリンクを注文しているとき、ドリンクができるまでの間、店内を見回していると（移行前からいつも無意識にやっていた）、それが私に声をかけてもいいという合図だと思った男性たちがナンパしに来るのに気づいた。私が男性と察知されていたころは、同じ行動が店内の様子を確認しているだけと解釈されていたと思う。そしてスーパーのレジで並んでいるときに私の前の買い物カートに座っている子どもが笑顔で私に話しかけてくるとき、男と察知されていたころにこんな状況になったらほぼ確実に母親に胡散臭いと思われたり怖がられたりしていたのに、今はすんなり子どもとやり取りができるようになった。

　私は性別移行一年目にして、察知されたセックスが変化しただけで私の発言や行動に対する周りの人の解釈が変わった、前述のようなちょっとした瞬間を何百回となく経験した。他人による解釈が変わったのは単に私の行動だけではない。私へのアプローチのしかたや話しかけ方、私についての仮定、以前はほぼいつも向けられていたはずの敬意の欠如、私の身体がしばしばセクシュアル化されることなど、私の身体についても同じである。こうした変化は、私が口をきいたり行動したりしなくても起きたことばかりである。

　私は、社会的ジェンダーはジェンダーを「パフォーマンスする」あるいは「する」個人のやり方によって生産されたり拡散されたりするのではないと言いたい。それは他者をどう察知するかとどう解釈するかに潜んでいる。私は自分のジェンダーを好きなだけ修正することができる。そうであっても、他者が強迫的に私をジェンダリングし続け、シスセクシュアル・異性愛前提の歪んだレンズ越しに私を見続けることに変わりはない。

　今のジェンダー制度を破壊できるジェンダー化された表現はないものの、私たちはこの制度を変えることはできる。しかし、そうした変化は私たちのジェンダーを「する」ことをコントロールすることでは起きない。ジェンダー特権を解体することによってこそ、それが可能になる。皆が本気でジェンダーに基づく抑圧にピリオドを打ちたいと思っているなら、一人一人が自分たちの察知のしかたや思い込みに責任を負うことから始めるべきだ。私たちの誰もができるもっともラディカルなことは、ジェンダーに関する自分の信念を他人の行動や身体に投影するのを止めることなのである。

第九章

創作と学問の世界におけるアンジェンダリング

Ungendering in Art and Academia

社会はジェンダーをテーマにした本を使ってトランスセクシュアルを不可視化する。

——ケイト・ボーンスタイン[1]

私には、あの人たちに実際の話を聞く気などないと感じられることが時々ある。インターセックスの人たちを利用して、エロティックな空想や物語、そして研究プログラム条件が満たされるのなら、他人の日常生活の細かいところを知りたくなる人なんて現れるのだろうかと、ひねくれた考えをもってしまう。

——テア・ヒルマン[2]

私はこれまでの章で、トランスセクシュアルの描写には、女と男をはっきり相互排他的な「対極にあるセックス」とする見方を定着させるのを狙ったものが多いと述べてきた。男であることや女であることが何らかの点で社会の期待から逸脱している他のジェンダー・バリアントの人たちの描写についても、同じことが言える。本章では、私が〈アンジェンダリング〉〔202ページ参照〕と呼ぶ、男であることや女であることに関する従来の観念に問題を提起するのにジェンダー・バリアントの人たちが引き合いに出される、最近の逆張り的とも言うべき現象について説明する。理論上は、ジェンダー化された外見、表現、アイデンティティが規範から外れている人なら誰でもアンジェンダリングの対象になり得るのだが、対象になりやすいのはトランスセクシュアルとインターセックスの人にほぼ限られているように思われる。これら二つのグループが直面する、ジェンダーの違いから発生する社会的・医療的課題はそれぞれだいぶ異なるが、両者ともアンジェンダリングの対象になりやすいのは、これらのグループに属する人たちの身体が、アイデンティティとしたり生活したりしているジェンダーと物理的に一致しないためである。本章では、シスセクシュアルによる映画と小説のフィクション作品について、そして学術研究の世界で行われるアンジェンダリングの実態について論じていく。アンジェンダリングは、どちらのグループにとっても、当事者の声や視点をかき消しながら、ジェンダー・バリアントの人の身体と経験を流用する搾取的なプロセスである。

トランスセクシュアルとインターセックスを利用した金儲け

ケーブルテレビ局ＨＢＯが製作してエミー賞候補になった映画『ノーマル』は、家族にカミングアウトするロイというトランスの女性が描かれた作品だが、アンジェンダリングの典型例がここにみられる。この作品は、ロイに関する思いがけない事実の発覚とその後の性別移行によって、中西部の小さな町に住む彼女とその妻子との関係性がどのように変化したかをテーマにしたものだ。同映画についてHBO.comに掲載された作家兼監督、ジェーン・アンダーソンのインタビュー記事によれば、トランスセクシュアルが映画の主要テーマとなっているのにも関わらず、アンダーソンは『ノーマル』を「トランスジェンダーの人の珍しい体験」を綴った物語にするつもりはなく、むしろある既婚カップルの愛情に関する考察にしたかったと述べている[3]。

ではもしこの映画がトランスセクシュアル自体をテーマにしていないのなら、なぜトランスでない映画製作者がわざわざトランスセクシュアルを登場させたのだろうか。アンダーソンは、この夫婦の関係性に対する問題提起の仕掛けとしてトランスセクシュアルを使ったと説明し、他の作家が過去に利用した不倫と比較している。不倫を題材にした作品についてアンダーソンは、脚本家がこの前提を使い過ぎたこと、不倫をした人を嫌いになれない人が多いことなどの理由で時代遅れだと思っているようだ。そして、トランスセクシュアルであることは結婚関係で発生しうる「究極の裏切り」だとも述べている[4]。

登場人物のロイは、自分の結婚生活を壊す役回りのために、アンジェンダリングの対象となる。するとトランスセクシュアルであることは、もはや周縁化されたアイデンティティや本物の人間がもがき苦しむ辛い問題とは捉えられなくなる。そして、それが単なる創作上の仕掛け、つまり人間関係を襲う「究極の悲劇的結末」の「たとえ」に過ぎなくなるのだ。

女性でありレズビアンであるアンダーソンなら、メディアによる性的マイノリティの描かれ方やそれによってこれらの人たちの声がどうかき消されるかという問題は承知しており、少なくとも登場人物にはトランスセクシュアルの経験を丁重に扱わせるように多少なりとも努力したのだろうと思うかもしれない。ところが映画作りにどんな情報源をリサーチしたのかと尋ねられた監督は、これは自分の「想像力」だけに頼った作り話だと臆面もなく答えたのだ[5]。

登場人物に現実を反映させる必要性がないため、アンダーソンは気軽にロイをトランスセクシュアルのパロディーに仕立て上げた。彼女は、ロイを女性だと観客に思わせないように意図的な設定をしたとインタビューでも語っている。[6] だからアンダーソンは他の登場人物の誰にも、ロイを女性として扱ったり女性の人称代名詞を使ったりさせていないのだろう。そしてロイ自身がそれに抗議したり、女性としてのアイデンティティを主張したりする場面もない。事実、彼女はトランスセクシュアルとしてカミングアウトする過程にある人にしては、異常に意気地がなく従順だ。ロイ役を演じたトム・ウィルキンソンは、上映前のインタビューで次のように語っている。「私は、この**男**のいろんなことに対する純真さみたいなものを保ちたかったのです。**彼には**これから自分に何が起きるかわかっていないんですよ」[7]（強調筆者）。こうして監督同様、ウィルキンソンは自分が演じるトランスセクシュアルのジェンダー・アイデンティティに何の敬意も表さない。その結果、ロイは極めておどおどして混乱している印象を与える。それはおそらく、ウィルキンソンにもアンダーソンにも、女性になりたい男性の表象には他の方法があることすら思いつかなかったからだろう。

アンダーソンは「トランスジェンダーの人の珍しい体験」の映画は作りたくないと言っていた割には、トランスセクシュアルが性別移行プロセスに使う道具を次々登場させ、永久脱毛術からＭＴＦ性別再割当手術のときの膣形成の細かい説明、そしてホルモンを始めたらロイがどんなバストサイズになるかの会話まで行わせる。ある場面ではロイのホルモン処方箋がクローズアップになり、プレマリンとスピロノラクトンの文字が映し出される。次に早朝の食卓で、ロイ、妻、そして最近初潮を迎えたばかりの娘まで、ホルモンによると思われる激高ぶりを見せる。その場面を見て私が気分を害したのは、女性としての反応だったのかトランスセクシュアルとしての反応だったのか、よくわからない。

『ノーマル』がもっとも危険なのは、実在のトランスセクシュアルの観点を取り入れずに作られたのにも関わらず、シリアスな映画であるような印象を与える点にある。表面上はトランスセクシュアルをもっと貶めたり笑いものにしたりする映画は他にいくらでもあるが、『ノーマル』の有害さは群を抜いている。少なくとも『エース・ベンチュラ』〔63ページ参照〕や『サウスパーク』〔一九九三年に米国で放映が開始された過激な描写や社会風刺で有名な大人向けアニメ〕などは、何もわからないままトランスセクシュアルの登場人物を創作したことを隠そうともしない。ところがアンダーソンはかろうじて映画が作れるだけの下調べはしたからこそ、完成した映画が危険なのだ。監督はトランスセクシュアルの経験を横取りして自分のものとする一方、自分が搾取する相手に何の敬意も責任も感じていない。

そこそこ知識があるから危険なもう一人の作家が、ジェフリー・ユージェニデスである。ピューリッツァー賞を受賞した小説『ミドルセックス』は、思春期に自分がインターセックスであることを知るまで、女の子として育てられたカルという名の人物を中心に展開する。物語はカルの身体が男の特徴を見せはじめるところから始まり、最終的には男としてのアイデンティティを得るさまを追う。ではなぜユージェニデスはインターセックスの人をテーマに本を書きたいと思ったのだろう。あるインタビューで彼は、「両性具有者」（これはほとんどのインターセックスの人がスティグマだとみなす言葉だ）を、誰もが思春期に経験するアイデンティティやセクシュアリティの変化の混乱の比喩にしたかっただけだと語る。[8] つまりこの例では、思春期や変容に関して作家が言いたいことを伝えるため、主人公がアンジェンダリングの対象となる。

ユージェニデスは、フランスの哲学者ミシェル・フーコーが一九七八年に出版した『エルキュリーヌ・バルバン』という一九世紀に実在したインターセックスの人に関する記述を読んで『ミドルセックス』を書く気になったと言う。ユージェニデスはこの本に興味をそそられたが、「両性具有者であるとはどんなことなのかを知るうえで、当事者によるものなのに、エルキュリーヌ・バルバンの手記にはとてもがっかりしました。彼女は自分はなんて不幸なのかと嘆くことから話を始めるのですよ…悲しいでしょう」[9] ユージェニデスは、ジェンダー・バリアントの人にありがちな抑うつや孤立をどう描こうかなど一切無視して、新たにユージェニデス版インターセックスの物語を作り上げようとした。「私は本物の症状をもつ本物の人間について書きたかったのです。細かいこともいろいろ調べましたが、両性具有者の経験する心理状態の理解というところでは、私は自分の創造力を使いました。それが私の創作法です。私は書斎から出て本物のインターセックスの人たちを観察し細部にこだわるのではなく、語り手と登場人物にできるだけ共感しようとしました。願わくは、どの登場人物についても正しい想定、選択をしたと思いたいです。そうすればインターセックスに関心のある人がこの本を読んでくれると思います[10]」

『ミドルセックス』には、染色体組み合わせの非典型例、性器の形態の説明など、インターセックスの医学的な部分には事細かい説明が盛りだくさんだが、肝心のインターセックス側の視点や意見などに関しては何も触れられていない。[11] カルの合意を得ずに性器手術をしたいと思っているジョン・マネー風の奇矯な医師のもとをカルが訪ねる生き生きとした場面や、ジェンダー・バリアントの人を描くときの定番であるセックスクラブで芸人の仕事をこなすうちに他のインターセックスの人たち（そしてトランスセクシュアル）と親しくなる場面など、この本はインターセックスの人の珍しい体験談を綴ったもののように読める。こうした体験をしたときカルはたしか十四歳のはずだが、カルの語り口は思いがけず明るくユーモアにあふれ、ごたごたに巻き込まれることもあまりない。まるで、自分たちの身体、アイデンティティ、行動などが世間の目にさらされるなか、思春期のジェンダー・バリアントの人たちを苦しめる恥、自己嫌悪、居心地の悪さなどが全てなかったことにされているようだ。ユージェニデスが、インターセックスの身体的な側面に細かくこだわりながら、それに伴う精神的なトラウマやスティグマを軽視しているため、テーマに明るい人なら極めて客観的で覗き趣味的な印象を受ける。

　ユージェニデスとアンダーソンが、インターセックスであることやトランスセクシュアルであることを単なる比喩として使っているに過ぎないと主張するのは不誠実だと私は思う。『ミドルセックス』はギリシャ系アメリカ人一族を何代にもわたって追う大河小説だが、書評やインタビューを見ると、人々がこの本に関心をもつのは、主人公がインターセックスであることがきっかけだ。『ノーマル』のテーマは結婚かもしれないが、宣伝にはトランスセクシュアルであることを題材にした映画と明確にうたわれている。『ミドルセックス』と『ノーマル』の成功は、大部分は謎に包まれ奇妙だと思われているジェンダー・バリアントの人たちの生活を一般大衆に垣間見せたことが大きな要因だったのは明らかだ。ユージェニデスとアンダーソンは、インターセックスであることやトランスセクシュアルであることがタブー視されていてスティグマがつきものであること、そのため現実にはこれらの人が社会の周縁に追いやられていることを認めないまま、金儲けに利用したのである。二人は、性的マイノリティのなかでもっとも中傷を受け誤解される二つのグループを選び、中身をえぐり出し、インターセックスでないシスセクシュアルの二人がもつ偏見や先入観などを注入した。トランスセクシュアルやインターセックスの作品にＨＢＯで放映される機会が与えられない、あるいはエミー賞やピューリッツァー賞の候補に挙がるほど主流だとは思われないこの社会で、『ノーマル』と『ミドルセックス』のような薄っぺらな物語でも、予備知識のない観客がトランスセクシュアルやインターセックスの人たちに対する印象を作り固めるのには大きな影響力を振るう。ユージェニデスとアンダーソンは、ジェンダー・バリアントの人たちの声を自らの声とすり替えることで、本物のトランスセクシュアルやインターセックスの人の声が社会に届かないようにしているのだ。

ジェンダーが曖昧な登場人物をいじる

メディアが行うもう一つのアンジェンダリングの形態は、セックスがはっきりしない登場人物を使うというものだ。そのもっとも有名な例はおそらく、風刺お笑い番組『サタデーナイトライブ』でジュリア・スウィーニーが演じて人気を博した「パット」だろう。パットが登場するコントは基本的にお約束のギャグ一つで成立している。パットのジェンダーがはっきりしないことに戸惑う周りの人たちは、彼女／彼に女性なのか男性なのかを言わせる質問を彼女／彼にする。パットは決まってジェンダーが曖昧な返答をして相手の努力を台無しにする。ほとんどのジョークは、パットのセックスを判断できないことでとんでもなく不安になったりイライラしたりする他の登場人物をこけにするものだが、視聴者にとってコントのツボは、よだれを垂らし、めそめそして薄気味悪いパット自身だったかもしれない。

登場人物のアンジェンダリングがあった例が、ダイアナ・ディマサのコミック『ホットヘッド・ペイザン、殺しのレズビアンテロリスト』にもある。暴力とユーモアを武器にセクシズムやホモフォビアに立ち向かうダイクの主人公ホットヘッドは、多くのクィア女性が感じていたフラストレーションや怒りを表現する手段として、九〇年代に人気を博した。このシリーズの中でホットヘッドは、後に恋愛対象の相手となるダフネに出会う。デートを始めたころ、ダフネが「私には友達が少なくて。どの人も、『デートするなんて無理』と言って去っていった」と言う。ホットヘッドに理由を聞かれたダフネは「私は今、大きな変化の真っ最中だから。私を見てよ。わからないかな」と説明する。[12]この「大きな変化」が身体的なもので、さらにダフネが「今のうちに言っておくけど、あなたはあなたの好きにすればいいよ。もしどっかに消えたいなら、私はさっさとけりをつけたい」と続けるところからして、ディマサが読者にダフネがトランスセクシュアルだと信じさせようとしているのは明らかだ。その後のエピソードでホットヘッドが「ねえ、ダフネ。どうなっているの。ちんぽこがついているの、それともおまんこがついているの」と質問を考えている場面が登場することからもそれがわかる。[13]ダフネが女性の名前で、長めの髪や胸のふくらみがあり、ダイクを自認していることから、彼女はトランスの女性だとほのめかされているが、ディマサはその点をはっきりさせず、ダフネを永遠にアンジェンダリングされた状態に追いやって読者をじらすことにする。

二〇〇四年、ミシガン女性音楽祭でミュージカル版『ホットヘッド・ペイザン』の上演が決まったとき、アンジェンダリングされたダフネの扱いが、実際のトランスの人たちを取り巻く政治的な現実と衝突した。多くの人がダフネをトランスジェンダー、より具体的にはトランスの女性だと信じていたので、同音楽祭のトランスの女性を排除する方針を非難すべきだとディマサに圧力をかけた。それに対してディマサは二〇〇四年七月、排除方針を支持する公開状を自分のウェブサイトに掲載した。同じころ行われた『Bitch』誌とのインタビューで、彼女は「ダフネはトランスジェンダー・ヒーロー的なキャラクターになったけれども、私はそんな言葉を使っていない。彼女がどちらの方向に向かっているか何も言っていない。彼女がＭＴＦとかＦＴＭとか一言も言っていない」と述べた。[14]

ディマサはおそらく、いいとこ取りしたかったのだろう。彼女は本物のトランスの人たちのアイデンティティが常に無視されることに言及しないまま、トランスセクシュアルという概念をもてあそぼうとしている。テレビのコメディ作家が男性主人公のマスキュリンさに挑戦するだけの役回りにレズビアンを端役の一人に登場させるのと同じように、ディマサは読者や他の登場人物を挑発するため、ジェンダー・バリアントの登場人物を単なる物語の仕掛けとして使う権利があると思っている。おそらくこの出来事でいちばんシュールな部分は、トランスの女性たちからの怒りに対するディマサの自己防衛的なリアクションだったと思う。ある時点で彼女は「行ってはならない場所があるってことを男に生まれた女には理解できないらしいが、それってマジ典型的」と皮肉を言っている。[15]どうやらディマサは、ストレートや男性優位の世間によって周縁化されることに対するレズビアン女性の怒りには正当性があるが、レズビアン・コミュニティによって無視されステレオタイプ化され搾取されることに対するトランスの女性の怒りは、単にこの人たちの自己中心性を物語っていると思っているらしい。

ディマサ、ユージェニデス、そしてアンダーソンのような作家は、登場人物や物語を好きなように作れると、創作上の特権を主張して自分たちの作品を擁護するだろう。正直なところ、私はこの人たちの物語に、あるセックスから別のセックスへ手品のように移行する登場人物が出てきても何の問題も感じない。だがこれらの作家は、トランスセクシュアルやインターセックスの人たちが周縁化され当事者の声がほとんど届かない現実を舞台に、ジェンダーの変容を利用することを選択したのだ。それはまるでこれらの作家たちが、インターセックスやトランスセクシュアル当事者が孤立して格闘する経験を、わがことのように感じているとでも言わんばかりの選択だ。一つのセックスから別のセックスへの移行はただの面白いエピソードではない。それは人の人生をひっくり返し、つらく波乱に満ちたものにし、家族や友人、そして仕事を失うことになりかねない経験なのである。そして家族がインターセックスだと知ることは、単にひねりの利いた予想外の展開ではない。多くの場合、それは衝撃的な状況なのだ。当事者はその時から継続的に医者にあちこちいじられつつかれることになる。こうした経験は、当事者とその家族を恥と秘密で覆ってしまうものだ。当事者でない作家が、トランスセクシュアルあるいはインターセックスの経験を自分の目的のために使い利益を得るのは、搾取以外の何ものでもない。

脱構築の虚構

アカデミアの世界ほど、インターセックスやトランスセクシュアルの経験やアイデンティティを所有または搾取する権利があると思っている場所はないだろう。ジェンダー・バリアントの人たちのアンジェンダリングは、ジェンダー概念が社会によって作られたものだと証明したい社会学者、ポスト構造主義理論家、そしてフェミニストたちによって継続して行われてきた。その最初期の例は、社会学者ハロルド・ガーフィンケルが一九六七年に出版した『エスノメソドロジー——社会学的思考の解体』にみられる。同書は、社会の構成員がどのように「安定して説明可能な実践的行為、つまり日常的行為の社会構造を生み出しているか」説明するものだ。[16] ガーフィンケルは平均的な人が自分のジェンダー化された経験をどう理解するかを研究することもできたのだろうが、よりにもよって彼は自分のジェンダーを当然視する特権をもたない人に注目した。その人が、（ガーフィンケルは知らなかったが）女性ホルモンを何年も使い、性別再割当手術（一九五〇年代の米国で、こうした手術はインターセックスの人には行われていたが、トランスセクシュアルには行われていなかった）を受けたくてインターセックスのふりをしていたアグネスというトランスの女性だ。[17] ガーフィンケルは、女性のアイデンティティやフェミニンな行為と男性器をもっていることに折り合いをつけようとするアグネスを、七十ページにわたって描写している。その記述は、例えば「彼女のスリーサイズは九六・六三・九六」や「彼女はぴったりしたセーターを着ており、細い肩、ふくよかな胸、くびれたウエストが際立っていた」などのように、アグネスの身体に限らず、極めて客体化されたものだった。[18] ガーフィンケルは、身体とジェンダー・アイデンティティの矛盾に対する彼女の不安を強調し、彼女の生い立ちと自分は女の子だとずっと思っていたという主張の間にみられると彼が考察する食い違いを指摘しながら、彼女がどのように女性として「パス」しようとしているか、何ページにもわたって嬉々として記述する。彼が特権意識を振りかざしてアグネスの恐怖、秘密、狼狽、不安などを写実的に記録して彼女の人生をばらばらにする様子から、一人の人間、あるいは一九五〇年代にジェンダー・バリアントの人として生き延び自分の人生を理解しようとするとき彼女が直面していたであろう計り知れない困難に対する配慮はうかがえない。

もう一つアンジェンダリングの初期の例が、前述の『エルキュリーヌ・バルバン』にある。フーコーは同書の序文で、一九世紀に書かれたインターセックスの人の記述を出版するのは、これが、全ての人に「真のセックス」があるとする現代欧米の概念に異議申し立てをしているからだと明言している。本書のどこかで彼は「このナラティブは同一性のあらゆる試みを失敗させる」とまで言い切っている。[19] エルキュリーヌが自分の体がマスキュリンさを増していくこととそれに対する周りの反応のために絶望し方向性を見失ったこと（それがエルキュリーヌを自殺に追いやったようだ）に、フーコーがあまり関心をもたなかったのは明白だ。エルキュリーヌ自身を襲った悲劇についてフーコーは、社会が積極的に「真のセックス」を個人に無理強いする例がなければ「私は陳腐な話だと思ったかもしれない」と述べる。[20] そのうえフーコーは、エルキュリーヌ自身の回想記を出版するとき、この人の身体的特徴とインターセックスの状態を事細かく記した医学や法律の関連文書のほか、当人の話に基づくセンセーショナルな虚構を交えて当時流布した記述も加えたので、エルキュリーヌはどんどん非人間化された。[21] 余計な資料によって、読者はますますエルキュリーヌを自由に観察できる標本のような錯覚を覚える。

フーコーとガーフィンケルのどちらも、ジェンダーと社会について大きな主語を使った主張をしている。フーコーは**ありとあらゆる人**が社会によって「真のセックス」を押し付けられている点、ガーフィンケルは人間が**誰でも**積極的にジェンダー化された自己を管理し生産する点からして、調査対象の選び方自体かなり胡散臭かったと言える。もしそこまで明らかに例外でない、ジェンダー・バリアントでない人たちを選んでいれば、二人の主張はもっと盤石になっていたのではなかったのか。エルキュリーヌとアグネスが研究対象に選ばれたのは、この人たちの状態から社会的ジェンダーに関する独特の洞察が得られたからではなく、ジェンダー・バリアントであることでこの人たちを標本として描写しやすくなったからだと思う。誰かをミスジェンダリングした人がどれだけ平謝りするか、他人が女であることや男であることにどこか疑わしい点があると口にするのは一般的に失礼なことだと思われることからして、アンジェンダリングは本質的に他人の品位を傷つける行為だとわかる。もしフーコーやガーフィンケルがジェンダー・バリアントでない若い人のジェンダーを解体していたら、アンジェンダリングのプロセスは間違いなく、明らかなプライバシー侵害だとわかったはずだ。だが社会が決まってトランスセクシュアルやインターセックスを真っ当でない不自然なもの、時には怪物のようにみなすため、アグネスとエルキュリーヌの描かれ方も読者に自分と重ね合わせたり共感を覚えさせず、単なる研究対象に留め置くことができた。

　フーコーとガーフィンケルは、自分たちの研究対象者を面白い事例ぐらいにしか考えていなかったかもしれない。私には、二人の記述、特にジェンダー・バリアントの若い人が人間性を奪われ、学術的なジェンダー理論を展開する際の道具として使われることがひどく搾取的に思える。身体のセックスとジェンダー・アイデンティティの断絶がどんなものか直接体験し、自然で正常なものに対する社会の期待を裏切る身体をもっていることから来る奥深く内面化された恥を感じ、さらに若くしてジェンダー・バリアントであることによる深い孤立感を体験した私にとって、フーコーとガーフィンケルが延々と続ける生々しい描写は、破廉恥な覗き趣味に思える。二人による記述は、人間のセックスについてごく一般的な主張をするためだけに、レイプの現場からえげつない実況解説をするのに似ている。

　残念ながら、トランスセクシュアルとインターセックスの人たちに対するアンジェンダリングはフーコーやガーフィンケルだけで終わってはない。ガーフィンケルの業績に影響を受けた社会学者は多く、第七章「病理的科学」に登場したスザンヌ・ケスラーやウェンディ・マッケナもその例だ。二人の共著

『ジェンダー――エスノメソドロジー的アプローチ』には、どんな人間もジェンダーを「する」ことを説明するため、「日常生活のなかのジェンダー構築――トランスセクシュアリズム」という題名のついた章の中で、トランスセクシュアルのジェンダー・アイデンティティと性別移行の方法が細かく分析される。[22] フーコーはその後も制度による性的なアイデンティティの生産や規制に焦点を当てた著作を発表し続け、クィア理論の礎となったのは、皮肉なことだ。この分野では、私たちの文化のもつ二元制的セックス／ジェンダーの概念が社会的にどう構築されているかを示すことを目的に、ジェンダー・バリアントの人々をアンジェンダリングすることを制度化したも同然である。

　学問的なアンジェンダリングがいかに人間性を剥奪するものか理解するのに特に良い例が、既に第七章で取り上げたバーニス・ハウスマンの『変化する性』である。序章の中でハウスマンは、アイデンティティとフェミニスト理論に関連した博士論文テーマを見つけるのに苦労したことをこう記している。「私がどれだけ頑張っても、この問題は独創性に欠け退屈で、時には言わずもがなという思いがあった」[23] そんななか、トランスセクシュアルを発見したのは彼女にとっては幸いなことだった。「私ははからずもトランスセクシュアルに関する文書を見つけた。**それは**本当に興味深かった。それからの六カ月、私はクロスドレッシングと性転換について書かれたものを手あたり次第読み漁った。トランスヴェスタイトとトランスセクシュアルの全米会議にも出席した。……トランスセクシュアルの分析から『ジェンダー』の構築が理解できる可能性は計り知れなかったものの、重要な資料はあまり存在していなかった」[24]（強調原文）。もちろん、ハウスマンは「フーコー的」アプローチを選び、主に、ゲートキーパーによる調査とトランスセクシュアルの自伝など「公的言説」を調べた。だから彼女は、実際のトランスセクシュアルが直面する厳しい現実や障壁に注意を向けもせず、離れた所からトランスセクシュアルであることを表面的に批評することができた。

ジェンダーを研究する学者全員が、ジェンダー・バリアントの人たちをそこまで軽視しているわけではない。しかし多くの学者にとって、二元制的セックス／ジェンダーシステムの特性を奪い解体させるというクィア理論の目標そのものが、そのシステムによってもっとも周縁化された人たちの身体と経験を剽窃するという誘惑になるのは避けられない。この傾向は、学界など公的機関がトランスセクシュアルとトランスジェンダーの人たちを消し去った様子を記録したヴィヴィアン・ナマステの著書『見えない人々』（第七章で言及）の中で徹底的に吟味されている。ナマステは多数の高名なクィア理論家の著作を取り上げ、これらの人たちの研究によって、トランスの人々がレトリック上の比喩や言説の道具に矮小化される様子を批評している。[25]彼女は特に、学者が文化的テクスト（ほぼ全てシスセクシュアルによるもの）に焦点を絞る傾向があり、ドラァグ、クロスドレッシング、トランスセクシュアルであることを混同することが多く、このためトランスジェンダーの人たちを一人一人区別する視点や個人の経験の違いが過小評価され、トランスの意見がかき消されていると主張する。ナマステは、クィア理論家によって「九〇年代のアメリカ・カルチュラル・スタディーズ内部におけるトランスジェンダーの人たちに関する議論の条件が定義されたが、この条件のために、トランスヴェスタイトとトランスセクシュアルがカルチュラル・リーディングの言葉のあやとされた。そして現実社会に実在するトランスジェンダーの人たちの声、もがき、喜びなどが明らかに見落とされている」と主張する。[26]

ジェイ・プロッサーも、著書『第二の皮膚――トランスセクシュアルであることの身体ナラティブ』

の中で似たような主張をしている。[27] プロッサーが特に焦点を当てたのは、二元制的ジェンダーを変質させるためにトランスセクシュアルのジェンダー差異を流用しながら、別のセックスに強いアイデンティティを感じるといったトランスセクシュアルの個人的な話や、物理的にセックス化された身体による経験を無視するクィア理論家が相当数いることだ。彼は学者によるアンジェンダリングに関して、一般には認められていないレベルの知的不誠実を批評している。シスセクシュアルの学者は、ジェンダーは主に構築されたものだという自分たちの主張を裏付けるため、自説に不利な部分は無視しつつ、ジェンダー・バリアントの人の生活のある側面だけ熱心に引用する。例えば、ジェンダーは「自然に」発生するのではなく、学習され、練習され、パフォーマンスされるものと主張する多くの学者は、トランスセクシュアルの性別移行プロセスに焦点を当ててきた。だがこれらの学者は、生まれたときからずっと自分は別のセックスの人間に違いないという自己理解をほとんどのトランスセクシュアルがもっていることを見落としているか、堂々と無視しがちなのである。こうした自己理解は、誰もが割り当てられたセックスのアイデンティティをもち、それに合わせて行動すべきという社会からの大きな圧力にも関わらず存在する。このことから、社会的な条件付けやジェンダー規範に先んじ、それらにとって代わる内在する自然なジェンダー傾向が実際にあることが強く示唆される。

さらに私はジェンダー・スタディーズや社会学の研究者が、性別移行プロセスを始めたばかりのトランスセクシュアル、医療機関で「治療」を受けている最中のインターセックスの人たち、あるいはドラァグやジェンダーの固定観念を破るジェンダーベンディングに積極的に関わったり、男／女二元制の枠外のアイデンティティをもったりするトランスジェンダーの人たちなど、アンジェンダリングの対象になりやすいジェンダー・バリアントの人たちだけに焦点を当てがちなことも不誠実だと思う。こうした集団にも発言の機会が与えられるべきだと思うが、いつも報告されずに終わるのが、性別移行後十年、あるいは二十年経過したトランスセクシュアル、ほぼジェンダー規範に沿って異性愛者の生活しているインターセックスの人たち、カミングアウトを経験するなかある時点で男女の「中間」あるいは「枠外」のカテゴリーを受け入れたがその後、男／女二元制内でアイデンティティをもつに至ったトランスジェンダーの人たちの視点なのだ。ジェンダー・バリアントの人たちのなかで、これらの母集団に属する人たちは、ジェンダーについて全く異なる経験や意見をもっていることが多い。それなのにこれらの人たちの話が決して語られないのは、おそらくジェンダーを研究する多くの学者が提唱する見解や理論と対立するからだろう。

　トランスセクシュアルやインターセックスの人たちのなかにはジェンダー二元制の外にアイデンティティを見出す人もいるが、ほとんどの人は経験的に自分が女か男か理解している。そういう人たちにとって、内部の自己理解と人体の間に明らかに存在する矛盾とどう折り合いをつけるかが、生きていくうえで最大の障害となる。今の身体構造が自分が経験するはずのジェンダーと完全に一致していないことから、これらの人たちのアイデンティティはいつも無視され、身体がモノ化されて嘲笑されるということが起きる。そこでジェンダー二元制を解体するためにジェンダー・バリアントの人の身体と経験を使うインターセックスでないシスセクシュアルの学者は、当事者が自分たちのアイデンティティを真剣に受け止めてもらおうとする努力を本質的に台無しにしている。本当は、システム自体が周縁化する人たちを搾取しないでもジェンダーはかなり簡単に脱構築するものだ。そしてトランスセクシュアルとインターセックスの人たちにはジェンダーをめぐる学究的・政治的言説に対する発言権がほとんどないので、このトピックの「権威」と自らを位置付ける学位のある人たちの前で影が薄くなり、時には飲み込まれてしまう。

学者が自分たちの論文や理論のためにトランスセクシュアルやインターセックスの人たちの経験を流用し、文脈を無視してこれらの人たちの生活の特定部分を切り貼りして創造物を作り出すのは、当事者の抹消に手を貸しているに過ぎない。もしシスセクシュアルの学者が、ジェンダーに関して現在進行中の話し合いにトランスセクシュアルやインターセックスの人たちが新たな視点をもたらすと本当に信じているなら、当事者の経験を再解釈するのをやめ、トランスセクシュアルやインターセックスによる研究活動や芸術作品を支援すべきだ。自分たちの出世のために当事者の経験を搾取するのではなく、所属大学にトランスセクシュアルやインターセックスの教員を採用するよう働きかけ、出版社にジェンダー・バリアントの著者の本を出版させるべきだ。さらに自分たちにはトランスセクシュアルやインターセックスのアイデンティティ、苦悩、そして歴史を自分たちの目的のために使ってもよい理由がないことを認めるべきだ。

読者のなかには、芸術家や学者に対して、インターセックスやトランスセクシュアルのアイデンティティと経験の流用を止めてほしいという私の呼びかけに賛同しない人もいるだろう。だが今この時点でインターセックスやトランスセクシュアルの意見が社会に届かず、届けられるのがインターセックスでないシスセクシュアルの人たちが価値ありと認めた少数者の声だけという状況のなか、私たち当事者の代理人として話そうとする人、当事者の身体、問題、あるいはアイデンティティを理解すると主張する人たちは、どうしても当事者をさらに周縁に追いやってしまう。将来、世間の大多数がインターセックスやトランスセクシュアルの芸術家や学者の業績に詳しくなり、私たち当事者の作品や著作の量が膨大になり、インターセックスでないシスセクシュアルの人が当事者の声をかき消さなくなれば、他の芸術家や知識人も私たち当事者の存在や経験について敬意をもって非搾取的に議論できるようになるだろう。だがその日が来るまで、インターセックスでないシスセクシュアルの芸術家や学者はペンを置き、心を開いて私たちが私たち自身の生活について語ることにひたすら耳を傾けるべきだ。

第二部

トランスの女性、女性性、そしてフェミニズム

Trans Women, Femininity, and Feminism

―　第十章　―

体験的ジェンダー

Experiential Gender

世間では、「男の体の中に閉じ込められた女」のように感じるという言葉がトランスの女性の経験をうまく表現していると思われているので、ここからトランスの女性であることについての議論を始めるのも悪くないだろう。この言い回しが評判になり誰にでもわかるようになったので、最近ではトランスセクシュアルが自分の経験を説明するときより、シスセクシュアルがパロディーとして使うことのほうが多くなった。私は、シスセクシュアルがトランスの女性を真似てからかうのに、この言い回しが頻繁に使われることをとても不可解に思っている。この言葉は、トランスの女性の経験の細かいことやニュアンスの全てを伝えるにはほど遠く、シスセクシュアルに私たちの経験が理解できるように、レベルを下げてキャッチフレーズ化したものに過ぎない。

残念ながら「男の体の中に閉じ込められた女」という決まり文句は、その注目度の高さからトランスセクシュアルの存在に戸惑うシスセクシュアルの避雷針となった。例えば、性別移行前は男として生活したことしかないのに「女のように感じる」というのは、傲慢でおこがましいとトランスの女性を非難するシスセクシュアル女性もいる。こうした批判の後には、「そんなことが言えるなんてさすがは男だな」のような、「女性」のアイデンティティを主張するのは単なる（そしてかなり皮肉なことに）男性特権の副産物だという含みのある意地悪い発言が続きがちだ。

私自身は、性別移行前に「女のように感じた」ことがなかったと断言できる。女になりたいという説明不可能な欲求が持続することに悩んでいた小学校高学年のころであっても、例の有名な決まり文句に問題があることぐらいは理解できた。結局、他人が内面でどう感じているかなど誰にもわからないのに、どうやったら「女のように感じる」とか「男のように感じる」かわかるのだろう。身体のセックスと潜在意識下のセックスが一致する人のほとんどは、スムーズに女性または男性である状態になる。そのせいで、女性または男性としてのアイデンティティを当たり前のこととみなすようになる。だが私のジェンダー・アイデンティティは、いつも自分一人で組み立てなければならない、しかもたくさんのピースが欠けていて最終的にはどんな絵になるのかまったく見当もつかないジグソーパズルのように思えた。私が女になりたいとはっきり認識したときから実際に性別移行することを決心したときまでの二十年間は、私の女性である傾向が単にセクシュアリティあるいは女性性を表現したい気持ちの現れである可能性を一つ一つ排除していった時期でもある。そして、フェミニン、マスキュリン、アンドロジナス、クロスドレッシングやロールプレイング、異性愛、バイセクシュアリティなど、長い年月をかけて探索し試してみた結果、私にとってトランスであることは、性欲や社会的ジェンダーとはあまり関係がなく、主に私自身の体の内部での身体的な経験に紐づいていることだと気がついた。

トランスセクシュアルはよく、別のセックスになったときの理想化されて非現実的なイメージをもっていて、その幻想を現実のものとするために性別移行するといわれる。だがこれは私からすれば、大きな見当違いである。性別移行を決めたとき、女性として生きるとは実際にどんなことか私にはまったく想像もつかなかったし、自分がどんなタイプの女性になるかの先入観もなかった。それどころか当時の私は、自分を女性と呼ぶことすらできなかったのだ。その言葉には、「男性」という言葉同様、あまりに多くのお荷物がぶら下がっているように思えたからだ。だから当時、私は「女の子」の方を好んでいた。こちらのほうが遊び心があっていろんな解釈が成り立つように思えたからだ。自分を女〔female〕と認識していたのは、この言葉が具体的なジェンダーの役割や規制より、人間の体の構造に関連づけられることが多かったからかもしれない。だが私から見た「女性〔woman〕」という言葉は他者からの期待でボロボロになっているように思えたので、使うことは完全に避けていた。しかもその期待とは、自分に応える気があるのか、応えることができるのかもわからないものだった。

　私が初め「女性」というラベルを避けていたのは、「ボーイモード」で性別移行しようと決めていたことも影響している。これは、多くのトランスの女性がもっとも安全で効果的な方法だとする性別移行の作戦で、基本的には「男性」として生活を続けている間に永久脱毛とホルモン補充療法を始めるものだ。私はジーンズ、スニーカー、Tシャツ、フランネルシャツ、トレーナーなどそれまで着ていたものを続けて用い、以前と同じようにふるまった。（おてんば娘の）ボーイッシュなジェンダー表現をしても周りに女だと思われる地点まではそれまで通りの生活を続けるのだが、そこを男性として「パスする」能力を失う地点と説明するトランスの女性もいる。

　性別移行を始めたとき、私のジェンダー観は他の人とあまり変わらないものだった。私は、女性と男性の間には紛れもない具体的な違いがあると信じていたのだ。だから私は、女なのか男なのか周りの目からは身体的に見分けがつかない、二つのジェンダーの「中間」で性別移行の相当な時間を過ごすことになると思っていた。ところが驚いたことに、周りの人はほぼ決まって、私が男・女いずれかと判断した。もっともその判断は人によって違ってはいたのだが。例えば私が小売店に入ったときは店員から「何をお探しですか、サー」と声をかけられ、数分後店を出るときには別の店員に「奥様、良い一日を」と言われたりした。

そうやって、周りから女か男かどちらにジェンダリングされるのかわからない状況が一、二カ月続いたころ、ドラマチックな変化が起きた。私の環境が、突然変化したように感じたのだ。ほぼ一夜にして、私はあらゆることが今までとまったく違うことを察知した。最初、私はこの感覚が私自身の内部から生まれているのではないか、女性ホルモンの投与に関連した心理的、あるいは情緒的なものではないかと思った。だがその時、私ではなく、世界のほうが、今までとは違う動き方をしていることに気がついた。人が多いところでは、赤の他人が私からずっと近い距離に立ち始めた。女性たちは私がいてもリラックスしているようだった。男性たちはこれといった理由もなく私に微笑みかけた。誰もが今までとは違った口調で私に話しかけ、やり取りのしかたも変わった。そこで私が何らかの閾値を越え、突然周りの人が私を女性とみなすようになったことに気づいた。

この体験でもっとも奇妙だったのは、私がそれまでとほぼ変わらない人間だったことだ。私はふるまいも衣服も変えていなかった。ホルモン治療を始めてからの四カ月、私の身体はほとんど何の変化も見せなかった。以前ほどではなかったものの、私の顔には無精ひげが残っていた。私が胸部に痛みとうずきを感じていたのは、胸が膨らみ始めたからに違いなかったが、外見的にはたいした変化はなかった。容貌で唯一の変化といえば私の肌の色がソフトになったことと、頬にほんの少し脂肪がついたぐらいだったのに、私はかなり突然、男性として「パスする」能力を完全に失ったのだ。たしかに私はそもそもホルモン療法を始める前から「奥様」と呼ばれることがたまにあった小柄な長髪ボーイだったせいもあり、他のトランスの女性に比べて私の移行はとても速かった。そうだとしても、私が行動やしぐさを変えることなく性別移行がかなりのスピードと深みをもって進行したことで、私が以前ジェンダーについて信じていた事柄全てがぐらついた。

この経験から、私はまず、「ジェンダークィア」であること、つまり自分は異質だという感覚をさらに受け入れるようになった。身体のジェンダーのちっぽけな差異によって、周りの察知のしかたや扱い方に大きな変化が生まれることを知っているのはごく限られた人しかいない。女と男が絶対に動かせない状態だという思い込みは、この事実だけに依存した集団幻覚の産物ではないのか。実際の性別移行体験から、私にはそう思えてきた。すると突然、私は一つのジェンダーから別のジェンダーに旅しているようには思えなくなった。それは、ずっと錨を下ろしていた船着き場から解き放たれた小さなボートで浮かんでいるような感じ、とでも表現したらよいかもしれない。今は私に関する他人の認識という大海原であちらこちらに揺らされている。私が自分の身体でくつろげる場所を探していることには違いなかったが、そんな場所があってもそれがどんな場所なのか、やっとたどり着いた最終地点だと言えるのか、もはや自信はもてなかった。

私よりも前に性別移行した数多くのトランスセクシュアルの友人と話をしたが、当時私がもっていた考え方、つまり男／女二元制への疑問（と二元制内でアイデンティティを見つけることの拒絶）は、身体的、社会的性別移行の苦しみのなかではかなり一般的な反応だった。性別移行は極めて衝撃的でノックダウンされるような経験だった。だからこそ以前の状態を越えるには、男であることや女であることへの先入観を捨て去ることが私には必要だった。男性としての経歴しかなく、身体もほぼ男性のものであるのに女性と認識されるのは、なりすましのような心持ちだったと想像する人もいるかもしれないが、宇宙人といったほうがぴったりだ。私は私だったが、私に対する周囲の人たちの共感や反応のしかたが、私には異質に感じられた。私は、女性とか男性とか感じるより、見知らぬ土地にやってきた流れ者のような気持ちだった。

トランスセクシュアルの友人の多くと同じように、私はこの異質感が時とともに薄れていくのを感じた。そして一、二年のうちに、私は女性のアイデンティティをもつようになった。私の自己認識が変化したのは、身体的性別移行後、私の身体に対する感じ方がかなり変わったことが理由の一つに挙げられる。だが性別移行のこの側面ほど説明が難しいものはない。「身体の感覚」を正確に伝える言葉が英語にはほとんどないからだ。こうしたことを表現する言葉がないというのは、私たちの文化に身体の感覚を排除したり軽視したりする傾向があることと関連しているはずだ。事実、私たちの多くは身体を殻に見立て、自分たちはその殻にぎゅう詰めになった頭脳あるいは精神だと思いがちだ。私たちは、殻自体はさほど重要でなく人間の意識に繋がっていないただの器とか、精神をあちこち移動させる乗り物だと自分を信じ込ませる。だが実際は、私たちの身体を精神と切り離すことなどできない。これは、空腹、喉の渇き、あるいは身体の痛みが、他のことが考えられない状態になるまで激しさを増すか、精神的な苦悩やストレスが身体の痛みや消耗となって表れるとはっきりわかるようになる。元気のいいときとそうでないときの身体的な違い、あるいはもっとも深遠な例でいうと、思春期前と後の違いを経験したことのある人なら、自我が身体の感覚から重要な影響を実質的に受けることを、それを認める認めないに関わらず、深く理解しているはずだ。

私が性別移行を決めた主な理由は、私が意識上のジェンダー理解より、自分の身体感覚、この場合は潜在意識下のセックスを信頼することにしたからだと言うこともできる。だから、ホルモン療法を始めて私がほぼ即座に経験した身体感覚の変化は、ものごころがついてからずっと引きずっていたジェンダーに関する慢性的な悲しみであるジェンダーの不協和が軽減されたことであったのは、驚くことではないだろう。これが私の体内に女性ホルモンを投与した直接的な影響なのか、私の身体がようやく正しい方向に向かっていると知ったことから来る心理的な影響なのかはわからない。いずれにしても、苦痛の和らぎは計り知れなかった。生まれて初めて私は、少しずつだが自分がありのままの姿でいることに慣れてきた。

女性ホルモンはその他にも数多くの身体感覚をもたらし、私の自我が大きく作り変えられていった。私が経験する感覚や情緒、好み、衝動、そして刺激に対する反応に大きな変化があった。私の身体の物理的な変更はかなり長い時間かけて行われたが、これも私が世界をどう体感するかに大きな影響を与えた。たしかに、他人が私を女性とジェンダリングし始めたころ（私がまだジェンダークィアというアイデンティティをもっていたころ）、衣服を脱げば多少女性化した男に見えたかもしれない。だが女性ホルモンを使って五年経った今、私の身体には男に見えたり感じたりするところはほぼない（ボトム手術をしていないので、性器部分は明らかな例外だ）。あれから何年か経ち、私の肌はずっと柔らかくなり、重心点もだいぶ変化し、代謝も変わった。衣服の着心地が変わり、重い物は以前よりずっと重く感じ、室温は以前より二、三度は低いように感じられる。体型や筋肉／体脂肪分布が変わったことで、私の歩き方、走り方、踊り方、立ち方、そして全体的な動き方が変わった。平たく言えば、私の身体はもはや男のものと感じられなくなり、女のものと感じられるようになった。

もちろん、身体感覚だけが女性としてのアイデンティティを作ったのではない。前に簡単に触れたように、私の社会的ジェンダー、つまり他者の私に対する共感や反応のしかたの変化は、少なくとも身体の物理的な変化（それ以上でないなら）と同じくらいドラマチックだった。最初のころは女性扱いされるのが異質な気がしたが、時が経つにつれ、私の日常生活の一部になっていった。私の女性としてのアイデンティティは、女性の身体で違和感を覚えないポジティブな経験によって育まれた。同時にそれは見知らぬ人からの性的な冷やかしやほのめかし、そして（性別移行前と体重は変わらず、以前は誰も私の体重を問題視していなかったのに）もう少し体重を減らしてもいいんじゃないかといったあてこすりのコメントなど、頼んでもいないのにやってくる私の身体に対する関心のようなネガティブな経験にも基づいている。私の女性としてのアイデンティティは、自分の意見を曲げないとき「ビッチ」と呼ばれたり、憤慨する正当な理由があっても私のホルモンレベルがどうこうというコメントを聞いたりするとき感じるフラストレーションからも生まれた。私の女性としてのアイデンティティは、パーティーのような社交の席で談笑していた男たちが、私が近づくのを見ると突然沈黙する経験から生まれた。私のアイデンティティは、私の世間での立ち位置、あるいは私が属する階級といったものが男性ではなく女性のものだと誰かがはっきり宣言したときの、何百万ものちっぽけなやり取りを基に進化した。

社会的性別移行のなかで、私が（全員とは言わないが）男性からの扱われ方ほど慣れるのに苦労した経験はないといっても驚くに足らない。私は性別移行前、男性中心の社会で女性として生きている経験について女友達によく質問していたので、たしかに意外ではなかった。いったん私が女性として生活し始めたら無視されたりハラスメントを受けたりすることがあると、知的レベルではわかっていた。しかしそのいちいちが、どれだけもどかしく有害なものか、私は軽く見過ぎていたのだ。男性が偉そうに私に話しかけ、私の話を遮り、時には私を呼ぶのに赤ちゃん言葉の声まで使うのがどれだけ軽蔑的に感じ腹立たしいものか、言い表せない。夜の街を一人で歩いていると、見ず知らずの男性が私をやりたいようにするといったみだらな言葉をかけてくることがどれだけの恐怖か。私が男性の身体をもっていたころ、見知らぬ男性とけんかや口論をしたことは何度もあるが、今ほど彼らの声や表情に憎悪や憤怒を経験することはなかった。男性のなかには極度の怒りを、傷つきやすい男性の自尊心にとって脅威と思われる女性のために取っておく人がいるのかもしれない。私が女性であることでたびたび受けた差別やハラスメントについて、私を標的にした連中を容赦せず自分を守るために立ち上がっているうち、自分が男／女という二元制の外でアイデンティティをもつのが何のためか、だんだんわからなくなった。

　数年間この社会で女として暮らしてきて、私は最終的に「女性」のアイデンティティをもつようになった。自分を女性とみなすことが私の生きられた経験に共鳴し、理にかなっていると思えるようになったからだ。性別移行する前、私が自分を女性と呼ぶことをためらっていた大きな理由は、社会が女性というアイデンティティに投影する期待や理想の通りに生きるつもりがなかったからだ。そのアイデンティティを受け入れるのは、私の可能性や潜在能力を制限するようあらかじめ定められた箱のようなものに自分を詰め込むのと同じだと恐れていた。けれども今は、私が何をしようと何を言おうと、私は世間から見ても、そしてより重要なことに私が私を体験するときも、女性であり続けると実感している。以前私は「女性」という言葉を窮屈だと感じていたが、今ではエンパワメント的であり、無限な広がりがあるとも思う。

性別移行後私が体験した、身体感覚、他者とのやり取り、発展し続ける女性としての私の生活史などあらゆる変化が一緒になって、私は以前とはどこか違う私になりつつある。たしかに、私の人格や癖、意見、ユーモアのセンスなどはほぼ同じだけれど、私の人生そのものは別の形になった。性別移行前を振り返り、私の外見やしぐさなどを想像することはできるのに、自分が物理的に男性である身体で感じたことは、時が経つにつれてどんどん曖昧な記憶になってきている。それはハイスクール時代、どんな気持ちだったか思い出そうとするのに似ていなくもない。何を考え、何を言い、何をしたのかを思い出すのに、まるで他人について回想しているような気分になる。今、成人男性だった時代を思い返すと、自分の行動や他人との関わり方は思い出すのに、当時自分がどんな人間だったかがなかなか思い出せない。私の人生は、身体的にも感覚的にも女であり、周りからそう扱われる体験によって、だいぶ形が変わった。

世間ではよく、何が人を女性や男性と定義するのか、根拠にすべきなのは染色体か、出生時の割り当てられたセックスなのか、性器なのか、それ以外の要因なのかについて論争が起きる。しかしそうした還元論的見方は、私たちの紛れもなく総体的なジェンダー化された現実が否定される。誰にとっても、ジェンダーは何よりもまず個人的な経験であり、ジェンダー傾向、社会の付き合い、身体感覚、そして生きられた経験のユニークな組み合わせの融合なのである。

私たちの体験的ジェンダーは、私たちが察知されるジェンダー（他人がそうと思うジェンダー）によって形作られたり影響されたりすることが多いが、必ずしも互いに関係しているわけではない。例えば、私は長年男性として生きそのように扱われてきたが、その階級に属することについてはかなりアンビバレントな気持ちを常に抱いていた。女性の友人が男性全般について手厳しい攻撃を始めるとき、私もそこに加わることがあった。それは私が男嫌いであったり人間を一般化するのが好きだからだったわけではない。それが自分が男のような気がしないことを表現する手段だったからだ。男性というアイデンティティが私にはピンとこなかった。その執拗な身体感覚で身体的に男であることは何かしっくりこないことを絶えず私に意識させたジェンダーの不協和と、想像の中でも公共の場でも私が女であることと女性性を意識的に探求し表現してきた個人史を考えれば無理もないことだった。男性の身体をもっていたころはたいてい、その時々で自分を女の子になりたい男の子、クロスドレッサー、あるいはバイジェンダーと思っていた私は、ジェンダークィア的なアイデンティティに惹き付けられていた。このアイデンティティがジェンダー化された私の無数の経験に共鳴し、実際に男であることと女であることの両方にどうにかまたがっているという当時の私の感覚を捉えていたからだ。

ジェンダークィアのアイデンティティはもはや私の体験的ジェンダーと同じようには共鳴しないが、私はそれをはなから拒絶しているわけではない。自分が女であることと男であることの外部、その中間、あるいはその両方を超越していると思うことがいかに満足感がありエンパワメントされるか、私は直接知っているからだ。人生の今の時点で、自分がジェンダークィアと思えなくなったというだけだ。女として世界、そして自分自身の身体を体験すると、「女性」という言葉が私にずっとよくフィットする気がする。残念ながら、ジェンダークィアから悪びれもせず女性あるいは男性に「移行」できるということを胡散臭く思ったり否定的に反応するジェンダークィアをアイデンティティとする人たちに出会ったことがある。そう断言するのは明らかにジェンダー特権の産物で、この人たちは他人のジェンダー化された身体、アイデンティティ、そして経験に自分たちの観点や信念を投影させているのだ。だが私が知るトランスジェンダーの人たちの大半は、私たちの体験的ジェンダーは流動的である可能性が高く、新たな経験を積み重ねるなか、時間の経過とともに変化する場合が多いと理解している。特に身体感覚、身体構造、個人的なつながり、一般的に社会的・身体的性別移行に伴う経歴などにドラマチックな変化を経験したトランスセクシュアルには、この事実を実感として知っている人が多い。

　体験的ジェンダーの概念は私にとって、自分自身の性別移行の意味を理解するのに役立っただけでなく、他者のジェンダーを理解したり代理で話したりする能力にはそもそも限界があることを理解させてくれる。私はたいていの人より社会的なジェンダーにもホルモン的ジェンダーにも幅広い経験をもつが、私がまだ経験したことのないジェンダー化された感覚や体験の膨大さにはとうていかなわない。だから私が、他人のジェンダー化された生活や身体に自分の限られた経験を投影するのは無知の産物であり傲慢ですらあると思う。

　自分が女性に思えると発言するトランスの女性にいちばん動揺するシスセクシュアルに私が苛立ちを感じるのが、まさにこの点なのだ。このような人は私たちが他の女性がどう感じるか知っていると主張していると思い込んでいる。実際には女性のアイデンティティが私たちの体験的ジェンダーにもっとも共鳴するとしか、私たちは言っていないのだが。トランスの女性になど「女性だと感じる」のがどんなことかわかるはずがないと主張することで、他の女性の女としての経験をずうずうしくも当然視したり、私たちトランスの女性には女性としてまっとうな経験がないと主張するため、トランスの女性が内面でどう感じているかも知っているとほのめかすなど、この人たちのほうこそ出しゃばった態度を取っているのだ。これらの人たちはどういうわけか、自分たちは女性に生まれ、女性として社会化されたから、トランスの女性より「女性であること」をうまく理解できていると主張する。だがそれは私が他の多くの女性とは異なり比較できる男としての経験をもっているから「女性であること」がもっとよく理解できると主張するのと同じぐらい無知で傲慢な意見だ。女性であることについて上位の知識をもっていると主張するのは、ジェンダー特権意識をはらみ、女であることを経験するには、異なる方法が無限にあることを消去してしまう。

　女性のジェンダー化された経験は、女の子として社会化されているか（されなかったか）、月経と閉経を経験しているか（していないか）、妊娠し出産するか（しないか）、母親になるか（ならないか）、家庭の外にキャリアがあるか（ないか）、夫がいるか（妻がいるか、あるいはどちらもいないか）などなど、無限に存在する。女性の人生はまた、人種、年齢、能力、性的指向、経済階層などの要因によっても大きく左右される。これら個々の経験は多くの女性に共通し、それぞれ「女性問題」とみなされて当然だが、そのなかの一つが自分を女性と呼べる前提条件だと主張するのは馬鹿げている。「女性」とは、女性としての自分を経験するあらゆる人を含む総合的な概念であり、これを拒否する限り、女性であることの概念は私たちを取り巻く真に多様な世界に基づくものではなく、個人の経験と偏見の単なる反映であり続けるだろう。

―第十一章―

脱構築的手術

Deconstructive Surgery

私がカミングアウト済みのトランスの女性だから、ある質問が私をどこまでも追いかけてくる。詮索好きが知りたいのはこれ。「全部済んでるの。ほら、あれ、『例の手術』はやったの？」

私からすれば、そんな質問はダメダメに決まっている。もし「まだやってない」と本当のことを話したら、今度は私のほうが、他人が抱える感情の重荷に向き合うことになってしまう。男根をもつ実在の女性ほど、人を被害妄想に走らせるものはないのだから。ストレート男性は「うっかり」私に惹かれるかもしれないと恐怖でガタガタ震える。そして女性専用スペースの入り口を警護する人たちは、エストロゲンを浴びた私の小さくてかわいらしいペニスがなぜか今でもハイパーマスキュリンなエネルギーで脈打っているという馬鹿げた思い込みに駆り立てられ、私を差別してやろうじゃないかと固く決心している。

一方、手術を受けることには、それなりのスティグマが付いて回る。SRS、つまり性別再割当手術ほど、恐怖と不安を引き起こす医学的処置は他にない。ある友人は、映画『ジャンク／死と惨劇』で、実際にあったサメの攻撃と殺人未遂の映像の間にSRSの記録が挟まれているのを見たと教えてくれた。鼻の美容整形や脂肪吸引のようなもっと一般的な処置だって不必要な組織を少し取り除くところは同じなことを都合よく無視し、ＳＲＳを一種の自傷行為とまで呼ぶ人もいる。

外科医がペニスを切断するというのはちょっと違うと言うと、たいていの人が驚く。手術ではペニスを裏返して周りの神経末端を移動させ、機能的かつ本物そっくりなクリトリスとヴァギナが作られる。そこまで話すと決まって、私がＳＲＳを受けたいのは男とセックスができるようになりたいからかと尋ねられる。私は待ってましたとばかりに、「違います。でも、ペニスバンドを付けた妻にファックされるのは本当に待ち遠しい」と答える。その時の相手の唖然とした顔は、一見の価値がある。

そう、私たちは男根に執着した文化に生きている。ジェンダーやセクシュアリティに関係することは何でも、なぜかペニスを中心に展開していると誰もが思い込まされている。だからダイクを引っ掛けようとして「ねえそこの彼女、一度本物を経験したら、もう後戻りはできないから、こっちへおいでよ」などと言う、何もわかっていないストレートの男が後を絶たないのだ。しかもこの男根中心のたわごとを本気にする男もいるのだ。だから、ペニスを話題の中心に持ってこないでは、トランスセクシュアル女性やＳＲＳについて話せない人が多いのだ。

でも私がＳＲＳを受けたいと思う気持ちは、ペニスとはほぼ無関係。私にはクリトリスとヴァギナが**欲しい**と思う気持ちがあるからだ。それなのにそんな欲求を説明する言葉すらない。女の子なら誰でもペニス羨望を持っていることを当然視するのに、男の子が真逆の羨望を持ってることなど想像もできないのは、まさに究極のフロイト流失言と言ってもいいんじゃないか。大胆だったり勇敢な人のことを「キンタマがすわっている〔have “balls”〕」というけれど、「プッシー」や「カント」はもはや侮辱語としか認識されない。そのうえ、ペニスの機能は誰でも理解しているみたいなのに、女性器となると何か神秘的なブラックボックス扱いとなる。若い女性は自分の体の部位名を全部教えてもらっていない。クリトリスが存在することすら気づかない人もいるくらいだ。ヴァギナにいたっては、そうだな、単にペニスが入っていく穴、みたいに教えられたかも。

だからこの文化では、女になりたいと思うなんて文字通り想像できない人が多いから、私は精神を病んでいるに違いないと思われても仕方ない。私が実際にＳＲＳを受けることになったら、外科的に分解された私の性器を忌まわしいとか冒涜だと思う人もきっといるだろう。私のカントは「私みたいに分別ある聡明な人がペニスなんかなくてもいいと言ったら、ペニスのパワーはいかほどか？」という問いの最後についている疑問符になるからだ。そしてもし世界がペニスを中心に回っているのだとしたら、私のＳＲＳはその地軸を叩き落とす。するとそこらじゅうにある男根の象徴は、砂上の楼閣のように音を立てて崩れてくる。結局、葉巻は**どう転んでも**葉巻。そして私はそのままの私。そして自分のペニス妄想を私の身体に投影する人たちにはもううんざり。私から見たら、なぜ私がペニスと引き換えにクリトリスとヴァギナが欲しいのか想像もできない人たちなら、そいつらこそ、ジェンダー障害をもっているというわけだ。

第十二章

他人のための悪あがき
——伝統的セクシズムとトランスの女性排除方針

Bending Over Backwards: Traditional Sexism and Trans-Woman-Exclusion Policies

たいていの偏見は、卑しむべき相手と親密な関係が作られる場所では生き残れないものだ。だから、ヘイトを煽るプロパガンダは分離を説く。

——パトリック・カリフィア[1]

ここ数年間、レズビアンや女性専用スペースによるトランスの女性の受け入れ問題は、トランス・アクティビストとしてはもとより、ライターとしての私にとっても大きな関心事だった。私がこの問題を最初に耳にしたのは一九九九年、自分をトランスジェンダーと呼び始めたころ、つまり身体的な性別移行の二年ほど前のことだった。当時私は、トランスの経験や課題について書かれたものを貪欲に読み漁っていた。読んでいくうちに、レズビアンやフェミニスト・コミュニティ内で発生したトランス女性差別の事例にいくつも出くわした。そのなかにはメアリー・デイリー、ジャーメイン・グリアー、アンドレア・ドゥオーキン、ロビン・モーガン、そしてもちろん（アンチトランスの文章がだらだらと書かれた『トランスセクシュアル帝国』の著者であるとともに、ホルモンや手術にアクセスするトランスセクシュアルの権利を拒否するよう全米医療技術センターを説得しようとした）ジャニス・レイモンドのような影響力のあるフェミニスト思想家たちが、トランスの女性に対して軽蔑的に発した敵対的な発言があった。その他、サンディ・ストーンやベス・エリオットのような熱心なフェミニストが、トランスセクシュアルだというだけで公然とアウティングされて評価を落とし、レズビアン・コミュニティから追放されたいわゆるトランスセクシュアルの「魔女狩り」の話も見つけた。そしてもちろん、ウィチタ出身のナンシー・バークホールダーという人がトランスの女性だと気づかれて追い出された後、ミシガン女性音楽祭が九〇年代初期に元に戻した「女性生まれの女性 womyn-born-womyn」方針という婉曲な名前のものを含む、トランスの女性排除方針の数々があった。[2]

レズビアンでありフェミニストであると自認する人たちが別の性的マイノリティをそれほどまでに激しく攻撃するのは残念な反面、私に驚きはなかった。というのも当時、私たちの社会の事実上あらゆる側面にトランスの人たちに対するヘイトや恐怖がみられたので、こうした事例はレズビアン・コミュニティ特有のものというより、社会全体のトランスフォビアの症状だったといったほうがよいと思っていたからだ。そしてトランス・アクティビズムに関わるべきかどうか思い巡らすうち、他にももっと実践的で私が関わるのに適した課題があるような気がしてきた。

だがその後の数年間、私の考えを大きく変えるいくつかの出来事が私の人生に起きた。身体的な性別移行はその一つだが、女と察知されることで私が経験した数えきれない社会的変化も挙げられる。私にとってトランスであることは、女性としてこの世を渡る術を身に付けることだけが全てではなかった。私には女とジェンダリングされる特権があるので、日常生活でどうしても誰かにカミングアウトせざるを得ない十回に一回は、トランスセクシュアルとしてではなくレズビアンとしてカミングアウトしている。付き合っている人がいるかと誰かに尋ねられたとき、「実は、私には妻がいるんです」という具合のカミングアウトだ。妻のダニと私が大胆にも人前で手をつないだりキスしたりしているときは必ずそうなる。ダニと一緒でなくても、私の衣服や話し方やしぐさから、私をダイクだと勝手に解釈する人に対してもそうだ。

性別移行してからの私は、トランスジェンダーとしての経験のほか、何年もストレート男性とみなされて暮らした後に女性として、そしてダイクとしてどんな生き方をしてきたかについて書き始めた。私が書いたものの大部分にフェミニスト的な傾向がみられたのは自然なことであろう。この社会では男であることと女であること、あるいは男性性と女性性にそれぞれ異なる価値が与えられるという文脈のなかでない限り、私がトランスの女性として男から女へ辿った軌跡について語ることは不可能だと思われた。

フェミニズムをトランスジェンダー・アクティビズムから何の関連性もないと作為的に切り離す人が多いのは残念だが、トランスの女性が遭遇するトランス差別が伝統的セクシズムに根差していることは明らかだ。このことは、メディアの権力がトランスの男性をほぼ透明人間状態にしておきながら、トランスの女性のことは組織的にセンセーショナルに扱い、セクシュアル化し、愚弄する様子から読み取れる。ストレートをアイデンティティとする男性向けにトラニーセックスものを提供するポルノ業界は、ＦＴＭスペクトラム上の人たちがＸＸ染色体をもっていることや女の子として社会化されたことをフェティシズムの対象とはしていない。いや、メディアがトランスの女性をモノ扱いするのは、私たちの身体と人間性が女だからである。私は、出生時に女を割り当てられたジェンダークィアやＦＴＭスペクトラム上のトランスの人たちの多くが、まるでトランスの人たちはジェンダー規範を破ったことだけが理由で差別されるとでも言いたいかのように、二元制的ジェンダー制度について延々と不満を述べていることに気づいた。焦点となるジェンダー逸脱がマスキュリンな表現であるときなら、そう思えるのかもしれない。しかしＭＴＦスペクトラム上の人間である私が笑殺されるのは、ただ単に二元制的ジェンダー規範に沿った生き方をしていないからではなく、私が女であることや女性性を表現しているからなのだ。私自身、「トランスフォビア」の被害者という感覚は、トランス・ミソジニーの被害者であるという感覚ほど強くない。

　サンフランシスコ・ベイエリアでさまざまなクィア女性イベントに招待され、スポークンワード〔作品を声に出すことを主体とする文学のジャンル〕のパフォーマンスをするようになると、俗にトランスフォビアと呼ばれるものの大部分が、実は伝統的セクシズムが形を変えたものに過ぎないという考えが、私の心の中で大きく膨らんでいった。こうしたイベントに参加する女性の大半は私をとても温かく迎えてくれていた。だが、女性専用スペースに私がいることを嫌がったり、私がいることを大目に見て特別な計らいをしてやっているとでも言いたそうだったり、「あなたは私たちと同じような本物の女性ではない」とくぎを刺すなど私がトランスであることについて不用意で不適切なコメントをしたりと、私に否定的な態度を取る人に出くわすこともあった。女性であること、あるいはダイクであることに対するこうした縄張り意識と特権意識が私には偽善的に思えた。所詮、その会場から一歩外に踏み出せば、私たちは皆、女であるとかダイクであるとかによって似たような差別の対象となるのだから。私がもっとも苛立ったのは、私を拒絶する女性の多くが、マスキュリンな表現をする女性の身体をもつ人たちやＦＴＭスペクトラム上のトランスの人たちがこうしたイベントに参加することには何の問題も感じていなさそうなことだった。言い換えればこれらの人たちは、トランスジェンダーの人たちに問題を感じるのではなかった。女性またはフェミニンなアイデンティティではなく、男性またはマスキュリンなアイデンティティをもつ人である限り、問題はなかったという話なのだ。

トランスの女性よりトランスの男性に特権を付与する行為は、ある少数派がもつバイアスというより、クィア女性の文化や組織のなかで習慣化されていることが多い。最近「トランス」という言葉は、レズビアン向けイベントから、セックスに関するアンケート、そしてプレイパーティーに至るまで、トランスの男性を歓迎する（でもトランスの女性に対してではない）言葉としてよく使われている。あのミシガン女性音楽祭ですら、法律上のセックス、外見、あるいは自認ではなく、女の子として生まれ育ったかどうかによって女性を定義するようになった。トランスジェンダーのアイデンティティをもち、男性人称代名詞を使うパフォーマーが、毎年音楽祭のステージに立つ一方、完全に女性としてのアイデンティティをもつ私のような人間は、客席に座ることすら許されない。[3]

たいていの偏見がそうであるように、クィア女性コミュニティにおけるトランスの女性のみを対象とした差別は、私たちトランスの女性がいるところではなく、むしろいないところで急速に広がっているように思われる。もっとも、偏見をもつ人は自分の意見を堂々と主張したり自分たちが嫌う人たちを相手に議論したりする勇気は持ち合わせていないのが普通なので、これは驚くに足らない。トランスの女性への反感が私の耳に入ることはあまりないとはいえ、トランスの男性やクィアな女性の友人からは、コミュニティ内でトラニーボーイやトランスの男性に性欲を感じると公言した舌の根も乾かぬうちに、トランスの女性を「気味が悪い」とか「女々しい」とあざ笑うダイクを名乗る人たちの話をしょっちゅう聞かされている。

トランスの女性よりもトランスの男性を優遇することに対してありがちな印象操作のなかに、トランスの女性は男性特権を経験し身体的に男性なので排除されて当然だが、トランスの男性は女として育てられたから女性やレズビアンのコミュニティに居場所があってしかるべきだというものがある。しかしよく考えてみると、この主張にはほとんど意味がない。今、男性特権から恩恵を被っている男の身体的属性と男性のアイデンティティをもつ人に比べて、女性のアイデンティティをもち今は女性として生活している人のほうが女性との共通点が少ないと、どうして言えるのだろうか。トランスの女性は「以前は男だった」から差別されるべきという前提はとても訝しい。トランスの女性よりトランスの男性を優遇するのは、男性性は強くて自然、女性性は弱くて人工的とみなす、社会全体の傾向を反映させているに過ぎないというのが私の考えだ。要するに、これは伝統的セクシズムの産物なのである。

トランスの女性に関するよくある思い込みを形成したのは伝統的セクシズムだという見方に私がしっかりした確信を抱き始めたのは、キャンプ・トランスに関わり始めた二〇〇三年から二〇〇四年ごろのことだ。キャンプ・トランスは、もっとも有名なミシガン女性音楽祭をはじめとする、女性専用スペースからのトランスの女性の排除を終わらせる活動をする組織である。この問題に関わりながら、私は比較的トランスフレンドリーなサンフランシスコ・ベイエリアでたまに出くわすトランスの女性に対する反感が、氷山の一角に過ぎないことを身をもって知った。全米各地からミシガン女性音楽祭にやって来る女性たちのなかには、トランスの女性に対する疑念や嫌悪を平気で口にし、排除を正当化しようとトランスの女性について非常に無知で心ないコメントを述べる者もいる。これらの女性がトランスの女性の包摂を何としてでも阻止することで、レズビアンや女性専用スペースの価値を守っていると信じていることは間違いないと思う。だが現実には、こういう人たちが強調する一つ一つの事柄によって、フェミニストの目標や信念が支持されるどころか、侵害されているのだ。つまるところ本来のフェミニズムとは、その根幹の部分で、女であることは生まれたときにあてがわれた身体のセックス以上のものであり、私たちのアイデンティティと能力を使えば、子どものころ苦しめられた束縛的なジェンダーの社会化を超越することができるという信念に基づいているのだ。私は、女性のスペースやイベントに参加する権利をトランスの女性から奪うことが、フェミニズムのもっとも中心的な信条にどう一致しているか、説明できる人にまだ巡り合っていない。

　事実、女性専用スペースに参加するトランスの女性の権利を否定するもっともありふれた主張の一つは、もっともアンチフェミニスト的でもある。例えば、トランスの女性は「男性エネルギー」をいまだに維持しているから女性のスペースから排除されるべきだと言う人は多い。だがトランスの女性は男として生まれ育ったから神秘的な「男性エネルギー」をもつというのは、男には女に不可能なことができる能力も才能も備わっていると公言しているようなものではないか。

　もう一つ、一般に信じられているトランスの女性排除の口実は、トランスの女性のなかには男性器をもつ者がいる（性別再割当手術をする金銭的な余裕がなかったり、手術はしないと決めた人が多かったりするので）という点である。この「ペニス」論争は、トランスの女性を性器にまで還元してモノ化するだけでなく、男根から男のパワーや優位性が生まれるという男性神話を拡散している。実際のところ、私たちのペニスは生身の肉体以上でも以下でもない。私たちの精神、人格、生きられた経験、体の他の部位などが女であるのに、単なるペニスの存在によってどういうわけか打ち負かされるという概念そのものが、男根中心的だと言わざるを得ない。

女性の属性より男性の属性に特権を与えていることを土台にして社会全体が動いていることを考えると、トランスの女性は他の部分でも男性と「身体的な共通点がある」とか男性に「似ている」といったくどくどと何度も繰り返される事柄とともに、レズビアン・フェミニストがこうした男根中心の主張をたびたびしていることは悩ましい。社会学者スザンヌ・ケスラーとウェンディ・マッケナは、今では古典とされる調査のなかで、女であれ男であれ、人が他人をジェンダリングするとき、女性の外見の手掛かりより、男性の外見の手掛かりを重視すること、ほぼ例外なくペニスをジェンダリングの手掛かりのなかでもっとも重要なものとみなす（つまり、他のどんなジェンダリングの手掛かりにも勝るものとする。一方、ヴァギナのあるなしは同じような効果を生み出さない）、私たちの文化の傾向を明らかにした[4]。二人の言葉を借りれば、「確実に男と判断する手掛かりはたくさんあるが、確実に女と判断する手掛かりはないと思われる。男であるとは何かを『持っている』ことであり、女であるとは何かを『持っていない』ことなのだ」[5]。ケスラーとマッケナは、男性である手掛かりへの特権付与は男性中心主義（一般的な話をするとき、「彼」という代名詞が好んで使われることなど）の結果であるとする。この点を考慮すると、シスセクシュアル女性が、トランスの女性の中に女性としての特性よりも強く出る「男っぽい」、あるいは「マスキュリンな」特性に特権を付与するためにトランスの女性の女性専用スペースに参加する権利を認めないとき、この人たちは男性中心主義を助長し拡散しているのだ。

もちろん、トランスの女性を排除するのは「男っぽい」あるいは「マスキュリンな」外見や行動をする人がなかにはいるからというだけで正当化はできない。そうでなければ、ブッチな女性も排除されなければならないだろう。事実、近年、フェミニズムそのものがジェンダー本質主義論理から離れ、より社会構築主義に近づくにつれ、トランスの女性排除の根拠は、男の生物学的側面より男としての社会化が使われるようになっている。こちらのアプローチにも、女性として社会化されたＦＴＭスペクトラム上の人たちを女性スペースに入れたい人たちのために、都合の良い知的カモフラージュが用意されている。だがこちらも、フェミニズムの理念と矛盾することでは同じだ。女の子として育てられ、男に従属的な立場を強いられてきたにも関わらず、女は男にできることなら何でもできると主張し続けてきたのがフェミニストだ。だから女性は、女になる社会化を超越することができる（そして超越することが多い）。この同じフェミニストがなぜ、トランスの女性は男になる社会化を女性同様に超越することは不可能だと逆説的に主張するのか、いまだによくわからない。

私に女性専用スペースに入る資格がないのは、ひとえに私が男として育てられたからだと主張するあるトランス女性排除主義者とやり取りするうち、社会化が実はもっともらしいだけの論法であることに疑う余地がないと思えてきた。そこで私は彼女に、解剖学的には男だが女として社会化されたトランスの女性なら入れてやってもいいと思うか尋ねてみた。近ごろでは、ＭＴＦの子どもも珍しくないからだ。[6]彼女はこうした人たちを入れることに懸念をもっていると正直に言った。次に私は、女に生まれたのに自分の意思に反して男として育てられ、生き延びるために成長過程で男のふりをして生活し、成人してようやく女としてのアイデンティティを取り戻した場合はどう思うか尋ねた。この設定で迫られた後、彼女は女性専用スペースにこの人を入れたいと思うと、しぶしぶ認めた。こうして、男になる社会化を根拠とする主張は結局、生物学的な主張だということが明らかになった。事実、さらに尋ねてみると、彼女は自分の意思に反して少年として過ごさなければならなかった少女の設定を聞いて、女のアイデンティティをもつ人にとって男になる社会化を受けることがいかにトラウマとなる非人間的なことかに気がついたと言った。まさにこれこそトランスの女性の多くが子ども時代に経験することなのだ。

もう一つトランスの女性の排除が正当化される理由は、トランスの女性がいるとシスセクシュアル女性にとって女性専用スペースが安全でなくなるというものだ。例えば、トランス女性排除主義者が、トランスの女性による他の女性への暴行の可能性に懸念を示すのはよくあることだ。これは、トランスの女性が女性全体に比べてより暴力的あるいは虐待的であると示唆する確かな証拠がないなか、まったく根拠のない非難である。米国の都市でトランスの女性が人口に占める割合がもっとも高いと思われるサンフランシスコでさえ、トランスの女性がトイレで他の女性を脅かしたといった警察への届けは一つも出されていない。[7] さらに、トランスの女性が男性による身体的あるいは性的暴力を経験した人たちのトリガーになる可能性があることを指摘する意見もある。この意見は、トランスの女性を「男」として見る男性中心主義の傾向、つまり女の属性でなく男の属性に特権を付与した結果に根差すものであるばかりか、トランスの女性の多くも女性だからという理由で、暴力を受けレイプされることを否定する点で侮辱的である。だが、あるレズビアン・フェミニストが「トランスの女性は何となくシスセクシュアル女性の安全を脅かす感じがするから……」と言ったのには開いた口が塞がらなくなった。この主張は、女性専用スペースや団体からレズビアンを排除しようとして異性愛女性が過去に使った主張に不気味に似通っていた。[8]

だから私は、私が属するダイク・コミュニティが事実上偽善を受け入れて他人のご機嫌を取ろうと、必死にトランスの女性をレズビアンや女性専用スペースに足を踏み入れさせない最後の悪あがきをしていることをとても残念に思う。同性愛に関する米軍の「聞くな、言うな」政策〔一九九四年、米軍当局が兵士が同性愛かどうか質問することを止め、当事者の兵士が公言しない限り除隊処分としなくなったことを表す言葉〕に愕然とする女性でも、ジェンダーについて同様の方針を守らせているミシガン女性音楽祭には何の非もないと思っているようだ。何をもって「本物」の女性とするか家父長制の理想像に抵抗してきた女性たちでも、トランスの女性に対しては方向転換して「本物の」という言葉を平気で使って反対する。もし『ニューズウィーク』誌や『タイム』誌が、女性やレズビアンの問題について男性だけの座談会を行ったとしたら憤慨するに違いないタイプの女性たちでさえ、大手レズビアン・フェミニスト雑誌のいくつかが近年、トランスの女性を一人も参加させずにミシガン女性音楽祭とトランスの女性の包摂に関する座談会を記事にしたことは、別に変だとは思っていない。[9] これらの女性がトランスの女性をミシガン女性音楽祭から排除するのに死に物狂いになっているため、「女性」音楽祭は実際のところ女性のイベントであったことは一度もなく、女の子に生まれ育った人たちのためであるというばかばかしい主張をしているのを見るのは悲しい。

ミシガン女性音楽祭のトランスの女性を排除する方針を支持する人たち、あるいはこの問題に曖昧な立場を取る人たちの多くは、自分自身の包摂がテーマであるならまったく異なる意見をもつだろう。女性だけの世界最大のイベントが、クィアな女性を出席させせないと決めたストレートな女性によって運営されていると知ったら、この同じ女性たちがどんなに怒り狂うか想像できるだろうか。あなたは「本物の」女性ではないとか、女性に惹かれるから他の女性の安全を脅かす恐れがあるからとかという理由で、女性専用スペースに立ち入り禁止と言われたらこの人たちはどれだけ侮辱されたと感じるだろう。クィアを肯定的に扱うと言ったストレート女性が実は四百ドルもする「クィアがいない」女性のイベントのチケットを買ったとしたら、クィアな人たちはどれだけ見下されたと思うだろう。

七〇年代、八〇年代、そして九〇年代初期のレズビアン・コミュニティによるトランスの女性排除の長い歴史は気になるが、当時はトランスジェンダー運動が正当な地位を確保する前で、まだトランスジェンダーの権利や包摂の明確なメッセージを発信できる人がほとんどいなかったことのせいにしてもよいと思う。しかし今は二〇〇七年。レズビアン・女性専用スペースからトランスの女性を排除するには正当な理由がない。ＬＧＢ団体のほとんどがＴを略称の最後に付けてからずいぶん時間が経つ。トランス包摂に関する議論がクィア・コミュニティの中心から遠いところで議論されていた時代があったが、今は米国いたるところの職場や裁判所で議論されている。これまでの二十年間で九つの州（ミネソタ、ロードアイランド、ニューメキシコ、カリフォルニア、メイン、イリノイ、ハワイ、ワシントン、ニュージャージー）と各地の都市や郡の多くで、トランスジェンダーの人たちが明確に包摂されるよう、不当差別禁止法が改正された。[10]普段は進歩的な政治姿勢を誇りに思うクィア女性コミュニティ内にいる多くの人たちが、トランスの人たちのジェンダー・アイデンティティを認め尊重する点で、イリノイ州ピオリアやテキサス州エルパソのような田舎町に先を越されたのは実に残念だ。

だがレズビアン・女性専用スペースからのトランスの女性の排除は、単にトランスの権利問題に留まっていない。もしそうだったとしたら私は重視こそすれ、ここまで自分の時間やエネルギーを注ぎ込もうとは思わなかっただろう。トランスの女性の排除に私がこれだけの情熱と苛立ちを感じる大きな理由は、これがアンチトランスであるとともにアンチフェミニストであるためだ。そしてトランスの女性排除方針が本質的にどれだけセクシストかということに対して、他の自称フェミニストが進んで大目に見たり意図的に無視したりすることに、私はフェミニストとしてひどく動揺している。この人たちはトランスの女性よりトランスの男性を好意的に扱い、トランスの女性の身体を見境いなくモノ化し、トランスの女性の個性、精神、そしてアイデンティティではなく、外見、社会化、そして他者によって出生時に割り当てられたセックスに特権を付与する。

そして私は、トランスの女性の包摂に断固として反対する声が大きい少数派が見せる理不尽なトランス・ミソジニーから来る恐怖と嫌悪より、トランスの女性を排除して実施される女性イベントに引き続き参加し、こうした偏見を助長するクィアな女性やフェミニストの物言わぬ多数派、コミュニティ内部の人間によるアンチフェミニスト・アンチトランス女性的な発言や行為に口実を与えたり対決姿勢を見せたりしない人たち、トランスの女性の排除を「物議を醸す」とか「熟考が必要」などと言ってアンチフェミニスト・アンチトランス女性のレトリックに黙って信ぴょう性を与える人たちのほうが、私をもっと悲しくさせる。この問題に関する議論のほとんどは、トランスの女性が一人もいないところで、シスセクシュアル女性によって行われてきた。それではまともな議論がされていないのではないか。

トランス女性排除派を擁護する人たちは、自分たちが女性の団体やスペースを内部から変えようと頑張っていると繰り返すが、これほど無知で横柄なセリフはおそらく他にない。この考え方には深刻な欠陥がある。歴史を振り返ると、根深い偏見をもつ人たちが、相手と交流を強いられることなくその偏見を克服した例など、一つも見当たらない。言葉だけでは、偏見にみちたステレオタイプや恐怖は払拭できない。個人的な経験があって初めてそれが可能になるのだ。もしクィアライツ運動に携わるアクティビストが、クィアに好意的なストレートな人たちにロビー活動を任せたり、私たちの代理として話をしてもらったりしていただけでは、クィアライツ運動はここまで進歩しなかっただろう。「私たちはここにいる、私たちはクィア、あなたたちはそれに慣れるべき」と叫ぶ歯に衣を着せない最前線のアクティビストたちによる活動と、自分たちのコミュニティの構成員が口にする反クィアな言動や差別を許容するのを断固として拒否するストレートアライによる深いコミットメントの両方があったからこそ、社会は進歩した。また、アンチフェミニスト・アンチトランス女性の方針やレトリックがどこにあろうが、それらと直接対峙して縁を切らない限り、トランスの女性排除という軋轢《あつれき》を生む問題はなくならないことを、全てのフェミニストとクィアな女性に認識してもらいたい。

―第十三章―

自己欺瞞

Self-Deception

二〇〇二年、ティーンエージャーだったグウェン・アラウージョを四人の男が殴打して死に追いやった残酷な殺人事件が起きた。彼女は男に生まれたため、トランスジェンダーの女性だったため、殺されたのだ。でも私が書くのは、憎悪犯罪の恐ろしさや暴力、無知、偏見についてよく耳にする必死のわめきではない。私が書くのは、欺瞞神話についてだ。

彼女の死から一年半後、グウェンの殺人者のうち三人が同じ法廷に立った。男たちが一週間前から彼女を殺そうと計画していたことを示す証拠があった。計画的犯罪なら一級殺人の判決が確定されるのが普通だが、今回は違った。裁判は評決不能となり、被告こそグウェンの「性的偽り」の被害者だからこれはただの故殺だと主張した被告側の弁護士が勝利した。彼女と性的関係にあった被告のうち二人を担当した弁護士は、依頼人が後で彼女に男性器があるとわかって「激情犯罪」に駆られたと主張した。[1]

欺き。それはトランスジェンダーの女性の首に自己陶酔的にゆるやかにかけられた絞首刑用の縄だ。レズビアン・フェミニストのジャニス・レイモンドは、トランスセクシュアル女性を男と呼び、「女性専用スペースに侵入」して「女性の身体をレイプする」ために性別移行すると非難する著書『トランスセクシュアル帝国』の中に、「欺き」という言葉を繰り返し登場させてトランスセクシュアル女性が女であることを否定しようとした。[2] そして動物のつがい行動を研究する科学者たちはしばしば、多くの種でオスがフェミニンなオスと求愛儀式に臨む理由を「欺き」という言葉を使って説明する。マスキュリンなオスがあえてフェミニンなオスを選ぶ可能性を否定するため、研究者はフェミニンなオスを「メスの擬態者」として片付ける。[3]

欺きという非難の裏には必ず問題視されない仮定があるものだ。この事件の場合は、正気な男ならフェミニンなのに身体的には男である人間に惹かれたりはしないというものだ。トークショー司会者のジェイ・レノが俳優ヒュー・グラントに発した悪名高い「一体どういうつもりだったの」という質問の根底にはこの前提がある。[4] トランスの売春婦のほうは、映画の目新しいネタとしてティーン向けコメディ番組の下品なジョークやアンディ・ウォーホル気取りが製作する芸術映画で披露されるルー・リードのひどい逸話、あるいは下劣でやばそうな市街を舞台とする警察ドラマで都市の荒廃の例に使われる一方、客だったグラントや同じセレブのエディ・マーフィはファミリー向けディズニー映画の主役になれる。

トランスジェンダーの女性は欺く側の人間として描かれる。それは、過激な異性愛者でも『ハスラー』や『ペントハウス』のような男性誌の後ろのほうを散らかすトランスセクシュアルのポルノ広告に気づかぬふりができるようにするため。一般大衆の映画ファンでも『クライング・ゲーム』を観て、ドラァグバーの女性パフォーマーにペニスがついていることに驚いたふりができるようにするため。「欺き」は、自分以外の人たちが身の潔白を主張できるよう、トランスの人々が胸に付けなければならない緋文字なのだ。

だからグウェン・アラウージョ事件に関わった警察も、弁護士も、マスコミも、グウェンの殺人者は彼女がトランスジェンダーだと最初からわかっていたと主張する複数の情報提供者を無視したのだ。だから誰も、グウェンの殺人者が彼女の性器に気づかずにアナルセックスをするというほぼ不可能に近いことがどうやってできたのか質問しなかったのだ。グウェンの殺人者たちが全てを承知して彼女とセックスした可能性を、誰も考えようとしなかった。何でも欺瞞的なトラニーのせいにすれば済むなら、男性のセクシュアリティに対する私たちの文化の近視眼的な見方にわざわざ疑問を差しはさむ必要があるのか。そしてある若いトランスの人のジェンダー・アイデンティティを簡単に中傷できるとき、男性性の防御に多くの男性が使うパラノイア説になぜ疑問を呈する必要があるのか。実のところ、トランスセクシュアルの欺瞞神話は、この悲劇に社会が加担したことを隠すためのただの策略、煙幕なのだ。

思いもよらないことをする羽目になった数人の若者による、とんでもない行為であるグウェンの殺人。こんな事件はめったにないと思いたい人が多い。そう思ってさえいれば、評決が出せなかった陪審員の半数が、あどけないトランスジェンダーのティーンエージャーよりも、男のホモフォビアに基づく興奮状態のほうに自分を重ね合わせた事実に対峙せずに済む。そうすれば、殺人者の視点や悲嘆にくれる母親の涙を通してしか、この事件の報道や解説、記事、社説、そして分析が提供されていないのはなぜか、深く考える必要がない。誰もが若いトランスの女性グウェンとは共通点がないと信じたがっている。もし自分がグウェンだと想像でもしたら何が起こるかわからないという不安があるのだ。

誰もがこの問題を避けて通ることを選んだのは、自分をほんの一瞬でもグウェン・アラウージョの立場に置くのが怖かったからだ。ほんの一瞬でも、彼女はどんな世界を見ていたのかと問うことができていたらいいのに。自分の身体が他人の不安の避雷針代わりにされずに自分自身のセクシュアリティを探るのがかなわないとしたら、どんなに歯がゆいか想像できたらいいのに。仲間内では唯一、自分らしくあろうとする肝の据わった十九歳の子だったのに、詐欺師だと片付けられるのがどんなに不公平と感じられるか想像できたらいいのに。二十代の男たちの集団が一人のフェミニンでトランスジェンダーのティーンに向かって純粋な恐怖をにじませるところを見たら、マスキュリンであることがどれだけもろく見えるか想像できたらいいのに。「君は女なの、それとも男なの？」という質問を突き付けたこの連中が全く愚かしく見えたに違いないと想像できたらいいのに。そして「聞かなくてもわかるよね」という答えにこいつらの顔がぽかんとしたところを心に描くことができたらいいのに。聞く必要があった本当の質問は「誰が誰を欺いていたのか」だったと理解したとき、詐欺の嫌疑がどれだけ空しく響いたか想像できたらいいのに。

初めに言ったように、私の文章には憎悪犯罪でも暴力でも無知でも偏見でもないことが書かれている。これは自己欺瞞についての文章なのだ。それは私のような人が毎日生きていくために受け入れる仮定のこと。グウェンのように、私も男に生まれた。私はトランスジェンダーの女性。そして私たちが会ったとき、私があなたにすぐにそのことを伝えなかったとしたら、それは欺きと呼ばれる行為なのだろうか。もしあなたが自分の目で見たかったことを見、私はただ何も言わないでいたとしたら、あなたは私を嘘つき呼ばわりできるのだろうか。そしてもし私があなたについて真実でないと推測したことは、あなたに惑わされたと非難することが私にもできるだろうか。それとも欺かれたと簡単に非難するのは、私たちが間違った思い込みをしていたと認めるのを頑なに拒絶する冷酷なプライドの表現に過ぎないのだろうか。

広く報道されたグウェンの死にもかかわらず、一般によく知られていないのは、彼女は氷山のごく一角に過ぎないという事実。グウェンの殺人事件は何千人もの人がトランスジェンダーのアイデンティティをもつサンフランシスコ・ベイエリアで起きた。街を歩くとき、見知らぬ人の気を引こうとするとき、これは心に留めておいてほしい。あなたが出会う人の一定数は出生時のセックスとは異なるセックスに見えたり、あなたがみなしたジェンダーとは異なるジェンダー・アイデンティティをもっている人だ。もしこれを聞いて落ち着かなくなったら、それはあなたが現実に生きることを選ぼうとしていないからだ。

誰でも自分たちと異なる人を受け入れることが必要だ、というエセリベラルのキャッチフレーズから新しいものに移るときが来た。ただの寛容では不十分。グウェン・アラウージョの死から何か教訓を得るとしたら、私たち一人一人が自分の思い込みに個人的な責任を持つ必要があるということだ。欺瞞神話に関与するのはもうやめよう。実際には毎日、私たちそれぞれが数多くの思い込みの罪を犯しているのだから。

―第十四章―

セクシュアル化されるトランスの人たち

Trans-Sexualization

男の身体をもっていたころの私は、セクシュアル化されることの意味を完全には理解していなかった。当時私は、男性が女性に卑猥な言葉を投げかけるのを聞いたり、歩道ですれ違う女性をわざと振り返っていやらしい目で見たりするのを時々見かけたが、そんなことをする男性は、無作法で子どもっぽいものの、自分たちの性的関心を表現しているだけだと思っていた。女性に性的に惹かれる男性は他にもいるが、その多くは公衆の面前で自分の欲望を言葉にするような無礼なことはしないようだなと私は見ていた。その意味で性的な野次は間違いなく粗野で不快なところがティーンのセックスを題材にしたコメディに似ているけれど、比較的害がないと思っていた。振り返ってみると、こういう解釈は私がそれまで受ける側にいなかったことが大きく影響しているようだ。

こうした見方は、私がホルモン療法を開始したのとほぼ時を同じくして大幅に変わった。実際、私が女とジェンダリングされ始めた最初の兆しの一つが、街を歩いていて見知らぬ男たちから性的な野次が飛んでくるようになったことだった。それまで性的関心の表現だと思っていた野次が、突然そんな甘いものではないと思えてきた。性別移行開始からたった二カ月後の当時、私は女に見えるギリギリのレベルで、ファッションセンスなどあったものではなかった。発達し始めた乳房を隠すためのスポーツブラの上に、少年っぽいフランネルシャツやTシャツなどを着ていたころで、特にフェミニンな格好や露出度の高い服を着ていたから男に言葉を掛けられたというわけではなかった。野次の多くは間違いなく卑劣で侮辱的で、ナンパに見せかけようともしていなかった。私は明らかに、見知らぬ人から過度にセクシュアル化されていたのだ。しかもそれは私が魅力的だと思ったからではなく、単に私が女に見えたから発せられたのだ。こうした露骨に下品な野次は私への興味を表したり私の注意を引こうとしたりすることが目的ではなく、私に居心地の悪い思いをさせ、怖じ気づかせ、怒らせ、怖がらせ、それ以上のハラスメントを避けるため、私にそっぽを向かせたり通りの向こう側に渡らせたりするなど、私を少しでもコントロールすることにあった。

今の私になら、性欲とセクシュアル化の大きな違いがわかる。性的に望ましいと思われることは、誰もがある程度願うことだ。他者に性欲を向けられることでとてもエンパワメントされることがある。もっともそれは、この人なら大丈夫と思った相手からで、こちらにも応える用意がある時や乗り気だというサインを出した場合など、意思表示が適切な時間と場所を選んでいれば、の話だが。一方セクシュアル化のほうは、それとは逆の効果をもたらす。対象となった人をエンパワメントするのではなく、支配する力となる。これはメディアを通してしょっちゅう目に入ってくる光景だ。メディアが描く女性たちは、自分なりの思考や感情や意見をもった十分に成熟した人間ではなく、あくまで自動車やビールなどの商品を売るための性的対象物として登場する。これらの女性にもパワーが備わっているじゃないか、男をおびき寄せるパワーがあるだろうとのんきに主張する人もいるだろう。だがそのパワーは異性愛男性の関心を満たすものに過ぎない。つまるところ、誰かの鼻先にぶら下げるニンジンになったところで、それがどれだけのパワーだと言うのだろう。ただ、実際の女性の性欲や視点を主題にした『ヴァギナ・モノローグス』や『マーガレット・チョウ・ショー』のように、メディアのセクシュアリティ表現と著しい対照をなす描写も存在してはいる。

セクシュアル化とは、女性を非人間化し無力化する試みだ。街角での冷やかしが、決まって一人でいたり男の人数が多かったりして女性が心細げのとき、野次を飛ばす男性のほうが嫌がらせの標的である女性より力があるというだけで行われていることが多い点からもこの事実がはっきりしている。性的な冷やかし（あるいはもっとひどいこと）のレベルにまで自分を低める男性はおそらくわずか五十人に一人、いや百人に一人なのだろうが、時間が経つにつれて性的な野次から良くない影響が現れ、そういう連中のせいで、女性は自分が標的だと思えてくるという意図した効果が達成される。メディアのイメージでも公共の場での嫌がらせでも、セクシュアル化は、必ず男が捕食者、女は被食者という男女間の力関係を強固にする。この捕食者／被食者的なマインドセットがあると、女性対女性の性暴力や女性による女性のフェティッシュ化などの存在を信じられなかったり言語化できなかったりすることからもわかるように、女性が性的攻撃者になると想像するのがほぼ不可能になる。さらに男性が性的対象物になることもほぼ想像できない。[1] 成人女性に誘惑された若い少年を、レイプ犯罪の被害者とみなさず、むしろ「ラッキー」だなどとみなしたりしてしまう。事実、成人男性が性的対象物にされる唯一の例は、男性攻撃者によって性の対象とされたり性行為を強要される場合だけだ。

この捕食者／被食者二分法は、トランスセクシュアル女性が社会でどのようにセクシュアル化されるかを理解するとき極めて重要だ。トランスの女性は性別移行後も男のままだと言って譲らない人が多いが、トランスの女性が「男性」としてセクシュアル化されるのはごく稀である。もちろん、暴力的に女性をえじきにする架空のＭＴＦトランスセクシュアルを描いた映画が何本か作られたが、こうした登場人物の大半は、実際のトランスの女性というより、「異常な」「精神が錯乱した」男性として描かれる。例えば、『殺しのドレス』（一九八〇）と『羊たちの沈黙』（一九九一）の登場人物は身体的には女性に移行しておらず、登場人物がもつトランスセクシュアルとしての特徴は、これらの人たちを暴力に駆り立てる精神疾患として扱われるに過ぎない。だが圧倒的大多数の場合、セクシュアル化されたトランスの女性には、性的攻撃者ではなく性的対象物としての役割が与えられる。例えばストレートのアイデンティティをもつ男性が主な顧客であるトラニーセックスポルノ業界は、トランスの女性を男性の性欲の対象として扱っている。対照的に、トランスの男性は、ストレートのアイデンティティをもつ男性からここまでモノ化されることはない。トランスの男性が登場するポルノ（ほとんどないに等しいが）を観るのは主にゲイ男性とクィアな女性である。[2]

　トランスの女性としての私自身のセクシュアル化体験は、私がシスセクシュアル女性とみなされ、攻撃者でなく性的対象物と扱われたときのセクシュアル化に似ている。だがいつも、トランスの女性としてのセクシュアル化のほうが、ずかずか入り込まれて卑しめられている感じがずっと強い。例えば、私がシスセクシュアルとみなされて受けるセクシュアル化の言葉のほとんどは、見知らぬ人から脈絡なく公然と発せられる。一方、パーティーやバーなどもっと社交的な状況で出会う男性は、露骨に下品な言葉で私をセクシュアル化するところまで自分を低めることはまずない。だが、私がトランスセクシュアルと知られている場所、例えばスポークンワードのパフォーマンス会場などでは、男性があからさまに私をセクシュアル化することがよくある。私に会ってすぐに、「シーメール」ポルノをどれだけエンジョイしているかや、「『あなたみたいな女の子』を見ると性的に興奮する」と話し出し、トランスの女性との性行為について生々しく説明する男性がいる。また私は、「トランスセクシュアル」のキーワード検索中に私のウェブサイトを見つけたおそらく男性と思われる人たちからの、おびただしい数の迷惑メールを受け取るが、トランスの女性との性的ファンタジーを嫌というほど事細かく伝えるものや、私の身体や性行為に関するどぎつい質問などが書かれている。これらのメールは決まって、私がトランスセクシュアルの女性であることを話題にする。私をシスセクシュアルの女だと思っている人から、この手のメールを受け取ったことはない。

私がトランスの女性として、よりハードコアなセクシュアル化を経験するのは、トランスセクシュアルがかなり稀な存在だからエキゾチックに見えるためではないかと思うかもしれない。稀であることはこの現象の一因かもしれないが、それだけでは十分な説明になっていないと思う。つまるところ、比較的レアなタイプの女性はたくさんいるわけだが、その誰もがトランスの女性ほどにはセクシュアル化の対象とされていない。メールをくれた男性たちに露骨なコメントは困ると私がはっきり伝えるとき、どんな返事が来るかを見ればもっとわかりやすい説明になるかもしれない。会って間もないストレート男性がすぐさま性的な考えや空想の話をし始めたら、「ちゃんとした」女性なら誰でも腹を立てる（実際、性的冷やかしをする多くの人は、ハラスメントの対象となる女性に馬鹿にされたとかばつが悪いという感情を起こさせて楽しんでいるようだ）のは当然だろう。だが、私をトランスの女性と知ったうえでセクシュアル化する男性はしばしば、私がこの人たちと性的にあけすけな話はしたくないことに唖然としたり怒りをあらわにしたりする。ある男性に至っては、私が彼を惑わせたと非難した。まるで私がトランスセクシュアル女性であることを公にしている唯一のもっともな理由は、私が性的に相手となれることや男性の性的関心をそそることだとでも言いたかったのだろうか。それがなぜか私の「自業自得」だという思い込みは、性的に挑発していると男性が判断した衣服や行動の女性に向かって男性が取る態度とゾッとするほど共通している。

またしてもこの種の考え方は、女性は決して性的攻撃者とみなされず、いつも性的対象物とされる捕食者／被食者的ダイナミクスに直接起因するものだ。だからセックスの主導権を取る女性は男性をえじきにしているとは思われず、男性の性的攻撃を自ら受け入れているか誘っているとみなされる。もちろん、男性によるセクシュアル化を「誘う」ものは何かといえば、通常は男性側の思い込みと定義される。例えば、男性にレイプされた女性が、身に着けていたもの、過去の性交歴、男性と二人だけで会うことをいとわないなどの理由で、暴行を誘発したと誤って断定されることが多い。事実、女性の取る行動が他人に性的対象物と思われてもおかしくないと誤解される可能性があるとき、男性からの口説きを誘っているとみなされる。これにならえば、胸元があいたワンピースを着ている女性は自分自身のモノ化に一役買っているとみなされるのとほぼ同じように、身体的に男から女に移行したという理由で自分を性的に対象物化することを許しているとみなされるトランスの女性も、私たちの文化のなかでハイパーセクシュアル化されているのだ。

トランスの女性がわざわざ女性に変身するのは、男性によるセクシュアル化と性的な口説きを誘うためという考えは、トランスの女性に関する思い込み神話のなかでもっともよく知られたものだろう。この神話によれば、トランスの女性は生きた男性なら絶対抗えない性的対象物に変身して、男性を「えじき」にするというより「誘惑」するとされる。こういう事実の捏造があれば、男性は自分の性行為の責任から放免されるだけでなく、本質的に従属的な立場である性的な対象物や被食者の役割を演じなくて済む。この方策がそれとなく伝えているのは、トランスの女性の身体的移行は男性の欲望を中心にしたものだということだ。これは、とてもフェミニンな、あるいは露出度の高い服を着た女性は自分たちがそういう服を着たいのではなく、男性の関心を引こうとしているのだという思い込みにずいぶん似ているのが、とても重要なポイントだろう。もしトランスの女性が**女になりたい**ことを主な理由（そしてそれが一般的な理由）としてセックスを変えるのだと思われていれば、ＭＴＦ移行は自己をエンパワメントする行為であると同時に、女であることそのものをエンパワメントする可能性もある。だが、トランスの女性がセックスを変えるのは男性を誘惑するためだと想定すると、トランスの女性が性別移行する動機を本質的にセクシュアル化してしまう。これは、異性愛男性の欲望こそ重要なものと強く印象付ける一方、トランスの女性と女であることを無力化する動きだ。トランスの女性の動機がセクシュアル化されると、トランスの女性の女性としてのアイデンティティが軽視されるだけでなく、男性によるセクシュアル化以外、女性全体には何の価値もないと言っているようなものだ。

　さらに、異性愛男性の欲望を重視するこうした傾向は、ＭＴＦ性別移行プロセス自体に関する社会の言説でも支配的である。例えばメディアがＭＴＦホルモン療法の効果としてもっとも頻繁に説明するのは、トランスの女性のバストや「くびれ」が発達することである。もちろんこれは間違っていないのだが、私たちトランスの女性自身はくびれなどをホルモン療法のもっとも重要な結果と必ずしもみなしていない。私たちの多くはエストロゲンの心理的・情緒的影響や、周りから総合的に女性と察知されやすくなるなどを、ホルモン療法によるポジティブな結果として引き合いに出す傾向がある。同様に、トランスの女性がボトム手術を受けるのは、潜在意識下のセックスイメージと身体の整合性を取るのにクリトリスとヴァギナが欲しいからではなく、男性に挿入されたいからだと思い込んでいる人が大多数だ。もちろん（シスセクシュアル女性同様）男性に惹かれてセックスがしたいと思うトランスの女性も多いが、トランスであれシスであれ、どんな女性であっても、女性としての身体は男性の挿入を経験するためだけにあるとするのは屈辱的だ。

　もちろん、ＭＴＦトランスセクシュアルの考察で男性としての欲望を重視しようとしても、トランスの女性の多くはレズビアンかバイセクシュアルだという事実によってその立場を失う。メディアは女性パートナーをもつトランスの女性を不可視化するか無性化するため、この矛盾は重要視されない。例えば、メディアは二人の関係を完全にプラトニックなもの、あるいは異性愛者ではなくなった結婚の名残だと描写するかもしれない。事実、ダイクのアイデンティティをもつトランスの女性である私がトランス関連のアウトリーチ活動先でもっともよく聞かれる質問は、「もし女性に惹かれるのなら、どうしてセックスを変更したのですか」である。質問の本質は、異性愛男性を誘惑して男の欲望を満たすのでなければ、何でまた女になることを選んだのか、ということだ。ボトム手術をしないことにしたり、あまりフェミニンなイメージになりたくなかったりするトランスの女性に対しても、似たような質問が寄せられる。こうした事例一つ一つのなかにみられる世間の混乱は、トランスの女性は異性愛男性の欲望の対象物となるために性別移行するという前提に起因する。トランスの女性が性別移行するのは主に自分のため（実際そうなのだ）という想定が社会に広がっていれば、毎日化粧やドレスアップしてハイヒールを履くのはごめんだと思う人がいたり、感覚喪失などの合併症が心配で、費用が高額な性器手術を受けないことにする人もいるということが理解されやすいのではないかと思う。

私たちトランスの女性は意図的に性的対象物に変身するというありがちな思い込みも、メディアがなぜ私たちをセックスワーカーとして描くことが多いのかを説明している。[3] トランスの女性セックスワーカーが「お定まりの登場人物」の地位を得たのは特に興味深い現象だ。なぜなら、メディアの描写するトランスセクシュアルは、シスセクシュアルがもつ思い込みとまったく食い違っているからだ。メディアは、セックスワークに関係しないトランスの人たちを表象するとき、トランスセクシュアルは非常に稀な現象だということを強調し、トランスセクシュアルであることには性的に魅力がないという見方を広げようとすることが多い。だから、そこまでレアで魅力がないとされるのに、テレビや映画に登場するセックスワーカーがかなりの割合でトランスの女性である理由がよくわからない。こうした一貫性のなさに、トランスの女性は男に性的対象物化されたいと必死だろうから、セックスワーカーの仕事を積極的に探し出しているに違いないという考えが見え隠れする。

事実、トランスの女性にセックスワーカーは多いが、たいてい性的対象物になりたいと思ってやっているわけではない。シスセクシュアル女性同様、多くのトランスの女性がセックスワークに就くのは、収入を得る現実的な選択肢が他にあまりないためだ。例えば全米一トランスフレンドリーだと思われるサンフランシスコでは、トランスジェンダーの人のおよそ七十五パーセントが正社員の仕事を得ることができない。五十七パーセントは職場で雇用差別を受け、九十六パーセントがサンフランシスコ市の平均以下の収入で生活している。[4] 言い換えれば、トランスジェンダーのセックスワーカーを現実に即して描くのであれば、トランスに対する偏見のせいで起こる貧困問題を取り上げる必要がある。当然、この部分がテレビや映画で取り上げられることはほとんどないし、トランスの女性がセックスワーカーとして登場しても、ほんの一瞬でしかも不適切だ。こうしてメディアによるトランスの女性はセックスワーカーというステレオタイプ化によって、トランスの女性がセクシュアル化されたいから性別移行するという誤解が広がるだけでなく、そもそも多くのトランスの女性を現実のセックスワークに追い込むシスセクシュアルの偏見がなかったことにされる。

　メディアが女性をどうセクシュアル化するかについては、フェミニストが詳しく分析してきたが、それらの研究はメディアによるトランスの女性の描写を対象としないのが常だった。実際、フェミニストのなかには、トランスの女性はハイパーフェミニンで性的対象物化されたがっているというメディアが描くステレオタイプを額面通り受け取っている人もいるようだが、女性や他の性的マイノリティのイメージがストレート男性中心のメディアによって歪められ誤った描写をされていると批評してきたことを考えると、かなり支離滅裂な立場である。だが、トランスの女性の描写なんて自分たちと関係ないとシスセクシュアル女性が思うのなら、それは間違っている。なぜならトランスの女性の描写はトランスセクシュアルであることと同時に、女であることも否定しているのが明らかだからである。結局、女性が常に男の欲望の対象にまでいつも矮小化されるこの社会でなら、この世で唯一、自ら進んで女性になることを選び、女として認めてもらえる権利のために積極的に闘うトランスの女性の描写が、ほぼ例外なく純粋にセクシュアル化された形なのは決して偶然ではない。

残念ながら、捕食者／被食者の力関係という限られた文脈が、メディアやポップカルチャーのトランスの女性の描写だけではなく、精神医学的な説明にも影響を与えてしまった。多数の影響力をもつ精神分析医がリビドー形成に関する男根中心モデルを主張してきた。このモデルから生まれた、性的な攻撃者になれるのは男性だけという長年信じられてきた前提をもとに、精神科医は、女性には「稀」あるいは「まったくみられない」のに、男性がしょっちゅう「襲われる」数えきれない「性的倒錯」と「変態」の定義づけをした。実際にはこれらの行為の多くは女性にもみられることが、他領域の研究者によって記録されている。だが女性の行為は「行為体の男性」（要するに本物の性的攻撃者）が必要だとみなされ、精神医学では見過ごされたか、あいまいなままにされた。[5] 同様に、トランスセクシュアルに関する精神医療の言説では、トランスの女性は「男性のトランスセクシュアル」、トランスの男性は「女性のトランスセクシュアル」と名付けられ概念化されていた。そのなかでＦＴＭスペクトラム上のジェンダーやセックスの多様性は軽視される一方、ＭＴＦスペクトラム上のトランスジェンダーに多くの関心が寄せられる傾向にあったが、これも後者が「行為体の男性」とみなされたことが関係する。[6] だがこれは、ＭＴＦスペクトラム上のトランスの人たちは単に男性だから（あるいは男性だったから）研究対象にされることが多かったというわけではない。捕食者／被食者二分法をそのまま受け入れた精神科医は、女性性の表現の唯一の目的を男性の性的欲望を惹き付けてそれを満たすこととし、女になりたい欲求を性的に対象物化されたい欲求と同義とみなすため、一貫してＭＴＦトランスジェンダーであることの動因をもっぱら性的衝動に求めようとしたのである。

精神医学がＭＴＦトランスジェンダーであることをセクシュアル化したことは、ＭＴＦスペクトラム上のトランスの人々をトランスヴェスタイトとトランスセクシュアルの二つの種類に分けた過去が、もっとも明瞭に物語っている。トランスヴェスタイト／トランスセクシュアル二分法は、ＭＴＦトランスジェンダーの幅広いスペクトラムを説明することはできないが、多くの精神科医が盲目的に信じた捕食者／被食者二分法に酷似しているところから一世を風靡した。ごく最近まで、ＭＴＦトランスセクシュアルと判断されるには、女性になりたいと表明し、男性に性的に惹かれ、フェミニンなジェンダー表現をし、ペニスではなくヴァギナが欲しいと思い、性別移行後はどこから見ても女性に見える必要があった。言い換えれば、精神科医は、異性愛男性から見て望ましい性的対象物になる意欲と能力を、トランスセクシュアル女性に求めていたのだ。何十年にもわたり、こうした基準のどれにも当てはまらないＭＴＦスペクトラム上のトランスの人たち（つまり、性的対象物になるための条件にぴったり当てはまりたくない人たち）は、身体的に性別移行したくても拒否され、「ただの」トランスヴェスタイトだとされた。

　性的対象物化されやすいＭＴＦトランスセクシュアルとは異なり、トランスヴェスタイトは男性、つまり性的攻撃者とみなされた。女性の格好をしたい欲求は、セルフエンパワメントの効果はおろか、中立的なジェンダー表現とすらみなされず、女性の衣類を身に着けるフェティッシュとされた。フェミニンなジェンダー表現のセクシュアル化は女装フェティシズムとして精神科の診断に体系化されたが、クロスドレッシングをする異性愛男性なら誰でもこの「性的倒錯」の衝動があると解釈できるぐらい曖昧な書き方がされている。[7]女装フェティシズムの診断に組み込まれた奇妙な仮定、特にクロスドレッシングをする異性愛男性をはっきりと除外している点から、この診断が捕食者／被食者二分法を補強する目的のためだけに作成されたことがうかがえる。ある意味、女装フェティシズムは異性愛男性のフェミニンなジェンダー表現を、フェミニンであることを性的対象物化する男性の性的攻撃者のある程度（見当違いだけれど）「ノーマル」な例と曲解させる。同性愛男性が除外されているのは、女性が性的対象物でないので、除外しないとクロスドレッシングをフェティシズムに分類できなくなるため、あるいはフェミニン表現が主に他の男性による同性愛者の性的対象物化を促すものとされたため、という理由が考えられる。

もちろん全員ではないものの、クロスドレッサーを自認する男性の多くが最終的には自分をトランスセクシュアルとみなすようになり、身体的に女性に性別移行する実態が年々明らかになるにつれ、ＭＴＦトランスセクシュアル・トランスヴェスタイト二分法に対する疑問の声が高まってきた。[8] 惹かれるのが主に女性であることに変わりがなかったり、この人たちのジェンダー表現は他人から見たら十分にフェミニンとは言えないにも関わらず、自分に対する見方が変化する。そこで、最小限の仮定条件でもっとも簡単にこの現象を説明しようとするなら、クロスドレッサーにも、トランスセクシュアル女性と同じく潜在意識下のセックスが女である人がいると言えるかもしれない。しかし、女性は「自然に」フェミニンで男性に惹かれるという前提が当たり前な社会で、その期待に応えていないＭＴＦスペクトラム上のトランスの人は、女性になって女性として生活することを現実的な自分のオプションとして、なかなか考えられないかもしれない。そこでこれらの人はまず、唯一現実的な代替案に思えるクロスドレッサーのアイデンティティに引き寄せられるのだろう。私の場合は確かにそうだった。私にとって、私がクロスドレッシングを実際に深く経験し（結局私のジェンダーの不協和を軽減するには十分でないことがわかったが）、古典的なトランスセクシュアルの原型に当てはまらないトランスの女性に何人も出会ってから、私が身体的に性別移行してジェンダーやセクシュアリティの規範にはいささか当てはまらない女性として生活することが実際に可能だとわかった。

男性クロスドレッサーが最終的に自分をトランスの女性とみなすようになる理由を説明するとき、第六章「内在化傾向とは」で説明したように、性的指向とジェンダー表現からは独立した潜在意識下のセックスこそ、もっともシンプルで理にかなったモデルかもしれない。だが、精神科医のなかにはこのモデルを受け入れられない人たちもいる。これはおそらく、異性愛者でもフェミニンでもないトランスの女性の存在によって、研究者が当然視していた捕食者／被食者論法が完全に弱体化するためであろう。八〇年代後半、この問題に妥協点を見つけようとする動きがあり、心理学者レイ・ブランチャードはＭＴＦ性別移行を説明する別の（そして複雑化に拍車をかけた）モデルを提案した。[9]彼の理論から、彼が〈オートガイネフィリア〉と命名したトランスセクシュアルと、〈同性愛的トランスセクシュアル〉という、捕食者／被食者二分法の反復である新たな二分法が生まれた。議論を呼んだブランチャードの理論は、いくつかの根拠のない間違った仮定に基づくもので、彼が裏付けとして提出したデータには多くの方法論的欠陥が見つかっているが、精神医学の文献を見るとある程度受け入れられており、心理学者Ｊ・マイケル・ベイリーの著書『女王になる男』が出版されると、一般社会でも注目を集めるようになった。[10]

ブランチャードのモデルによれば、「同性愛的」トランスセクシュアルはフェミニンで男性だけに惹かれるトランスの女性のことである。命名法が紛らわしいのは、ブランチャードをはじめとする精神科医がトランスの女性を「男性」とみなしているからである。このタイプの人は異性愛男性の欲望に応える意欲があるので、性的対象物の役割という要件を満たす。「同性愛的ジェンダー違和症の人たちは、男の体の客体的特徴、特に男性器を見たり触ったりすることで直接的に欲情する」[11]。ここで暗示（ベイリーの著書ではより明確に述べられている）されているのは、「同性愛的」トランスセクシュアルとは、異性愛男性を引き付ける唯一の方法として女に性別移行するフェミニンなゲイ男性だということだ[12]。

それからブランチャードは、「男性に性的興奮を覚えないあらゆるジェンダー違和症をもつ男性（原文ママ）は……自分自身の女性としてのイメージによって性的に興奮する」という主張を裏付けようとして、全ての「非同性愛的」ＭＴＦトランスセクシュアルは、オートガイネフィリアというブランチャードが創作した性的倒錯の一種に悩まされていると主張する[13]。こうして、オートガイネフィリアの患者は、性的攻撃者としての要件を満たすとされ、女であることやフェミニンであることを性的対象物化する男性だとみなされる。ブランチャードの観点では、この人たちの「ノーマルな」異性愛的性欲が自分自身に誤って向けられている、つまり、この人たちは他の女性のイメージではなく、あるいはそういうイメージの他、女性としての自分のイメージに惹かれることだけが唯一の問題とされる。それ以前の女装フェティシズム同様、「同性愛的」とされる人たちは、これらの理論の根拠である捕食者／被食者二分法を弱体化させるのが必定であるため、オートガイネフィリアから除外される。だからトランスセクシュアルであることには統一基盤（つまり身体のセックスとかみ合わない潜在意識下のセックス）があると仮定する代わりに、ブランチャードは自分が主張するＭＴＦジェンダー・アイデンティティや表現のセクシュアル化のために、ＭＴＦトランスセクシュアルの二つの独立した原因を提案する[14]。

ブランチャードは、このモデルが、男性クロスドレッサーと「非同性愛的」トランスの女性を一つのカテゴリーに組み入れるので、ＭＴＦトランスジェンダーに関する他の精神医学理論よりシンプルだと主張する。「この見解によれば、トランスヴェスタイトとは、クロスドレッシングに関連した性的興奮が唯一、あるいはもっとも顕著な症状で、ジェンダー違和のない（あるいはまだ発症していない）オートガイネフィリア患者だと理解される」[15]。だがこれが厄介なのは、クロスドレッサーやトランスの女性のなかには、ブランチャードが描写するような性的興奮を一度も経験したことのない人たちがいる点だ。ＭＴＦコミュニティでは、ジェンダーに関していろいろ試してからまだ間もないころ、自分のクロスジェンダー表現に性的な興奮を覚えたが、時が経つとフェミニンな自己表現に興奮を感じることが少なくなったり全くなくなった経験をもつ人のほうが多いだろう[16]。ここが特にトランスの女性に当てはまるのは、過去の性的ファンタジーに関係していた女物の服を着ることや女の身体をもつことは、女に身体的な性別移行をし、来る日も来る日も女性として生活するようになるとむしろ平凡で無意味なものになることがあるからだ。この事実はブランチャードのモデルに深刻な打撃を与える。なぜなら、トランスの女性は性的興奮のために性別を変えるのではないこと、クロスドレッシング中の一時的なセクシュアルな経験はむしろ、女であることや女性性に当然のように関連づけられたセクシュアル化を強調する文化的シンボリズムを乗り越えたことに、より関係することなどを示唆するからである。ブランチャードはこの問題提起に対し、オートガイネフィリアは性的倒錯なだけでなく性的指向だと主張し、女性としての自分の姿に性的興奮を感じなくなったトランスの女性は女性としての自己と夫婦の絆のような「ペアボンド」を形成したと主張することで回避しようとする[17]（彼はこの傾向を、お互いに性的関心が減少してからも一緒にいる結婚生活が長いカップルに類似していると見ているのだろう）。

　ブランチャードは、オートガイネフィリアを性的指向に分類したことで、ヒューマン・セクシュアリティの理解に関する自分の驚くべき無知を露呈している。「性的対象物の選択」だけに焦点を絞ったブランチャードは、性的ファンタジーと現実の両方において**人間の身体**が果たす役割を考慮し忘れている。人間の性体験は、自慰的なものであれパートナーとのものであれ、他者に対する性的魅力と欲望、そして物理的にセックス化された身体から発生する精神的、視覚的、触覚的、その他刺激に対する性感や性的な反応がさまざまに組み合わされているのが普通だ。シスセクシュアルは物理的にセックス化された自分の身体を当然視できるので、この人たちの関心はもっぱら、セクシュアリティの面で自分には独断で決められないこと、つまり性行為の相手になる可能性がある人たちの身体に向けられる。対照的に、性別移行前の、あるいは性別移行しないトランスの人たちは自分たちの身体のセックスをすんなりとは受け入れられないので、性的ファンタジーはしばしば自分が好む性別の身体に変わったりその性別で生活することが関係している。この件で話を聞かせてもらったトランスの人たちは、ＭＴＦスペクトラム、ＦＴＭスペクトラム、同性愛、バイセクシュアル、異性愛に関係なく、自分たちの性的ファンタジーはほとんどいつも自分が（ある程度）適切にセックス化された身体でいることが関係していると口をそろえて言う。

　トランスとシスの観点が異なるのは必然だということを考慮すると、ブランチャードの「パートナーの体つき」よりも自分自身の身体が女であることについてのファンタジーをもつ「オートガイネフィリア患者」は、顔のない男に体をまさぐられたり挿入されたりするファンタジーをもつシスセクシュアル女性や、顔のない女性にフェラチオされることを想像するシスセクシュアル男性と大差ない。事実、ストレート男性向けポルノでペニスが目立つこと、男性ロッカールームでの会話、そして公衆トイレの落書きなどを考えると、男性異性愛はかなりの程度、〈オートファロフィリア〉、つまりペニスをもっている自分を想像して興奮することに突き動かされていると主張するのもたやすいことだ。この考え方によれば、トランスの人たちとシスセクシュアルを対等の立場に置くことになり、さらに捕食者／被食者論法と根本的に矛盾するような男性が自分の体を性的対象物化できる可能性を示唆するので、もちろんブランチャードがこの考えを考慮するとは思えない。事実、捕食者／被食者二分法の性質が限定的であるため、自分が望むジェンダーを性的対象物化しているのはＭＴＦスペクトラム上のトランスの人たちだけだと非難されることになる。シスセクシュアル女性はセクシーな女性用衣類を身に着けることで性的に興奮するかもしれないし、ＦＴＭスペクトラム上のトランスの人たちは自分がペニスをもっていると考えただけで興奮するかもしれない。だが、これらのグループは（多くの精神科医から見たら、の話だが）女性とみなされるため、本物の性的攻撃者とされない。そしてシスセクシュアル男性は性的攻撃者と特徴づけられることが多いが、この人たちの性的に高まった感情はどれも自分たちが男であり男性性をもつことに関係している点は、男性を性的に対象物化したくない社会では無視される。

　精神医学の領域内外で多くの人が強迫的にＭＴＦのジェンダー・アイデンティティや表現をセクシュアル化するあまり、「あちこちで耳にする捕食者／被食者二分法という仮定から、ＭＴＦスペクトラム上のトランスの人たちは自分をどうみなすようになるのだろうか」という、もっと関連性のある喫緊の問いかけが聞こえてこない。メディアやポピュラーカルチャーによる女性の表象が少女や女性のセクシュアリティ、行動、そして身体イメージに大きな影響を与えることについては、膨大な量のリサーチ（そのほとんどが心理学者によるもの）があることを考えると、こうした研究をＭＴＦコミュニティで行うリサーチが非常に少ないのは驚きだ。結局、男として社会化されてきたけれどもＭＴＦスペクトラム上にいる私たちも、女として社会化された人たち同様、女であることやフェミニンであることをあからさまにセクシュアル化する文化のメッセージにさらされ、自分のセクシュアリティや自己イメージをその文化の理想に合わせて作っていかざるを得ない。

ＭＴＦスペクトラム上のトランスの人がもつセクシュアリティは、トランスの女性がセクシュアル化の加害者ではなく、むしろ女であることと女性性をセクシュアル化する文化メッセージの受け手であることが理解できれば、ずっと辻褄が合うと主張したい。いわゆる「真性」トランスセクシュアルの原型（つまりブランチャードの「同性愛」グループ）に当てはまる人は、一般的に子どものころから女性のアイデンティティをもち、早い時期に性別移行する。これらの人はかなり早い時期から自分を女性と認識するので、いわゆる魅力的な女の子になることや男の子を惹きつけることに熱中するなど、トランスでない異性愛の女の子が文化から奨励されることを自分ごととして吸収するのかもしれない。その一方、自分が「男の子」だということを意識的に受け入れた後でジェンダーの境界線を横断したい欲求に気づいたＭＴＦスペクトラム上のトランスの人たち（ブランチャードのいう「オートガイネフィリア症」の人たち）は、自分の女性あるいはフェミニンな傾向と、男女は「対極にある」セックスで、女の子は男の子に劣るという社会のメッセージと折り合いをつけるのにより大きな困難を感じやすい。自分を女と呼ぶ特権意識をもったり、外から見てフェミニンな行為をしたりするのではなく、これらの人たちは自分のクロスジェンダー傾向に対して激しい恥や自己嫌悪を抱くようになることが多い。そういう感情を処理するため、従属、屈辱、性的対象物化を伴って女・フェミニンになりたいという欲求に関連した性的想像やファンタジーを発達させることがある。どちらかというとこれらのファンタジーは、男性に多い性的にアグレッシブで性的対象物化するファンタジーより、多くの女性が経験する露出的、従属的、そしてレイプファンタジーなどとの共通点のほうが多い。

　私を含むＭＴＦスペクトラム上のトランスの人たちを執拗にセクシュアル化する動きは、私たちのジェンダーやアイデンティティ、そして表現を否定するために用いられるもっとも一般的な戦略の一つとなったため、私たちのコミュニティでは多くの人が自分自身の性行為の好みを否認しようとした。だが私はそれだけでは不十分だと思う。というのはこのアプローチでは、私たちのセックスやファンタジーに関する恥の念がいつまでも助長されるほか、私たちのセクシュアルな思考や行動に、シスセクシスト的、二項対立的セクシスト的、そして伝統的セクシスト的解釈を使うのに躍起になっているブランチャードやベイリーなどのいわゆる専門家が簡単に埋めることができるすきまができるからだ。私自身のセックスの履歴は、適切な政治的文脈のなかではオープンにしておくのがよいと思っている。社会がＭＴＦスペクトラム上のトランスの人たちはみな「変態」で「性的倒錯者」だと言い張るなら、そもそも私たちがそのような評価を受けるのは、ミソジニー的で捕食者／被食者関係に取りつかれた二項対立的セクシストなジェンダー偏見と慣習が社会にあるからではないのか。社会はこの問いに答える必要がある。

―第十五章―

従順さの条痕

Submissive Streak

子どものころ、私は性的に暴行を受けた。でも誰か特定の人間から被害を受けたわけではない。やったのは私の文化だ。私との行為が済んだとき、そいつは、そいつのことをいつでも思い出せるようにと、私のわき腹に自分の名前を彫り込んだ。その傷痕は、私の自尊心がべりっとはぎ取られた場所の目印だ。そして今残っているのは、グランドキャニオンぐらい広くて深い従順さの条痕だけ。

私は生まれつきトランスジェンダーかもしれない。生まれた時に男の体を与えられたのに、自分を女に思うように脳があらかじめプログラムされていた。でも私は他の子と同様、自分が何者か、私の価値はどれだけかを見つけ出すのに、自分以外のことに目を向けた。聞き分けのよい男の子のように、私は周りから発信されるあまりサブリミナルとも言えないメッセージを何でも吸収した。パパは何でも知っていて女性の居場所は家庭であるとするテレビ番組、無力な少女がハンサムな王子の到来を待つおとぎ話、囚われの姫君を必ず助け出すマンガのスーパーヒーローたち、そして校庭で投げられた「女々しい」、「ホモ」そして「プッシー」のような嘲りの言葉。これら全てから、私は「フェミニンである」は「弱さ」の同義語だと学んだ。明らかに劣っているほうのセックスになりたい自分を嫌うべきということは、誰に言われなくてもわかっていた。

思春期を迎えた私は、自分が女性に惹かれることを初めて知り、女の子になる夢にも影を落とした。私にとってセクシュアリティは、嫉妬と自己嫌悪と肉欲の奇妙な組み合わせとなった。孤立した感受性の強いトランスジェンダーの少女に、女性のビキニ姿を見せつける屋外広告板や、あの子のおっぱいがどうの、この子のケツが何だと男子ロッカールームで繰り広げられるくだらないやり取りを浴びせたら、この少女は自分のジェンダー・アイデンティティをフェティッシュ化することを覚えるものだ。

だから三文小説やハードコアポルノを参考にしなくても、私の十三歳の脳みそはＢＤＳＭハンドブックからそっくりそのまま抜き取ったようなシナリオをでっち上げ始めた。私のファンタジーはたいてい、私が誘拐されるところから始まった。邪悪な計画に従って私を女にしようとするよこしまな男の手で、私は彼の言いなりにさせられる。それは強制的女性化といわれるもので、別に性行為の話じゃない。感じている屈辱を快楽に変えること、男性特権の喪失を今までで最高のファックに変えることなのだ。

女が得意なのはただ一つだけという決まり文句はひとかけらも信じたことがないが、その気持ちが私のファンタジーにいつも忍び込むことには気づいていた。十代の後半、私はよく性の奴隷として売られ見知らぬ男たちにいいようにされるという想像にふけっていた。別に男に興味があったわけではないが、映画や雑誌から、フェミニンであるということは、自分を男に支配させることだと思い込んでいた。心の中で、私が小人に見えるぐらい大きな体の人たちに押さえこまれ、まだ私のものとなっていない体の部位を嫌なのにまさぐられるときの幻痛を感じた。あればいいのにと願うたび自分を嫌いにさせたカントに、顔のない男がコックを突き刺すときの無力感を経験した。そして空想の中で一突きされるごとに、私はエクスタシーと恥を同時に感じた。私のレイプファンタジーは、女になりたい願望を自分に課した懺悔や罰と組み合わせることで罪の赦しを受けるという、カトリックの秘跡の出来損ないのようなものだった。

二十代のころ、私はロールプレイの関係を発見した。週刊紙が掲載する「ワイルドなほう」欄に交際求むの広告を出し、小柄で「パス可能な」クロスドレッサーを支配すると考えるとオーガズムを感じるようなタチの候補者に電話した。この人たちのために私は肌を露出した服を着、十センチ・ヒールのパンプスを履いた。そのほうが女に見えると思ったからではなく、自分を守って透明人間になるためにそれまでの人生を費やしてきた私にとって、そこまで露出狂的で弱みをさらけ出すことにぞくぞくしたからだ。私はこの人たちの秘書やコールガールを演じた。そういう役柄はジェンダーやセックスもそうだが、階級にも大きく関係していた。私たちは、現実世界の意味やシンボルを使いながら、ヒエラルキーや序列に夢中になることを否定する文化の風刺画である空想世界を作り出そうとしていた。

決めておいたセーフワード[1]を言ったのに止めるのを拒否したタチとのプレイなど、空想と現実の間の境界線が曖昧になることもあった。私がやっと彼の口説きを止めさせたとき、私が彼をその気にさせたとか思わせぶりな態度を取るのは私の落ち度とか、彼はひどい言葉を使って私に罪悪感を抱かせた。私は帰宅して一時間近くもシャワーの中で座り込んでいたのに、まだ自分が汚らわしく病的に思えた。そしてこのことは決して誰にも話さなかった。潜在意識レベルでは、私は自分に起きたことは自業自得だという気持ちをぬぐい切れなかったから。

女のアイデンティティをもつ人は誰でも、自分たちに内在するミソジニーときちんと向き合わなければならない時が来る。家族へのカミングアウトや第二次性徴のときの性徴の悩みなどという返事を期待して、トランスセクシュアルとしていちばん大変なことは何かと私に聞く人がいるが、断然いちばん大変なことは、幼稚園に入る前から私の精神に刻み込まれたことを忘れることだったと言いたい。いちばん大変だったのは、世界全体が絶えず私に女性性は男性性に劣ると伝えているとき、どうやったら自分をまともに受け止められるかを学ぶことだった。

　最近の私は、積極的に発言するフェミニストでありトランスジェンダー・アクティビストだ。私は縞のシャツにジーンズ、コンバースオールスターというおてんば娘のような格好をする。ほとんどの人にとって私はかなり自信ありげに見えるだろうが、それは私の従順さの条痕が見えないからだ。袖の中に隠し続ける傷のように。時々口があいて血が出る傷のように。サメに噛まれた痕のように、それは私に初めて現れたとき、文字通り私を引き裂いた。でも最近の私にとって、この従順さの条痕は、私がどう生きてきたかの証しの一つなのだ。

―第十六章―

愛について叫ぶ

Love Rant

　それは友人との会話から始まった。うーん、会話というより叫び、だったかもしれない。私は、少なくとも三十九本のメジャーな映画に繰り返し登場した、バカっぽくて下品なシーンのことを我を忘れて話していた。ほら、男が性器的には「必ずしも女」じゃない女の子にひっかかるシーンのこと。観客はおとなしく必ず男のほうの気持ちに寄り添い、彼の気まずさに同情して笑うか、彼の不快感とともに唸り声をあげる。誰もトラニーのことなんか考えていない。このトラニーが誰だとか、彼女が今どんな思いでいるだろうかとか、誰も彼女のことなんか考えていない。だってこの子はただの小道具なんだから。映画スターが滑るためだけに使われるバナナの皮みたいなものなんだから。自分の性的指向がどんな影響を受けるかというところからしかトランスの女性を見たことがない、傲慢で無知なありとあらゆる人たちをこき下ろし終わった私は、ようやくそこで辛辣な批判を止めた。

　長々と続く私の攻撃演説をじっと聞いていたストレートで男性のアイデンティティをもつ私の友人がこう言った。「では教えてほしいんだけど。あなたがある女性に興味をもったとするね。彼女がトランスセクシュアルだと知ったら、どんな気持ちになると思うかな」

　言っておくが、私の友人は私が一人のパートナーと幸せな結婚生活を送っていると知っている。だからもちろん、これはあくまで仮定に基づく質問に過ぎない。でも私がちっとも気にならないと答えたとき、彼は驚いたようだった。トランスの女性との関係にただ「耐えられる」といったものではないどころか、私は名誉なことだと思うだろう。実を言うとここ三年ぐらい、私がもし積極的に出会いを求めていたとしたらお近づきになりたいと思った女性のおよそ半数は、たまたまトランスの女性だった。

私の返事を聞いて友人は早速こう言った。「へえ。あなたに『トラニーフェティッシュ』があるって知らなかったよ」そこで私は、私のような人に惹かれるのはある種の「性的倒錯」に悩まされる人だけかもしれないと彼がほのめかしたことに対して、皮肉交じりに感謝した。私は彼に説教した後、情熱、創造性、ユーモアのセンス、そして自信などの人格的な特徴をもつ女性に魅力を感じると言った。私の経験では、トランスの女性はどちらかというと、こうした資質をたっぷりもっているのだ。私たちトランスの女性を「愛でる」男たちは、女らしさや、性的に服従しそうだと想像することで私たちをフェティッシュの対象にする傾向があるが、私がトランスの女性をホットだと思う理由は、御しやすいとか控え目だとかいう理由からほど遠い存在だからだ。トランスの女性として生き残るために、私たちは当然、面の皮が厚く、怖じ気づかず、強情でなければならない。女であることや女性性が延々と続く中傷キャンペーンの対象とされる文化において、生まれた時に男を割り当てられた人なら特に自分のフェムな部分を受け入れるほど勇敢な行為はない。

そして「Tガール」のことを「両方のいいとこ取り」だから好きだというトラニーチェイサーの男性とは違い、私は、トランスの女性が**何から何まで**女性だから惹かれる。私が女であることは強烈すぎて、私の体内の細胞の中におどおど隠れている何兆もの退屈なY染色体を圧倒した。そして私の女性性は、男性として三十年間受けた社会化と二十年以上のテストステロン中毒にめげず、しつこく生き残った。スリルを求める変態たちはトランスの女性をアンドロジナスなファックファンタジーだと思うかもしれないが、それはそいつらが、私たちの女っぷりのよさがわからないぐらい、一人よがりになっているせいだ。

　そこまで会話が進んだとき、友人は切り札を出してみようと思ったらしく、こう言った。「では、あなたが惹かれたトランスの女性に、まだペニスがついていたらどうだろう」

　私は声を上げて笑った。そして私は人間に惹かれるのであって、身体から切り離された部位にではないと言った。もし私のパートナーの性器が彼女の快楽ではなく主に私の快楽のためにあると思い込んでいたら、私は自分勝手で、無知で、物足りない恋人だろうと言った。性器について知っておくべきなのは、それが肉と血と、何百万というちっぽけで落ち着きのない神経末端からできているということ。それ以外に読み込むのは、単なる幻覚、つまり自分自身のたくましすぎる想像力の産物なのだ。有名なことわざを言い換えると、「引き付ける」の反対は「反発する」ではなく「無関心」だ。だから、恋人の女性がもつ一見矛盾した性器にびびる人は、それが誰であれ、自分が認める以上にペニスに関心があるのだ（ところでこれは、この問題になるとステレオタイプ的ストレート男性の態度を模倣する「女性に生まれた女性」を自認するレズビアンにも当てはまる）。

　友人はまだ混乱している様子で、私にこう尋ねた。「じゃ、性器じゃないとしたら、トランスの女性の身体であなたががいちばん惹かれるのはどこなの」

　私はその質問を考えるのにちょっと時間をおいた。そしてそれは目に決まっていると答えた。あの人たちの目を覗き込むと、無限の強さとやるせない悲しみが見える。平均的な人間なら押しつぶされる屈辱と虐待を克服した人が見える。自分の欲望を恥じるように仕向けられても、結局それを求める勇気をもつ女性が見える。自分の意思に反して少年として過ごすことを強制された女性、周りの人たちが寄ってたかって必死に壊そうとした夢にすがりつく女性、次から次に現れては彼女が何者かを知らせ、彼女が求めることは不可能だと話す人たちに耳を傾けることを拒否した女性が見えるのだ。

　私がトランスの女性の目の中を覗くと、女であることがめちゃくちゃエンパワメントであることに対する深い感謝が見える。それは、女性のアイデンティティと身体を悲しげに受け止める、あるいは常に扇動者ではなく被害者の役を演じようとするシスセクシュアル女性が気づかない感謝だ。トランスの女性の目の中に私が見るものは、女性として認められる権利のために闘わねばならなかった経験からしか生まれない知恵、すげない社会で気後れせず女性である権利を主張する生の強さだ。トランスの女性の目の中に、私は男性ホモフォビアのヒステリアに支えられているようにみえる文化のなかで、女性であることを選び女らしさをオープンに表現することは浅はかでも、弱くも、消極的でもないどころか、マジ勇気を示す勲章だとわかっている人を見る。皆、ドラァグクィーンは「ファビュラス」と思うのに、トランスの女性がくそやばいって、誰にもわかっていないんだよね。

　会話がここまで来たとき、私はトランスの女性に魅力を感じるのはおそらく彼女たちに少しだけ自分を見るからじゃないかと気がついた。彼女たちの目の中に、私は他の誰もが気づかなかった、そしてトランスの女性としての経験がない人には見えない自分の一部を見出す。そしてたぶん、私を思い出させる誰かに惹かれるというのはナルシストかもしれない。でも人生の大半、自分のことや自分が欲求することを恥と思ってきた私がトランスの女性に惹かれるのは、ようやく自分を愛することを覚えた兆しなのかなと思う。

第十七章

クロスドレッシング
——女性性の神秘性を取り除き、「男性特権」を再考する

Crossdressing: Demystifying Femininity and Rethinking "Male Privilege"

「クロスドレッシング」のもっとも一般的な意味は、別のセックスに紐づけられた衣服を着用することである。女の身体をもつ人も男の身体をもつ人もクロスドレッシングする。そしてクロスドレッシングする理由は、ドラァグや演劇パフォーマンスの一部として、性的なこととして、周りから別のセックスの人間だと思われたいから、自分の深いところで感じるクロスジェンダー・アイデンティティの表現としてなど、さまざまだ。クロスドレッシングする（動詞）のは特定な人に限られない現象だが、「クロスドレッサー」（と、精神医学の類義語である「トランスヴェスタイト」）という言葉は、典型的には人前で行わないフェミニンな表現をたまに大奮闘して行うタイプの、ＭＴＦスペクトラム上にある特定の人たちを指すのに使われることが多い。その時「女性用」衣服とジェンダー役割にのめり込み、男性としての生活とはまったく区別された別人格を使う人たちもいる。それとは対照的に、性別移行前や移行しないＦＴＭスペクトラム上の人たちは、時々頭のてっぺんからつま先まで男の格好をするフェミニンな女性ではなく、典型的なブッチ、つまりマスキュリンな女性としてオープンかつ継続的に生活することが多い。

ＭＴＦスペクトラム上のクロスドレッサー（本章では単に「クロスドレッサー」とする）は、一般大衆から絶えず事実誤認され、失礼な扱いを受ける。精神医学やジェンダー・スタディーズなどの特定領域でも、クロスドレッサーでない人たちからその行動を冷たい目で細かく吟味され批評の対象とされる。個人的にクロスドレッシングを経験したことがない臨床家や学者は、何もわからないのに自分勝手な動機をクロスドレッサーにあてがう。一般にクロスドレッシングは、女であることの剽窃または客体化の一形態とするものや、潜伏期の同性愛表現、露出症、オートガイネフィリア症など何らかの「性的倒錯」行動の形態とするもの、男らしさの理想に沿って生活できない、またはしたくない男性が女性性に逃げ込むと推測されることが多い。

私は、十二年間クロスドレッサーのアイデンティティをもち、その間、他のクロスドレッサーと頻繁に親密な会話をもった人間の立場からこのエッセイを書いている。それは、ＭＴＦクロスドレッシングの経験について、より見識のある思慮深い視点を（できれば）提供したいと考えるからである。ここに掲げる私の解説は、その後女性のアイデンティティをもち女性として生活するに至ったクロスドレッサーである私の、個人的な体験から生まれたものだ。だから、私の発言は必ずしも、全てのクロスドレッサーが共感できるものでないかもしれない。性別移行をせずに自分のアイデンティティを受け入れて幸せに生きている人たちなら、特にそうかもしれない。私が意図するのは、全てのクロスドレッサーは将来のトランスセクシュアルだと示唆することでも、私の個人的な体験をまったく異なるジェンダー化された他人の経験に投影することでもない。これは単に、とても複雑で誤解されがちなアイデンティティに関する、私の個人的な見解だと思っていただきたい。

エフェミマニアとフェミニンな表現

なぜクロスドレッシングが圧倒的に「男の」事象なのかとクロスドレッサーに尋ねたら、クロスジェンダー表現で何が容認され何が容認されないかについて、男女間に非常に大きなギャップがあることを指摘する人が多いだろう。百年前なら世間の大半は、ズボンなど伝統的に「男性用」とされる衣服を女性が身に着けることを異常とみなしただろうが、今日、女性が男ものを身に着けても誰も騒ぎ立てたりしない。実際、女性の身体をもつ人は、何から何まで男性用の衣服を身に着けでもしない限り、クロスドレッシングしているとは思われない。一方、男性の身体をもつ人がワンピースやスカートなど女性用とされる衣服を一つでも着ていれば、クロスドレッサーとみなされる。このように男性の衣服規範の場合、前世紀に女性が経験したレベルまでの自由化が達成されていない。

クロスドレッサーなら誰でもこのダブルスタンダードを認識しているが、それを「逆」セクシズム、つまり女性に当たり前な衣服を身に着ける「権利」を男だけが否定されていると間違って解釈する人もなかにはいる。だがこのダブルスタンダードはそういうものではなく、伝統的セクシズムから発生しているのだ。近年は、クロスドレッサーが「女物」を普段の衣服に取り入れることを不可能にする法的な壁があるわけではない（例えばニューヨーク市には、女性用衣類を着用している男性と察知される人を「女性なりすまし」罪で逮捕できる法律が二〇一一年まで存在した）。これはいわば、階級の壁なのである。女性性は男性性に劣っているとみなされるため、「女々しい」、あるいはどこか女性化されたように見える男性は、社会におけるステータスや尊敬をかなり失う。その度合いは、ボーイッシュやブッチな女性の場合よりも大きい。フェミニンにふるまう男性は、そういった男性特権のメリットを失うだけではすまない。世間からずっと厳しい目を向けられ軽蔑されるのだ。男性中心社会において、男性性を表現する女性は二項対立的セクシズムの規範を破っているように見られるかもしれないが、「男のようになりたい」のは女であることより男であることのほうに価値を置く考えに一致しているため、伝統的セクシズムに逆らっているとは思われない。対照的に、女性性を表現する男性は、二項対立的セクシズムと伝統的セクシズムの両方に抗っていることになる。例えば、女であることや女性性を手に入れるために男であることや男性性を手放す人は、男性優位の価値観にとってはもとより、女性と男性は「対極」にあるべきとする価値観にとっても、直接的な脅威である。

　私自身の経験では、男性が女性性を表現することに対する執着と不安、つまり第七章で私が〈エフェミマニア〉と名付けた現象は、「女性の」衣服を身に着ける男性を批評する域をはるかに逸脱している。私が性別移行する直前の数年間、自分のフェミニンな傾向に問題を感じずオープンにしている男性として生活していたとき、ほんのささいなことで周りの人にジェンダー不安を感じさせることがよくあった。私が真っ赤な傘を持ち歩いていると、「この傘はあなたのガールフレンドのものですよね」とか「それ、借りているだけでしょう」などと質問されたことが一度ならずあった。さらに私がＴシャツとスニーカーの色をお揃いにすることについても、「それって偶然ですか、それともわざとお揃いの色なの」や「何でそんなことをするの」と尋問されたりもした。ある時、自分のバッグを少しの間私に持たせた友人は、私がそのバッグを肩から提げたというだけで「バッグを預かってとは言ったけど、肩から提げてとは言わなかったのに」と、私を仲間外れにした。そして皮肉抜きで「キュート」「愛らしい」「可愛い」

のような言葉を使う私は、絶えず奇異の目にさらされた。男の体をもっている私が女性性を見せると、周囲がささいなことにもコメントし、批評し、不安を訴えた経験は、数限りなくある。

　エフェミマニアは、男性の体をもつ人によるフェミニンなジェンダー表現を抑圧的に制限してむしばむ、伝統的セクシズムのとてもリアルな形態で、社会のあちこちでみられる。だが、残念ながらこれを理解しない女性が多いようだ。私が参加したジェンダーをテーマにしたイベントの質疑応答の最中、あるトランスの女性が、男性はピンクのネクタイをつけただけで激しい物笑いの種になると発言すると、女性へ社会化された人たちが大半の聴衆から笑いが起きた。この人たちはみな、そのピンクネクタイの男性が、男性特有の滑稽な被害妄想に襲われているとでも思ったようだが、その笑いはとても冷淡に聞こえた。こうした態度があるから、エフェミマニアが使われ拡散される（事実、前述のエフェミマニア的発言は全て女性のものである）ときに女性がしばしば果たす役割が不可視化されるだけでなく、この形態のセクシズムの重大性が完全に無視されてしまう。この五年間、私は化粧をほとんどせず、ボーイッシュな格好をし、脚やわきの下のムダ毛処理を長いことほったらかしにし、時々水夫のようにひどい悪態をつき、時には身体をよく動かし、工具を使ったり重い箱を持ち上げたりといった男っぽいとされる仕事もためらいを感じずやってしまう女性として生活してきた。その間、私のマスキュリンなジェンダー表現について、男性とみなされていたころに私のフェミニンな表現に対して受けた激しさや侮蔑のレベルほどの、ジェンダー不安に基づくコメントや批評を受けたことは一度もない。

　エフェミマニアは単に成人にだけではなく、子どもにも早い段階から影響を与え始める。もっとも興味深いのが、最近エミリー・ケインが就学前の子どもにみられるジェンダー・ノンコンフォーミングな傾向に対する親の反応について行った調査である。[1] ケインが調査対象とした親は、女児にはジェンダー・ノンコンフォーミングを奨励し、ステレオタイプ的にマスキュリンな活動をしたとき否定的なコメントはほとんど与えないことが多かった。一方、男児がステレオタイプ的にフェミニンなある特定活動、特に家事スキル、子育て、エンパシーを使った行動にはポジティブに反応する親がいたものの、ピンクや女児用の衣服を着用する、マニキュアをつけたがる、ダンスやバレエ、あるいはバービー人形に興味をもつなど、ケインが「フェミニンであることのアイコン」と呼ぶ行動に関しては、人種、社会階級、性的指向に関わらず、父親も母親も否定的に対応するのが一般的だった。

社会全体がエフェミマニアであるとどうなるのか。その例の多くが、スティーヴン・J・デュカットの『ウィンプ・ファクター――ジェンダーギャップ、聖戦、そして不安なマスキュリニティの政治』に記録されている。デュカットは、男としての成長と思考プロセスがエフェミマニアによって形作られる様子を描写し、フェミニンな少年はマスキュリンな少女よりもはるかに否定的に捉えられ、心理療法士のもとに連れて来られる率がずっと高いことを示す研究を引用する。[2] デュカットは、「いくつかの注目すべき例外を除いて、女性が大部分は免れる特定の制約や対立によって男性が苦しめられると言っても、家父長制的ジェンダー規範制度のもとで少女や女性に与えられたダメージを過小評価することにはならないと思う」と説明する。具体的には、「男の子は、家族、仲間、一般社会によって、クロスジェンダー行為から強く退けられるので、それがタブーだとごく早い時期から学ぶ。例えば、女の子のおもちゃで遊ぶ男の子は女の子とは異なり、それを他人に隠そうとする[3]」

幼い男の子だったころの私にも、似たような経験がある。私の記憶でいちばん古い子ども時代の記憶は、五歳か六歳のころ、自分の考えや行動そして欲求が他人に知られることを心配して自己検閲していたことだ。私は実際に強く否定的な感情をもっていたわけでもないのに、フェミニンなものなら何に対してもそういう態度を取るのが当たり前だということがわかっていた。だから少しでも女の子に関係することを話すときはおどおどしながら「ゲーッ」とか「バカみたい」と言ったことを鮮明に覚えている。小学一年生のとき、友達の女の子が誕生日パーティーに私を呼んでくれたとき、私は女の子のパーティーに呼ばれたことが恥ずかしくてその招待状を隠してしまった。

ＦＴＭスペクトラム上の子どもたちは、マスキュリンな興味やしぐさを率直にそして規則的に表現することが多いのに、なぜ多くのＭＴＦスペクトラム上の子どもやティーンは一人きりになれるとても限られた機会でないと、自分のジェンダー傾向を発散しないのだろう。男の子なら、女性あるいはフェミニンなジェンダー傾向を隠さねばならないという気持ちがあることが、この傾向の理解に役立つ。言い換えれば、エフェミマニアのせいで、多くのＭＴＦスペクトラム上の子どもやティーンは「ボーイモード」（公的）と「ガールモード」（私的）の厳密な区分を発展させる。この区別はしばしば成人した後にも残り、クロスドレッサー・アイデンティティの特徴とみなされることが多い。しかし、クロスドレッシングを自分のフェミニンな部分を隠しクローゼットに留まる単なる一手段とみなすのは単純化し過ぎであろう。結局、多くのクロスドレッサーは、クロスドレッサーであることを公言するようになってからも、ペルソナを男・女に分割し続ける。ボーイモード／ガールモード二分法と、ＭＴＦクロスドレッシング体験の代表例となる女性用衣服に対する強い関心を完全に理解するには、まず私たちの社会では、男として育てられた人たちに女性の周縁化がどんな影響を与えるのか、考えてみる必要がある。

強制的無知と女性性の神秘化

周縁化とは、「望ましいとされる特質を欠く、あるいは集団規範から逸脱しているとみなされた人たちが、より広範な社会から疎外される傾向にある」ことを指す。[4]私が読んだ周縁化の記述のなかでもっとも明晰なものの一つが、ベル・フックスの著作『フェミニズム理論：周辺から中心へ』に収められている。このなかでフックスは、六〇年代から七〇年代、主だったフェミニストたちが、彼女のように経済的・人種的に周縁化された人たちの視点や懸念を無視しがちだったことに注目している。これらのフェミニストたちの大多数が中流階級の白人で、人種や階級的には中心にいたため、周辺での生活や観点をほとんど意識せず理解もなかったのだ。だが「逆も真なり」ではない。周縁に生きる人々は、生き延びるために中心での生活を理解しなければならない。「私たちのように周辺で生きているうち、私たちは現実を見るある特別の方法を身に付け、外から内を覗くとともに、内から外を覗いた。私たちはどちらのことも理解した」とフックスは説明する。[5]

ここでフックスが言及しているのは、白人の国アメリカで黒人として育った自身の経験であるが、周辺と中心に関する彼女の観察はそのまま他の階級問題にも当てはまる。例えば、レズビアンだからと周縁化される人たちは、異性愛中心の先入観や経験を十分に理解していることが多い。レズビアンは大多数が異性愛者の社会で育ち、他人から異性愛者と思われることに絶えず対処していかなければならないからだ。対照的に、異性愛者の大部分は、レズビアンやレズビアン文化のことをほとんど理解していない。そういう知識は支配的社会から体系的に締め出されているからだ。同様に、私はシスセクシュアルとして育てられ、シスセクシュアルと思われることが多いためシスセクシュアル文化のことを理解しているが、たいていのシスセクシュアルは、トランスセクシュアルに関して非常に限られた理解しか持ち合わせていない。

　中心に生きる人たちの、周辺に生きる人たちに対する理解不足は、接触の機会不足（誰もレズビアンバーやトランスセクシュアルの自助グループに行ったことがないなど）だけによるものではないことに留意すべきだ。周縁化された人たちに対する認識不足は、むしろ中央の内部から**強制された**もののことが多い。例えば、ストレートな女性が、レズビアンの人たちやその視点を学ぶ機会が得られる可能性のあるレズビアンバーに行くとしよう。すると彼女はストレートな友人や家族からレズビアンだと思われるリスクを負う。言い換えれば、彼女は自分自身を周縁化させるリスクを負うのだ。同様に、ストレートな男性がトランスセクシュアルに関する本（例えば、この本など）を買おうとすると、周囲の人にクローゼットにいるトランスセクシュアルかトラニーチェイサーではないかと勘繰られる可能性がある。周縁化された文化や視点にほんのわずかでも関心をもっていそうな人たちに直接向けられる社会的追放の脅威が常にあると、中心の内部では周縁にいる人たちについての**無知が強制**される。

　人口の半分以上を占める女性は、男性中心の社会で周縁化されていると言って差し支えない。これは、政治、経済、メディア等の領域で活動する女性の数の少なさばかりでなく、女であることや女性性に関連したほとんど全てのものが、決まって別カテゴリーに格下げされる点からもわかる。メディアでは、男性がプロデュースする男性主人公の話が普遍的だとされている。一方、女性主人公を出演させて女性が作った作品は独自のジャンル（女性作家の作品、女性映画など）に追いやられることが多い。スポーツに関して言えば、スポーツ名の前に「女子」とついていない限り、当然男性スポーツ団体のことだと思われる。ごく最近まで、健康問題全般に関する医学研究の大半は、男性を対象に行われていた。現在でも女性特有の健康問題は総合医療から除外され、産婦人科あるいは女性の生殖医療など独自のカテゴリーに入れられる。

私たちの社会は男性中心なので、たいていの男性は女性の経験や視点を理解したりその価値を認めたりしなくても生きていける。一方、女性がうまく世渡りするには、女性と男性の視点の両方の価値を認めることができなければならない。事実、私たちの文化に生きる女性たちは、家庭内で男性パートナーと子どもの世話係を務めることなどいろいろ当然視されているが、そのために男性側の事情を理解**したほうがいい**とまで言われる。男性向け雑誌の大部分には女性の視点や欲求に光を当てる情報がまったく掲載されていないのに、女性誌には「彼が欲しがる性の営み」のような題名で、男性が求めるとされることへのアドバイスを提供する記事が掲載されることもその例である。

男性へ社会化された人たちは、強制的無知の影響を受けて女であることを神秘化することが多い。つまり、多くの異性愛者が同性愛に対して、あるいはシスセクシュアルがトランスセクシュアルに対して抱くように、男性は女であることをセンセーショナルでタブーなものとして好奇心を抱く。すると少女や女性は突然、男から見て全く認識も理解もできない得体のしれない生き物になる。異性を理解できないという愚痴は男女どちらからも聞こえてくるので、おあいこと言いたくなるかもしれない。だが私が見たところ、たいていの女性は一時的にせよ、自分から進んで男性の身になって考えることができる。例えば、股間を蹴られたり性器にけがをしたりした男性の話を聞いて、男性器をもっていないのに女性が顔をしかめるのを見て、私は驚いたことがある。ところがこれと似た話（女性器切除など）を女性がするとき、同様の反応をする男性を今まで一度も見たことがない。同様にたいていの女性は、男性がペニスを介してどう「オーガズムに達する」のかがわかっているようだが、奇妙にも男性は女性側の性的快感を受け取る側にいたらどんな感じか、想像すらできないらしい。これは自分に乳房や女性器がついていたらしょっちゅう愛撫しているだろうという男性たちのコメントから明白だ。男に理解できる快感は、女性の身体の部位を外から触る感覚に関係しているものしかないと言わんばかりだ。

　女性の身体だけでなく、フェミニンなジェンダー表現も神秘化される。男性がフェミニンな女性を「魅惑的」や「ミステリアス」と描写し、「魔法をかける」能力があるとするのはよく聞く。言い換えれば、男性は女性性を超自然の領域にまで格下げする。当然、自然でないし、理解不能というわけだ。女性性のうち、もっとも神秘化されるのはおそらく女性のセクシュアリティを強調することが多く、色、手触り、そしてスタイルが「男性用」衣服（都合よく「反対側」についているシャツやパンツのボタンにいたるまで）とはかなり異なっている女性の衣服だろう。

　強制的無知とそれに続く女であること・女性性の神秘化はあまねく存在する現象であるが、そこから受ける影響の度合いは人によって明らかに異なる。スティーヴン・デュカットは、自分の女性性をもっとも強烈に否認するように教えられた男の子たちは、うわべでは総体的にもっともミソジニー的な態度を取りがちだと強く主張する。[6] 強制的無知と神秘化行為が女性とフェミニンな人を非人間化する。すると、それらの集団に属する人たちに共感も罪悪感も感じることなく性的にモノ化し、嫌がらせをし、公然と虐待することができるようになる男性がいることを考えれば、この主張には筋が通っている。その一方、ジェンダー化された表現にあらゆる自由が与えられ、周りの女性の話を聴き、尊重し、理解しようとするように促された男の子たちは、他の男性が直面する極端な強制的無知を回避できるかもしれない。加えて強制的無知は、他の子どもの社会化の形態と同じく、もっと後で女性に対する理解が進んだり、自分や他者のフェミニンな表現に問題を感じなくなったとき、克服することができる。

クロスドレッサーとしての成長

これで男へ社会化された人たちにみられる強制的無知と女であること・女性性の神秘化が理解できたと思う。ではこれがクロスドレッサーとしての成長に、具体的にはどんな影響を与えているかを探っていきたい。最初に言っておくべきなのは、クロスドレッシングのアイデンティティを受け入れる人たちは、不均質なグループである可能性が高いことである。このグループには、フェミニンなジェンダー表現や潜在意識下のセックスが女だったり、似たような傾向を経験しても激しさの度合いが異なったりする人たちが含まれる。だから性別移行をしないクロスドレッサーもいるし、最終的には性別移行する人もいる。そしてクロスドレッシングを自分の個性のフェミニンな部分の表現だとみなす人がいる一方で、男性の身体をもつ人にできる女性としての経験を最大限直接体験できる機会と捉える人もいる。クロスドレッシングはただのそういう時期、趣味、あるいはたまたま発見した性的倒錯ではなく、内在する傾向に突き動かされることが多いとする見方は、自分をクロスドレッサーと認識する人のほぼ全員が子どものころからずっと、フェミニンな／女性の衣服を身に着けたり、ふるまったりする欲求を持っていたと報告していることによって裏付けられる。

男が、女であることと女性性を得体のしれないタブーとみなすように社会化されることを使えば、ジェンダー表現の発現がMTFとFTMの各スペクトラム上の人たちでなぜ異なるのかが説明できる。さらにMTFスペクトラム上の人たちには、とても幼いころから自分の女性性や女としての傾向をオープンに表現する人もいる一方、それらの要素をクロスドレッシングに向ける人たちがいることも説明できる。これまでの章で説明したように、MTFスペクトラム上の人口を二つに分類する精神医学の説明は、性的指向・興奮にあるとされる差異に注目したものだ。しかしエフェミマニアや強制的無知、そして神秘化が一緒になって、MTFスペクトラム上のトランスジェンダー・アイデンティティの形成にどんな影響を与えるのかが理解できれば、この現象を〈ジェンダー恒常性〉に基づいて、性的でない説明が可能だ。子どもたちは一般的に、女と男の区別を学習し、二、三歳で自分を女の子または男の子と説明するようになるが、自分のセックスは固定的で時間が経ったり状況が変わったりしても変わらないというジェンダー恒常性の理解は、四歳から七歳になるまで発達しない。[7]興味深いことに、「一次的」トランスセクシュアルに区分されるトランスの女性のほとんどが、早くて三歳か四歳ごろ（つまり、ジェンダー恒常性が定着する前）から自分が女だとわかっていたとする。それとは対照的に、「二次的」MTFトランスセクシュアルとクロスドレッサーはもっと後で、多くは思春期に（ジェンダー恒常性が発達してから）自分のクロスジェンダー傾向を発見する。

この点を考慮すると、ジェンダー恒常性の発達以前に女性／フェミニンな傾向を認識する出生時に男を割り当てられた子どもたちは、この傾向を自分の人格の適切な側面として認識しやすいのではないだろうか。これらの子どもたちは、自分には女性／フェミニンな傾向を表現したり探ったりする特権があると思い、問題を感じず実行するので、女性／フェミニンなアイデンティティは神秘化されることがない。だから「一次的」MTFトランスセクシュアルは一般に子どものころから女性でありたい、フェミニンでありたいという欲求を表現し、性別移行も一般的には早い時期（十代ないし二十代）に行うのではないだろうか。

一方、ジェンダー恒常性が発達してから自分の女性／フェミニンな傾向に気づく男の子は、既に女であることや女性性が神秘化されているので、そうした気づきから起こる感情に何らかの意味づけをしなければならない。だからこれらの人たちはエフェミマニア対策としてだけでなく、（少なくとも最初は）自分の女性／フェミニンな傾向が自分の内面から出てくる道理にかなったものだとは考えられない。そこで自分たちの女性／フェミニンな傾向を隔離する一つの方法としてクロスドレッシングに惹かれるのかもしれない。そうだとすれば、クロスドレッシングは、過去に自分で否定したり、自分にはそんな特権があると思っていなかったジェンダー表現やアイデンティティを探り出して取り戻すための方法となり得る。クロスドレッシングとは、女であることや女性性は不自然でわけのわからないものだと信じるように社会化された人たちが、時間をかけてそれらの神秘性を取り除く練習なのである。

女性性の神秘性を取り除き、身についた男性性を取り消す

クロスドレッシングが神秘性を取り除く継続的なプロセスとなり得るという考え方には、私も個人的な経験から共鳴できる。私が女になりたいという自分の欲求を意識したのは、十一歳のころだった。女になりたいとは思っていたが、それは現実的に無理だと思い込まされていた。そこで私は、自分がどう

にか女の子になると想像するファンタジーやロールプレイに私の女としての傾向を注入し始めた。私のファンタジーがいつも自分が男の子（最初から女の子の自分を想像するのではなく）のところから始まったのは、女になりたい欲求がいかに非論理的に思えたかを物語っている。私は、自分には本当に女であることなど絶対に達成できないと確信していたので、私にできるのは、女のふりをするか女の子に「される」ことを想像するしかないと思っていた。

そうやって一、二年間、女の子になることを想像（冒険に旅立つおてんばな女の子になることが多かった）した後、私はいわゆる女らしさを実際に試し始めた。それは私が自分のフェミニンな傾向を探りたい気持ちからであるとともに、（多くの人同様）女らしさが女性であることの本質的な部分だと教え込まれていたからだった。女らしさに対する私の憧れは、女性にどんどん惹かれていくことにも強く絡み合っていた。生まれて初めて他人に性的魅力を感じることに向き合うティーンエージャーとして、私は女性になりたい欲求を女性に性的魅力を感じることと融合しないでいるのが困難に思えた。そしてこの点で、衣服であれ、化粧品であれ、アクセサリーであれ、フェミニンな装身具がこの二つの重要な象徴となった。

私は、第十四章「セクシュアル化されるトランスの人たち」で、性的移行をまだしていないために自分の身体のセックスを当然視できないトランスの人たちは、ジェンダーを横断した自分のことを考えたり表現したりすることに、性的な興奮を感じることが多いと説明した。この現象はほぼどんなトランスの人にも当てはまるが、その度合いが高いクロスドレッサーには、特有の要因がいくつかある。まず、人間の性欲をおしなべて大幅に高めるテストステロンが、ジェンダーを横断したときの性的興奮を増幅させるのに何らかの役割を果たしているのは間違いない。次に、私たちの文化では、女性は頻繁に性的対象とみなされ、女性用衣服には女性のセクシュアリティを強調し誇張するものが多い。クロスドレッサーは、「女性用」衣服に伴う文化的エロティシズムを避けて通ることはできない。多くのクロスドレッサー、特にクロスドレッシングを始めて間もない人たちが、女性用衣服でもっともセクシュアルなものにことさら関心を持つようになるのは、そうした衣服がもつシンボリズムのためである。クロスドレッサーのこうした傾向を、女性が批判したり時には馬鹿にしたり、ハイパーフェミニンあるいはハイパーセクシュアルな衣服を**自分たちの身にまとう**クロスドレッサーはなぜか女性全体をセクシュアル化するとまで言うのを耳にし、残念に思ったことがある。十代の少女の多くも、第二次性徴に達すると同時に、性的に挑発的あるいは露出した衣服を身に着け、成人女性のセクシュアリティに関する文化的な意味合いを探り始める。前述のような批判は、こうした事実をわざと無視してはいないだろうか。十代の少女もクロスドレッサーも、女性性や女性のセクシュアリティに関して文化が発する同じメッセージの多くを、かなり異なる視点からではあるが受け取っている。だから両者が成人女性のセクシュアリティの象徴的な意味を文字通り「試してみる」方法として、ハイパーフェミニンでハイパーセクシュアルな衣服を試着することに興味をもつ。そしてほとんどのシスセクシュアル女性同様、ほとんどのクロスドレッサーは最終的には「十代の少女時代」（このように呼ぶクロスドレッサーもいる）を通過して、性的に挑発的な衣服は入手可能な多くの選択肢の一つに過ぎず、必ずしも毎日楽しみたいものではないと気づくことになる。

　クロスドレッサーでない人たちの間では、ＭＴＦクロスドレッシングのよりセクシュアルな側面に注目する（女であること全般についても、よりセクシュアルな側面に焦点が置かれるのと同じ）のが一般的のようだ。しかし私はむしろ、クロスジェンダー化された装いの社会的、情緒的、心理的効果は、セクシュアルな効果よりずっと奥深いと思っている。本当のところ、ジェンダー化された衣服の着用は、衣服の下にあると見なされる身体のセックスをことさらに象徴する。だから異性に関連した衣服の着用は、どの文化、どの時代にも共通するクロスジェンダー表現とアイデンティティの不変的な特徴と言ってよい。性別移行前、私は「女性用」衣服を身に着けることで、実際に女性になること、身体が私の想像と一致することにもっとも近づくことができた。「女性用」衣服はセクシュアリティの象徴であったかもしれないが、私は女性であることの象徴のほうをはるかに重要視した。

　多くのＭＴＦスペクトラム上の人たちと同じく、私もクロスドレッシングでいくつかのフェーズを通過した。それぞれのフェーズは、まず私には知る由もない魅力的な女であることや女性性のいくつかの側面について実験をしながら神秘性を除去するプロセスだった。それらの側面の探索や実験を続けていくうち、女であること／女性性が神秘的ではなくなっていった。以前私の手が届かないところにあるように思われたことが私にもできるようになり、私の可能性の範囲内に入った。なぜ私には女性になりたいという欲求が常につきまとっているのか、その意味を知ることがクロスドレッシングを始めた大きなきっかけだった。私はこの点で、女性としての傾向でなくフェミニンな傾向がきっかけとなった他のクロスドレッサーたちとは異なるかもしれないが、以下に説明するように、私が通ったフェーズは、多くのクロスドレッサーにも共通していると思う。

　私が経験した最初のクロスドレッシングのフェーズは「衣服フェーズ」で、衣服の一点一点を別々に身に着けることから始まった（これは毛布、カーテン、靴紐などで間に合わせ、女の子の「ふりをした」数年間の後の段階である）。その時々で、私はハイヒールやストッキングを履くか、ワンピースを着るか、ちょっと化粧をするか、あるいは脚のむだ毛を剃った。その一つ一つがそれぞれ完結したミニ変身で、私の身体の一部がある意味では女性の身体の一部に似通い始めた。しばらくすると私は頭のてっぺんからつま先まで、完全に女性として着飾るようになった。始めて間もないころの私はかなり滑稽な格好をしていたが、何年かのうちに自分に何が似合って何が似合わないのか徐々にわかってきた。最終的に私は、鏡を見るとかなり一定して自分が女に見える域に達した。この「鏡を覗く瞬間」こそ、いつも私にとってクロスドレッシングする時間のハイライトだった。鏡の中で私を見つめ返す女性としての自分を見ることができるのは、不思議にほっとするものだった。私の「衣服フェーズ」はその名の通り主に「女性用」衣服に慣れ、最終的には神秘性を取り除く時期だった。やがて私は、女性用衣服を「女性用」と考えることすら止めた。結局これらの衣服は私が買って着るのだから、全て**私のもの**だ。同様に、私は「クロスドレッシング」していると考えるのも止め、単に「おめかしする」と言うようになった。この段階の終わりごろ、私は「女性用」衣服を着用すること自体にあまり興奮しなくなった。衣服の神秘性はなくなったものの、衣服には私が女性に見えるのを容易にしてくれる変容の性質があると私は思っていた。私がクロスドレッシングの次段階で人前に出始めた時に「女性用」衣服が果たしたのは、この後者の役割だ。

「公衆フェーズ」は、私が女性として社会に出ようとした最初期の試みとともに始まった。私の最初の体験は、十五分ぐらいショッピングモールを歩き回った後、ファストフードレストランのドライブスルーでミルクシェークを買ったことだ。誰にも二度見されず、レジ係から「奥様、お買い上げありがとうございます」と釣り銭を渡されたことに、私はとても感動した。鏡を覗く瞬間のように、私が女であることが少しずつ認められていく経験は感慨深く感動的だった。時が経つにつれて、私はおめかしして表に出ることが増えていった。たいてい美術館に行くとかショッピングするといった、かなり平凡な外出だった。外出先には周りにたくさんの人がいる場所を選び、何か良くないことが起きても簡単に「脱出」できることを常に心掛けていた。最初のころは女性としておめかしして公衆の面前に出ることに興奮を感じていた。その気持ちは残念ながら、公共の場でのクロスドレッシング体験につきまとう独特の危機感によって高められていたことを認めざるを得ない。その恐怖はもちろん単に私がクロスドレッサーだと「リードされる」、つまり察知されることではなく、悪い人に「バレれば」暴力の標的になるかもしれないことだった。

　私がクロスドレッサーの自助グループや交流会に顔を出し始めたのは、「公衆フェーズ」のころ（一九九四年、「トランスジェンダー」という言葉が流行する前のカンザスでのこと）だった。こうした会合で、私は初めて自分のクロスドレッシングについて公然と話し、経験をわかち合う人たちに会う機会がもてた。そして私は女性としての外見に、より説得力を増すテクニックを他のクロスドレッサーから学ぶこともできた。デボラと言うすばらしいクロスドレッサーが私の面倒を見てくれたことはとても幸運だったと思う。とりわけ彼女はひげの剃り跡を化粧品で効果的に隠す方法を教えてくれた。これは、周りから女性とジェンダリングされたいクロスドレッサーなら誰にとっても貴重なスキルだ。世間では、誇張した化粧をするからと、クロスドレッサーをまともに取り合わないことが多い。だが実際のところは、（シスセクシュアル女性とは異なり）クロスドレッサーには、他人に男性とジェンダリングするとき私たちがもっともよく使う視覚的な手掛かりとも言えるひげの剃り跡があるのが普通である。私は、できれば化粧しないでもよい特権が自分にもあったら良かったのにと思うが、髭の剃り跡のせいで、化粧なしで必ず女性とジェンダリングされることはほぼ不可能だった。

　クロスドレッサーは化粧品を使いすぎるという苦言は、クロスドレッサーがステレオタイプ的にフェミニンな衣服や行動を誇張し、それによって自分たちを女性の戯画化しているというさらに漠然とした批評に関係していることが多い。これらの発言は、シスセクシュアル女性には女性性を表現し探求する特権があるが、男を割り当てられた人にはその特権がないとする、二項対立的セクシズムの仮定に基づくことが多い。あからさまな二項対立的セクシズムではない批評であっても、シスセクシュアル女性中心である。なぜなら、ＭＴＦクロスドレッシングをＭＴＦスペクトラムの視点で見るのではなく、シスセクシュアル女性を表現するものとしか見ていないからだ。クロスドレッシングをしていたころの私は、かなりフェミニンなおめかしや行動をとても楽しんでいたが、それは女性が実際に**そうだとかそうあらねばならない**と考えていたからではない。もし私が女性性の誇張にふけっていたとしたら、それは少年として成長する間、自分の女性性を探求する機会がなかったからだ。ほぼ毎日、Ｔシャツ、ジーンズ、スニーカー姿で、化粧なしで過ごしてきた私にとって、クロスドレッシングは自分の女性性を心行くまで堪能できる稀な機会だった。

　当時の私がステレオタイプ的な女性性を得ようとしたもう一つの動機は、他人に女とジェンダリングしてほしかったからだ。身体はまだ男性のままクロスドレッシングしていた当時、化粧なしで、あるいはユニセックスの衣服をつけて外出したら、それは絶対に無理だった。私はクロスドレッシング用に、私の男っぽい骨格や顔の造作を隠したり曖昧にしたりする衣服や化粧品を意図的に選んだ。私の場合、クロスドレッシングの「公衆フェーズ」は私の人生のなかで唯一、他の女性の外見、歩き方、話し方、動き方などを必要以上に真似した時期だった。真似することで、私が全体的な目標としていた女とジェンダリングされる可能性が高まったと同時に、私の安全も確保されたのだ。

私がクロスドレッシングをしていた当時、クィアを自認する多くの友人から、私にとって女性として「パスする」ことはなぜそんなに重要なのかとよく質問された。レズビアン・ゲイ・コミュニティでは、「パスする」は「隠れる」（つまりストレートとして「パスする」ゲイ男性は、自分のクィアらしさを隠したり目立たなくさせたりするのが普通だと思われていた）と同義語だったことから、友人たちは懸念をもったようだ。トランスジェンダー・コミュニティで「パス」といえば、アイデンティティとしたり表現したりするセックスへ正しくジェンダリングされることを指すのが一般的なので、レズビアン・ゲイ・コミュニティでの使い方とはまったく異なる。クロスドレッサーとしての私の観点から見れば、ゲイ男性が「パスする」（つまり隠れている）と呼ぶことは、私が男性として生きていたころ毎日行っていたことだ。一方、私がおめかしして女性として「パス」した（トランスジェンダーの意味で）ときというのは、私が「カミングアウト」して、普段は隠している私の一部を周りの人が目にして認めてくれる稀な瞬間だった。

最終的には、他人から女とジェンダリングされることの神秘性が取り除かれた。今でも（鏡を見た瞬間のように）女とジェンダリングされるのは楽しいが、私が感じるジェンダーの不協和を軽減するにはそれだけでは十分でなくなった。私が「交流フェーズ」に移って、クロスドレッシングして他の人と外出するようになったのはそのころだった。「公衆フェーズ」のころ、何人かの友人にクロスドレッサーとしてカミングアウトしてはいたが、今度は主にガールモードの私を知っている人、あるいはそれしか知らない人との関係性を築き始めた。その多くが、交際欄の広告や始めから私がクロスドレッサーだと知っている人を介して出会った人たちだ。私の人生のなかで非常に緊張したその二年間、私はいわば二重生活を送っていた。普段はボーイモードでいたが、週に一、二回は女性として外出し他人と交流（デートのことが多かった）した。

　この時期に出会った人のなかには、ＭＴＦスペクトラム上の人を追いかける男たちもいた。この人たちと私は主に、ジェンダーステレオタイプの誇張に基づいて性的に興奮するシナリオを創作するロールプレイの関係をもった。男の「トラニーチェイサー」はドレスの中の「男」（または「ペニス」）に欲情するクローゼットの同性愛者だと思い込む人は多いが、私がロールプレイをしたのは、主に女性、具体的には女性性に惹かれる男たちばかりだった。この人たちは会話のなかで、ＭＴＦスペクトラム上の人たちの何に惹かれるかといえば、（当時の私を含め）多くが、時によって見せる極端な女性性だと異口同音に語った。私にとってこれらのロールプレイ体験が重要だったのは、女性性とセクシュアリティの結びつきから神秘性を取り除くのに役立ったことである。それまで私が通過したクロスドレッシングのフェーズ同様、従順な夢の女性を演じることは、最初のころはワクワクしてエンパワメントになった。だが時間が経ってそれらの神秘性が失われると、エロティックでも実験的でもなくなっていった。

　私が思っていた女であることや女性性の神秘性を消し去るのにとても助けになったのが、このころ築いた女性たちとの関係性である。私が出会った女性の大半はバイセクシュアルかバイキュリアス〔同性を含むさまざまなジェンダーの人との関係性のなかで自分の性自認を探求することに興味をもつ人のこと〕で、私がたいていガールモードのときに会うような関係だった。この人たちに会うときの私はかなりフェミニンなクロスドレッシングをしていたが、男性とロールプレイ体験をする時のように誇張された女性性ではなかった。振り返ってみると、女性との経験でもっとも重要だったのは、この人たちが私の人格（ボーイモードの時の人格）をフェムな自己に統合させてくれたことだ。これはある意味、私にとってボーイモードとガールモードの融合、つまり子どものころ経験したエフェミマニアと強制的無知によって生じた精神の亀裂の修復のようなものを象徴した。

　ガールモードで他の人と関係性をもつ「交流フェーズ」がおよそ二年続いた後、予期しないことが起きた。私はクロスドレッシングへの興味を失ったのだ。当時、クロスドレッサーであることは私のアイデンティティの大きな部分だったので、最初はひどく面食らった。ある朝ベッドに横たわって、クロスドレッシングへの興味を取り戻すために、女であることや女性性で実験できそうな新しい側面を見つけたり、新たなクロスドレッシングのフェーズを開発すれば事足りるかのように、「次はクロスドレッシングで何をすればいいんだろう」と考えたのを覚えている。だが私は、クロスドレッサーとしての文脈での女性性と女性ジェンダー役割を探求しつくしたのだ。私にとって幸いなことは、このころダニ（当時は私のガールフレンドだった）がケイト・ボーンスタインとレズリー・ファインバーグの著作を紹介してくれたことだ。二人の著作を読んで、私は自分をクロスドレッサーではなくバイジェンダーと考えるようになった。私は自分の女であることや女性性の表現を、単に私の外に存在して真似したり想像したりできるけれど実際に経験できないものではなく、私という人間の本質的かつ正当な部分、私の内部から出てくるものとみなすようになった。

自分をバイジェンダーと考えることで、私は私の人生に起きている新たな局面を理解することができた。周囲の人たちは、ボーイモードの私にも女性性を察知するようになっていた。初対面の人は私がゲイだと思い込むようになり、稀にだが私を女性とジェンダリングする人もいた。以前と変わらないものを着て、意図的には行動のしかたを変えていなかったのにも関わらずこうした変化が起きたことに、私は驚いた。最終的に私は、長くクロスドレッシングをしていた間、エフェミマニアの嘲りを免れるための自己防御機制として、思春期から青年期に機械的に身に付けたマスキュリンなしぐさの多くを取り消していたに違いないと気づいた。言い換えれば、クロスドレッシングをしていた時期の私は、（クロスドレッシングしていたころ使っていた不自然でステレオタイプ的にフェミニンなしぐさを使う必要がなくなったので）女性になる方法を学んでいたわけではなく、実は男であることを取り消していたのだ。

クロスドレッサーとしての年月がなかったら、性別移行を決めるまでのアイデンティティだったフェミニンなバイジェンダーボーイとして数年間生活できるようになるまで、女であることの神秘性を取り除き男であることを取り消すことができたか自信がない。もちろん、クロスドレッシングが最終的にはトランスセクシュアル女性になるまでのただの過渡期だったと言っているわけではないが、多くのクロスドレッサーが同様なフェーズで、女であることや女性性の神秘性の排除と男であることや男性性の取り消しを経験しているはずだ。クロスドレッシングは外部の目にはかなり不自然に見えるかもしれないが、ＭＴＦの観点からすると、私たちの女性／フェミニンな傾向と男性／マスキュリンな身体および社会化を調和させる極めて貴重な方法なのである。クロスドレッシングは、恥ずかしい思いをさせられ、隠したり抑え込んだりするようになっていた自分の一部を現し、他の人格要素と統合する一つの方法なのだ。

男性特権再考

私は本章を終えるにあたり、MTFスペクトラム上の人たちとの関係における「男性特権」を論じるのがふさわしいと思う。ここで「男性特権」をかぎかっこに入れたのは、そんなものは存在しないとかMTFスペクトラムの人たちは少しもこの特権を使ったことがないと示唆するためではない。私は、それがまるで「唯一無二の」ジェンダー特権であるかのように、対話や討論のなかで提唱されることに対して異議を唱えたいのだ。[8]「男性特権」の概念は、セクシズムが一方的な抑圧の形態だという間違った思い込みから生まれた。このモデルによれば、男性が一方的に女性を抑圧する。そのため女性が**あらゆる**困難を抱えるのに、男性は**あらゆる**利益を得る。だがこのモデルはいくつかの理由から、セクシズムを甚だしく単純化していると言える。まず一方的なセクシズムの概念は、人種差別、階級差別、エイブリズムなど、差別に寄与する他の重要な要因を無視する。私たちの文化で、金持ちの白人女性のほうが貧しい黒人男性より抑圧されていると主張するのは難しいだろう。第二に、このモデルはセックスに関わらず、例外的ジェンダー傾向のある人より典型的なジェンダー傾向のある人を優遇する二項対立的セクシズムの存在を無視する。例えば、男性に惹かれる人がいたとしよう。その人が男性でなく女性なら、その人の人生はいろいろな点でずっと楽なものになる。もしこの人がフェミニンである場合、男でなく女であるほうが自分のジェンダー表現によって周縁化される可能性は低い。

シスセクシュアル女性のなかには、男がジェンダー特権を独占していると思い込んでいる人がいるが、そうではない。多くのトランスの男性が、性別移行後に得た男性特権についてだけでなく、常に男性として認識されるようになったとたん、生活がより困難に、複雑に、時には危険になったことについて詳しく記録している。[9] 一年半にわたる調査報道プロジェクトの一環で社会的に男として「パス」したシスセクシュアル女性のノア・ヴィンセントも、同じようなコメントをしている。[10] これらの視点は、女性として生まれ社会化された人たちのものだが、二項対立的セクシズムによって、男であることと女であることのどちらにも特権、制約、期待、仮定が与えられていることを明らかにしている。

「男性特権」の概念は、二項対立的セクシズムを無視するだけでなく、女性だけが伝統的セクシズムの標的だと仮定するものだ。普段から女性として生活する人たちは確実に伝統的セクシズムの矢面に立たされているが、男の身体をして女性またはフェミニン側に寄った人も、私たちの文化に横行するエフェミマニアが示すように、伝統的セクシズムの明らかなターゲットなのである。

トランスの女性である私が過去に「男性特権」を経験したことがあるから、自分たちと同じような「女性」のラベル付けをしたり女性専用スペースに入る権利は付与されるべきでないとシスセクシュアル女性が主張するのを、私は何度も聞いたことがある。この主張にはいつも首をかしげざるを得ない。私はこれらの人たちとは違い、人生のさまざまな時点で、男と扱われたこともあるし女と扱われたこともある。トランスセクシュアルは、具体的に何が「男性特権」**かどうか**、体験談が提供できるユニークな位置にいると言ってもよい。本書を通して私がこれまで主張してきた通り、性別移行する前の私には多くの男性特権が付与されていた。大まかに言えば、私の発言はより真剣に受け取ってもらえ、自由が与えられ、ハラスメントもごく稀にしか起こらなかった。おそらく他にも男性特権は存在していただろうが、私はマスキュリンでない（まぎれもなくフェミニンなこともあった）度合いが強い男だったために否定されがちなものもあったと思う。いずれにせよ、女性／フェミニンであることをアイデンティティとする人間として、性別移行後に失った私の男性特権は重要ではあるが、私がようやく潜在意識下のセックスと身体のセックスを一致させ、女性としてオープンに生活できるようになったことで得た特権とは、比べ物にならない。

　シスセクシュアル女性が「男性特権」を口実にＭＴＦスペクトラム上の人たちを排除するのを見るにつけ、私は腹を立てている。この人たちは、潜在意識下のセックスに一致する身体のセックスに生まれた自分たちの生得権、潜在意識下のセックスに見合うジェンダーに社会化される社会化特権、そして自分の女であることが正当で疑いのないものと他者にみなされるシスセクシュアル特権を吟味しようとしないではないか。私が、女性は社会化特権を経験したのではないかと言うと、怒りをあらわにする女性がいる。子どもの社会化が多くの点でシスセクシュアル少女を抑圧し無力化することを私が否定していると勘違いするからだ。私が社会化特権を話題にするのは、シスセクシュアルの少女が直面する障害を無視するためではない。ＭＴＦスペクトラム上の子どもたちが、それとはだいぶ異なるが重要なジェンダーに基づく不利な状況に直面していることを指摘したいからだ。例えば、シスセクシュアルの女友達に、「親があなたを女としてでなく男として育てることにしたほうが良かったか」と尋ねると、ほとんどの人は即座に「ノー」と答える。友人たちはこのような質問をされて初めて、男として育てられた時に得られるかもしれない男性特権は、自分が女であることや女性性の表現を否定したり抑え込んだりしてまで得る価値がないことに気づく。男性特権はまさに現実にあるものだ。だが、女であることや女性性を家族や友人の前で隠さなければならないと感じるとき、ミソジニーがまかり通る男性用ロッカールームのような男性専用のスペースで、女性／フェミニン傾向をもつたった一人の人間であることを耐え忍ぶとき、自分が女であることや女性性を他人に見せるのが安全とは言えないので、独りでこっそりいろいろ試してみるとき、他人から女性の「真似をしている」とか単に「なよなよしているだけ」と非難されることなく、単に女性／フェミニンとして**存在**できないとき、男性特権は何の慰めにもならない。

私はここで、ＭＴＦスペクトラム上の人たちはシスセクシュアル女性より「もっと抑圧されている」と言いたいのではない。「私のほうが抑圧されている」ことを競うのは、自己愛以外何の役にも立たない。しかし私は、シスセクシュアル女性が少しでも私たちの身になり、自分の意思に反して少年としての生活を余儀なくされているときに、上から目線で恩着せがましく「男性特権」に関して否定的な皮肉を聞かされたら自分がどう感じるか考えてほしいと強く願っている。男の子ではなくて女の子であったらどれだけ良かったかと心の底から思いながら子ども時代を過ごし、成人して男ではなく女としてこの世で生活できる機会をやっと手に入れることができたことを特権だと思う人間として、トランスの女性が女であることを「男性特権」を声高に唱えることで否定する試みは、中身がなく無神経だと思う。

そうは言っても、私はＭＴＦスペクトラム上の多くの人は、伝統的セクシズムのゆえに得る男性特権という観点と、フェミニンなトランスジェンダー表現や女性に性別移行することを選んだために被る特別な社会的スティグマという観点の両方から、伝統的セクシズムが自分たちの生活に及ぼす影響にだいぶ無関心でいることを認めざるを得ない。個人的には、フルタイムで女性として生活し始め、私が女であることが理由で他者が私に投影するあらゆる下劣で否定的な思い込みを実際に体験して初めて、私は伝統的セクシズムと私の性別移行の方向やトランスジェンダーの表現のために直面した差別の間に関連性を見出し始めた。私はようやく、「二元制的ジェンダー規範を逸脱している」ために差別されるというトランスジェンダー運動のスローガンが、ＭＴＦスペクトラム上にいて主にエフェミマニアとトランス・ミソジニーと格闘する人たちには不十分なことに気づいたのだ。

私たちＭＴＦスペクトラム上の人たちには、自分たちの人生の意味を理解し、私たちが周縁化され続けるのを阻止するためにフェミニズムが必要だ。残念ながら、フェミニズムにＭＴＦスペクトラム上の人たちを包摂すると、歴史的にシスセクシュアル女性の苦難と課題を中心にしてきた運動が弱体化され、焦点が見失われて効果が弱まると、多くのシスセクシュアル・フェミニストは恐れているようだ。このような恐怖感の大部分は、目標が違うとかお互いの経験を理解できないといった思い込みから発生しているのではないだろうか。だがそれは、私たちの気をそらす煙幕かもしれない。望まない妊娠という問題に対処しなくてもよいレズビアンの多くが、避妊手段や生殖の自由権《リプロダクティブ・ライツ》の保護に熱心に取り組んでいるではないか。同様に、性・身体的暴力のサバイバーでない女性にも、ＤＶシェルターやレイプ被害者支援センターで重要な働きができる。フェミニストたちを本当の意味で結びつけるのは、（各人がユニークな人生経験を持ち寄るので）共有する歴史ではなく、社会が女であることと女性性の価値を格下げしていることと男女両方に置かれたダブルスタンダードに対する闘いへのコミットメントである。この点で、シスセクシュアル女性フェミニストとＭＴＦスペクトラム上のフェミニストには、多くの共通点がある。

ＭＴＦスペクトラム上の人たちがフェミニズムを必要としているだけではない。フェミニズムのほうも、ＭＴＦの経験と視点を必要としている。反トランス感情の大部分は、ＭＴＦスペクトラム上にいる私たちを標的にする。この事実から、私たちが標的にされるのはジェンダー規範に従っていないからではなく、私たちが女性／フェミニンであることを「選ぶ」ためだとわかる。フェミニズムが、私たちの直面する社会全体のエフェミマニアとトランス・ミソジニーを無視することは、もっとも蔓延する伝統的セクシズムを野放しにすることと同じだ。だからフェミニストが、男性の身体をもつ人たちだけが標的になるという理由でエフェミマニアを無視し続けるのは、あまりに近視眼的ではないだろうか。先に述べたように、シスセクシュアル男性によるセクシストな行動のほとんどは、若いころからフェミニンであることを無理やり否定させられ、神秘化するように導かれたことが直接の原因なのだ。この点で、ＭＴＦスペクトラム上にいる人たちは、エフェミマニアの作用に関する重要な洞察や対抗戦略をフェミニズムに提供することができる。さらに女性に性別移行した私たちは、女性と男性では世間の対応がだいぶ違うことについての体験談が提供できる。社会はセクシズムを超越し「ポストフェミニスト」時代に突入したと無邪気に信じているのが当たり前になってきた昨今、この視点は特に有用だ。

だが何をおいても、ＭＴＦスペクトラム上のトランスの人たちなら、フェミニンであることについて、今までとは全く違う、もっとエンパワメントできる視点をフェミニズムに提供することができる。多くのフェミニストたちが、女性性は女性を弱体化させる、あるいはそれが女性を男性に従属させるために意図的に作られたものだと長らく主張してきた。この視点は、自分たちの意思に反して女らしさの期待を押し付けられたと感じる女性の経験から来ているのに間違いない。ＭＴＦスペクトラム上の私たちは、それとは真逆の経験をしている。それは、近寄るな、ふたをしろと言われた女性性を表現する傾向にあったり、どうしても表現せずにはいられない不可解な経験である。だが、女性性は女性の価値を下げ、力を奪うことだけを目的とした作為的なものと簡単に切り捨てることは、私たちにはできない。私たちは他人の欲求を満たすためではなく、**自分のために**女性性を受け入れることにした。だから自分のために女性性を求める人が、いろいろな形で女性性から自由を得、エンパワメントされると理解することができる。か弱い、人工的、軽薄、控え目、消極的……。私たちの多くは、他者が女性性に投影するネガティブな意味や暗示を良しとしていない。なぜなら、私たちにとって、女性性を受け入れるほど、勇敢で大胆な行為はないからだ。女性性への反感であふれているこの世界で、女性性を受け入れエンパワメントすることが、想像し得る限りもっとも変革的で革命的な行為の一つであると、私たちにはわかっている。

―第十八章―

アクセサリー・マニフェスト

Barrette Manifesto

おーい、女子のみんな、例のこと、もう聞いたかな。髪留めが危険だって科学的に証明されたんだってよ。それからブレスレットや小物もそうなんだって。これは事実だよ。それから「女の子のもの」がつまらなくて軽薄だなんて言い張る頭の固いマッチョマンに騙されないでよ。ただの見せかけだから。私たちが男子にバッグをちょっとの間だけ持っててと言ったとたん、そいつはもじもじし始めるよね。そいつったら、ハンドバッグの中に毛虫がうじゃうじゃいるみたいに、なるべく自分のたくましい体から離してバッグを持つよね。だって「女の子のもの」はクリプトナイト〔スーパーヒーロー「スーパーマン」の弱点とされる架空の放射性物質〕と同じジェンダーでできているから。

そうなんだよ。サンリオストアの中で、化石の木やヘッドライトに照らされた鹿のようにハローキティをもって呆然としている父親たちを見てごらんよ。花屋で花になんか興味ないよという態度で、「別に何でもいい」と言いながらガールフレンドに送るブーケを買う十代の男の子たちは、だからいつも決まってバラの花を買うんだよ。だから婚約指輪は決まってダイヤモンドなんだよ。こういうのってロマンチックなんじゃなくて、ただの陳腐な表現なだけなんだよ。たいていの男が名前を知っていることを認める花と宝石だから。夫にタンポンひと箱買ってきてと頼むなんて、とんでもない（レジ係はマジであなたがそれを自分用に買うって思ってるんだから）。

「女の子のもの」は危険だ。私は二重スパイだから知ってるんだ。ほらね、私は人生の大半を男子として生きて来たから、男子用ロッカールームや大学の寮で、直接内部情報を仕入れたんだ。げっ、私はバチェラーパーティーにだって行ったこともあるのさ。だからそういうことを直接知ってるんだよ。そして私には絶対的男女平等の戦闘プランがあるんだけど、私を信じて任せてくれないかな。フェミニストたちが、以前は男子限定だったことを女子にも挑戦できるようにした。でも、男子が女の子のものを受け入れることを学ばない限り真の平等はやってこない。

そこで、話があるんだけど。女子のみんなが自分のボーイフレンドに、リスペクトをもって接してほしかったら自分の頭に髪留めをつけるまで、彼とは寝たくないと伝えてほしい。私が言っているのは、ベッドルームでひそかに行う変態プレイじゃあない。髪留めをつけて仕事に行けとボーイフレンドに伝えなさい。今度彼が靴を買うときは、メリージェーンスタイルを選ばせなさい（そうそう、新しい靴に合わせて白いレースのアンクレットも忘れないで）。フリルのついたピンクでふわっとしたパーティードレスを着るのがこの上ない幸せだと気づけば、ボーイフレンドはとうとうリラックスして男の固くてふんぞり返った歩き方を変えるかも。警戒を解いて、周りを見回して、世界は自分の周りを回っていないことに気づくかも。

ふざけたことを言ってると思うかもしれないけど、これは真面目な話。「女の子のもの」は危険。だから私たちに有利になるように使おうではないか。私たちはマジで世界を変えられる。スカートとハイヒールを履くに足りる男としての度量が建設作業員にあるのなら、作業現場の前を通る女性に口笛を吹いたりしない。お涙頂戴の映画を観ながら泣くのに足りる男としての度量がミソジニーに凝り固まったロック歌手やラッパーにあるなら、マイクの前でマスターベーションなどしない。もし口紅とマスカラをつけるのに足りる男としての度量が大統領や将軍にあるのなら、しょっちゅう戦争を始めることで自分のペニスサイズを証明したりはしない。男のプライドはプライドとはちょっと違う。それは恐怖、フェミニンに思われることへの恐怖なんだ。だから「女の子のもの」はすごく危険なんだ。たいていの男がそれを死ぬほど恐れる限り、男たちは他人に八つ当たりし続ける。

— 第十九章 —

フェミニンなことをフェミニズムに取り戻せ

Putting the Feminine Back into Feminism

正直なところジェンダー・ポリティクスをよく知らなかった学生時代、私は友人が自分をフェミニストだと思うかと質問されているのを耳にしたことがある。その時友人が「思わない」と答えるのを聞いてびっくりした。というのも、私は彼女をフェミニストだと思っていたからだ。知的でキャリア志向、そして自立心旺盛な彼女は、女性の生殖の自由権を擁護していたし、常に自己主張する彼女は、自分に対する接し方が男子学生とは違う教授がいることも強く意識していた。なぜフェミニストだと思わないのかと尋ねられると、彼女は「だって女子でいることが好きだから」と、女らしい自分が好きで、そこからエンパワメントされることもあると説明した。彼女の経験では、「私はフェミニスト」と胸を張る人たちは、彼女の女性性に対して見下した態度をとることが多かったという。

たしかに、フェミニズムと女らしさが対立関係にあるという見解は、フェミニズムの失墜を狙う人たちによってエスカレートされることが多かった。例えばアンチフェミニストは、女性たちをこの運動から遠ざけようとして、フェミニストは「男嫌い」（「同性愛者」ともとれる）であると同時に、「男になりたがっている」（「男っぽい」ともとれる）という二つの一見矛盾するキャッチフレーズをここ何十年も繰り返してきた。こうしたアンチフェミニストのプロパガンダによって、フェミニンな異性愛女性がフェミニズムを拒絶し始めるというマイナス効果がもたらされたことは見過ごせないものの、女性性は人為的でフェミニズムとそりが合わないと主張したフェミニストも多かった事実を認めないと、私たちは手痛いしっぺ返しをくらうだろう。[1] この女性性へのアンチの流れができたのは、フェミニスト運動の戦略上、唯一最大の失態かもしれない。もういい加減この過ちを改め、意図的にフェミニンなことをフェミニズムに戻すべきだ。

女性性はどこから来るのか

女性性について突っ込んだ議論に入る前に、まずこの言葉を正確に定義すべきだろう。もっとも広義には、典型的に女性と関連づけられる行動、しぐさ、関心、自己表現などを指す。だからまず、女性性は不均質な特徴の集合体だと認識することから始めなければならない。こう指摘するのが重要なのは、女性性が、ややもすれば「セット販売」のように、ジェンダー表現、特徴、そして属性が必然的にがっつり一枚岩化されて融通の利かない画一的な存在とみなされがちなためである。女性といっても、感情に訴える言葉があふれ出る（一般的にフェミニンだとされる属性）のにしぐさや衣服は取り立ててフェミニンでない人、格好はとてもフェミニンなのに感情をあまり露わにしない人、両方の特徴を兼ね備える女性がいる一方、どちらももたない女性がいることから、フェミニンな特徴がそれぞれ独立したものに切り離せることがわかる。そして、男性であってもフェミニンな特徴の多くを示すことが可能だし、実際そうしている人たちがいるので、女性だけのものではないことにも言及しておきたい。

女性性を取り巻く議論のなかで、フェミニンな特徴が女性固有のものではないこと、さらに特徴同士が分離可能だという指摘に注目が集まることは少なく、どうしても人間のフェミニンな表現は何から生まれるのかという話題に集中しがちなのは残念だ。女性性を自然に生まれるものとする人たちは、フェミニンな特徴をまるで遺伝学上の女性のなかだけで起動される包括的な生体プログラムに含まれているかのように説明することが多い。この論法によれば、女性性は女であることだけに下属することになる。だから例えば男性のフェミニンな特徴や女性のマスキュリンな特徴など、例外的ジェンダー表現が多くの人にみられることが完全に見落とされる。その一方、女性性は**人為的**だと言いたい人たちは、女性性を、社会規範、構築、そして条件付けの組み合わせで女性の人格やセクシュアリティが一元管理できる社会化プログラムのように特徴づけることが多い。女性性には一つの形しかないと仮定すれば、女性性が人為的だとするこの種の社会化を使った説明を楽に「証明」できる。なぜなら、女性性の特定部分が明らかに「人為的」で文化によって異なることが説明できれば、女性性の**全ての**部分は社会に原点をもつという推定が成り立つ。同様に、女性性の一部が社会によって少女や女性に強制されていると示すことができれば、女性性**そのもの**が不自然だと主張することができる。不自然でないなら、強制の必要などないのだから。ここまでの説明で、女性性がたった一つのプログラムと仮定すると、ジェンダー差異に関する生物学と社会化を使った説明にみられる、あまりに単純でオールオアナッシング的な二分法が助長されがちだと明らかになるはずだ。

　女性性を画一的とする概念と、ジェンダーに関する「遺伝子対環境議論」を悩ます二者択一イデオロギーを捨てれば、個々のフェミニンな特徴が生物学と社会化のさまざまな組み合わせから生まれることがかなり明確になる。例えば私が性別移行中、日常的に女性と察知され始めたころ、私は見知らぬ男性から微笑むように言われることが何度となくあって驚いた。男性から、「元気出してよ。人生そんなに悪くないよ」とよく声を掛けられたが、当然私は、何様のつもりで言っているのかと思った。というのは私が男だと思われていたころ、厚かましくも「微笑んでよ」などと私に言う人間はいなかったからだ。見知らぬ人たちの偉そうな言葉になど従うものかと固く心に決めていた私だが、時間が経つとそんなコメントをもらうことがなくなった。明らかに何かが変わったのだ。無意識レベルで、私は気づかないうちに微笑むようになっていたのかもしれない。あるいは私が女性として生活するようになってから学んだ防御機制の一つが働いたのかもしれない。つまり私は男であった時よりも見知らぬ人と目を合わせなくなったのだ。目を合わせなくなると、見知らぬ男性からハラスメントを受けることが著しく減った。女性のほうが人と目を合わせないことが多いために、これはフェミニンなしぐさと思われがちだが、それは女性としてこの世でどうにか生きていくときの無意識の反応に基づく行動のようだ。言い換えれば、これらの行動はもっぱら、社会に原点があると言える。

　このほか明らかに社会に原点をもつ女性性の側面には、私が「フェミニンな流儀」と呼ぶものが含まれる。それは近年女らしさに関連づけられたり象徴とされるようになった属性のことだ。例えば、最近ではスリムなことをフェミニンな特徴だとみなすのが一般的だ。現代西洋文化では、女らしさとスリムなことがほぼ同義語となったが、昔はふくよかな体型の女性が女らしさの理想だった。同様に今ならピンクは疑いもなく女らしい色だと信じて育った人が大半だが、一九〇〇年代初め、ピンクは男の子、青は女の子を連想させるのが一般的だった。[2]

　フェミニンな特徴には主に社会に原点をもつものもあるが、生物学に大きく影響を受けるものもあるようだ。フェミニンな生物学的特徴の一つに、自分自身の感情が同調していることが挙げられる。ＭＴＦ方向に性別移行するほぼ全てのトランスセクシュアルが、エストロゲン投与を始めたとたん感情の度合いが高まる経験をしたと述べている。ＦＴＭ方向に性別移行した人たちはテストステロン投与によって、それとは逆の効果を経験する。つまり感情の強さは成人のホルモンレベルに大きく左右されるため、明確な生物学的根拠がそこに見出される。

　もちろん成人のホルモン構成から生じるフェミニンな特徴は、ホルモン治療に伴う変化が直接感じられるので、比較的生物学的だと分類しやすい。だが他のフェミニンな特徴も生物学的なインプットを受けているかもしれないが、そうとはすぐにわからない。フェミニンな美的好みと自己表現の方法の二つをその例として挙げてもよいかと思う。このどちらも、典型的にはとても幼いころから、しかも社会化の影響を受けるにも関わらず（ユニセックスあるいはジェンダー中立的に育てようとする親の子どもにも、フェミニンな表現から積極的に息子を切り離そうとする親に育てられても）現れることが多い点が、この二つの傾向が、ある程度生物学的にハードワイヤーされている可能性を示す証拠である。ここから、フェミニンな言語表現や美的表現のある部分が、ジェンダーの社会化より先行したり優先されることがうかがえる。さらに、フェミニンな男児はフェミニンな部分をなくそうとさせる社会的条件付けが生涯続くのにも関わらず、成人後もその例外的特徴を表現することが多いことから、これらの特徴が社会的メカニズムでは説明しきれないことがわかる。フェミニンな言語表現や美的表現が、社会の圧力に左右されたり誇張されたりすることはあるものの、生物学に起因する可能性がある心の奥深くに内在する傾向からも影響を受けるというのが私の主張である。

セクシスト的行動や規範を正当化するためにジェンダー本質主義者が生物学の理解を歪めたことを考えると、私は、生物学が行動のジェンダー差異を生んだり促したりする役目を担っていると認めたくない人たちがフェミニストのなかにいたとしても理解できる。だが、ジェンダー差異が社会化と社会規範からしか生まれないとするのは非常に問題がある。というのは、この考え方は、人間の精神を、内在的にせよ本能的にせよジェンダー化やセックス化された傾向がまったくない白紙状態だとみなすからである。これは、人間は社会的条件付けの産物に過ぎないと主張したB・F・スキナーのような過激な行動学者が主張した意見に似ている。ちなみに彼の意見はその後、心理学と生物学の分野の他の研究によって完全に論破された。この行動学モデルでは、そもそもどうやってジェンダー制度が生まれるのか、（制度が成立した後で）その制度を超越したりそれは違うと主張する人が現れるのか説明がつかない。ジェンダーが性染色体あるいはホルモンから直接的かつ好都合に発生するとするモデル同様、ジェンダーの行動学モデルでは、この世に存在する幅広いジェンダーやセックスの多様性を正確に説明することができないのだ。

私は、女性性のある部分には生物学的インプットがあると信じてはいるが、社会的側面を生物学的側面から完璧に切り離すことができる、つまりフェミニンな行動とマスキュリンな行動の根底にどの生物学的経路があるか厳密な知識があると思い込んだり、それらの経路がなぜどのように発達したのか理解していると主張するのは、馬鹿げていると思っている。社会変数が無数にあることを考えると、人間のジェンダー表現を純粋に生物学的視点からアプローチしようとする研究者は、科学ではなく臆測でものを言っているのだ。さらに私は、通俗心理学や通俗科学がよく使う、遺伝子やホルモン、ニューロンなどをまるでジェンダーによってオン・オフにできる簡単なスイッチであるかのように描く、小賢そうなジェンダーの生物学モデルも却下する。現実には、生物学のこれらの側面は個人のユニークな遺伝子と環境の背景によって、複雑に制御され大きく影響される。これは特に脳に当てはまる。脳の中では、新しい経験への反応によって、神経構造・連絡・作用が絶えず変化し修正されているからだ。生物学は、人間の行動傾向にあり得る組み合わせのスペクトラムの幅を否応なく広げる。だからこのスペクトラムは、人間のジェンダー表現に自然に発生する限りない多様性とも矛盾しない。

女性性のセクシスト的解釈

ここから本章で私が「女性性」あるいは「フェミニンな特徴」に言及するとき、私が話しているのは、それぞれがユニークな生物学的あるいは社会的原点をもつ、不均一で女性固有でない特徴の集まりのことだと理解してもらいたい。事実、フェミニンな特徴の全てに共通するのは、女性固有でないのに女性に関連づけられがちなことである。この点はフェミニンな特徴が社会でどう解釈されているかを考えるとき、とても重要だ。たしかに、女性性・男性性の基が生物学的か社会的か、今も激しい議論が続いている。だがこの議論は、「それぞれのジェンダー表現に、社会がどんな意味、シンボリズム、暗示を与えているのか」というもっと重要な問題から注意をそらす役割しか果たしていないと私は思う。私は、ジェンダー表現自体が完全に社会的な原点をもつという考えに与しないが、フェミニンな行動やマスキュリンな行動をどうみなし、どんな価値を付与するかは、百パーセントでないにしても、主に社会の役割だと思っている。そして、私たちの男中心文化で、女性性（そして男性性）の解釈にもっとも強い影響力をもつ二つの勢力が、二項対立的セクシズムと伝統的セクシズムなのである。

二項対立的セクシズムは、女性のフェミニン表現なら正当化するが、男性のフェミニン表現は正当と認めない（マスキュリン表現の場合はその逆）役割を果たす。だからフェミニンな特徴を表現する能力は誰にでも備わっているのに、二項対立的セクシズムによって、私たちは女性が表現すれば自然に、男性が表現すれば不自然にみなすように誘導される。二項対立的セクシズムは、男性の女性性は「フェイク」で「間違っている」けれど、女性の女性性は「本物」で「正しい」という認知を作り上げるほか、ジェンダー表現を「する」ときにも影響を与えることがある。例外的なジェンダー表現は、私たちの文化で常に無視され、スティグマ付けされることすらある。だからジェンダー・バリアントな行動を隠したり抑制したりする人が出てくるのかもしれない。そのため、男女間にあると仮定され当然視される差異の誇張が起きる。こうして二項対立的セクシズムは、男女両方に現れるフェミニンな特徴が女性の生体と厳然と連動しており、だからこそ互いに関連しているという思い込みを作り出す。

伝統的セクシズムは、女であることと女性性が男であることと男性性に従属するように見せる役割を果たす。これにはいくつかの方法がある。例えば、女性とフェミニンな属性には常にネガティブな意味合いが付けられる。私たちの社会では自分の感情を敏感に表現するといつも馬鹿にされるのがその例だ。この特徴は判断力や論理的な思考能力とはほぼ無関係なのだが、世間では「感情的」は「理性的でない」と同義語となっている。もう一つ例を挙げよう。噂話や装飾など女性的だとされる趣味や関心事は「軽薄」と思われることがよくある。一方、男性的なこだわりは、たとえそれがスポーツなど娯楽機能しかなくても、矮小化されることはまずない。

　伝統的セクシズムは、フェミニンな特徴にマイナスな意味を与えるほか、女性性のある側面は男性の快楽や利益のために存在するという印象も生む。他人への思いやりや人助けしたいという願望を例に取ろう。こうした共感性や他利主義の属性をもつ人は、それを誰に対しても（子どもでも大人でも、見知らぬ人でも友人でも、動物でも人間でも）表現するが、女性の場合は主として自分の家族に向けられた母性の「面倒を見る」属性に書き換えられる。よって、この完全に人間的な特徴が、男性パートナーや子どもたちの面倒を見、家事の大半を担うのは女性の「自然な」義務だとする期待に捻じ曲げられる。

　フェミニンな自己呈示が、男性を誘惑し関心を引くためだけにあるかのように仕立て上げられることが多いのも、この現象のもう一つの例である。このような思い込みがあると、フェミニンな人が自分の利益や楽しみのために着飾っている可能性が否定されてしまう。つまるところ、フェミニンな自己呈示は、室内装飾であれ身にまとうものであれ、すてきなものや見て美しい物に囲まれたいという、より一般的な欲求と高い相関関係があることが多い。この特徴が主に男の関心を引くために存在するとするのは、あり得ないと思う。ストレート男性の多くは室内の飾りつけにほとんど関心がなく、女性のパートナーが新しい服を着ていたりヘアスタイルを変えたりしてもまったく気づかないことが多いので、異性愛男性の大半は女性の身体を包む衣服やアクセサリーより、その下にある女性の肉体のほうにずっと関心を持っていると言ってよいだろう。フェミニンな自己呈示は主に異性愛男性を惹き付けるためだというが、男性の関心を買うことに興味がないフェムタチもフェミニンな衣服を着るのだから、その根拠は薄いと言える。それにゲイ・コミュニティにはフェミニンなイメージや身体より、ハイパーマスキュリンなほうを崇拝しフェチ化する歴史があるにも関わらず、とてもフェミニンな装いをするゲイ男性もいる。男を惹き付けることに興味のない人間の一人として、私はフェミニンなドレスアップでしょっちゅう楽しんでいる。ドレスアップすると、自分がより生き生きとしてエンパワメントされているように感じる。フェミニンな格好をする女性は男性の関心を買うためにやっているとする人（男かどうかに関わらず）の発言はいつも、挑発的な服を着る女性はレイプされるのを待っているという傲慢な主張を多少和らげたバージョンとしか聞こえない。明らかに女性にとって抑圧的なのは、自己呈示そのものでなく、フェミニンな自己呈示が男性の利益のために存在するという考えのほうである。

　さらにフェミニンな自己呈示の問題によって、フェミニンな特徴がどう蝕まれるかが炙り出される。フェミニンな特徴はしばしば、男性性や男であることに依存するとされるが、この気持ちのもちようが女であることと女性性のほとんど全ての面に投影されているようだ。一般に男性は女性より体が強いため、あるいは女性が「感情的にもろい」と思われているため、男性が女性の「庇護者」とみなされることが一つの例だ。マスキュリンな男性に危機から救われるのを待っている乙女のステレオタイプや神話のイメージは、女性性と女性のセクシュアリティのほぼ全ての側面に、非力、か弱さ、受け身の印象を作り出す。そういう言外の意味は重要性とシンボリズムの点で、フェミニンな流儀に大きな影響を与え、さらにはセクシュアリティに関して捕食者／被食者メンタリティーを助長させるのに一役買う。そこで男性性は挿入と性的攻撃性と同義語とみなされる一方、女性性は性的に受け身で受け入れることと混同されてしまう。もちろんこれは女性のほうから性的にイニシアチブをとることが多く、性交中は男女とも常にアクティブだという現実を無視するものだ。

　実際、異性愛性行為を、男性が女性を「貫く」ものとみなすのではなく、女性のヴァギナが男性のペニスを「平らげる」と表現したらどうなるか想像してみてはどうか。すると、非力、か弱さ、受け身が単に女性の身体とフェミニンな表現に投影された意味（女であることと女性性に「組み込まれた」性質ではなく）だということが明らかになる。女性が積極的に行動を起こす人、男性は消極的に受け入れる人となると、今とはかなり違う言外の意味が生まれるのではないだろうか。すると、男性である、あるいは男性性とは、女であることと女性性に依存し、その利益のために存在するものだという見方が生まれることが容易に想像できる。同様に、もし豊かな言語表現や感情的というフェミニンな特徴を、自信のなさや依存心の兆しでなく大胆な自己表現の行為だと解釈したら、男らしさの理想である「強く寡黙なタイプ」はそれに比べて臆病で自信がないものに突然見えてくるかもしれない。

女性性が本質的に非力、か弱い、依存的、非合理的、軽薄などとする誤った考えが基になり、女性性を表現する人は真面目に受け止められるべき存在でなく、正統な権威者であるはずがないという一般通念が生まれる。このような思い込みはいつもフェミニンな男女を傷つけるが、まともに影響をくらうのは女性のほうであることが多い。というのは、伝統的セクシズムはフェミニンな表現とともに、女性の身体をもった人をターゲットにするため、さらに女性がフェミニンに行動すれば伝統的セクシズムのために正当化されず、マスキュリンに行動すれば二項対立的セクシズムのために正当化されないという、伝統的セクシズムと二項対立的セクシズムが一緒になって女性にダブルバインドを課すからである。

フェミニストによる女性性の解釈

さて今度は、社会における女性性の価値を下落させるセクシストに今日のフェミニストがどう対応したか、いくつかの方法を取り上げて論じていきたい。ここでは私が〈一方的フェミニズム〉と〈脱構築フェミニズム〉と呼ぶフェミニズムの二大潮流に焦点を当てることにする。この二つの一般的な潮流のみに焦点を絞るが、ともにこれらの潮流を生んだ個々のフェミニズムの支流を区別する重要な差異を消し去る意図はなく、これらの潮流から外れる他のフェミニズムの支流を無視するものでもない。このように分類するのは、女性性をめぐるフェミニストの視点における二つの大きな傾向を説明したいからである。

六〇年代から七〇年代に勃興したもっとも影響力のあるフェミニストの支流のいくつかは、セクシズムを男性に女性が抑圧されることと単純に捉えた点で、一方的フェミニズムの枠組みに入ると言えよう。一方的フェミニズムの権威ある著作の一つに、ベティ・フリーダンの『新しい女性の創造』がある。この著書は、五〇年代から六〇年代にかけて、専業主婦として家庭を築くためにキャリアを捨てた多くの中流階級の女性を襲った脱力感について書かれたものである。[3] フリーダンはジグムント・フロイトの「女らしさの神話」という言葉を使って、女は女らしさにどっぷり浸かっていなければ幸せになれないという当時の社会通念を描き出した。中流階級の女性は専業主婦になることが求められていたが、彼女から見た専業主婦とは女性の情緒や知的な成長を妨げる役割であった。フリーダンは、その「専業主婦トラップ」との関連で女らしさを論じ、女らしさは多くの女性が自然に引き寄せられるものではないトラップだと主張する。そのため、フリーダンは著書の大部を割いて、企業、広告主、メディア、精神科医などが積極的に女性を口車に乗せてフェミニントラップを受け入れさせていると説明した。『新しい女性の創造』はかなり焦点を絞り込んだ本で、中流階級のアメリカ人女性が影響を受ける問題のみを扱い、女らしさの「専業主婦トラップ」に関連した面について論じている。だがこの本は、その後一方的フェミニズムに繰り返し出てくる、女性性（あるいは少なくともそのある側面）を女性が自分の最大の可能性を引き出すのを妨げる、人工的で人為的に作られた策略とみなす概念を補強するのに役立った。

一方的フェミニストの著作を振り返ると、セクシズムはしばしば互いに関連性のある次の戦術を通して女性を抑圧する家父長システムに由来するとされる。（一）女性の身体に軽蔑的な意味合いや思い込みを付与すること、（二）本質的には窮屈で男性に対する従順と服従を助長する（あるいはその産物である）女性性を女性に強要すること。だから一方的フェミニストは、女性が直面する二項対立的セクシズムを伝統的セクシズムの一面とみなした。男性性は特権をもつ立場にあることが多いとみなされたので、男性の身体をもつ人たちに対する二項対立的セクシズムは曖昧にされたままだった。多くの一方的フェミニストにとって、男性が男性性を期待されるのを抑圧的と思う可能性は、金持ちが自分の財産で抑圧されていると文句を言うのと同じくらい馬鹿げたことにしか思えなかった。

人間のセックス（生物学に起因）とジェンダー（環境、社会化、そして心理状態に起因）を区別する考え方が普及すると、女性は女性性を強制されているとする一方的フェミニストの意見にさらに拍車がかかった。[4] 一方的フェミニストは、これを女性の身体の働きと身体そのものに投影された伝統的セクシズムのメッセージに異議を唱えるときの理論的手法としたが、女らしさに関連したネガティブなメッセージは無視、あるいは存在を認めなかった。事実、多くの影響力を持つ一方的フェミニストが、非力、服従、受動性のような性質はもともとフェミニンな表現や行為に「内蔵されている」と思っていたのは明らかだ。[5] 言い換えれば、これらのフェミニストは女らしさのセクシスト的解釈に異論を唱えなかっただけでなく、この解釈を額面通り受け取ることが多かった。

　一方的フェミニストは、女性性のあらゆる側面によってセクシズムが働いているとほぼ例外なく認めているが、それに対抗する解決策についての意見は一致しなかった。例えば、フリーダンなどのリベラル・フェミニストは既存の制度のなかでそれまで男性中心だった領域、特に専門職や指導者的な立場に平等な機会を得ようと活動し、「女性には男性ができることなら何でもできる」哲学をしばしば喧伝した。この戦略によって、男らしさに関連した属性や関心は自然で、女性が目指すものとして望ましく、反対にフェミニンな属性はそうではないことが暗示された。ラディカル・フェミニストは、男性の「抑圧者」と女性の「被抑圧者」の立場に厳然としたつながりがあるとみなされる、マスキュリンとフェミニンなジェンダー役割のどちらも絶対に認めず、その代わり、より「自然な」アンドロジナス的性質を取り入れることでしか女性の抑圧は終わらないと主張した。カルチュラル・フェミニストはより本質主義者に近い立場を取り、男女には本質的な差異があり、それぞれ独特の生まれつきの性質をもつとした。例えば、男性は本来破壊的かつ抑圧的で、女性は創造的で面倒見がよいというものだ。たしかにカルチュラル・フェミニストは、フェミニンな特徴のある部分を受け入れ、マスキュリンな特徴より優れているとまで特徴づけたが、こうした特徴は「人工的で人為的な女性性」ではなく、女性の「自然な」女らしさに由来すると指摘するのは忘れなかった。[6]

　女性がもっとマスキュリンに、もっとアンドロジナスに、あるいはもっと「自然に女性的に」ならなければセクシズムは克服できないという考え方はいずれも、人間のジェンダー表現は政治的立場によって容易に影響され変えられると仮定することで、女性性の人工化に一役買っている。そうした万能アプローチは、女性性は画一的だとする根拠のない推定に基づくもので、階級、文化、生物学的素因の大きな違いからフェミニンな表現や視点に限りない多様性が生まれることを無視するものだ。[7] 多くの一方的フェミニストは、女性のジェンダー表現が多様なことを受け入れようとせず、女らしさに気後れを感じない女性に対して、心が植民地化されているとか「自己を抑圧した」「完全な人間」でないとして、見くびる態度を取るようになった。[8] 女性性が「女性が自分の従属状態を受け入れることを表明するため」だけに存在すると考える一方的フェミニストは、女性性を「奴隷状態」と呼び、マゾヒズムと同一視したり、ストックホルム症候群になぞらえたりもした。[9] この批判のいちばん大きな標的は、「抑圧の象徴」を身に着け、「思想統制」でコントロールされ、自分自身の身体に向き合っていない、そして「自発的に消極性」に加担していると非難されたフェミニンな美容習慣をもつ女性たちだった。[10]

もちろん、女性性を人為的な産物であり、女性を抑圧するためにあるとする一方的フェミニストの主張のなかでもっとも注意すべきなのは、出生時に男を割り当てられて社会化された人のなかにも女性性を表現する人がいることである。フェミニンなゲイ男性やＭＴＦスペクトラム上のトランスの人たちが、一方的フェミニストのアンチフェミニン命題に問題提起するのを察してか、多くの一方的フェミニストは、これらのグループに対して激しく横柄な態度を示した。例えばフェミニンな女性を「絵の中の鳥」と呼び、自分を含めたフェミニストの女性が「女性の突然変異体である人工的な女性に襲撃されている」と言ったメアリー・デイリーは、トランスセクシュアル女性を「フランケンシュタインの怪物」と呼び、ドラァグクィーンを白人による「ブラックフェイス」になぞらえるなどして、同様の嫌悪を露わにした。[11] 型にはまった女らしい女性を「フェミニン寄生虫」と呼ぶジャーメイン・グリアーは、トランス・ミソジニーの長談義をいくつも執筆しているが、彼女はその一つで、トランスの女性のジャン・モリソンを「女らしさに執着している」と激しく非難した。[12] そして、女性性を「支配階級である男性への服従を示すために従属階級である女性に求められる行為」だとするシーラ・ジェフリーズは、MTFトランスセクシュアルやゲイ男性の女性性をもっぱら性的マゾヒズムに起因すると主張する。[13] このように、今日も多くの一方的フェミニストに根強い、アンチゲイ男性、アンチトランス女性的な考えは、自分たちの中にある女性性に対する伝統的なセクシズムから生まれたのだ。

これまで私が取り上げた一方的フェミニストの立場の多くに対しては、〈脱構築フェミニズム〉が八〇年代から九〇年代にかけて台頭するに従い、異議が申し立てられている。脱構築フェミニストはその経歴もアプローチもさまざまだが、「女性」というカテゴリーは社会的に構築されたもので、そのカテゴリーを成立させる社会規範や言説から独立して存在できないと考える点では、一方的フェミニストと共通している。脱構築フェミニストは、一方的フェミニストのように女性が男性によってどう「抑圧されている」のか強調することでセクシズムを終わらせようとする代わりに、セクシズムを可能にさせる先入観や期待をさらけ出すことで、「女性」「男性」の概念そのものを脱構築しようと試みる。この考えによれば、「女性」と「男性」は、社会のいたるところに浸透し、言葉、伝統、行動、そして自分や他者の見方に影響する二元制的ジェンダー制度のなかに位置するものと説明される。この二元制的ジェンダー制度は、男性はマスキュリンでアグレッシブ、そしてフェミニンで受け身の女性に惹かれるものという想定の上に成立している。例えばアグレッシブな女性やフェミニンな男性など、これらの想定に少しでも外れるところがある人は制度内で理解されず、その結果、周縁化される。

脱構築フェミニズムは、いくつかの重要な点で一方的フェミニズムとは異なる。まず、ほぼ伝統的セクシズムだけに焦点を絞る一方的フェミニズムとは異なり、脱構築フェミニズムは主に、二項対立的セクシズムに関心の目を向ける。ある意味、脱構築フェミニズムは決まって「女性」の「他者化」を、二元制的に「男」のペアとされることから必ず生まれる副産物とし、そこから伝統的セクシズムを二項対立的セクシズムに下属させるのだ。この関係を通して伝統的セクシズムよりも二項対立的セクシズムのほうに特権が付与されるので、脱構築フェミニストはフェミニスト理論とクィア理論の両方に影響を与えてきた。もう一つ、脱構築フェミニストは、セックス／ジェンダーの区別に同意しなかった点で一方的フェミニストと異なるが、私たちが知る「セックス」の概念は、「ジェンダー」概念同様、社会的に構築されたものだと主張する。

脱構築フェミニズムは多くの点で一方的フェミニズムと異なるが、ジェンダー表現を人工化する傾向という点で共通している。これは〈ジェンダー・パフォーマティヴィティ〉という概念に基づいて行われることが多い。ジュディス・バトラーが発展させたこの概念は、人間なら誰でも、男であることや女であること、ストレート性やクィア性に内蔵された期待が常に強いられていることを説明するものだ。バトラーは「パフォーマティヴィティ」という用語を用いて、フェミニン規範とマスキュリン規範が常に引き合いに出されるさまを強調する。バトラーは、出生時に他者によって「女の子化」される子どもの例を挙げている。この子には女性名が与えられ、女性の人称代名詞が使われ、女の子用のおもちゃが与えられ、生涯を通じて社会のなかでの他者から「女の子性」を引き合いに出されることになる。[14] バトラーは、この繰り返しによってジェンダーが「生産」され、「自然」だと見えるようになると主張する。

ところが脱構築フェミニストの多くは、バトラーの著作を人間のジェンダーは「パフォーマンス」に過ぎないという意味だと解釈している。ジェンダー自体が単なる「パフォーマンス」なのであれば、自分のジェンダーを単に二元制的ジェンダー制度に疑問を呈する「パフォーマンス」によってセクシズムに反論できるというのが後者の見解だ。この例としてもっともよく引き合いに出されるのが、女であることや女性性が単なる「パフォーマンス」だと明らかにするはずのドラァグクィーンである。[15]

一方的フェミニストは一般的に、女性性を否定的にしか捉えないが、脱構築フェミニストのほうはコンテクストに依存すると考え、二元制的ジェンダー制度を破壊するのに使われるときなど「良い」ことも、その制度を取り入れるのに使われるときなど「悪い」こともあるとする。[16]言い換えれば脱構築フェミニズムは、一般的にストレートによるフェミニン表現をセクシスト的な二元制的ジェンダー制度を強化するものとみなすが、クィアによるフェミニン表現だけはエンパワメントし受け入れる。このように、脱構築フェミニズムも一方的フェミニズムも次のような共通の信念をもっていると言える。（一）女らしさは自然な表現形態ではなく、社会が押し付けたものである。（二）ほとんどの女性は、自分たちの女らしさが社会化あるいは社会的構築など外部の力によるものでなく、内側から湧き出すものと信じ込まされている。（三）「事情通」には、ジェンダー表現が人工的で容易に作り変えることができるものだとわかるので、例えばアンドロジナス、ドラァグなど、よりラディカルでセクシストに対抗するジェンダー表現を選ぶことができる。（四）フェミニンな女性はラディカルでセクシストに対抗するジェンダー表現を選ばないので、セクシズムに力を与え、自分自身の抑圧に加担することがある。

女らしさを人為的産物にすることがもたらす影響

ではなぜ過去数十年にわたり、女らしさを人為的産物とすることが多くのフェミニストにとって最大の関心事となったのだろう。それはフェミニズムにもっとも強く惹かれた女性の多くが、伝統的でフェミニンなジェンダー役割を窮屈で不自然に思ったことに関連しているのではないだろうか。これはフェミニスト自身のジェンダー表現に例外的傾向がよくみられるためである。アンドロジナスやマスキュリン、あるいは他の開放的でエンパワメントになるようなジェンダー表現の経験に比べ、女性性を巡る個人的な経験が、この人たちには気詰まりでわざとらしいと感じられたため、その個人的な経験と視点を他のあらゆる女性に間違って投影してしまったのだ。必ずしも悪意があるわけではなかったが、この一般化は、階級、文化、生物学的な背景や傾向がとても多様なことから生まれる女性のジェンダー表現の多様性を否定する、ジェンダー特権に基づく行為であったことは否めない。これらのフェミニストが、まともな女性なら誰もフェミニンな表現になど惹かれないと傲慢に思い込んだため、女らしいことが永遠に「虚偽意識」のレベルに追いやられた。

フェミニストがもつ「女らしさは人為的産物」という先入観が自己陶酔的であるのは、それによってフェミニンでない女性は例外なく「上位知識」を有するとされ、フェミニンな女性は騙されたことに気づかないほどおバカな「カモ」、あるいはセクシストな社会規範を守るため、意図的に「不自然な」行為をする「フェイク」として片付けられるためである。フェミニンな女性を排除するこうした傾向は、一部のレズビアン・フェミニストが七〇年代、「抑圧者とファックしている」異性愛女性より自分たちのほうが正しいフェミニストだと不遜にも主張したのと不気味なほど似ている。[17] 女性性や異性愛など、ある傾向を人為的に作られたとし、時には貶める戦術は、自分自身にその傾向がないときなら非常に便利である。事実、これはまさに、強い偏見を持つストレートの人たちがクィアなジェンダーやセックスの表現を「不自然だ」として排除するのと同じだ。私たちフェミニストがジェンダーを取り締まり、女性の中になぜ「不自然な」フェミニン表現をとる人がいるのかを説明するために、因果関係をでっち上げるところまで身を落とすと、私たちはそもそも自分たちが闘っているはずのセクシスト勢力から見分けがつきにくくなる。

　女性性は、社会からいくらでも影響を受け、形作られ、補強されてはいるが、それが完全に「人為的産物」とか単なる「パフォーマンス」と言い切るのは、女性性が**しっくり来ると感じる**人たちを蔑視するのも同然だ。たしかに、女性の大半がいとも簡単に「洗脳」されたり「無理強い」され、まったくわざとらしく、時には完璧に人為的産物であるジェンダー表現を選んでいるとするのは、女性全体に対してずいぶん厳しい見方だ。実際、こんなにも多くの女性が積極的に女性性を選ぶのは、そこにこの人たちの奥深いところに響く何かがなければ不可解に思われる。女性性のゆえにレズビアン運動内で周縁化されてきた歴史をもつにも関わらず、堂々と女性性を表現するフェムダイクや、ゲイ男性が男っぽさ礼賛と「女々しさ」軽蔑に執着しているなか果敢にも女性性を失わない「ネリー・クィーン」など、ストレート社会に合わせようとする気持ちのかけらもない人たちがいることを考えると、これはもっと鮮明になる。[18]

「女性性は人為的」という考えはさらに、露骨なミソジニーでもある。近年ジェンダー・スタディーズの分野で、男であることがどのように構築されるかを研究する一握りの理論家が現れたが、フェミニストが正面切って関心をもち、脱構築し、侮辱の的としたものの大半が女性性だった。これには明白な理由がある。女性は男性の「他者〔other〕」なので、女性性は男性性の「他者」なのだ。そんな状況では、「人為的」、「嘘くさい」、「軽薄だ」のような否定的な意味合いは女性性の理解そのものに組み入れられる。事実、そう理解されるから、男性性から受ける印象は常に「自然」「現実的」「率直」となる。女性のパンプス、衣服、ヘアスタイルを取り上げて人為的だとするフェミニストは、必然的に男っぽい靴や衣類などが「自然」で「実用的」という概念には疑問を呈しない。これは、他者に魅力を振りまいて良い印象を与えたい男性の身なりや行動を「本物」とみなし、女性が同じことをすると「女の策略だ」と排除する男性中心アプローチと一緒だ。隣に並べれば男性性が必ず誠実に見えるように、女性性はトリックや策略として描かれる。だから、男性中心主義が意図的に女性性を男性性の「わら人形」つまりスケープゴートに陥れるので、フェミニンなジェンダー表現を人為的だとするほど簡単な知的作業は他にあまりないのだ。

フェミニストの私たちは、女性性のスケープゴート化が、フェミニスト運動のアキレス腱になったことをそろそろ認めるべきではないだろうか。過去のフェミニストは、女であることをエンパワメントし女性の身体と生物学を蝕むネガティブな意味合いを全部引きはがすのにどんな苦労も厭わなかったのに、女性性に関するネガティブな意味合いは比較的そのままにしておいた。理性ある人の大半は女性と男性を同等とみなすが、女性性が男性性と同等だと大胆に主張する人は、たとえいたとしてもごく少数だという事実が何よりの証拠だ。事実、歴史的にミソジニー、つまり女性嫌悪と呼ばれてきたことの多くが明らかに地下に潜伏し、あまり目くじらを立てられないよう、女性性への嘲りに変装した。この新バージョンのミソジニーは女であることより女性性の中傷に焦点を置いており、あちこちに浸透している。政治的な言説では、環境、拳銃規制、社会福祉などの唱道者が、「木をハグするツリーハガー」「犯罪者に甘い」「依存推進派」のような決まり文句でフェミニンなイメージに連座する形で足をすくわれるようなことが起きる。また男性政治家が深みのないハイパーマスキュリンであること以外のものを見せてしまったら、例外なく風刺漫画家にドレスを着た姿を描かれ、お払い箱になる。[19]

　この新手のミソジニーは、女性をいくつかの方法でずいぶん蝕み続けている。まず、フェミニンな人の大多数は女性なので、デフォルトでアンチフェミニン感情の標的となる最大グループを構成する。次に、女性性の概念は、私たちがジェンダー表現をどう「する」かを変化させるだけではない。それは私たちが他人の身体や行動に投影する期待や思い込みでもある。だから、女性個人がわざわざフェミニンな外見や行動を避けても、周囲の人が女性性を女性であることに連動させ、彼女に女性性に対する先入観や期待を投影することは避けられない。今は、スキルや能力に関わらず、同等の資格をもつ男性ほど女性はキャリアで出世しないことが「ガラスの天井」として知られている。ヴァージニア・ヴァリアンはその著書『なぜこんなにゆっくりなのか――女性の地位向上』の中で、人は誰でも、女性には女性性の先入観と期待を、男性には男性性の先入観と期待を投影するという事実が、ガラスの天井をもっともうまく物語っていると強く主張する。[20]こんな状況ならもちろん男性が優遇される。女性性は「弱い」「嘘くさい」「消極的」とみなされるが、男性性はデフォルトで「強い」「自然」で「アグレッシブ」とされるからだ。それゆえ、フェミニストが女性性をエンパワメントし、弱々しさ、ふがいなさ、もろさ、受動性、軽薄、人工的といった疫病神のようにまとわりつく面白くもない下等の意味合いから引き離す日が来るまで、これらの意味は女性やフェミニンな全ての人に付きまとい続けるだろう。

　フェミニストがこれまで、女性性ではなく女であることに特権を付与してきたことも、フェミニンな特徴を持つ男性をターゲットにしたミソジニーに基づく行為が見過ごされ、うまく言葉で表現もされていない原因である。例えば、あるゲイ男性が別のゲイ男性を「オネエ」過ぎるとか「女々しい」とあざ笑うとき、彼は「内面化されたホモフォビア」を抱えていると非難されることがある。これは、オープンリーゲイでマスキュリンなゲイ男性には問題を感じない人を説明するナンセンスな言い回しだ。こういう女性性に対する差別は、ミソジニーと言ったほうがよいのではないだろうか。同様に、マッチョな男と一緒になってはひどい扱いを受けるのに「いい人」と付き合うなど考えたこともないストレート女性は、「内在化されたミソジニー」を抱えていると言われるかもしれない。繰り返しになるが、これはフェミニンとされる属性を表現する男性を対象として表面化したミソジニーだと言ったほうがよくないだろうか。

　私がミソジニーの解釈を、「エフェミマニアと呼ばれる男性のもつフェミニンな特徴を批評しバカにすることに関する社会の異常な執着」にまで拡大しようと提案したら、フェミニスト（特に一方的フェミニスト）は間違いなく条件反射的に拒否反応を示すだろう。だが、これまでの章で私が主張したように、エフェミマニアは女性を含む全ての人に影響を及ぼす。エフェミマニアは男として社会化された人たちに女性性を神秘化させ、フェミニンと思われる人から人間性を奪い、それがほぼ全ての男性の女性嫌悪表現の基礎になっている。さらにエフェミマニアによって、いつ何時でも女性性の表現をしたり何か関係があると少しでも疑われたら、その男性の男であることや男性性が疑問視される。今日、ジェンダー平等をめざす運動の最大のネックとなっているのが、女性が伝統的に「男性の領域・領分」とされたところへアクセスができないことではなく、男性が自分たちを女性と反対の立場にあると定義したがることである（「女性の領域」に足を踏み入れたくないなど）。

これまで、「女性の領域」と関連づけられるのを恐れる男性に対するフェミニストの典型的な反応は、「文句を言うな」の一言に尽きる。こうしたフェミニストの態度が無知に基づいているのは、男性の女性性と女性の女性性では全く異なる受け止め方をされることを見落としているからである。もし女性の女性性が既に「人為的」で「嘘くさい」と思われているなら、二項対立的セクシズムによって男性の女性性は指数関数的に「人為的」で「嘘くさい」とみなされる度合いが増す。少数のフェミニストは、男性のフェミニンな表現が、女性の男性性や女性性が通常受けるよりずっと激しい軽蔑と嫌悪感を招くと気づいているが、大半のフェミニストは残念ながら、男性の身体をもつ人がターゲットになっているときはミソジニーを無視あるいは相手にしないことを選んだ。[21] そうすることで、これらのフェミニストは、伝統的セクシズムのなかでもっとも普及し悪意に満ちた形態に力を貸すことになった。

私たちがセクシズムに対して十分に異議申し立てできないでいる最大の障壁は、ストレートとクィア・コミュニティの両方でやたらはびこる、あらゆるジェンダーやセクシュアリティの人をターゲットにした女性性への反感である。この問題に取り組むための唯一現実的な方法は、女性性自体をエンパワメントすることである。私たちはフェミニンな表現は力強く、大胆で勇敢、つまりパワフルだと正しく認めなければならない。それも魅惑的とか蠱惑《こわく》的とか超自然的とかではなく、オープンさ、創造性、率直な表現が楽にできる具体的かつ実用的なやり方で。私たちは女性性を、無力で他人の助けが必要なものや男性性の単なるわき役とみなすのを止め、フェミニンな表現は自由意志で存在し、それを自然に選ぶ人たちにはそれなりの見返りがあることを認めるべきだ。女性性を受け入れることで、フェミニズムはようやく、過去の運動に疎外感を抱いていたフェミニンな女性の大多数に手を差し伸べることができるようになる。フェミニズム運動はさらに、いつもエフェミマニアやトランス・ミソジニーに直面しているのに、過去のフェミニズム運動に心のよりどころが見出せなかったり意見が言えなかったりした女でない人たち（男であってもトランスジェンダーの人であっても）にも手を差し伸べることができるようになる。事実、女性とフェミニンな人の両方を取り込むフェミニスト運動には、数の上での強みを駆使して主流となり、伝統的セクシズムと二項対立的セクシズムの両方に挑戦し打倒できる可能性が生まれる。

―第二十章―

クィア／トランス・アクティビズムの未来

The Future of Queer/Trans Activism

私がトランス・アクティビストやスポークンワード・アーティストとして多くの経験を積んだのは、最近「クィア／トランス・コミュニティ」として知られるようになった場所だ。ここは、「レズビアン」や「ゲイ」よりも、「ダイク」、「クィア」、あるいは「トランス」をアイデンティティとすることが多い二〇代から三〇代の人たちで構成されるＬＧＢＴＱコミュニティ内のサブグループである。さまざまな多様性をもつサブグループだが、主な構成員は都市部の大学生や研究者で、白人または中流階級出身者に偏っている。クィア／トランス・コミュニティは多くの点で、トランスジェンダー運動が呼びかける「ジェンダー二元制をぶっ壊せ」と、レズビアン・コミュニティで八〇年代に起きたアンドレア・ドウォーキン主義への反動としてのセックス・ポジティブ〔人間のあらゆるセクシュアリティを受け入れ合意のもとの性行為を健康的とみなす考え方〕やキンキー支持〔一般的には変態とされる特異な性行為を受け入れるスタンス〕の結合と言うのがいちばん近いかもしれない。その政治姿勢はおおむね反同化主義的であり、ジェンダー・性的関心の表現に関しては特にその傾向が強い。「クィア／トランス」は境界がなく無限な印象を与えるため、現代のジェンダー・性革命の代表的な先駆けだと信じる人が多い。私が関わって四年になるこのコミュニティでは、ある趨《すう》勢《せい》が勢いを増している。それは私が〈転覆主義〉と呼ぶ、ジェンダーやセックスの多様性を制限しかねないある信念のことである。クィア／トランスの人たち全員がこの流れに乗っているわけではないが、私は次第に問題を感じ始めている。

　転覆主義とは、型破りであったり規範に適合しないジェンダーやセックスの表現やアイデンティティを、それだけの理由で褒めそやすことの実践である。転覆主義風に言えば、非定型的なジェンダーやセクシュアリティは、抑圧的な二元制的ジェンダー規範を「逸脱する」、つまり「転覆させる」ので、「良いもの」とされる。[1]転覆主義の実践を正当化する流れは、影響力をもつ多数のクィア理論家がこれまで十五年間ほどの間に発表した論文に関する、ある解釈（それを誤読という人もいるが）に端を発する。広く知れ渡った説を簡単にまとめると次のようになる。どんな形にせよ、セクシズムは二元制的ジェンダー制度から発生する。この二元制的ジェンダー制度は、思想、言語、伝統、行動など、社会の隅々に存在するので、それを覆す唯一の方法は、内側からその制度を積極的に弱体化させることだ。だから、セクシズムに異議申し立てするためには、男と女、あるいは異性愛者と同性愛者の間に存在すると仮想されたあらゆる区別を曲げ、壊し、不鮮明にするようにジェンダーを「パフォーマンス」することで、二項対立的制度全体のメルトダウンを引き起こす必要がある。転覆主義の原則によれば、ドラァグが本質的に「転覆的」であるのは、私たちの社会にみられる男であることと女であることの二項対立的な概念が自然なものでないこと、そして私たち人間一人一人がそれを積極的に「構築」し「パフォーマンス」していることが明らかにされるからだ。そして「慣習に逆らったジェンダー化」のもう一つの方法が、百パーセント男あるいは女と認識することを拒否し、ジェンダークィアやジェンダーフルイドのようなアイデンティティをもつことである。

あるジェンダー・アイデンティティや表現を本質的に「転覆的」あるいは「逸脱」だとみなす考え方は、クィア／トランス・コミュニティのあちこちでみられる。コミュニティ内ではドラァグやジェンダーベンディングはいつも称賛され、「ボーイ自認のダイク」や「パンセクシュアル・トラニーファグ」のように、二項対立的アイデンティティを混乱させるものがかなり一般化しつつある。一見したところ、転覆主義は無限に広がる多様性に配慮しているようだが、実はそうではなく、かなり具体的な境界が設けられ、「その他」が作り出されている。ジェンダー二元制を破壊し曖昧にすると思われるアイデンティティや表現を美化することで、転覆主義は、二元制的ジェンダー制度を補強したり自然なものに見せたりするジェンダーやセックスのアイデンティティや表現が、デフォルトで本質的に保守的で「覇権的」ですらあるとし、そういう人たちのための真逆のカテゴリーを自動的に作り出しているのだ。この保守的でよろしくないほうのジェンダーカテゴリーが話題にされることはあまりないが、このカテゴリーの大半を占めているのは、「対極にあるセックス」に惹かれるフェミニンな女性とマスキュリンな男性であるのは驚くことではない。

転覆主義の「邪悪な側面」がクィア／トランス・コミュニティ内で頭をもたげることは少なからずあり、ジェンダー表現、行動、あるいは性的好みが十分「転覆的」でないとされるクィアやトランスの人に対する批評や疑問を耳にするのも稀でない。事実、誰だって異性愛のフェミニンな女性やマスキュリンな男性から自分をしっかり区別しておかないと、「ジェンダー二元制を補強している」と非難される可能性がある。これはセクシスト呼ばわりされるのと同じことだ。そしてコミュニティ内でもっとも批評の標的にされるのが、トランスセクシュアル、とりわけ移行後に異性愛でジェンダー規範に従う人たちである。トランスセクシュアルは「慣習に逆らう」クィアアイデンティティから「保守的な」ストレートのアイデンティティに移行するように（他人の目には）見えるので、トランスセクシュアルが性別移行するのは、異性愛文化に意図的に「同化」するためとまで主張する転覆主義者もいる。最近では、そのような非難は最新のクィア理論レトリックに基づくことが多いものの、ジャニス・レイモンドのようなシスセクシスト的なフェミニストやトマス・カンドーのような社会学者が数十年前に発表した作品を蝕んでいたのと同じ、誤った先入観の焼き直しなのだ。[2]

転覆主義の実践はさらに、ＭＴＦスペクトラム上のトランスの人たちにマイナスの影響を与える。私たちの文化では、転覆主義と言ったときに思い起こされる「大胆な」「反抗的な」「危険な」といった修飾語の意味は、男性性の理解に事実上根付いている。対照的に、女性性は、破壊とまったく相いれなさそうな「臆病な」「陳腐な」「安全な」と言った対義語を想起させる。だから、一般大衆がＦＴＭスペクトラム上のトランスの人たちよりもＭＴＦスペクトラム上の人たちに対して不安や動揺を感じる傾向があるのにも関わらず、転覆主義によって、トランスマスキュリンは本質的に「破壊的」で「慣習に逆らう」が、それに比べてトランスフェミニンは「退屈」で「保守的」という印象が作り出されているのだ。転覆主義がトランスフェミニンではなくトランスマスキュリンに特権を付与していることがわかれば、クィア／トランス・コミュニティで、クィアなシスセクシュアル女性とＦＴＭスペクトラム上の人たちが優位に立っている理由が納得できるだろう。コミュニティでは、これらの人たちの例外的ジェンダー表現、アイデンティティが決まってエンパワメントされ奨励されるのだ。[3]

私にとって、クィア／トランス・コミュニティにおける（そして多くのジェンダー・スタディーズの教室や教科書の）こうしたジェンダー規範の逸脱と補強の対話のなかでもっともシュールに感じられるのは、その無自覚な偽善である。「ジェンダー二元制をぶっ壊せ」の名のもとにジェンダーをファックしていると主張し、女であることや男であることの社会通念に十分反論しないアイデンティティをもつ人を批判する人たちには、破壊的なのが「良い」ジェンダーで保守的なのが「悪い」ジェンダーだとする、新たなジェンダー二元制を自分たちが作り出したことが理解できていない。それは悲しい皮肉ではないだろうか。ある意味、新たなジェンダー二元制といっても、実はそんなに新しいものではない。それは単に、オリジナルの二項対立的セクシズムの二項が逆さまになっただけなのだ。だから今、ジェンダー・ノンコンフォーミングな人たちが頂点にいて、ジェンダー規範に沿った人たちが底辺にいる。何て革命的なんだろう。周縁化されたグループが、自分たちを抑圧し続けたヒエラルキーをひっくり返したい誘惑を感じるのは理解できる。そうすることでようやく序列のトップに立てることに、とてもエンパワメントされるだろう。だがそんなやり方で二元制を弱体化させることができると主張するのは馬鹿げている。むしろ二元制を強化するのに役に立つだけではないのか。

　転覆主義による二元制ひっくり返しは、七〇年代中期のカルチュラル・フェミニストが展開したもう一つの二元制ひっくり返しを彷彿とさせる。転覆主義は二項対立的セクシズムをひっくり返しているのに対し、カルチュラル・フェミニストのほうは、女性は生まれつきクリエイティブで協力的であり、だから本質的に破壊的で抑圧的とみなされる男性より優れていると主張することによって、伝統的セクシズムをひっくり返そうとした。さまざまな社会／政治運動の比較は、単純化しすぎを恐れてなかなかうまく行かないものだが、転覆主義とカルチュラル・フェミニズムの間には、つついてみるに値する著しい類似点が他にもある。その著書『あえてバッドに——アメリカのラディカル・フェミニズム　一九六七—一九七五』の中で歴史学者のアリス・エコルスが述べるように、カルチュラル・フェミニズムはその先駆けで、より外に目を向けていたラディカル・フェミニズムから発展した。[4] 男女に本質的な優劣はないと主張するラディカル・フェミニズムは、特に男性のセクシスト的な側面を指摘し変えようとして、積極的に一般大衆を巻き込んだ。一方、公共の場でのデモ行為を組織するより、女性が運営する団体や女性専用スペースの設立に重点を置くカルチュラル・フェミニズムは、より閉鎖的な運動だった。そして多様な女性の視点を数多く受け入れようとした（事実、階級とセクシュアリティの「違い」をめぐる問題が、この運動のエネルギーを消耗させた）ラディカル・フェミニズムとは異なり、カルチュラル・フェミニズムは、全ての女性は女性特有の生物学的現象のもとに団結した普遍的シスターフッドの一部だとする、「同質性」や「一体感」といった概念を発展させた。

　分離主義的とまで言ってよさそうなカルチュラル・フェミニズムの排他的傾向にもっとも大きな影響力があったと思われるのが、前述した女性の「一体感」概念である。結局、男であることとは区別され、より優れているとされる女性の「一体感」を信じるなら、その区別に疑問を呈する人は誰でも自動的に脅威となる。事実、それがまさに七〇年代から八〇年代にかけて起こっていたことなのだ。カルチュラル・フェミニズムの教義に賛同できない、つまり男性に紐づいた何らかのジェンダー表現や性行為をする女性は、マスキュリンな価値を奨励する「アンチフェミニスト」だと嘲笑され、運動から排除された。さらにエコルスが指摘したように、カルチュラル・フェミニストは「シスターフッド」という言葉を使ってはいたが、まだ「男社会」に生きる「解放されていない」女性を蔑視する態度を取ることがよくあった。[5] ラディカル・フェミニズムなど**女性全体**の利益を考える運動から、一部の選ばれた女性グループの利益だけを追求する運動という排他的な方向への転換は、カルチュラル・フェミニズムの二元制ひっくり返しと「一体感」をもとにしたものだった。

さまざまなクィアやトランスジェンダーの運動は、カルチュラル・フェミニズムや多くの主流ゲイライツ・アクティビストが推進した、こうした排他的「一体感」に対するリアクションとして、九〇年代初期にその真価が認められるようになる。「トランスジェンダー」や「クィア」が包括用語として流布し始めたのもこのころである。「クィア」はレズビアンとゲイはもとより、発展のさなかにあったバイセクシュアルやトランスジェンダー運動も受け入れようと試みた。そしてこれまで共通点がほとんどないと思われていたクロスドレッサー、トランスセクシュアル、ブッチ女性、フェム男性、ドラァグパフォーマー、インターセックスの人たちなどを含む個別のグループの連合を促すため、「トランスジェンダー」という用語が使われた。この連合体は、共通していそうな生物学的側面や理念ではなく、直面する差別が類似しているという現実に基づいて作られたのである。事実、トランスジェンダーの人たちが「二元制的ジェンダー規範を逸脱している」という考え方は、参加資格のリトマステストとしてではなく、多様な構成員を団結させる根拠を創出するために生まれたのだ。当時の「ジェンダー二元制をぶっ壊す」という考え方は、外に目が向けられたものだった。もし女性と男性が固定された相互背反的「対極にあるセックス」という概念を、私たちの文化が乗り越えられるようにもうひと押しできたら、トランスジェンダーのサブグループ構成員全員の生き方がもっと楽になっていたのに、と思う。

カルチュラル・フェミニズムが二元制ひっくり返しによって、女性オンリー文化や専用スペースなどを重視する内向きの運動に変わったように、最近の転覆主義の台頭は、もっと外向きで世界を変えることに焦点を当てていた九〇年代のトランスジェンダーやクィアの運動が、より偏狭で排他的なクィア／トランス・コミュニティ、つまり包括用語に当てはまる人全てではなく、選ばれたクィア／トランスグループだけを優先するコミュニティに転換している初期症状なのではないだろうかと感じている。事実、郊外のショッピングモールで公然と「キスイン」を行ったクィアネイションやトランスの人たちが殺された中西部の小さな町々で抗議行動を催したトランスセクシュアルメナスなどの先輩たちとは異なり、最近のクィア／トランス・コミュニティにいる人たちの多くは、ファビュラスでクィアな自分たちを褒め合ったり、コミュニティ内の組織やイベントの中で安心感を味わうことだけで満足しているように思える[6]。自分たちでクィア／トランス用のスペースや文化を作ることは何も間違ってはいないのだが、私が困ったなと感じているのは、その過程で多様性が明らかに犠牲になっていることである。例えば、クィア／トランス用スペースでは、トランスジェンダー人口に多くの割合を占めるはずのＭＴＦクロスドレッサーの姿を見かけることが稀である。それに、トランスの女性の姿も非常に少ない。この二つのグループは何となく参加していないだけではないかと思うかもしれないが、では、「これらの人たちは**なぜ**参加しないことに決めたのだろう」という疑問が生じないだろうか。私が今度クィア／トランスイベントでパフォーマンスすると言うと、トランスの女性からは、そういう場所は気詰まりだとか安全に感じられないので、あるいは以前行ったときに無視されたり馬鹿にされたりしたので、なるべく行きたくないと言われることが多い。ダイクやバイセクシュアルをアイデンティティとするトランスの女性であっても、クィア／トランス用スペースで歓迎されていないと感じ、共感を覚えないことが多い。トランスの女性排除主義をうたうイベントの支持者やトランス・ミソジニー的発言をする人をコミュニティが甘やかしている可能性など、クィア／トランス・コミュニティのちぐはぐさや礼儀知らずを助長する側面を指摘すると、決まって「分断を生む」と批判される。「分断を生む」という言葉を使うところに、発言者たちの本心がことさら見え隠れしているのは、そこに「クィア／トランス」が象徴するものは、あらゆる意見を尊重する連合体ではなく、均質な運動あるいはコミュニティ、つまり「一体感」だと暗示されているからである。

トランスジェンダー運動のスローガンだった「ジェンダー二元制をぶっ壊す」が、今や新たな破壊的／保守的ジェンダー二元制を補強するのに使われているという事実よりもさらに皮肉なことが一つあるとすれば、クィア／トランス・コミュニティの「一体感」意識の高まりは、排除性を防ごうという良い意図から発展したことだ。初期のトランスジェンダー・アクティビストの多くは、アクティビズムに着手した時点から既に、ある特定トランスジェンダー・サブグループがトランスジェンダー・コミュニティを支配するようになってこの運動の境界周辺の取り締まりを開始し、「一体感」を強化するではないかということを恐れていた。カルチュラル・フェミニズムや本流「ゲイライツ」運動の排他性は、誰が「女性」のうちに入り、誰が真っ当な「ゲイ」かといった、アイデンティティを巡るトラブルを軸としていると思われるので、トランスジェンダー連合は個人参加資格を作らずボーダーレスであるべきという意見を支持するアクティビストが多かった。多くの人はまた、ヒエラルキーができるのを防ごうとして、個々のトランスジェンダー・サブグループの独自性を軽視するか曖昧にしておこうとした。こうしてトランスジェンダー運動は事実上、反アイデンティティ運動になったのだ。

思い返してみると、異なるアイデンティティが自動的に排他性につながるという仮定は完全に見当違いだと、私はいつも発言していた。結局、アイデンティティは単なるラベル、つまりある人間の経験の一側面を表現する記述名詞に過ぎない。そしてもし私たちがジェンダーやセックスのアイデンティティ・ポリティクスの先を見据えれば、私たちは柔軟で流動性のあるアイデンティティの例を数多く見つけることができる。例えば、私が自分を「ネコ好き人間」と認識しているとしよう。私がイヌも大好きと言ったところで、憤慨したり混乱したりする人はいないだろう。さらに、私は「ミュージシャン」だと言っても、私が演奏する楽器や好きな音楽スタイルに根拠のない思い込みをする人はいない。「ミュージシャン」や「ネコ好き人間」のような政治化されていないアイデンティティを見れば、ジェンダーやセックスに関するアイデンティティ・ポリティクスで繰り返し起こる問題がアイデンティティそのものからではなく、真逆の思考（ネコ好きの人間はイヌ好きなわけがないといった思考）と「一体感」的な思考（例えばミュージシャンは全員パンクロックのギタリストだし、そうであるはずという思い込み）から生まれることがわかるだろう。

　私は、もしトランスジェンダー運動が、ジェンダー・バリアントの人にとって安全な世界を作るなど共通のゴールに向かって活動する、本質的には異なるグループの連合だという自認を維持できていれば、排他性は避けられただろうと思う。そうであったら多様な構成員の明白な差異や具体的な懸念事項を尊重できただろう。だがトランスジェンダー運動は、「アイデンティティ」の概念を時代遅れだから乗り越えなければならないと喧伝し、独自の「一体感」を創造した。一部のアクティビストは、自分たちを別個のサブグループからなる脆弱な政治連合体とみなす代わりに、ジェンダーの境界を曖昧にする個人が参加する、大きくて均質なグループと思うべきと働きかけた。それぞれのトランスジェンダー・サブグループが提供するさまざまな視点や経験を尊重する代わりに、内部でアイデンティティが他者に吸収されることが常態化したトランスジェンダー・コミュニティは、ジェンダー無法地帯になっていった。最近では、自分たちにはインターセックスの人たちの言葉を盗用したり、これらの人たちに代わって発言する権利があると思い込んでいる、多くのトランスセクシュアルが見受けられる。同様に、シスセクシュアルのジェンダークィアの多くが、トランスセクシュアルに対して同様の権利があると感じている。これによって個々のグループのユニークな問題、課題、そして視点が不必要に消し去られているのだ。

個人がアイデンティティを好き勝手に選んだり盗用したりする「ジェンダーアナーキー」的な事態は、表面上は限界を取り払って開放的に見えるかもしれないが、実際には、世間に認められた人たちの気まぐれによって、もっとも周縁化された人たちの立場がますます弱くなるジェンダー・リバタリアニズムに似ていると言える。この場合、クロスジェンダーのアイデンティティをもつ人たちは、より大きなシスセクシュアルのクィア・コミュニティの手で存在しないことにされやすくなる。事実、元来クィアな人が自分の性的指向のためにトランスジェンダー運動内部に自分たちの居場所を求める権利を主張することが増加しつつある。[7] この傾向はとりわけトランスジェンダー・ポリティクスや言説に関与する度合いが高まっているクィア女性のコミュニティに言え、（一）以前はレズビアンのアイデンティティを持っていた人が男に性別移行、（二）ジェンダークィアなどFTMスペクトラム上のアイデンティティを認識するようになったダイク、そして（三）FTMスペクトラム上のパートナーがいるのでトランスジェンダー・コミュニティで発言したいトランスでないクィア女性などの人数が最近、急激に増加している。

過去の歴史を振り返ると、シスセクシュアルクィアがトランスジェンダーやクィア／トランスのコミュニティや言説を牛耳っている事実は、トランスセクシュアルにとって大きな問題だとわかる。七〇年代、トランスセクシュアルや他のクロスジェンダー・アイデンティティをもつクィアは、性的指向だけに重点的に取り組み始めた「ゲイライツ」運動から追放された。これは計算された展開だった。（ゲイを受け入れたがらない一般大衆によって「もっとも逸脱している」とみなされることが多い）ジェンダークィアを見捨てることで、セクシュアリティクィアたちは、自分たちが性的指向以外は「ノーマルな人間」だと主張できるようになった。レズビアンやゲイ男性の視点から言えば、この戦略は大変効果的で、セクシュアリティクィアはある程度周縁化されてはいたが、「ソドミー法」の破棄や差別に対する保護などを含むドメスティックパートナーシップに関して、法的に大きな勝利を得ることができた。現在、セクシュアリティクィアは独自の社会組織、政治組織、ケーブルチャンネル、大学の学部をもっているほか、自分たちのオリンピックまで開催している。カミングアウトしたレズビアンやゲイの政治家や有名人がいて、テレビの人気番組にはレズビアンとゲイの登場人物が主役として登場する。メディアが流すゲイを題材にしたジョークは、今では同性愛者ではなくホモフォビックな人を笑いものにする。なかでももっとも重要だと思われるのは、「生まれつきそういう人もいる《ジャスト・ボーン・ザット・ウェイ》」という言い方が有名になったように、アメリカ人の大半は人間の性的指向には自然に発生するバリエーションが存在すると認識し、「ゲイライツ」に断固反対する人たちのなかにまでその認識が広がっている点である。

クロスジェンダーをアイデンティティにもつトランスの人たちを「ゲイライツ」運動から排除した直

接の結果、私たちのアイデンティティや課題についての大衆の認知や受け入れはレズビアンやゲイ男性のものに比べて、およそ二十年遅れた。トランスジェンダー運動は九〇年代になるまで加速化しなかったためである。排除されてきたクロスジェンダー・アイデンティティや視点はレズビアン／ゲイアイデンティティや視点ほど認識されていない。例えばトランスセクシュアルだとカミングアウトすると、私はその理由や身体、そして男性としての過去など、かなり個人的な事柄について質問攻めにあう。対照的に、レズビアンだとカミングアウトしても、私は誰からも尋問されたことがない。私の人格のレズビアンとしての側面は、額面通り受け止められることが多い。言い換えれば、私は問題なくレズビアンとして存在できるのに、トランスセクシュアルとして存在することはできないのだ。同性に惹かれることは当然視されるようになった一方で、クロスジェンダーの同一化はほとんど進んでいない環境では、（クィア／トランス・コミュニティでみられるような）「セクシュアリティクィア」と「ジェンダークィア」が融合されると、トランスセクシュアルは基本的に、よりしっかりした基盤をもつシスセクシュアルのクィア・コミュニティに包摂されることになる。「トランスジェンダー」という言葉が包括的になればなるほど、トランスセクシュアルをはじめとするクロスジェンダーをもつ人／ジェンダーを横断して生きる人たちの声は、そうした視点や経験をもたない人たちによってますますかき消されていく。

　こうしたトランスジェンダーの「シスセクシュアル化」によって、トランスセクシュアルはジェンダー・アクティビズムに対する独自の見解や視点を正確に伝えることができなくなり、壊滅的な打撃を受けた。私たちは話を聞いてもらい、思い通りに真価を認められるのではなく、私たち自身のコミュニティ内で発言権を得るために、レズビアンやゲイのレトリックに従うことを余儀なくされた。それは、レズビアン・ゲイ固有の「パスする」（「隠れる」の同義語として）の定義が、身体的に性別移行して自分のアイデンティティであるセックスで生活する決断に不適切に適用されたり、潜在意識下のセックス、ジェンダーの不協和、そして身体的性別移行が、社会構築主義的なジェンダー観を好むシスセクシュアルクィアによってくだらないと一蹴されたりすることからうかがえる。自分たちのシスセクシュアル特権に無頓着なクィア理論家がジェンダーは人為的に生産されたものと主張するために、私たちに許可なくアンジェンダリングをする（あるいはシスセクシュアルと他のクィアとの区別を曖昧にする）こと、そしてトランスセクシュアルの経験にとって「ジェンダーはみなドラァグ」がどれだけネガティブな意味をもつかを理解もせずに主張すること、そして、脱医療化がトランスセクシュアルのホルモン療法や性別再割当手術アクセスにどんな影響を与えるかも知らないのに、「ゲイライツ」戦略をトランスジェンダーの全面的脱医療化に応用しようとするところからも明らかである。最後に、ヴィヴィアン・ナマステが著書の中で指摘したように、トランスジェンダー運動の「シスセクシュアル化」によって、トランスセクシュアルである私たちが直面する、非常に現実的な制度上の障害やバイアスそのものを吟味するのではなく、トランスセクシュアルに関する言説が否応なくシスセクシュアルクィアの「アイデンティティ」（誰が女性あるいは男性とみなされるのか、誰が正真正銘のクィアなのか）に対する執着を中心に展開することになる[8]。

私は、シスセクシュアルの意見、そして排他的な転覆主義がクィア／トランス・コミュニティの主流になると、私のようなトランスの女性を排除するクィア／トランスの「一体感」が醸成されるのではないかと懸念している。私は、私自身が排除されるかもしれないとか、このコミュニティでますます疎外されていると感じている、ここでは言及されない多くのサブグループのことを心配しているのではない。私は、この内向きで均一性を志向する趨勢のため、互いに学び合い、社会全体の意識を変えるチャンスが失われることを恐れているのだ。もし私たちがこの偏狭で排他的な趨勢を修正したいと願うなら、一枚岩的なコミュニティではなく、連合体としての発展について（もう一度）考えてみるべきだ。連合体ベースのアクティビズムは、私たちはみな個人であり、それぞれ限られた歴史をもち、多くはユニークな特権、経験、仮定、そして制約の組み合わせを経験していると認識することから始まる。だから、セクシュアリティやジェンダーに関していえば、「上級の知識」をもつ人など誰もいない。私たちは自分たちを連合体と呼ぶことで、さまざまな差異を尊重しつつ、皆が共通のゴール（例えば「どんなジェンダーやセクシュアリティの人にも安全な社会を作る」などはどうか）に向かって働いていると明示的に認められるようになるのではないだろうか。意見の相違は始めから想定されているのだから、連合体内部には「分断的」と非難する正当性はないはずだ。連合という観点で考えると、安全なクィア・トランススペースという単一ゴールを超え、現実には「安全なスペース」など存在しないという認識を後押しすることになる。結局、安全という概念そのものは、しばしば排他的な「同一性」や「一体感」のような仮定に基礎をもつものなのだ。そして異性愛でジェンダー規範に従う主流を手厳しく軽蔑する見方を助長する転覆主義とは異なり、連合体ベースのジェンダー・アクティビズムは、主流社会を巻き込み、ストレートアライを排除するのではなくむしろ一緒に働くことこそ社会を変える唯一の道だと認識するものだ。

もし私たちがクィアとトランスジェンダーのあらゆる視点を尊重できる連携を築きたいなら、私たちは二元制的ジェンダー制度について、それがまるで**唯一**の制度であるかのように話すのを止めるべきだ。トランスの女性である私は、男・女、異性愛・同性愛、シスセクシュアル・トランスセクシュアル、シスジェンダー・トランスジェンダー、などなど、数多くのジェンダー二元制に関わっている。十分に「破壊的」でも「超越」もしていないからとクィア／トランススペースで周縁化されている人間として、私は「（男・女）ジェンダー二元制をぶっ壊せ」は虚ろに聞こえる。そしてシスセクシュアルのクィアたちは私がトランスセクシュアル女性として私自身がメンバーであるレズビアン・コミュニティから受けるシスセクシスト的でトランス・ミソジニー的な敵意と見下した態度のほうが、ストレートの友人やアライから受けたものよりずっとひどいという事実をないものにしているも同然だ。私たちが新しいスペースに足を踏み入れたり、初対面の人と話をしたりするたび、知っているものとはどこかが異なる二分法と仮定に直面せざるを得ないのが実情だ。事実、私は、知り合いのストレートの人たちの大半がクィア性に居心地悪さを感じないような、サンフランシスコ・ベイエリアに住んでいる。ところが、私が知っているクィアな人の多くはストレート性に転覆主義的な態度をもっている。こういう経験から、典型的であからさまなものだけでなく、**あらゆる**形式のセクシズムに反論を唱えるためのより一般的な戦略が必要なことは明らかだ。

　これからの私たちは、「ジェンダー二元制をぶっ壊せ」に焦点を置くのではなく、ある人のジェンダーに対する自己認識より他者の認識、解釈、評価のほうに特権を付与するあらゆる形式の〈ジェンダー特権〉に注視し、挑みかかるべきだというのが、私の意見だ。結局、破壊的か保守的か、クールかクールでないか、ノーマルか異常か、自然か自然でないかなど、私たちが他人のジェンダーやセクシュアリティに価値を与えるときはいつでも、ある種のヒエラルキーを自動的に作り出すか再確認しているのだから。言い換えれば、何らかのジェンダーを「良い」「悪い」と批評するとき、私たちは当然ながらセクシスト的である。そもそも他者が私たちのセックス化された身体、ジェンダー表現、そしてセクシュアリティにかなり恣意的に意味を与えることから来るフラストレーションこそ、私たちをフェミニズムとクィアアクティビズムに駆り立てているのではないのか。私たちが小さいころ、フェミニンすぎるとかマスキュリンすぎると言って私たちをからかった校庭のいじめっ子と、私たちが女だから仕事ができないと思い込んでいる高飛車な雇い主、私たちはストレートのふりを十分にできていないからゲイライツ運動の足を引っ張っていると主張するゲイ男性、そして私たちを「真のジェンダー・ラディカル」と呼ぶにはアンドロジナス過ぎると批判した七〇年代から八〇年代のレズビアン・フェミニストやゼロ年代の転覆主義者の間に、何か違いはあるのだろうか。

　異なるジェンダーとセクシュアリティに異なる価値を付与するのは、単なる人間の性質だと主張する人がいるかもしれない。例えば、女性より男性と一緒にいたいと思う傾向があったり、フェミニンあるいはマスキュリンな人よりアンドロジナスな人に惹かれるとき、それだって異なる価値を付与しているのではないかと。いや、必ずしもそうではない。こうした好みを個人的な選り好み（「アンドロジナスな人は魅力的だと思う」）と正しく認識するのと、他に正当な選択肢がないとする特権に基づく主張（「マスキュリンな人もフェミニンな人もセクシーではない」）との間には大きな違いがある。同様に、自分のジェンダー体験をもっともうまく表現する言葉として自分を女性あるいはジェンダークィアと呼ぶことと、他人のジェンダーがこうだと主張したり仮定したりする（例えば「男性」あるいは「ジェンダー規範に従う人たち」はあなたの「対極にある」と仮定する）のには大きな違いがある。

さらに、例えばステレオタイプ的な女らしさの理想に沿った生き方を押し付けられていると感じている女性など、「悪い」ジェンダーというものが実はあると主張する人がいるかもしれない。何年もクローゼットの中にいた人間として、私は人が外部から補強されたジェンダー（例えばステレオタイプ的な女らしさあるいは男らしさ）を「悪い」と表現したくなる気持ちもわかる。問題は、他人のジェンダー・アイデンティティや表現が嘘偽りのないものなのか、それとも強制されたものなのか、確かめようがないことだ。私たちは自分のジェンダーとセクシュアリティを直接経験するから、本来備わっている傾向を他人が私たちに課す外部からの期待から分離することができる。だが、私たちは他人に代わって分けることはできない。私たちは誰かのセクシュアリティあるいはジェンダーが本物かどうか、推測し、経験に基づいた想像をすることぐらいしかできない。そしてそれはいつも危険なことである。

私が人間についていつも感動していることは、その多様性である。似たような環境で育っても、私たちはどういうわけか、とても違うキャリア、趣味、政治、話し方や行動のしかた、美的な好みなどに引き寄せられる。こういう多様性は遺伝的変異から来ているのかもしれない。あるいは、自然に好奇心が強く適応能力の高い生き物である私たちは、必ずあちこちに散らばって、発見できるあらゆる生態的地位を利用するものなのかもしれない。いずれにしても、私たちはジェンダーとセクシュアリティという点においても、ほうぼうに散らばっているのは明らかだ。その場合、もし私たちがステレオタイプ的にフェミニンあるいはマスキュリンなジェンダーを転覆主義的に嘲笑することにエネルギーを費やしたら、そうしたジェンダーを実に正しくて自然だと感じる（おそらくたくさんの）人たちを必然的に貶める結果になるのではないだろうか。さらに、それらのジェンダー表現を特権的なやり方で批評することで、私たちは他の人に乗り越える義務を感じさせるような新しいジェンダーへの期待を積極的に作り出すことになる。これこそまさに、クィア／トランス・コミュニティで起こりつつあることなのだ。だから私は、私たち一人一人が自分のジェンダーを「する」あるいは「パフォーマンスする」やり方から私たちのエネルギーと注意を反らし、他人に投影する期待と仮定に注意してほしいと思うのだ。ジェンダーパフォーマンスではなく、ジェンダー特権に目を向けることで、私たちは誰もが自分たちのジェンダーとセクシュアリティを他者から押し付けられたと感じるのではなく、意のままに選ぶことができる世界を作る、次のステップにようやく進むことができるだろう。

原注

まえがき

1 二〇一五年八月現在、『ウィッピング・ガール』は以下を含む多数の主流メディアに取り上げられている。*Alternet*, *The Atlantic*, *BuzzFeed*, *The Chicago Reader*, *The Daily Beast*, *The Guardian*, *Huffington Post*, *Marie Claire*, *Ms. Magazine*, *NBC News*, *New York Magazine*, *The New Yorker*, *New Republic*, *New Statesman*, *NPR*, *Playboy*, *Rolling Stone*, *Salon*, *The San Francisco Chronicle*, *Slate*, *The Telegraph*, *Time*, *Variety*, *Vice*, *Vogue*, and *Washington Post*.

2 トランスの人たちのゲイリブとクィア運動への関与については、次が詳しい。Susan Stryker, *Transgender History* (Berkeley: Seal Press, 2008), 59-89, 121-153. トランスの人たちの人口動態や性的指向については次を参照。Jaime M. Grant, Lisa A. Mottet, Justin Tanis, Jack Harrison, Jody L. Herman, and Mara Keisling, *Injustice at Every Turn: A Report of the National Transgender Discrimination Survey* (Washington: National Center for Transgender Equality and National Gay and Lesbian Task Force, 2011), 28.

3 私は、次の著作で二〇〇三年にキャンプトランスで経験したことに触れている。Julia Serano, *Excluded: Making Feminist and Queer Movements More Inclusive* (Berkeley, CA: Seal Press, 2013), 22-36.

4 Julia Serano, *On the Outside Looking In: a trans woman's perspective on feminism and the exclusion of trans women from lesbian and women-only spaces* (Oakland, CA: Hot Tranny Action, 2005).

5 Serano, *Excluded*, 138-168.

6 私は*Excluded*, 105-108で、こうしたスローガンによってトランスセクシュアルの観点や経験が台無しにされることを書いた。これらのスローガンを誤ってジェンダー理論家であるジュディス・バトラーのものとしたうえで、私の著作を彼女の業績に対する直接的な批評だと誤解する人が多いが、私はそうではないことを次のサイトで説明している。Julia Serano, "Julia Serano on Judith Butler," (http://juliaser-ano.blogspot.com/2015/09/julia-serano-on-judith-butler.html).

7 具体的には、Serano, *Excluded*, 169-199の中でダブルスタンダードがどう作用するかについて詳述。Serano, *Excluded*, 239-256では〈ジェンダー特権意識〉（セクシズムでは先入観や意味を他者に投影することが中心的役割を果たすことを説明するため、私が本書で紹介した概念）についてさらに説明している。

8 その後私は、シスという用語の起源と用法に関するフォローアップとして何本かのエッセイを書いた。それらは次にまとめられている。Julia Serano, “Julia Serano’s compendium on cisgender, cissexual, cissexism, cisgenderism, cis privilege, and the cis/trans distinction” (http://juliaserano.blogspot.com/2014/12/julia-seranos-compendium-on-cisgender.html).

9 Erica Schwiegershausen, “Wait, *Cisgender* Wasn’t in the Oxford English Dictionary Already?” *New York Magazine*, June 25, 2015 (http://nymag. com/thecut/2015/06/wait-cisgender-wasnt-in-the-oed-already.html); Anna Diamond, “Why the Oxford English Dictionary’s Addition of *Cisgender* Matters,” *Slate*, June 29, 2015 (http://www.slate.com/blogs/out- ward/2015/06/29/cisgender_oxford_english_dictionary_addition.html).

10 具体的には私のエッセイを参照。“Reclaiming Femininity” (Serano, *Excluded*, 48-69) and Julia Serano, “Empowering Femininity,” *Ms.*, July 28, 2014 (http://msmagazine.com/blog/2014/07/28/empowering-femininity).

11 Serano, *Excluded*, 70-98.

12 Trudy Ring, “This Year’s Michigan Womyn’s Music Festival Will Be the Last,” *The Advocate*, April 21, 2015 (http://www.advocate.com/mich-fest/2015/04/21/years-michigan-womyns-music-festival-will-be-last).

13 特にJulia Serano, “Part 3: Pathological Science Revisited” *Outspoken: A Decade of Transgender Activism and Trans Feminism* (Oakland: Switch Hitter Press, 2016). 端的には、性別違和は性同一性障害よりはわずかに改善されたと言える。だが、バイアスのかかった診断名からは性別移行よりもジェンダー矯正治療が推奨されている印象を受ける点、性別移行後のハッピーで健康的なトランスの人でも「永遠に性別違和と診断可能」とする点など、両者には多くの共通した問題がみられる。異性装障害は、今は経験しないが過去に経験した人のほか、ジェンダーや性的指向に関わらずトランスジェンダーの人に適用されるので、異性装フェティシズムをだいぶ拡張したものと言える。

14 Julia Serano, “The Case Against Autogynephilia,” *International Journal of Transgenderism* 12, no. 3 (2010), 176-187; Julia Serano, “Reconceptualizing ‘Autogynephilia’ as Female/Feminine Embodiment Fantasies (FEFs),” May

26, 2015 (http://juliaserano.blogspot.com/2015/05/reconceptualizing-autogynephilia-as_26.html); Julia Serano, “Psychology, Sexualization and Trans-Invalidations”（第八回フィラデルフィア・トランスヘルス年次会議での基調講演）, June 12, 2009 (http://www.juliaserano.com/av/Serano-TransInvalidations.pdf). オートガイネフィリア説の反証となる最新調査と批評の簡単なリストと、同仮説がトランスの女性を傷つけるのにどう誤用されたかの例は以下に含まれている。Julia Serano, “The real ‘autogynephilia deniers’,” July 13, 2015 (http://juliaserano.blogspot.com/2015/07/the-real-autogynephilia-deniers.html).

15 ここ数年トランス活動家の間で、トランスの登場人物はトランスの俳優が演じるべきとの声が高まってきている。私もこの気持ちに共感するが、それはシス俳優にはトランスジェンダーの人の役を現実に即して丁寧に演じられないと思っているからではなく（多くの俳優が失敗するが、できる俳優もいるから）、（現時点では）トランスの俳優にシスの登場人物を演じる機会が制度的に与えられていないからだ。トランスの俳優がシスの役を演じられるよう、議論の焦点が変わってほしいというのが私の個人的な思いだ。そうなれば、トランスの俳優に多くのチャンスが与えられると同時に、社会のシスセクシズム（私たちのジェンダーは本質的に劣等で本物さに欠けるという考え方）に反論することができる。さらに私は、映画やテレビ番組で俳優がトランスの役を演じるというような稀な問題を提起するより、トランスの表象がハリウッドとメディアのあらゆるレベルで増加されることを求める動きがあればいいと思う。

16 Julia Serano, “Rethinking Sexism: How Trans Women Challenge Feminism,” *AlterNet*, August 4, 2008 (http://www.alternet.org/story/93826/rethinking_sexism%3A_how_trans_women_challenge_feminism).

17 Riki Wilchins and Taneika Taylor, *70 under 30: Masculinity and the War on America's Youth* (Washington,DC: Gender Public Advocacy Coalition, 2008); Grant et al., *Injustice at Every Turn*; National Coalition of Anti-Violence Programs, “Lesbian, Gay, Bisexual, Transgender, Queer, and HIV-Affected Hate Violence in 2013 (2014 Release Edition)” (http://equalitymi.org/files/2013-ncavp-hv.pdf).

18 Julia Serano, “Cissexism and Cis Privilege Revisited—Part 1: Who Exactly Does ‘Cis’ Refer To?” (http://juliaserano.blogspot.com/2014/10/cissexism-and-cis-privilege-revisited.html); Julia Serano, “Cissexism and Cis Privilege Revisited—Part 2: Reconciling Disparate Uses of the Cis/Trans Distinction” (http://juliaserano.blogspot.com/2014/10/cissexism-and-cis-privilege-revisited.html).

19 アクティビスト用語メリーゴーラウンドの概念を、用語のアクティビズムに関連したより一般的な考えと共に、次で紹介・説明した。Julia Serano, “A Personal History of the ‘T-word’

more general reflections on language and activism)" (http://juliaserano. blogspot.com/2014/04/a-personal-history-of-t-word-and-some.html). さらに次の著作でも議論した。Julia Serano, "On the 'activist language merry-go-round,' Stephen Pinker's 'euphemism treadmill,' and 'political correctness' more generally" (http://juliaserano.blogspot.com/2014/06/on-activist-language-merry-go-round.html) とJulia Serano, "Regarding Trans* and Transgenderism" (http://juliaserano.blogspot.com/2015/08/regarding-trans-and-transgenderism.html).

20 本書で私が使ったトランス関連用語の大半は、第一章「トランスジェンダーとトランスセクシュアルに関する概念——ひとまずこれが用語集」に収められている。Julia Serano, "There is No Perfect Word: a Transgender Glossary of Sorts" (http://www.juliaserano.com/terminology.html) も参照。Serano, "A Personal History of the 'T-word'" の中で私は（本書ではわずか数カ所に登場する）「トラニー」という言葉がますます物議を醸し出していることに触れただけでなく、トランス関連の用語が進（退）化し続けることについても述べている（同エッセイ最終セクション "Words don't kill people, people kill words ..." を参照）。シス用語に関する潜在的な懸念は、次で議論されている。Serano, "Julia Serano's compendium on cisgender, cissexual, cissexism, cisgenderism, cis privilege, and the cis/trans distinction." このほか、トランスジェンダー用語をテーマにした関連エッセイには次のようなものがある。Julia Serano, "*Whipping Girl* FAQ: on the words transsexual, transgender and queer" (http://juliaserano.blogspot.com/2011/08/whipping-girl-faq-on-words-transsexual.html); Julia Serano, "Bisexuality and Binaries Revisited" (http://juliaserano.blogspot.com/2012/11/bisexuality-and-binaries-revis- ited.html); Serano, "Regarding Trans* and Transgenderism." 最後に、個々の用語に関する多くの論争は、用語がアイデンティティのラベルとして本質主義的に使われるのか、総称として使われるのかなどによって左右される。私はこれらのさまざまな用例をSerano, *Excluded*, 11-14で議論している。

トランスの女性のマニフェスト

1 Viviane K. Namaste, *Invisible Lives: The Erasure of Transsexual and Transgendered People* (Chicago: University of Chicago Press, 2000), 145, 215–216; Viviane Namaste, *Sex Change, Social Change: Reflections on Identity, Institutions, and Imperialism* (Toronto: Women's Press, 2005), 92–93.

2 American Psychiatric Association, *Diagnostic and Statistical Manual of Mental Disorders, Fourth Edition,*

Text Revision (*DSM-IV-TR*) (Washington, D.C.: American Psychiatric Association, 2000), 574–575.

3 Jacob Anderson-Minshall, "Michigan or Bust: Camp Trans Flourishes for Another Year," *San Francisco Bay Times*, August 3, 2006. そしてこの記事に対する私の公開状 (www.juliaserano.com/frustration.html). トランスのレズビアン女性に対する態度がトランスの男性に対するものよりずっとネガティブであることについては、次を参照。Michelle Tea, "Transmissions from Camp Trans," *The Believer*, November 2003; Julia Serano, "On the Outside Looking In," *On the Outside Looking In: A Trans Woman's Perspective on Feminism and the Exclusion of Trans Women from Lesbian and Women-Only Spaces* (Oakland: Hot Tranny Action Press, 2005); Zachary I. Nataf, "Lesbians Talk Transgender," *The Transgender Reader*, Susan Stryker and Stephen Whittle, eds. (New York: Routledge, 2006), 439–448.

4 フェミニストにみられるトランスの女性に対する反感の概要は、次を参照。Pat Califia, *Sex Changes: The Politics of Transgenderism* (San Francisco: Cleis Press, 1997), 86–119.［邦訳パット・カリフィア『セックスチェンジズ　トランスジェンダーの政治学』石倉由・吉池祥子ほか訳、作品社、二〇〇五年］; Joanne Meyerowitz, *How Sex Changed: A History of Transsexuality in the United States* (Cambridge: Harvard University Press, 2002), 258–262; Kay Brown, "20th Century Transgender History and Experience" (www.jenellerose.com/htmlpostings/20th_century_transgender.htm); and Deborah Rudacille, *The Riddle of Gender: Science, Activism, and Transgender Rights* (New York: Pantheon Books, 2005), 151–174. フェミニストによるトランスミソジニーに関連する著作例は次を参照。Mary Daly, *Gyn/Ecology: The Metaethics of Radical Feminism* (Boston: Beacon Press, 1990), 67–72; Andrea Dworkin, *Woman Hating* (New York: E. P. Dutton, 1974), 185–187; Margrit Eichler, *The Double Standard: A Feminist Critique of Feminist Social Science* (London: Croom Helm, 1980), 72–90; Germaine Greer, *The Madwoman's Underclothes: Essays and Occasional Writings* (New York: Atlantic Monthly Press, 1987), 189–191; Germaine Greer, *The Whole Woman* (New York: Alfred A. Knopf, 1999), 70–80; Sheila Jeffreys, *Beauty and Misogyny: Harmful Cultural Practices in the West* (New York: Routledge, 2005), 46–66［邦訳シーラ・ジェフリーズ『美とミソジニー：美容行為の政治学』GCジャパン翻訳グループ訳、慶應義塾大学出版会、二〇二二年］; Robin Morgan, *Going Too Far* (New York: Random House, 1977), 170–188; Janice G. Raymond, *The Transsexual Empire: The Making of the She-Male* (Boston: Beacon

Press, 1979); Gloria Steinem, "If the Shoe Doesn't Fit, Change the Foot," *Ms.*, February 1977, 76–86.

一 第一章 一

トランスジェンダーとトランスセクシュアルに関する概念——ひとまずこれが用語集

1 Intersex Society of North America (www.isna.org/faq/transgender).

2 「トランスジェンダー」という用語は当初、バージニア・プリンスが、性別再割当手術を受けずに自分のものと認識する性別の人間としてフルタイムで生活する自分自身のようなトランスの人を、彼女が軽蔑していたらしいトランスセクシュアルから分離するために広めた。次を参照。Brown, "20th Century Transgender History and Experience," and Leslie Feinberg, *Transgender Warriors: Making History from Joan of Arc to Dennis Rodman* (Boston: Beacon Press, 1996), x. 「トランスジェンダー」の旗のもとで組織されることを問題視するトランスセクシュアルの意見については、以下の著作を参照。Namaste, *Sex Change, Social Change*, 12-33, 51-57, 86-126; Max Wolf Valerio, "'Now That You're a White Man': Changing Sex in a Postmodern World—Being, Becoming, and Borders," *This Bridge We Call Home: Radical Visions for Transformation*, Gloria Anzaldúa and Analouise Keating, eds. (New York: Routledge, 2002), 239-254.
〔ライターのジェシカ・レイ・フィッシャーによれば、五〇年代後半、トランスヴェスタイトやトランスセクシュアルに安全な場所を提供する組織づくりに貢献したバージニア・プリンスは、六〇年代後半から社会的に女性としてフルタイムで生活していた。彼女は、自分のように性別再割当手術を受けないトランスジェンダーの人を、トランスセクシュアルとクロスドレッサーの中間にいる「トランスジェンダリスト」と呼んだ。彼女と彼女が設立した団体は、BDSM、興味だけの人、同性愛者、情緒的に不安定な人、そしてトランスセクシュアルの参加を拒否。性別再割当手術を伝染病と呼ぶなど、トランスセクシュアルがトランスジェンダーに包括されるのを極力排除しようとした。(https://jessieraefisher.medium.com/be-trans-read-virginia-prince-909f120f287e)〕

3 私は小山エミのブログ記事を読んで、「シスセクシュアル」という用語を使おうと思った。(www.eminism.org/interchange/2002/20020607-wmstl.html). 実は関連用語の「シスジェンダー」は、一九九五年、カール・バウシュというトランスセクシュアル男性によって造られたようだ。

｜第二章｜

女の尻を追う奴ら——メディアはなぜトランス革命を口紅とハイヒールで表現するのか

1 Steve Rogers, "Lawsuit Settled, 'Crying Game'-Like 'There's Something About Miriam' Premieres in UK," RealityTVWorld.com, February 23, 2004; Debi Enker, "Reality Reaches New Low," The Age, May 20, 2004; Emily Smith, "Miriam' s Secret," *The Sun Online* (www.thesun.co.uk).

2 Nazila Fathi, "As Repression Eases, More Iranians Change Their Sex," *New York Times*, August 2, 2004.

3 Shawna Virago. 著者との２００４年４月12日のやり取り

4 Nancy Nangeroni と Gordene O. MacKenzie の会話。*GenderTalk*, program 538, November 26, 2005 (www.gendertalk.com/real/500/gt538.shtml).

5 Meyerowitz, *How Sex Changed*, 9, 148, 276-277; Califia, *Sex Changes*, 61.

6 Califia による引用, *Sex Changes*, 239.

7 Ibid., 178. Pat Califia と Patrick Califia は同一人物であることに注意が必要。彼はトランスの男性で、本文には、現在彼が使用する Patrick Califia のほうを使ったが、注記には引用元の書籍で使われている氏名を記している。

8 Raymond, *The Transsexual Empire*, 79.

9 Ibid., 99.

10 Ibid., 100.

11 Ibid., 99.

12 Ibid., xix.

13 Lisa Vogel, "Michigan Womyn's Music Festival Sets the Record 'Straight,'" リサ・ヴォーゲルによる２００６年８月22日付プレスリリース。

14 Anderson-Minshall, "Michigan Or Bust"; Sarah Liss, "Politics of Pussy: Bitch and Animal on a Revolutionary Gender-Bender," *Now* (Toronto), July 25, 2002.

｜第三章｜

ビフォー・アフター——階級と身体の変容

1 American Society of Plastic Surgeons, "9.2 Million Cosmetic Plastic Surgery Procedures in 2004—Up 5% Growth Paces U.S. Economy Despite Reality TV Fad," ２００５年３月16日付プレスリリース。Nancy Hellmich, "Gastric Bypass Surgery Seeing Big Increase," *USA Today*, December 19,

2005.

2 Suzanne J. Kessler and Wendy McKenna, *Gender: An Ethnomethodological Approach* (Chicago: University of Chicago Press, 1978), 142–153.

| 第四章 |

ボーイガズムとガールガズム——ホルモンとジェンダー差異に関するざっくばらんな話

1 ホルモンに関するトランスの男性による説明は以下を参照。Patrick Califia, *Speaking Sex to Power: The Politics of Queer Sex* (San Francisco: Cleis Press, 2002), 393–401; Jamison Green, *Becoming a Visible Man* (Nashville: Vanderbilt University Press, 2004), 98–102, 151–152; Henry Rubin, *Self-Made Men: Identity and Embodiment Among Transsexual Men* (Nashville: Vanderbilt University Press, 2003), 152–163; and Max Wolf Valerio, *The Testosterone Files: My Hormonal and Social Transformation from Female to Male* (Emeryville, CA: Seal Press, 2006).

2 要旨は次にまとめられている。 Joan Roughgarden, *Evolution's Rainbow: Diversity, Gender, and Sexuality in Nature and People* (Berkeley: University of California Press, 2004), 220–221; 前項の文献も参照。

| 第五章 |

死角——潜在意識下のセックスとジェンダー特権意識

1 Carina Dennis, "The Most Important Sexual Organ," *Nature* 427, no. 6973 (2004), 390–392; Arthur P. Arnold, "Sex Chromosomes and Brain Gender," *Nature Reviews: Neuroscience 5* (2004), 1–8; Anne Vitale, "Notes on Gender Role Transition: Rethinking the Gender Identity Disorder Terminology in the *Diagnostic and Statistical Manual of Mental Disorders IV*." これは２００５年４月７日、２００５年度ＨＢＩＧＤＡ会議で発表された論文の一部。参照が完全なバージョンは以下を参照。(www.avitale.com/hbigdatalkplus2005.htm).

2 John Colapinto, *As Nature Made Him: The Boy Who Was Raised as a Girl* (New York: HarperCollins, 2000)〔邦訳ジョン・コラピント『ブレンダと呼ばれた少年』村井智之訳、扶桑社、二〇〇五年〕; William G. Reiner and John P. Gearhart, "Discordant Sexual Identity in Some Genetic Males with Cloacal Exstrophy Assigned to Female Sex at Birth," *New England Journal of Medicine* 350, no. 4 (2004), 333–341.

3 Jiang-Ning Zhou, Michel A. Hofman, Louis J. G. Gooren,

and Dick F. Swaab, "A Sex Difference in the Human Brain and Its Relation to Transsexuality," *Nature* 378 (1995), 68–70; Frank P. M. Kruijver, Jiang- Ning Zhou, Chris W. Pool, Michel A. Hofman, Louis J. G. Gooren, and Dick F. Swaab, "Male-to-Female Transsexuals Have Female Neuron Numbers in a Limbic Nucleus," *Journal of Clinical Endocrinology and Metabolism* 85, no. 5 (2005), 2034–2041.

─ 第六章 ─
内在的傾向とは
──ジェンダーとセックスの多様性を解説する

1 便宜上、本章だけでなく本書の大部分で私は「ジェンダー表現」を単数形にする。残念ながらこれによって、女性性と男性性がそれぞれ一枚岩的な単一プログラムあるいは存在と誤解する読者が出てくる可能性がある。だがこれは私の意図するところではない。ジェンダー表現とは、それぞれが多様な生物学的／社会的起点をもつ可能性のある、均質でない特性の集合体と考えるのがもっとも適切だと思う。このテーマに関する、よりきめの細かい議論は本書第十九章を参照。

2 Roughgarden, *Evolution's Rainbow*, 280–288.

3 Bruce Bagemihl, *Biological Exuberance: Animal Homosexuality and Natural Diversity* (New York, St. Martin's Press, 1999); Roughgarden, *Evolution's Rainbow*.

4 Richard A. Lippa, *Gender, Nature, and Nurture*, 2nd ed. (Mahwah, New Jersey: Lawrence Erlbaum Associates, Inc., 2005), 4–9.

5 Melanie Blackless, Anthony Charuvastra, Amanda Derryck, Anne Fausto-Sterling, Karl Lauzanne, and Ellen Lee,"How Sexually Dimorphic Are We? Review and Synthesis," *American Journal of Human Biology* 12 (2000), 151–166.

6 これら多様なグループの概要は次の著作とそこに含まれる引用文献を参照。Serena Nanda, *Gender Diversity: Crosscultural Variations* (Prospect Heights: Waveland Press, 2000). また、MTFスペクトラム上のトランスジェンダーの人ほど注目されてはいないが、他の文化におけるFTMスペクトラム上のトランスジェンダーの人には多くの例がある。「ベルダーシュ」はこのテーマで書かれた欧米の文献にもっとも頻繁に登場する用語だが、現在では「ツースピリット」を北米先住民のジェンダー・バリアントのアイデンティティを包括する用語として使うことがアメリカ先住民の間で増えている。

一 第七章 一

病的科学——トランスジェンダーに関する性科学・社会学モデルの誤りを暴く

1 Meyerowitz, *How Sex Changed*, 255–256. HBIGDAはつい最近、World Professional Association for Transgender Health（世界トランスジェンダー・ヘルス専門家協会）に名称を変更した（www.wpath.org）。

2 Harry Benjamin International Gender Dysphoria Association, *The HBIGDA Standards of Care*, 4th ed., 1990.

3 現代の性別再割当治療の効果に関する議論は次を参照。A. Michel, M. Ansseau, J. J. Legros, W. Pitchot, and C. Mormont, "The Transsexual: What About the Future?" *European Psychiatry* 17 (2002), 353–362; P. T. Cohen-Kettenis and L. J. G. Gooren, "Transsexualism: A Review of Etiology, Diagnosis, and Treatment," *Journal of Psychosomatic Research* 46, no. 4 (1999), 315–333; Meyerowitz, *How Sex Changed*, 124; and Arlene Istar Lev, *Transgender Emergence: Therapeutic Guidelines for Working with Gender-Variant People and Their Families* (Binghamton: Haworth Clinical Practice Press, 2004), 41.

4 Vern L. Bullough and Bonnie Bullough, *Cross Dressing: Sex and Gender* (Philadelphia: University of Pennsylvania Press, 1993); Califia, *Sex Changes*, 120–162; Gilbert Herdt, ed., *Third Sex, Third Gender: Beyond Sexual Dimorphism in Culture and History* (New York: Zone Books, 1994); Feinberg, *Transgender Warriors*; Lev, *Transgender Emergence*, 55–77; Nanda, *Gender Diversity*; Roughgarden, *Evolution's Rainbow*, 329–386. この点についてより詳しい参考文献は、次の著作の注記1（185-186ページ）を参照のこと。Dallas Denny, "Transgender Communities of the United States in the Late Twentieth Century," *Transgender Rights*, Paisley Currah, Richard M. Juang, Shannon Price Minter, eds. (Minneapolis: University of Minnesota Press, 2006), 171–191.

5 Harry Benjamin, introduction to *Transsexualism and Sex Reassignment*, Richard Green and John Money, eds. (Baltimore: Johns Hopkins Press, 1969), 1–10.

6 Ibid., 4; Harry Benjamin, *The Transsexual Phenomenon* (New York: Julian Press Publishers, 1966), 現在、次からオンラインでアクセス可能（www.symposion.com/ijt/benjamin）。

7 Benjamin, *The Transsexual Phenomenon*; Meyerowitz, *How Sex Changed*, 102.

8 Meyerowitz, *How Sex Changed*, 220; Richard Green, "Attitudes Toward Transsexualism and Sex-Reassignment Procedures," in Green and Money, *Transsexualism and*

Sex Reassignment, 235–242.

9 Meyerowitz, *How Sex Changed*, 222–226; Green and Money, *Transsexualism and Sex Reassignment*.

10 Meyerowitz, *How Sex Changed*, 255–256; Green, *Becoming a Visible Man*, 194–196.

11 Meyerowitz, *How Sex Changed*, 142, 221–222.（過去と現在の）治療する患者数を絞り、治療を遅らせ、不適切な治療をするなど、ジェンダークリニックやゲートキーパーに関する他の記述に関しては、次を参照。Claudine Griggs, *S/he: Changing Sex and Changing Clothes* (Oxford: Berg, 1998), 31; Namaste, *Invisible Lives*, 190–234; Meyerowitz, *How Sex Changed*, 156–158; Gordene Olga MacKenzie, *Transgender Nation* (Bowling Green, OH: Bowling Green University Popular Press, 1994), 77; Maxine E. Petersen and Robert Dickey, "Surgical Sex Reassignment: A Comparative Survey of International Centers," *Archives of Sexual Behavior* 24, no. 2 (1995), 135–156.

12 Just, "Origins of the Real-Life Test," *Trans-Health.com* (www.trans-health.com); Namaste, *Invisible Lives*, 198–201, 216; Lev, *Transgender Emergence*, 45.

13 Meyerowitz, *How Sex Changed*, 225; Anne Bolin, *In Search of Eve: Transsexual Rites of Passage* (South Hadley, MA: Bergin and Harvey, 1988), 121［邦訳アン・ボリン『イヴ・内なる女性を求めて』黒柳俊恭訳、現代書館、一九九〇年］; Frank Lewins, *Transsexualism in Society: A Sociology of Male-to-Female Transsexuals* (South Melbourne: Macmillan Education Australia, 1995), 103.

14 アメリカ精神医学会が発行する*DSM*（『精神疾患診断統計マニュアル』）は、世界中でもっとも広く利用されている精神疾患の診断用参考文献である。一九七三年、同性愛の診断が*DSM*から削除され、一九八〇年に自我異質性同性愛に置き換えられた。自身が同性愛であることに対して持続的な苦痛を感じる人だけが該当する後者の診断は一九八六年に削除された。ゲートキーパーがトランスの人に、異性愛者で典型的にフェミニン（またはマスキュリン）であることを求めるのは八〇年代後半当時、まだ当たり前だった。事実アン・ボリンは一九八八年に出版した『イヴ・内なる女性を求めて』で、初期のゲートキーパーがトランスセクシュアルの志向についてもっていた思い込みについて多くのページを費やし暴露している。（Bolin, *In Search of Eve*, 61–68, 106–120).

15 Jon K. Meyer and Donna J. Reter, "Sex Reassignment," *Archives of General Psychiatry* 36 (1979), 1010–1015; Michael Fleming, Carol Steinman, and Gene Bocknek, "Methodological Problems in Assessing Sex-Reassignment Surgery: A Reply to Meyer and Reter," *International Journal*

of Transgenderism 2, no. 2 (1998), (www.symposion.com); Lev, *Transgender Emergence*, 42.

16 Norman Knorr, Sanford Wolf, and Eugene Meyer, "Psychiatric Evaluation of Male Transsexuals for Surgery," in *Transsexualism and Sex Reassignment*, 279; John Randell, "Preoperative and Postoperative Status of Male and Female Transsexuals," *Transsexualism and Sex Reassignment*, 355–367; Meyerowitz, *How Sex Changed*, 164.

17 Knorr et al., "Psychiatric Evaluation," 274; Meyerowitz, *How Sex Changed*, 161–162.

18 Robert Veit Sherwin, "Legal Aspects of Male Transsexualism," in *Transsexualism and Sex Reassignment*, 417–430; Meyerowitz, *How Sex Changed*, 166.

19 Ira B. Pauly, "Adult Manifestations of Male Transsexualism," in *Transsexualism and Sex Reassignment*, 45; Meyerowitz, *How Sex Changed*, 197, 225.

20 Sherwin, "Legal Aspects of Male Transsexualism," 423.

21 Richard Green, "Psychiatric Management of Special Problems in Transsexualism," in *Transsexualism and Sex Reassignment*, 287.

22 Pauly, "Adult Manifestations of Male Transsexualism," 45–46.

23 Lev, *Transgender Emergence*, 9–11, 47; Katherine K. Wilson, "The Disparate Classification of Gender and Sexual Orientation in American Psychiatry," 1998 Annual Meeting of the American Psychiatric Association, Workshop IW57: Transgender Issues, Toronto, Ontario, Canada, June 1998 (http://gidreform.org/kwapa98.html).

24 Lev, *Transgender Emergence*, 38; Meyerowitz, *How Sex Changed*, 9.

25 Meyerowitz, *How Sex Changed*, 149; Lev, *Transgender Emergence*, 34, 143.

26 *DSM-IV-TR*, 566, 574–575; Katherine K. Wilson, "The Disparate Classification of Gender."

27 Katherine K. Wilson, GID Reform Advocates (http://gidreform.org/tf3023.html) .

28 Ibid (http://gidreform.org/gid3026.html).

29 Phyllis Burke, *Gender Shock: Exploding the Myths of Male and Female* (New York: Anchor Books, 1996), 3–136.

30 Ibid., 32–33, 60–65. Richard Green, *The "Sissy Boy Syndrome" and the Development of Homosexuality* (New Haven: Yale University Press, 1987). 上記以外のエフェミ

ニアに基づくリサーチとして、次のような典型例がある。Robert Stoller, *Presentations of Gender* (New Haven: Yale University Press, 1985). フェミニンな少年が心理学／精神医学の興味と関心のいちばん大きな部分を占めていたことに関するその他の資料については、以下を参照。MacKenzie, *Transgender Nation*, 22–23, 90–93; Stephen J. Ducat, *The Wimp Factor: Gender Gaps, Holy Wars, and the Politics of Anxious Masculinity* (Boston: Beacon Press, 2004), 25–29; and Lev, *Transgender Emergence*, 176.

31 Stoller, *Presentations of Gender*, 28–33; Lev, *Transgender Emergence*, 120–124.

32 MacKenzie, *Transgender Nation*, 92; Benjamin, *The Transsexual Phenomenon*; Richard Green and E. B. Keverne, “The Disparate Maternal Aunt-Uncle Ratio in Male Transsexuals: An Explanation Invoking Genomic Imprinting,” *Journal of Theoretical Biology* 202 (2000), 55–63; Sven Bocklandt, Steve Horvath, Eric Vilain, and Dean H. Hamer, “Extreme Skewing of X Chromosome Inactivation in Mothers of Homosexual Men,” *Human Genetics* 118, no. 6 (2006), 691–694.

33 Ethel S. Person and Lionel Ovesey, “The Transsexual Syndrome in Males: Primary Transsexualism,” and “The Transsexual Syndrome in Males: Secondary Transsexualism,” in Ethel S. Person, *The Sexual Century* (New Haven: Yale University Press, 1999), 110–145.

34 J. Michael Bailey, *The Man Who Would Be Queen: The Science of Gender-Bending and Transsexualism* (Washington, D.C.: Joseph Henry Press, 2003).

35 *DSM-IV-TR*, 578.

36 “The Ups and Downs of J. Michael Bailey,” *Transgender Tapestry*, no. 104, Winter 2004, 53 (www.ifge.org).

37 Burke, *Gender Shock*, 53.

38 Eve Kosofsky Sedgwick, “How to Bring Your Kids Up Gay: The War on Effeminate Boys,” *The Columbia Reader on Lesbians & Gay Men in Media, Society, and Politics*, Larry Gross and James D. Woods, eds. (New York: Columbia University Press, 1999), 201–206.

39 Lev, *Transgender Emergence*, 142.

40 Robert J. Stoller, *Sex and Gender* (New York: Science House, 1968), 195–205; MacKenzie, *Transgender Nation*, 52–53, 87–89; Lev, *Transgender Emergence*, 141–143.

41 Kessler and McKenna, *Gender: An Ethnomethodological Approach*, 118. ハリー・ベンジャミンは魅力的なトランスの女性しか治療しなかったと主張する人もいる。(Rudacille, *The*

Riddle of Gender, 88).

42 Randell, "Preoperative and Postoperative Status," 378.

43 Bailey, *The Man Who Would Be Queen*, 180. このほか、男性ゲートキーパーによってトランスの女性がセクシュアル化される最新の知見は以下を参照。Namaste, *Invisible Lives*, 202–205.

44 Bolin, *In Search of Eve*, 107.

45 Ibid., 108.

46 Namaste, *Invisible Lives*, 163–164.

47 John Money and Clay Primrose, "Sexual Dimorphism and Dissociation in the Psychology of Male Transsexuals," in *Transsexualism and Sex Reassignment*, 115–131; John Money and John G. Brennan, "Sexual Dimorphism in the Psychology of Female Transsexuals," in *Transsexualism and Sex Reassignment*, 137–152.

48 Bolin, *In Search of Eve*, 63, 106–120.

49 http://en.wikipedia.org/wiki/Pathological_science.

50 Dwight B. Billings and Thomas Urban, "The Socio-Medical Construction of Transsexualism: An Interpretation and Critique," *Social Problems* 29, no. 3 (1982), 266–282.

51 Ibid., 276.

52 Raymond, *The Transsexual Empire*, xvi, 2.

53 Ibid., 180, 183.

54 Ibid., xiii–xiv; Billings and Urban, "The Socio-Medical Construction," 266; これに対する反証は以下に収められている。Currah, Juang, and Minter, *Transgender Rights*.

55 Knorr et al., "Psychiatric Evaluation," 273–274, 279; Meyerowitz, *How Sex Changed*, 131–132, 164.

56 次の中で検討された。Bullough and Bullough, *Crossdressing*, Califia, *Sex Changes*, 120–162; Herdt, *Third Sex, Third Gender*; Feinberg, Transgender Warriors; Lev, *Transgender Emergence*, 55–77; Nanda, *Gender Diversity*; and Roughgarden, *Evolution's Rainbow*, 329–386. これに関するその他の資料は、次の著作の注記1（185-186ページ）を参照のこと。Denny, "Transgender Communities of the United States," *Transgender Rights*.

57 Harry Benjamin, introduction to *Transsexualism and Sex Reassignment*, 1–2; Rudacille, *The Riddle of Gender*, 74–78; Harold Garfinkel, *Studies in Ethnomethodology* (Englewood Cliffs, New Jersey: Prentice-Hall, 1967), 285–288. 性別再割当が広く一般に認知される前（つまりジョーゲンセン登場以前）のトランスセクシュアルであること、性別再

割当、トランスの人たちが再割当を求めて医師に掛け合った他の例については以下を参照。F. Abraham, "Genital Reassignment on Two Male Transvestites," *International Journal of Transgenderism* 2, no.1 (1998) (www.symposion.com/ijt/ijtc0302.htm); Benjamin, *The Transsexual Phenomenon*; Meyerowitz, *How Sex Changed*, 14–50. Joanne Meyerowitz, "Sex Research at the Borders of Gender: Transvestites, Transsexuals, and Alfred C. Kinsey," *Bulletin of the History of Medicine* 75, no. 1 (2001), 72–90; Vern L. Bullough, "Transsexualism in History," *Archives of Sexual Behavior* 4, no. 5 (1975), 561–571; Jay Prosser, *Second Skins: The Body Narratives of Transsexuality* (New York: Columbia University Press, 1998), 135–169; and Rudacille, *The Riddle of Gender*, 44–48, 52–56.

58 Bernice L. Hausman, *Changing Sex: Transsexualism, Technology, and the Idea of Gender* (Durham: Duke University Press, 1995), 2–3, 195.

59 Ibid., 3.

60 Ibid.

61 Nanda, *Gender Diversity*, 96.

62 Ibid., 96–97.

63 Ibid., 97–98.

64 Ibid., 94.

65 Will Roscoe, *Changing Ones: Third and Fourth Genders in Native North America* (New York: St. Martin' s Press, 1998), 129.

66 Ibid.

67 Will Roscoe, "How to Become a Berdache: Toward a Unified Analysis of Gender Diversity," in Herdt, *Third Sex, Third Gender*, 360–362.

68 Ibid., 362, 365.

69 例は次を参照。Roughgarden, *Evolution's Rainbow*, 343–346; and Califia, *Sex Changes*, 147–149.

70 Lewins, *Transsexualism in Society*, 144.

71 David E. Grimm, "Toward a Theory of Gender: Transsexualism, Gender, Sexuality, and Relationships," *American Behavioral Scientist* 31, no. 1 (1987), 70.

72 Eichler, *The Double Standard*, 75.

73 Greer, *The Whole Woman*, 71.

74 Judith Shapiro, "Transsexualism: Reflections on the Persistence of Gender and the Mutability of Sex," in *Body Guards: The Cultural Politics of Gender Ambiguity*, Julia

Epstein and Kristina Straub, eds. (New York: Routledge, 1991), 253.

75 Thomas Kando, "Males, Females, and Transsexuals: A Comparative Study of Sexual Conservatism," *Journal of Homosexuality* 1, no. 1 (1974), 63–44.

76 Bolin, *In Search of Eve*, 107; Namaste, *Invisible Lives*, 191–234.

77 Bolin, *In Search of Eve*, 41.

78 Ibid., 118.

79 米国のトランスセクシュアルが社会的・法律的になかなか包摂されない状況に関する概要は次を参照。Currah, Juang, and Minter, *Transgender Rights*, 94. 同書には、トランスの男性として同僚から受けた対応がブッチダイクと察知されていたころより悪化したKylar W. Broadusの話が収められている。

80 Mildred L. Brown and Chloe Ann Rounsley, *True Selves: Understanding Transsexualism—For Families, Friends, Coworkers, and Helping Professionals* (San Francisco: Jossey-Bass Publishers, 1996), 105–107.

81 例は次を参照。Tom Waddell Health Center, "Protocols for Hormonal Reassignment of Gender," July 24, 2001（次のウェブサイトからダウンロード可能（www.dph.sf.ca.us/chn/HlthCtrs/transgender.htm)。

82 Lev, *Transgender Emergence*.

83 Ibid., 180–181; Rudacille, *The Riddle of Gender*, 18.

—第八章—

シスセクシュアル特権を解体する

1 Greer, *The Whole Woman*, 74.

2 Califia, *Sex Changes*, 116.

3 一九九六年アトランタオリンピックの期間中、Y染色体物質スクリーニングの対象となった三三八七名の女子選手のうち八名が陽性だった。それ以降、オリンピックでは遺伝子セックス検査は行われていない。(Myron Genel, "Gender Verification No More?" *Medscape Women's Health 5*, no. 3 [2000], www.medscape.com/viewarticle/408918). 不妊治療クリニックで無精子症（精液に精子がない男性）と診断された男性の十一パーセントがXXY核型を有する。(Hiroshi Okada, Hitoshi Fujioka, Noboru Tatsumi, Masanori Kanzaki, Yoshihiro Okuda, Masato Fujisawa, Minoru Hazama, Osamu Matsumoto, Kazuo Gohji, Soichi Arakawa, and Sadao Kamidono, "Klinefelter' s Syndrome in the Male Infertility Clinic," *Human Reproduction* 14, no. 4 [1999], 946–952).

4 Tarynn M. Witten, Esben Esther Pirelli Benestad, Ilana Berger, R. J. M. Ekins, Randi Ettner, Katsuki Harima, Dave King, Mikael Landén, Nuno Nodin, Volodymyr P'yatokha, and Andrew N. Sharpe, "Transgender and Transsexuality," *The Encyclopedia of Sex and Gender: Men and Women in the World's Cultures*, C. R. Ember and M. Ember, eds. (New York: Kluwer/Plenum, 2003), 216–229; Lynn Conway, "How Frequently Does Transsexualism Occur?" LynnConway.com (2001–2002; http://ai.eecs.umich.edu/people/conway/TS/TSprevalence.html).
〔セラーノが本文で述べたように、世界のトランスジェンダー人口のうち、性別再割当手術を受けた人の割合に関する統計はトランスジェンダーの定義の違いなどの理由で入手が困難である。参考までに米国の場合を挙げると、カリフォルニア大学ロサンゼルス校（UCLA）ロースクールのウィリアムズ・インスティチュートが二〇二二年に発表した調査結果によれば、米国の十三歳以上の住民のうち、百六十万人がトランスジェンダーのアイデンティティをもつ。一方Current Urologyという泌尿器科専門の医学サイトに二〇二一年掲載された論文によると、米国で実施されるトランスジェンダー関連の手術は年間九千件で、トランスジェンダー人口のおよそ十一パーセントが性別再割当手術を受けている計算となり、『ウィッピング・ガール』が出版された二〇〇七年から増加している。https://journals.lww.com/cur/fulltext/2021/03000/transgender_surgery___knowledge_gap_among.12.aspx).〕

5 ジェンダーを「する」という考え方は、次の記事が初出とされる。Candace West and Don H. Zimmerman "Doing Gender," *Gender and Society* 1, no. 2 (1987), 125–151, さらに次にも見出される。Kessler and McKenna, *Gender: An Ethnomethodological Approach*, 155-159.「パフォーマンスされる」ジェンダーという概念は通常ジュディス・バトラーが始めたとされる。だが彼女はこの解釈に反論している。この点については、第十九章「フェミニンなことをフェミニズムに取り戻せ」で詳述されている。

— 第九章 —

創作と学問の世界におけるアンジェンダリング

1 Kate Bornstein（次に引用されている）。Mattilda, a.k.a. Matt Bernstein Sycamore, "Suicide Notes: Gender Outlaw Kate Bornstein's *Hello Cruel World* Offers Alternatives to Offing Yourself," *San Francisco Bay Guardian*, May 30, 2006.

2 Thea Hillman, "*Middlesex* and the Limitations of Myth," *ISNA News*, Spring 2003 (www.mindfully.org/Reform/2003/Middlesex-Limitations- MythMar03.htm).

3 Jane Andersonへのインタビュー。HBO.com (www.hbo.com/films/normal/interviews/jane_anderson.html).

4 Ibid.

5 Ibid.

6 Ibid.

7 Tom Wilkinsonへのインタビュー。HBO.com (www.hbo.com/films/normal/interviews/tom_wilkinson.html).

8 Dave Weich, "Jeffrey Eugenides Has It Both Ways," 書評。Powells.com, www.powells.com/authors/eugenides.html. 「両性具有」という言葉に対するインターセックスの見解については、次を参照。www.isna.org/faq/hermaphrodite.

9 ジェフリー・ユージェニデスへのインタビュー。*3:AM Magazine* (www.3ammagazine.com/litarchives/2003/sep/interview_jeffrey_eugenides.html).

10 Ibid.

11 Jeffrey Eugenides, *Middlesex* (New York: Farrar, Straus and Giroux, 2002), 401–496. [邦訳ジェフリー・ユージェニデス『ミドルセックス』佐々田 雅子訳、早川書房、二〇〇四年]

12 Diane DiMassa, *The Complete Hothead Paisan: Homicidal Lesbian Terrorist* (San Francisco: Cleis Press, 1999), 312.

13 Ibid., 380.

14 Keely Savoie, "Lady Die," *Bitch*, no. 25 (2004), 35–41.

15 Ibid., 39.

16 Garfinkel, *Studies in Ethnomethodology*, 185.

17 Ibid., 285–288.

18 Ibid., 119.

19 *Herculine Barbin*, Michel Foucault, ed. (New York: Pantheon Books, 1980), xii.

20 Ibid., xi.

21 Ibid., 119–151, 155–199.

22 Kessler and McKenna, *Gender: An Ethnomethodological Approach*, 112–141.

23 Hausman, *Changing Sex*, vii.

24 Ibid.

25 Namaste, *Invisible Lives*, 52, 9–70.

26 Ibid., 16.

27 Prosser, *Second Skins*.

第十二章

他人のための悪あがき——伝統的セクシズムとトランスの女性排除方針

1 Califia, *Sex Changes*, 115.

2 フェミニストによるトランスの女性に対する反感の概要については次を参照。Califia, *Sex Changes*, 86–119; Meyerowitz, *How Sex Changed*, 258–262; Brown, “20th Century Transgender History and Experience”; and Rudacille, *The Riddle of Gender*, 151–174. フェミニストによるトランスミソジニーの著作の例に関しては次を参照。Daly, Gyn/Ecology, 67–72; Dworkin, *Woman Hating*, 185–187; Eichler, *The Double Standard*, 72–90; Greer, *The Madwoman's Underclothes*, 189–191; Greer, *The Whole Woman*, 70–80; Jeffreys, *Beauty and Misogyny*, 46–66; Morgan, *Going Too Far*, 170–188; Raymond, *The Transsexual Empire*; and Steinem, “If the Shoe Doesn't Fit, Change the Foot.” Dallas Denny (“Transgender in the United States: A Brief Discussion,” *SIECUS Report*, Oct/Nov 1999) によれば、一九八〇年、ジャニス・レイモンドは次の題名で国立保健医療技術センターに提出する論文を執筆した。“The Social and Ethical Aspects of Transsexual Surgery.” Sandy Stone と Beth Elliott に関する情報は上記参考文献参照。Nancy Burkholder と Michigan Womyn's Music Festival のトランスの女性排除方針の詳細は、次を参照。Tea, “Transmissions from Camp Trans,” and Emi Koyama, *A Handbook on Michigan Womyn's Music Festival for Trans Activists and Allies* (Portland: Confluere Publications, 2002; www.confluere.com/store/pdf-zn/mich-handbook.pdf).

3 音楽祭への入場許可は「少女に生まれ育った」かどうかで判断されるミシガンの方針についての詳細は、次を参照。Vogel, “Michigan Womyn's Music Festival Sets the Record ‘Straight.’” ミュージシャンの Lynnee Breedlove とAnimal はトランスのアイデンティティをもち、男性代名詞を使っているにも関わらず何度もミシガンに出演したことがある。(Anderson-Minshall, “Michigan or Bust”; Sarah Liss, “Politics of Pussy”). レズビアン・コミュニティがトランスの女性でなくトランスの男性に特権を付与することに関しての詳細は次を参照。Serano, “On the Outside Looking In”; Tea, “Transmissions from Camp Trans,” and Nataf, “Lesbians Talk Transgender.”

4 Kessler and McKenna, *Gender: An Ethnomethodological Approach*, 145–155.

5 Ibid., 153.

6 Ilene Lelchuk, “When Is It OK for Boys to Be Girls, and Girls to Be Boys?” *San Francisco Chronicle*, August 27, 2006; Zak Szymanski, “TG Specialists, Parents Ask: When Is Young Too Young?” *Bay Area Reporter*, March 16, 2006.

7 Tali Woodward, "Transjobless," *San Francisco Bay Guardian*, March 15, 2006.

8 六〇年代後半から七〇年代前半にかけて、レズビアンはNOWのようなリベラル・フェミニスト団体から排除されており、レズビアン・フェミニストが異性愛者のフェミニストによって、ハイパーセクシュアル化される、息苦しいほど男性的とか、他の女性を搾取しようと躍起になっている、あるいはセックスの階級制度を強化すると特徴づけされることがよく発生した。次を参照。Alice Echols, *Daring to Be Bad: Radical Feminism in America, 1967-1975* (Minneapolis: University of Minnesota Press, 1989), 210-228.

9 例は次を参照。Charlotte Croson, "Sex, Lies and Feminism," *Off Our Backs*, June 2001; "A Fest in Distress"（Robin Finkelstein, Emi Koyama, and Grover Wehmanが出席し、Lisa Miya-Jervisが司会した、ミシガン女性音楽祭の入場方針を巡るポリティクスに関する座談会。), *Bitch*, Summer 2002, no.17; Bitch & Animal, "Michigan Womyn's Music Festival," *Velvetpark Magazine*, no. 6; and "Generations of Gender"（Boo Price と Lynn Breedloveの対談）, *Girlfriends*, August 2004.

10 TransgenderLaw.orgによれば、二〇〇七年一月の時点で、米国でトランスジェンダーの人たちを差別禁止法に明示的に含めているのは九つの州と八十六都市である。(www.transgenderlaw.org/ndlaws/index.htm#jurisdictions).

｜第十三章｜

自己欺瞞

1 National Transgender Advocacy Coalition, "Araujo Murder Trial Scheduled to Begin April 5," press release, March 2004 (http://portland.indymedia.org/en/2004/03/284303.shtml); Kelly St. John, "Defense in Araujo Trial Gives Final Argument: Slaying Wasn' t Premeditated, Lawyers Say, Fighting for Manslaughter Verdict for Clients," *San Francisco Chronicle*, June 3, 2004; Michelle Locke, "Prosecution Star Witness Testifies in Transgender Killing Case," Associated Press, June 7, 2005. 再審ではグウェンを殺害した犯人のうち二人は第二級殺人で起訴され、他の二人は司法取引により故殺罪に問われた。(www.transgenderlawcenter.org/gwen/index.html#update).

2 Raymond, *The Transsexual Empire*, 104.

3 Roughgarden, *Evolution's Rainbow*, 93-99.

4 ヒュー・グラントがトランスジェンダーという噂のある売春婦を買ったとされる事件が起きた後の、ジェイ・レノからの質問。次を参照。Nadine Brozan, "Chronicle," *New York Times*, July 11, 1995.

5 Patrick Califia,"Sex with an Imperfect Stranger," *Good Vibes Magazine*, December 9, 2002 (www.passionpress.com).

第十四章

セクシュアル化されるトランスの人たち

1 Lori B. Girshick, *Woman-to-Woman Sexual Violence: Does She Call It Rape?* (Boston: Northeastern University Press, 2002); Lorraine Gamman and Merja Makinen, *Female Fetishism* (New York: New York University Press, 1995); Ruth Papazian, "Women and Boys—Sexual Assault or Initiation? The Law Says Rape, but Americans Are Ambivalent," *APBNews.com*, March 30, 2000 (http://members.iquest.net/~dkoons/news.html).

2 Michael Musto, "La Dolce Musto," Village Voice, February 13, 2006 (www.villagevoice.com/nyclife/0607,musto,72165,15.html).

3 次に掲げるのは、私が個人的に観た映画に、トランスの女性を売春婦かストリッパーとして描く映画に関する簡単なインターネット検索で見つけたものを合わせ作成した、MTFスペクトラム上のセックスワーカーが登場するとされる映画のリストである。*40 Year Old Virgin*［邦題『四十歳の童貞男』］, *All About My Mother*［邦題『オール・アバウト・マイ・マザー』］, *American Heart*［邦題『アメリカン・ハート』］, *Angel*［邦題『エンジェル』］, *Anger Management*［邦題『N.Y.式ハッピー・セラピー』］, *Boys from Brazil*［邦題『ブラジルから来た少年』］, *Breath of Life (Sopla de Vida)*［日本未公開作品］, *Bridget Jones: Edge of Reason*［邦題『ブリジット・ジョーンズの日記 きれそうなわたしの12か月』］, *Change My Life (Change Moi Ma Vie)*［日本未公開作品］, *Cop Target*［邦題『コップ・ターゲット／狼たちの牙』］, Cruising［邦題『クルージング』］, *Dude Where's My Car?*［邦題『ゾルタン☆星人』］, *Fleshpot on 42nd Street*［日本未公開作品］, *Gangs of New York*［邦題『ギャング・オブ・ニューヨーク』］, *Got Papers*［日本未公開作品］, *Heaven*［邦題『ヘヴン』］, *Hollywood Chainsaw Hookers*［邦題『女切り裂き狂団 チェーンソー・クィーン』］, *Hollywood Homicide*［邦題『ハリウッド的殺人事件』］, *Love in Concrete (Amor en Concreto)*［日本未公開作品］, *Mercy*［日本未公開作品］, *Never Again*［日本未公開作品］, *Night on Earth*［邦題『ナイト・オン・ザ・プラネット』］, *The Night Stalker*［日本未公開作品］, *The Pharmacist (Le Pharmacien de Garde)*［日本未公開作品］, *Place Without Limits*［日本未公開作品］, *Q & A*［邦題『Q&A』］, *Risky Business*［邦題『卒業白書』］, *Saint Jack*［日本未公開作品］, *Surrender*［日本未公開作品］, *The Way You Want Me (Come Mi Vuoi)*［日本未公開作品］, *Wild Side*［邦題『ワイルド・サイド』］, *Yup Yup Man*［日本未公開作品］. このリストは網羅的なものではなく、トランスの女性セックスワーカーを取り上げたテレビドラマや昼間のトークショーは入っていない。

4 Woodward, "Transjobless."

5 Gamman and Makinen, *Female Fetishism*, 51–84.

6 例は次を参照。Ray Blanchard, "The Classification and Labeling of Nonhomosexual Gender Dysphorias," *Archives of Sexual Behavior* 18, no. 4 (1989), 315–334; and Stoller, *Presentations of Gender*. この傾向は次の著作でも考察された。Lev, *Transgender Emergence*, 133–143.

7 *DSM-IV-TR*, 574–575; Wilson, "The Disparate Classification of Gender."

8 Lev, *Transgender Emergence*, 133–139; Helen Boyd, *My Husband Betty: Love, Sex, and Life with a Crossdresser* (New York: Thunder' s Mouth Press, 2003), 115–148.

9 Ray Blanchard, "The Concept of Autogynephilia and the Typology of Male Gender Dysphoria," *Journal of Nervous and Mental Disease* 177, no. 10 (1989), 616–623; Blanchard, "The Classification and Labeling of Nonhomosexual Gender Dysphorias."

10 Bailey, *The Man Who Would Be Queen*; *DSM-IV-TR*, 578. オートガイネフィリアに関する科学的・心理学的批評は次を参照。Joan Roughgarden, "The Bailey Affair: Psychology Perverted," February 11, 2004 (http://ai.eecs.umich.edu/people/conway/TS/Reviews/Psychology/); Katherine K. Wilson, "Autogynephilia: New Medical Thinking or Old Stereotype?" *Transgender Forum Magazine*, April 16, 2000; Madeline H. Wyndzen, "Everything You Never Wanted to Know About Autogynephilia (But Were Afraid You Had to Ask)," *Psychology of Gender Identity and Transgenderism*, www.genderpsychology.org/autogynephilia (2004).

11 Blanchard, "The Concept of Autogynephilia," 617.

12 Bailey, *The Man Who Would Be Queen*, 146.

13 Blanchard, "The Concept of Autogynephilia," 616.

14 Ibid., 621–622.

15 Ibid., 616–617.

16 Bolin, *In Search of Eve*, 75–76; Lev, *Transgender Emergence*, 133–139; Boyd, *My Husband Betty*, 132–140.

17 Blanchard, "The Concept of Autogynephilia"; Ray Blanchard, "Varieties of Autogynephilia and Their Relationship to Gender Dysphoria," *Archives of Sexual Behavior* 22, no. 3 (1993), 241–251. For more on this, see Wyndzen, "Everything You Never Wanted to Know," and Anne A. Lawrence, "Sexuality and Transsexuality: A New Introduction to Autogynephilia," *Transsexual Women's Resources*, www.annelawrence.com/newintroagp.html .

｜第十五章｜

従順さの条痕

1 ロールプレイングにおける「セーフワード」とは、プレイヤーの誰かが何らかの理由でその「場面」をストップさせたいときに発する前もって合意された言葉である。一方が他方を「支配する」、つまり「攻める」シナリオでは受け役が状況に違和感をもつなら拒否できる方法となるため、どんなプレイも確実に合意に基づくものとするのに、大変重要である。

｜第十七章｜

クロスドレッシング——女性性の神秘性を取り除き、「男性特権」を再考する

1 Emily Kane, "'No Way My Boys Are Going to Be Like That!' Parents' Responses to Children's Gender Nonconformity," *Gender and Society* 20, no. 2 (2006), 149–176.

2 Ducat, *The Wimp Factor*, 24–59. 次も参照。Burke, *Gender Shock*, 60–65, 123–125.

3 Ducat, *The Wimp Factor*, 26–27.

4 http://en.wikipedia.org/wiki/Marginalization .

5 bell hooks, preface to *Feminist Theory: From Margin to Center* (Boston: South End Press, 1984). [邦訳ベルフックス『ブラック・フェミニストの主張—周縁から中心へ』清水久美訳、勁草書房、一九九七年]

6 Ducat, *The Wimp Factor*, 24–59.

7 Ibid., 30–31; "Gender Constancy," *Enotes.com Encyclopedia of Children's Health* (http://health.enotes.com/childrens-health-encyclopedia/gender-constancy); Lev, *Transgender Emergence*, 124.

8 「男性特権」に関する興味深いトランスの視点については、次を参照。Valerio, "'Now That You're a White Man,'" and Diana Courvant, "Speaking of Privilege," *This Bridge We Call Home*, 239–254 and, 458–463 respectively.

9 Green, *Becoming a Visible Man*, 35–37; Rubin, *Self-Made Men*, 165–168; Valerio, "'Now That You're a White Man,'"; Valerio, *The Testosterone Files*.

10 Norah Vincent, *Self-Made Man: One Woman's Journey into Manhood and Back Again* (New York: Viking, 2006).

｜第十九章｜

フェミニンなことをフェミニズムに取り戻せ

1 次の文献で議論された。Joanne Hollows, *Feminism, Femininity and Popular Culture* (Manchester: Manchester University

Press, 2000), 1–18; Linda M. Scott, *Fresh Lipstick: Redressing Fashion and Feminism* (New York: Palgrave Macmillan, 2005), 1–22.

2 Majorie Garber, *Vested Interests: Cross-Dressing and Cultural Anxiety* (New York: HarperPerenial, 1993), 1.

3 Betty Friedan, *The Feminine Mystique: Twentieth Anniversary Edition* (New York: W. W. Norton and Company, 1983).［邦訳ベティ・フリーダン『新しい女性の創造』三浦富美子訳、大和書房、一九六五年］同書に関する批評は次に含まれる。hooks, *Feminist Theory*, 1–15; Hollows, *Feminism, Femininity and Popular Culture*, 9–13; and Scott, *Fresh Lipstick*, 223–250.

4 セックスとジェンダーの区別はRobert Stoller (*Sex and Gender*)が提唱したとするのが一般的。二つの異なるセックスとジェンダーの区別に関するフェミニストの批評は次を参照。Judith Butler, *Bodies That Matter: On the Discursive Limits of "Sex"* (New York: Routledge, 1993)［邦訳ジュディス・バトラー『問題＝物質となる身体——「セックス」の言説的境界について』佐藤嘉幸監訳、竹村和子、越智博美訳、以文社、二〇二一年］、Moira Gatens, *Imaginary Bodies: Ethics, Power and Corporeality* (London: Routledge, 1996), 3–20.

5 Hollows, *Feminism, Femininity and Popular Culture*, 9–18.

6 Ibid., 15–17; Daly, *Gyn/Ecology*, 287. 私はエコルスの著書*Daring to Be Bad*に従い「カルチュラル・フェミニスト」という用語を使っている。

7 階級、文化、女性性に関する議論は、次を参照。Hollows, *Feminism, Femininity and Popular Culture*, and Scott, *Fresh Lipstick*.

8 Hollows, *Feminism, Femininity and Popular Culture*, 10; Radicalesbians, "The Woman Identified Woman," *Radical Feminism*, Anne Koedt, Ellen Levine, and Anita Rapone, eds. (New York: Quadrangle/New York Times Book Co., 1980), 245; N. Y. Radical Feminists, "Politics of the Ego: A Manifesto for N. Y. Radical Feminists," *Radical Feminism*, 382.

9 Radicalesbians, "The Woman Identified Woman," 244; Daly, *Gyn/Ecology*, 26–27; Betsy Belote, "Masochistic Syndrome, Hysterical Personality, and the Illusion of a Healthy Woman," *Female Psychology: The Emerging Self*, Sue Cox, ed. (New York: St. Martin's Press, 1981), 320–333; Dee L. R. Graham, with Edna I. Rawlings and Roberta K. Rigsby, *Loving to Survive: Sexual Terror, Men's Violence, and Women's Lives* (New York: New York University Press, 1994), xiv.

10 Scott, *Fresh Lipstick*, 5; Hollows, *Feminism, Femininity and Popular Culture*, 13; Vicki Coppock, Deena Haydon, and

Ingrid Richter, *The Illusions of 'Post-Feminism': New Women, Old Myths* (London: Taylor and Francis, 1995), 24; Alice Embree, "Media Images I: Madison Avenue Brainwashing—The Facts," *Sisterhood Is Powerful: An Anthology of Writings from the Women's Liberation Movement*, Robin Morgan, ed. (New York: Random House, 1970), 191.

11 Daly, *Gyn/Ecology*, 67–72, 334–335.

12 Hollows, *Feminism, Femininity and Popular Culture*, 14; Greer, *The Madwoman's Underclothes*, 189–191; Greer, *The Whole Woman*, 70–80.

13 Jeffreys, *Beauty and Misogyny*, 24, 50–53.

14 Judith Butler, *Gender Trouble: Feminism and the Subversion of Identity* (New York: Routledge, 1999). 〔邦訳ジュディス・バトラー『ジェンダー・トラブル—フェミニズムとアイデンティティの攪乱』竹村和子訳、青土社、一九九九年〕「女の子化される」人の具体例は次の文献に登場する。Butler, *Bodies That Matter*, 7–8.

15 「パフォーマンス」としてのジェンダーの例は、次を参照。Judith Halberstam, "F2M: The Making of Female Masculinity," *The Lesbian Postmodern*, Laura Doan, ed. (New York: Columbia University Press, 1994), 210–228. ドラァグクィーンの例は最初にバトラーによって主張された(*Gender Trouble*, 174–176)が、彼女はこの文章にはジェンダーはパフォーマンスという意味合いがあるとする有名で字義通りの解釈には何度も反論している。（次を参照。*Gender Trouble*, xxii–xxiv; *Bodies that Matter*, 125–126; "Gender as Performance: An Interview with Judith Butler," *Radical Philosophy* 67, Summer 1994, 32–39; and Sara Salih, *Judith Butler* [London: Routledge, 2002], 62–71).

16 Reviewed in Prosser, *Second Skins*, 1–60.

17 Echols, *Daring to Be Bad*, 232.

18 フェミニンなレズビアンやゲイ男性がそれぞれのコミュニティで歴史的に周縁化されてきたことについては次を参照。Joan Nestle, "The Femme Question," *The Persistent Desire: A Butch Femme Reader*, Joan Nestle, ed. (Boston: Alyson Publications, 1992), 138–146; Laura Harris and Elizabeth Crocker, eds., Femme: *Feminists, Lesbians, and Bad Girls* (New York: Routledge, 1997); Tim Bergling, *Sissyphobia: Gay Men and Effeminate Behavior* (Binghamton: Harrington Park Press, 2001).

19 Ducat, *The Wimp Factor*.

20 Virginia Valian, *Why So Slow? The Advancement of Women* (Cambridge: MIT Press, 1997).

21 Ibid., 111–112. なお先に触れた次の文献も参照。Burke, *Gender*

Shock; Ducat, *The Wimp Factor*; and MacKenzie, *Transgender Nation*.

―第二十章―

クィア／トランス・アクティビズムの未来

1 私はジェンダーを「超越する」と描写すること自体に問題は感じない。トランスジェンダーの人たちが「ジェンダー規範を超越する」と考えることは、二項対立的セクシズムのせいで私たちの多くが直面する差別を明確化したいアクティビストにとって、極めて大きな助けになったことは認める。さらに私は、個々のジェンダー・アイデンティティや表現それ自体のいずれに対しても、問題を感じない。だが、「超越的な」ジェンダーには他のジェンダーと同じように正当性があるというシンプルな主張にとどまらず、「超越的な」ジェンダーは「超越しない」ジェンダーより良いと主張するところにまで達する場合は問題視したい。言い換えれば、それは（具体的なアイデンティティや表現というよりも）私が本書で批評する「超越的な」ジェンダー・アイデンティティや表現にしばしば与えられる価値観なのだ。さらに本書では「超越的な」にかぎカッコをつけたことにも言及しておきたい。それは「パス」という語について私が主張した点に類似した理由からである。トランスの人が「パスする」、あるいは「ジェンダー規範を超越する」ことに関して話すとき、私たちはトランスの人が「する」ことに焦点をおき、他者によるジェンダリングや判断を無視している。トランスの人はジェンダー規範そのものを「超越」するわけではなく、ジェンダー特権意識をもつ社会がトランスの人が「超越している」とか「超越していない」と判断するのである。

2 トランスセクシュアルに関する学者の言説が、トランスセクシュアルはジェンダー規範を「強化する」立場なのかあるいは「反論する」立場なのかを巡るシスセクシュアルの苦悩によって支配されるようになって既に三十年以上経つ。次がその例である。Butler, *Bodies That Matter*, 121-140; Greer, *The Whole Woman*, 71; Jeffreys, *Beauty and Misogyny*, 65–66; Kando, “Males, Females, and Transsexuals,” Kessler and McKenna, *Gender: An Ethnomethodological Approach*, 112–141; Judith Lorber, *Paradoxes of Gender* (New Haven: Yale University Press, 1994), 18–22; Nanda, *Gender Diversity*, 94–98; Lewins, *Transsexualism in Society*, 153-160; and Raymond, *The Transsexual Empire*. この問題はかなり浸透しており、社会学者 Henry Rubin は「この種の学問はトランスセクシュアルをフェティッシュ化する」として、「トランスセクシュアルであることやトランスセクシュアルたちが疑う余地なく破壊的か覇権的かという議論の禁止」を提案したほどである。(Rubin, *Self-Made Men*, 163-164) このような近視眼的シスセクシストの実践に関するトランスセクシュアルの批評は次を参照。Carol Riddell, “Divided Sisterhood: A Critical Review of Janice Raymond's *The Transsexual Empire*,” in *The*

Transgender Studies Reader, Susan Stryker and Stephen Whittle, eds. (New York: Routledge, 2006), 144–158; Namaste, *Invisible Lives*, 9-70; Namaste, *Sex Change, Social Change*, 6–11; Prosser, *Second Skins*, 1–60; and Valerio, "'Now That You're a White Man.'"

3 Serano, "On the Outside Looking In"; Tea, "Transmissions from Camp Trans."

4 Echols, *Daring to Be Bad*.

5 Ibid., 281.

6 Queer NationとTransexual Menaceは九〇年代初期、不平等に抗議し、それぞれクィアとトランスの可視化を図るため頻繁に公共デモを仕掛けたアクティビスト団体だった。

7 Currah, Juang, and Minter, *Transgender Rights*, 154; Harris and Crocker, *Femme*, 219–220; Namaste, *Invisible Lives*, 60–65; Namaste, *Sex Change, Social Change*, 51–57, 89–90; Valerio,

8 "'Now That You're a White Man.'" Namaste, *Sex Change, Social Change*, 17–26, 60-81.

クレジット

Credits

パトリック・カリフィア『セックスチェンジズ　トランスジェンダーの政治学』からの抜粋はCleis Pressの許可を得て転載。

Bram van Moorhemのジェフリー・ユージェニデスとのインタビューからの抜粋は3AM magazine, www.3ammagazine.comの許可を得て転載。

The Journal of Nervous and Mental Disease (1989) Vol. 177, No. 10, 616-623に掲載されたレイ・ブランチャードの"The Concept of Autogynephilia and the Typology of Male Gender Dysphoria"からの抜粋はLippincott Williams & Wilkinsの許可を得て転載。

ヴィヴィアン・ナマステのInvisible Lives: The Erasure of Transsexual and Transgendered Peopleからの抜粋はUniversity of Chicago Pressの許可を得て転載。

ジャニス・G・レイモンドのThe Transsexual Empire: The Making of the She-Maleからの抜粋は著者の許可を得て転載。

バーニス・ハウスマンのChanging Sex: Transsexualism, Technology, and the Idea of Genderからの抜粋はDuke University Pressの許可を得て転載。

www.gidreform.orgからの抜粋はKelley Winters（以前のペンネームはKatherine Wilson）の許可を得て転載。

アン・ボリン『イヴ・内なる女性を求めて』からの抜粋はGreenwood Publishing Group, Inc.,（Westport, CT）の許可を得て転載。Copyright © 1988.

謝辞

Acknowledgments

これは本書の執筆にあたって私を支援してくれた人たち全員にお礼を言うページである。だが謝意を示す前に、認めたいことがある。それは私にはこの本を書くため特権が付与されていたことである。特権にはいくつかあったが、このプロジェクトの時と場所に関する特権こそ、もっとも大きな影響力をもっていたと思う。私は二〇〇〇年代初期、世界中でもっともトランスフレンドリーな場所のひとつ、サンフランシスコ・ベイエリアで性別移行するという貴重な体験をした。性別移行が「朝飯前」だったとは表現できないものの、私は仕事も、妻も、家族や友人も失わずに、生活体験のあるセックスを変えることができた。私の人生に関わるほぼ全員が、とりあえず私の言うことを信じてくれ、むやみに立ち入らずに私の成長を見守ってくれたおかげで、私は人格をすっかり作り変えたりまったく新しい土地で新しい人生を一からやり直したりする必要を感じることなく、自分の身体のセックスを変える機会が与えられた。私の家族、友人、そして同僚たちが私に与えてくれた支援と理解に感謝しているのはもちろんだが、私はさらに、比較的トラウマなしに性別移行した経験というのがごく最近の現象で、二十年前、いや十年前までならあまり見られなかったことなのだと気づいた。私よりも前に数多くのトランスセクシュアルたちが努力し道を切り開いてくれたおかげで、現在を生きる私たちがその後に続くことができている。さらに私にこういう経験ができたのは、ジェンダーに関して過去何年もの間、文化に多少の柔軟性ができるよう、私たちのために努力してくれたトランスセクシュアル、トランスジェンダー、クィア、そしてフェミニストを含む多くのジェンダー・アクティビストのおかげでもある。本書では、過去のフェミニスト、トランスジェンダー、そしてクィア・アクティビストが主張した事柄に対する批評に多くのページが費やされているが、それは私が過去の世代の業績が気に入らないからではなく、ジェンダー・アクティビズムの新たな局面には、これまでとはまったく異なる戦略が必要だと信じているからである。とは言え、本書で私が主張する考えのほとんどは、初期の著作者やアクティビストの築いた基礎の上に発展させたものである。私はその点について感謝している。

　私が認めたい第二の特権は、トランス・コミュニティで多くの人が「パスする特権」と呼ぶもので、本書の主張の大部分を形成することになったものだ。この（ほとんどのシスセクシュアルが当然視する）特権のおかげで、私は自分がアイデンティティとするジェンダーの人間として受け入れられ、周りの人たちが使う人称代名詞をひっきりなしに訂正することなく世の中を渡っていくことができ、望まない凝視はもちろん、ジェンダー差異が原因でハラスメントを受けることもない。私にこの特権が与えられたのは、主に私の体の大きさによる。裏を返せば、この点が私の男性としての生活をとても困難なものにしていた。トランスとしても、どこに行ってもいちばん小柄だった男性としても、私はジェンダー差異に直面した。特に高校まで、小柄だった私は他人の不安と愚弄の的になったが、その災いが転じて福となった。女性ホルモンの投与が始まると、私のほうで外見や行動を変えなくても、周りが小さい私を女性とジェンダリングするようになったのだ。それで私は、本書に記したようなジェンダリングのプロセスとシスセクシュアル特権について独自の洞察を得ることができた。言うまでもないが、私が常に「パス」していなかったら、私は本書の内容の多くを執筆できなかったと思う。

良くも悪くも私に分かったのは、周囲の人は、私がトランスセクシュアルだと知る前から私を女性として認識する傾向にあるので、トランスセクシュアルやジェンダーに関する周囲の人たちの誤解を解いたり誤りだと証明したりすることが私には簡単にできる。その人たちは指摘されてようやく（生まれて初めてのことが多い）、期待と思い込みによって、自分が他者のジェンダーをどう察知するかが大きく左右されることに目を向けるようになる。私は、人々がジェンダーステレオタイプを他人の行動や身体に投影することに異議を申し立てるため、自分が「パスする」事実を活用することが多いが、これが両刃の剣になる可能性も承知している。「パスする」トランスの人たちの視点が、そうでない人たちの視点に勝ると思われたりかき消してしまったりすることになりかねないためである。同様に、私がもつ他の特権（白人、ミドルクラス、健常者であることなど）が本書ではほとんど言及されなかったため、私のかなり狭い視点がトランス・コミュニティ全体を代表しているかのように誤解させかねない。それは重大な過ちだ。トランスの人たちは誰でもジェンダーに関して異なる考えを持つが、それは、一人一人が持ち出す特権と生活史の組み合わせが一つとして同じものがないからだ。私たちはそれぞれ、トランスであることについてどこか異なる考えをもっており、トランスセクシュアルであるとはどんな意味か、包括的な理解を作り出す前にまず、一人一人の意見を聞いてもらう必要がある。だから私は、本書を読んだ人たちが本書をトランスセクシュアルやトランスの女性であることに関する「断言」とみなすのではなく、他の多くの人たちが関わるより大きなプロジェクトのなかの一つの部品に過ぎないと、みなしてほしい。

私は、私にたくさんの愛情を注ぎ、支援し、私が駆け出しのころ作品を発表する機会を与えてくれたサンフランシスコ・ベイエリアのスポークン・ワード、そしてクィア／トランス・パフォーマンス・コミュニティの全員に感謝したい。さらに、私が二〇〇三年に参加し、二〇〇四年からより深く関与することになったキャンプ・トランスで出会った人たち全員にも感謝したい。私が最初にトランスの女性がFTMスペクトラム上の人たちとはだいぶ異なる見られ方、扱いを受けていることを深く考え始めたのは、この時の経験があったからである。そのときの認識の芽が最終的に本プロジェクトにまで成長したのだ。また、「女の尻を追う奴ら——なぜメディアはトランス革命を口紅とハイヒールで表現するのか」を二〇〇四年秋号（二六号）に掲載したBitch誌にも感謝したい。このエッセイは、多くの点で本書の起点となったからだ。同作品の編集者だったレイチェル・ファッジ、そしてこれをBITCHfestアンソロジーに採用したリサ・ジャーヴィスとアンディ・ザイスラーに特に感謝の意を述べたい。

本書に含まれる他の作品も、前にどこかで発表済のものばかりである。「他人のための悪あがき」と「トランスの女性のマニフェスト」（原題は「ホットなトラニーの活動マニフェスト」）の初出は、私の小冊子『外から内側を覗くと——トランスの女性の視点から見たフェミニズムとレズビアン・女性専用スペースからのトランスの女性排除について』（二〇〇五）である。「アクセサリー・マニフェスト」は私の小冊子『Either/Or』（二〇〇二）で初めて発表され、翌〇三年、Cubby Missalette 13: The Girly Magに収められた。「脱構築的手術」、「自己欺瞞」、そして「従順さの条痕」はいずれも『Draw Blood』（二〇〇四）が初出である。二〇〇四年カリフォルニア大学バークレー校で上演された『ヴァギナ・モノローグ』の主催者は、「脱構築手術」をこのイベント用に執筆しパフォーマンスする機会を与えてくれた。心より感謝する。本書の文章のところどころに、以前私が書いた作品から取ってきたものがあるが、そのほとんどは前述した三つの自費出版小冊子、あるいは次のウェブサイトで発表されたものである。
www.juliaserano.com、www.hottrannyaction.org、www.switchhitter.net

本書で述べた視点や概念の多くは私自身の発想によるものだが、トランス・コミュニティでしばらくの間放置されてきた意見や以前誰かが発言したものに対する私の解釈もある。私は作品や会話を通して、本書の影響を与えインスピレーションとなった次のライター、アーティスト、アクティビストに特に感謝の意を表したい。キャロリン・コネリー、セイディ・クラブツリー、ショーン・ドーセイ、テア・ヒルマン、ロッコ・ケイアトス、小山エミ、ヴィヴィアン・ナマステ、ジェイ・プロッサー、ローレン・スティーリー、ミシェル・ティー、マックス・ウルフ・ヴァレリオ、ショーナ・ヴィラゴ。欠かせない相談相手として私の仕事に貴重な洞察と焦点を与えてくれたほか、執筆中はひっきりなしにこの本のことを話さずにはいられなかった私に付き合ってくれた妻ダニ・ユーリノミには、特別の感謝を捧げたい。

最後に、私の担当編集者ブルック・ウォーナーと、私の考えを社会に知らせる機会を与えてくれたシールプレスの皆さんに感謝の意を表したい。シールプレスは、フェミニスト運動のなかにトランスの女性の居場所を主張し、トランスの女性、女性性、そしてセクシズムに対して多くが当然視してきたフェミニストの先入観を批評するような本を出版する勇気のある、恐らく唯一女性にフォーカスした出版社である。本書はこれらの人たちの懸命な働きと私に対する素晴らしいサポートなしには生まれなかったものだ。

著者について
About the Author

ジュリア・セラーノは、米国カリフォルニア州オークランド在住のライター、パフォーマー、アクティビスト、そして生物学者である。著書に、*Excluded: Making Feminist and Queer Movements More Inclusive*（２０１３年度レズビアン・ノンフィクション・ジュディ・グラーン賞ファイナリスト）と*Outspoken: A Decade of Transgender Activism and Trans Feminism*などがある。また、ジュリアの作品は各種アンソロジーに収められているほか、*The Guardian*、*The Advocate*、*The Daily Beast*、*Bitch*、*AlterNet*、*Out*、*Ms*などの雑誌や報道機関にも寄稿しており、彼女の著作は北米各地の大学で、クィア／ジェンダー・スタディーズ、社会学、心理学、ヒューマン・セクシュアリティ等の授業用教材として使われている。ジュリアは科学者としてコロンビア大学から生化学の博士号を授与され、カリフォルニア大学バークレー校で十七年間、遺伝子学と進化発生生物学の分野で研究員として勤務した経験がある。公式サイトは、https://juliaserano.com

訳者あとがき

Translator's Afterword

　私が『ウィッピング・ガール』を初めて知ったのは、トランスジェンダーの子ども支援に携わる遠藤まめたさんが始めたオンライン読書会でのことだった。日米のトランスアクティビストの間で必読書になっていることも知らずに読み始めたが、著者ジュリア・セラーノの「社会の認識を変えたい」熱量にまず圧倒された。セラーノは、フェミニンなジェンダー表現を藁人形化し、トランスの女性を差別する社会のしくみを、社会科学や生物学など多面的な視点から説明する。さらに彼女は、論文調からサンフランシスコのカフェで朗読される詩のような文章までさまざまな文体を駆使し、マジョリティに「いい加減に目を覚ませ」と、メッセージを発信する。

　セラーノは、トランスジェンダー関連の事柄を、医学や学術用語ではなく、トランスジェンダーコミュニティ内で使われる生きた言葉で表現することを大切にしている人だ。本書においても、社会の手垢にまみれた用語では表現不可能な概念に、どんどん新たな用語を当てはめていく。どんなに検索してもセラーノ自身の著作以外に使用例が出てこない、〈内在的傾向モデル〉や〈エフェミマニア〉などがその例である。これらの用語をどう解釈し、どんな訳語を割り当てるかは、遠藤さんのほか、読書会で聞いた藤原快瑤さんや薄井良子さんの意見を大いに参考にさせていただいた。また、訳注には、セラーノが自身のウェブサイトなどで語っている内容をできるだけ反映させるようにした。

「当事者でもアカデミシャンでもなく、日本に住んでもいない私に、この本を翻訳する資格があるんだろうか。」私は与えられた役目にそんなためらいを感じながら、翻訳作業を続けて来た。初版発行が十五年前であり、早々に邦訳出版されてもおかしくなかったこの本を、今、米国のクィア／トランスコミュニティしか知らない私が日本語に翻訳することの意義は何だろうと考えたとき、米国のコミュニティを知っていること、そしてそこで得た皮膚感覚を活かすことではないかと思い至った。とはいえ、私が選んだ訳語のいくつかに異論を唱える読者が続出するのではないかと考えている。特にTrans womenを「トランスの女性」としたことには不満の声が上がるのではないだろうか。インターネット上では、Trans women の訳語として「トランス女性」が日本社会に定着しているようなので、違和感をもつ人がいてもおかしくない。

だが今回、私があえて「トランスの女性」（当初は「トランスな」も検討した）というぎこちない言い方を選んだのは、トランスジェンダーやトランスという言葉が英語の形容詞であることを強調するセラーノの立場を明確に伝えたかったからだ。なぜトランスジェンダーを名詞として使うべきでないのか。私が活動の拠点としている米国のクィア／トランスコミュニティでは、「トランスジェンダー」がある人の一部を表すに過ぎず、これを名詞として使うことで他の特徴を不可視化するからだとされる。自己紹介で「私はトランス」ではなく、「トランスの経験をもつ」という表現をする人も多い。つまりセラーノの主張は、コミュニティの一致した見解であるともいえる。

もうひとつ、「セックス」という言葉の頻出に驚かれた方もいるかもしれない。日本では「セックス」は「性交」のことと認識されている。だがセラーノが見ている世界をそのまま日本語化したくて、Sexは何であれセックスと訳出してみた。それでは読みやすさが犠牲になるとの指摘を受け、「性別」と「性交」に変えられるところは変えた。一方、Gender Identity Disorder（ＧＩＤ）は、日本の実情に合わせて「性同一性障害」とした。だが米国在住の私からみて、「性同一性障害」では、セックスではなく、ジェンダーのアイデンティティを問う診断名であることがうまく伝わっていないような気がする。言葉は文化であり、セックスもジェンダーも文化によって問題の受け止め方が違ってくる好例だと思った。

一方、セラーノの意に背いた用語選択をしたこともここで明らかにしておく必要があると思う。本書のなかでセラーノはtransgenderismをトランスジェンダーの名詞形として使っている。そこには「トランスジェンダーであること、トランスジェンダーの人々の現象」以外の意味はない。だが日本では、個人のジェンダーアイデンティティを優先させる制度を推進するイデオロギー、「性自認至上主義」を指すことが多いと聞く。しかもこの語は、トランス当事者のアイデンティティは怪しいというイメージを作り上げたい人たちによって乗っ取られてしまったようだ。セラーノ自身、二〇一五年に書かれたブログのなかで「この言葉は、トランスジェンダーであることを危険な政治イデオロギーだと思わせたいトランス排除ラディカルフェミニストによって意図的に盗用され始めた」と述べている。米国でも、現在は軽蔑用語として解釈されることもある。こうした状況のなかで「トランスジェンダリズム」という言葉をそのまま使うと誤解が生じると判断し、「トランスジェンダー」と言い換えた。

これはセラーノからすれば、「逃げている」と同じことかもしれない。というのも彼女は、どんな言葉であれ使用を避けるのではなく、トランスジェンダー関連用語のネガティブな思い込みに基づく用法を指摘すべきとの立場を取っているからである。そうしないと、トランスコミュニティのものだった言葉を悪意ある人たちの手から救い出せないと言うのだ。現在、米国のクィア／トランスコミュニティでは、「トランスセクシュアル」は古めかしい用語で、本人にそういうアイデンティティがない限り、使わないほうが無難、場合によっては侮蔑的とされる。サブタイトルに「トランスセクシュアル」の文字が躍る本書を最初に書店で見かけたら、私は購入をためらったと思う。「トランスセクシュアル女性」はセラーノのアイデンティティそのものであるだけでなく、「トランスセクシュアル」をあえて使い、この言葉の存在意義を維持しようとする彼女のアクティビズムに対する決意表明でもあると思う。

また私の裁量で、ジェンダー化された言葉を極力排除してみた。例えばTheyというジェンダーニュートラルな英単語は、これまで「彼ら」と男性形で訳出されることが多かったと思う。今回の翻訳では、この「彼ら」をなるべく使わないでみた。その結果、日本語として完全に昇華されていない印象が出てしまったが、それは私の力量不足である。だがこれから、日本語のジェンダーニュートラル化に対する認識が進んでくれることを願っている。文化は常に変化し続けている。言葉も文化である以上、私たちの現実を反映するものになっていくべきだと思う。

『ウィッピング・ガール』が米国で出版されてからすでに十五年経つ。トランスジェンダーの人たちを取り巻く環境は、日本でも米国でもだいぶ変化した。米国では二〇一五年に結婚の自由を勝ち取ったクィア／トランスコミュニティに対するバックラッシュとして、キリスト教福音派など保守系団体の資金が州議会に流れ込み、共和党支持者が多い州では未成年のホルモン治療を禁止するなどアンチトランスジェンダー法案が次々に通過する状況が続いている。そんななかであっても、トランスジェンダーやノンバイナリーのアイデンティティをもつと答える青少年の数が増えている。残念ながら本書には、第二版まえがきのなかで著者が言及しているように、ノンバイナリーな人たちに関する議論が含まれていない。これは時代背景を考えるとしかたがなかったことかもしれない。

またセラーノの議論は、本人も本書の「はじめに」で述べているように、中流階級白人の特権に守られた範囲に限られていることにも注意が必要だと思われる。セラーノはアフリカ系アメリカ人のベル・フックスを引用してはいるが、生活体験に伴われた議論は展開しきれていない印象を受ける。アジア系移民コミュニティなど主流米国白人文化からより遠い場所にいる人たちとのかかわりがあまりないことが関係しているかもしれない。翻訳しながら、セラーノがマイノリティ出身であればどんな章立てをしたのかと想像してみたりした。日本語版の出版をきっかけに、セラーノがアジア系アメリカ人コミュニティとの関わりをより深めてくれたら面白い展開があると思う。

この十五年間で世界は誰にとっても住みやすい場所になっただろうか。本書でセラーノが指摘した問題点がすべて解決されたとは思えない。例えば日本では、本書が二〇〇八年当時和訳されていたら、日本のフェミニストとトランスジェンダーの運動が早く協力体制を敷くことができていたのではないだろうか。そうすればトランスの人たちの声を尊重する姿勢がシスジェンダー中心の社会でも育ったかもしれない。英国発のトランスバッシングに影響された日本の友人たちからニューヨークにいる私にまで、「女性対トランスの女性」の構図を想定した差別発言メールが送られてくるようになったのはたしか二〇一八年ごろのことだ。だが、クィア／トランス運動の隆盛は、フェミニズムの終焉であるはずがない。『ウィッピング・ガール』は、その理由を明快に解説している。

翻訳は孤独な作業なものであるが、今回は違った。本書発行のためのクラウドファンディングサイトに、多くの賛同者から応援メッセージが寄せられたからである。まず世界中からクラファンに参加して翻訳出版プロジェクトを成功に導いてくれた多くの皆さんに感謝したい。「当事者の問題は当事者に聞け」を実践するため、皆さんが日本中に「ウィッピング・ガール読書会」を広げてくれるのを楽しみにしている。セラーノが議論している二〇〇八年当時の米国と日本の比較が、皆さんにとってどんな意味をもつのか、知りたいと思う。

そして適切な質問や疑問を投げかけてくれ、最後まで粘りに粘って本書をできるだけ読みやすくしようと努力してくれた編集担当の宮崎綾子さん、クラウドファンディング立ち上げ時から多方面にわたるサポートをしてくれたサウザンブックス社のみなさんに心の底からお礼申し上げる。日本語に関する急な質問に対応してくれた畏友バーンズ亀山静子、妊娠中にもかかわらず原文の解釈に関する質問に答えてくれたミキ・ドゥルー、本書の重要性を理解し金銭的支援を快諾してくれたチャールズ・シルバースタインの三氏にも謝意を表したい。ション・フェイ著『トランスジェンダー問題』（明石書店）を翻訳し、ある意味では日本に酷似する英国の状況を紹介した高井ゆと里さんには原稿を細かく読んでいただき、用語に関して数多くの貴重なアドバイスを頂戴した。この場を借りて厚くお礼申し上げたい。ご示唆のすべてを生かしきれなかったのは、ひとえに私の知識不足のゆえだとここに申し添えておく。そして、本書翻訳プロジェクト発起人でもある遠藤まめたさんにサポートして頂いたおかげで、私は安心して翻訳を進めることができた。有難うございました。

矢部 文（やべ あや）

翻訳家・教育コンサルタント。女性パートナーと結婚したレズビアンの娘をもつ母という立場で、米国のアジア系クィア／トランスコミュニティの団体（Okaeri LA、API Rainbow Parents of PFLAG NYC、NQAPIA）の社会変容活動に参加。日本人を含むアジア系性的マイノリティとその家族の可視化を通して家族の固定観念を覆すため、ワークショップや講演などの活動に携わっている。訳書に『ピア・サポート実践マニュアル』（共訳、川島書店）、『世界のいじめ：各国の現状と取り組み』（共訳、金子書房）、『コンピュータユーザのための健康サバイバルガイド』（オライリージャパン）などがある。ニューヨーク在住。

ウィッピング・ガール

トランスの女性はなぜ叩かれるのか

2023年5月16日 第1版第1刷発行

著者 ジュリア・セラーノ
訳者 矢部 文
発行者 古賀一孝
発行 株式会社サウザンブックス社
〒151-0053 東京都渋谷区代々木2丁目23-1
http://thousandsofbooks.jp

デザイン・DTP atelier yamaguchi（山口吉郎、山口桂子）
編集 宮崎綾子
翻訳協力 高井ゆと里
制作協力 遠藤まめた
印刷・製本 シナノ印刷株式会社

Special Thanks 佐藤倫子、佐藤薫、ヒロコ&ユルミ、そいそい、きむきかく、
周司あきら、高井ゆと里、杉山由加里

落丁・乱丁本は交換いたします。
法律上の例外を除き、本書を無断で複写・複製することを禁じます。

©Aya Yabe 2023, Printed in Japan
ISBN978-4-909125-40-8 C0098

THOUSANDS OF BOOKS

言葉や文化の壁を越え、心に響く１冊との出会い

世界では年間およそ 100 万点もの本が出版されており
そのうち、日本語に翻訳されるものは 5 千点前後といわれています。
専門的な内容の本や、
マイナー言語で書かれた本、
新刊中心のマーケットで忘れられた古い本など、
世界には価値ある本や、面白い本があふれているにも関わらず、
既存の出版業界の仕組みだけでは
翻訳出版するのが難しいタイトルが数多くある現状です。

そんな状況を少しでも変えていきたい――。

サウザンブックスは
独自に厳選したタイトルや、
みなさまから推薦いただいたタイトルを
クラウドファンディングを活用して、翻訳出版するサービスです。
タイトルごとに購読希望者を事前に募り、
実績あるチームが本の製作を担当します。
外国語の本を日本語にするだけではなく、
日本語の本を他の言語で出版することも可能です。

ほんとうに面白い本、ほんとうに必要とされている本は
言語や文化の壁を越え、きっと人の心に響きます。
サウザンブックスは
そんな特別な1冊との出会いをつくり続けていきたいと考えています。

http://thousandsofbooks.jp/